자신이 맞이하고 싶지 않은 일들을 경험해야 하는 인간! 경제적 파산, 질병, 사별 등 개인적인 사안뿐 아니라 홀로코스트, 자연 재앙과 같이 집단으로 맞이하는 감당하기 어려운 실존적 고통은 언제 어디서나 인간에게 일어났고 앞으로도 일어날 수 있는 일이다. 저자가 소개한 영화 대사처럼 "인생은 고통이다." 자신이 바꿀 수 없는 상황, 수동적으로 맞이해야 하는 상황에 인간은 과연 무엇을 해야만 하는가?

저자는 이 책에서 이 질문에 대한 해답을 찾고자 하였다. 저자는 고통 속에 있는 인간에게 감정을 억누르라고 종용하면서 고통 뒷면의 "더 큰 선"이 있음을 가볍게 말하며 모든 것을 덮으려 하는 신학적 대답에 반기를 든다. 대신 저자는 고통을 맞이한 인간이 거친 날을 세워 하나님께 항변하는 모습을 성경 속에서 찾아내었다(욥과 탄식 시편). 특별히 창세기 22장과 관련하여 기존의 전통적인 해석과 변질된 본문 적용을 지적하면서, 순서와 쉼표까지 고려한 철저한 본문 분석을 제공하는 한편, 본문을 광범위한 아브라함 이야기 속에서 그리고 고통에 처해 있던 욥의 이야기와 탄식 시편의 상호 본문 관련성 속에서 새롭게 해석하여, 고통에 직면하고서도 선하시며 전지전능하신 하나님께 항변하지 않은, 탄식을 상실한 한 인간 아브라함을 발굴해 내었다.

이 책은 성경 본문을 전문적으로 분석하면서도 성경 본문 속에 담긴 깊은 영성을 끌어내고자 시도하면서 고통에 처해 있으면서도 탄식을 잃어버린 현대 신앙인 모두에게 일깨움을 주고 있다. 『아브라함의 침묵』은 고통받는 성도들을 맞이해야 하는 목회자, 특별히 충분히 학문적이면서도 목회자로서의 실존을 잃지 않고자 하는 목회자에게 추천하고 싶은 책이다. 아울러 성경 본문을 분석하여 현실의 삶과 전혀 무관한 논문을 쏟아내어 자신의 이력을 덧붙이는 데 힘을 쏟아붓는 연구자가 아닌, 연구실 바깥세상의 고통 속에 살아가는 인간에게 마음을 두고 성경 말씀의 깊이를 더하려는 학자들에게 일독을 적극 추천한다.

강후구 서울장신대학교 성서고고학 교수

『아브라함의 침묵』은 창세기 22장의 "이삭의 결박" 이야기에 대한 기존 통념에 도전하여 새로운 관점으로 읽게 하는 책이다. 아브라함이 하나님 앞에서 침묵했던 장면을 중심 모티프로 삼아, 하나님과 맺는 관계에서 잃어버린 정직한 질문과 대화를 회복해야 함을 강조한다. 나아가 하나님께서는 맹목적인 순종보다 때로는 당돌할 정도의 솔직한 기도를 원하신다는 통찰을 일깨워 준다. 저자는 모세와 욥 등 성경 속 믿음의 선배들이 하나님과 씨름하며 드렸던 이러한 "논쟁적 기도"의 전통을 되살려 우리의 신앙을 한층 더 깊고 풍성하게 해준다. 신앙이란 하나님의 일방적인 명령에 묵묵히 따르기만 하는 것이 아니라, 하나님과 주고받는 살아 있는 관계임을 따뜻하게 일깨워 준다. 독자들은 이 책을 통해 신앙의 진정성이 무엇인지 스스로 성찰해 보도록 부드러운 도전을 받게 된다. 평신도부터 목회자와 신학생까지 누구나 공감하고 배울 만한 통찰이 가득하여, 모든 이들에게 유익한 책이다. 이 책을 다 읽고 나면 더 이상 "이삭의 결박" 이야기를 이전처럼 읽을 수 없게 될 것이다. 동시에 우리의 기도 생활과 하나님과 맺는 관계를 바라보는 시선에도 새로운 빛이 비춰게 될 것이다. 믿음의 참뜻을 고민하는 모든 이들에게 따뜻한 격려와 깊은 도전을 안겨주는 귀한 길잡이가 되어줄 책이다.

김정훈 부산장신대학교 구약학 교수

이 책은 창세기 22장에 나오는 아브라함의 이삭 번제 봉헌 상황이 주는 도전과 불편의 본질을 분석한다. 탄식 시편들이나 예언서에 흔하게 나오는 예언자들의 아우성에 비추어 보면 아브라함은 너무나 부조리한 하나님의 명령을 듣고도 비현실적으로 하나님께 고분고분하게 순종한다. "왜 아브라함은 자신이 가장 사랑하는 독자 이삭을 번제로 바치라는 하나님의 추상같은 명령에 말없이 순종하는가?" "창세기 22장은 하나님의 명령에는 오로지 고분고분한 절대 순종이 바람직한 신자의 도리라는 것을 가르치고 있는 것일까?" 이런 질문들을 염두에 둔 저자 리처드 미들턴은 이 책의 목표가 "탄식 시편 기도의 가치를 회복하여 우리 자신과 세상이 부조리한 고통을 이겨내도록 돕는 것"이라고 말한다.

이 책은 세 부분으로 나뉜다. 1부 "격렬한 기도의 성경적 모델"에서 미들턴은 악의 문제와 내가 진동의 내용 문세와 씨름한다. 2부 "욥기 이해하기"는 욥기에 나오는 내화를 분석한다. 잘 알려져 있듯이 의로운 욥이 극심한 비극을 겪고 있을 때 친구들은 그가 어떤 식으로든 죄를 지어 비극적인 운명을 맞았다고 비난한다. 미들턴은 "욥이 자신의 고통에 대해 하나님께 쏟아낸 불평들은 욥기를 탄식 시편들의 정직한 아우성과 격렬한 저항 어조와 연결시켜 주며 욥이 격렬한 저항 기도의 대표로 보이게 만든다"라고 말한다. 그러나 저자에 따르면 욥의 기도는 시편에 나오는 대부분의 애가보다 더 격렬하다. 하지만 욥기의 끝에서 욥은 하나님에 대한 부적절하고 수동적인 반응을 철회하고 있다. 그 이유는 하나님이 자신의 아우성과 불평의 정당성을 인정하고 자신의 도발적이고 도전적인 항변에도 불구하고 욥 자신을 하나님의 대화상대로 인정해 주셨기 때문이다.

마지막으로 3부 "이삭의 결박 이야기를 전통의 굴레에서 풀어주기"에서 저자는 창세기 22장에 나오는 전통적인 두 가지 해석을 수정하려고 시도한다. 첫째, 창세기 22장은 아브라함을 신실함의 모델로 제시하는 본문이며 아브라함이 그에게 가장 소중한 것을 기꺼이 희생하라는 하나님의 명령에 순종했기에 그는 명실상부한 믿음의 최고봉이 되었다는 보수적 해석이다. 두 번째 전통적인 해석은 아브라함의 시험 합격에 초점을 맞춘 해석이다. 미들턴은 창세기 22장의 내러티브에 대한 광범위한 주석적 논의를 거친 후, 아브라함이 시험을 통과했는지 묻는다.

이 두 가지 해석에 반대하며 미들턴은 창세기 22장에 대한 대안적 해석을 제안한다. 저자는 아브라함을 괴물 같은 아동 학대자라고 폄하하거나 아브라함에게 이 시험을 주신 하나님을 자의적이고 비윤리적인 신이라고 폄하하는 것이 아니며, 아케다 본문(창 22장)이 오늘날이나 이전 시대에도 아동 학대를 정당화하는 경향이 있다고 주장하지 않는다. 저자는 이 시험은 아브라함이 아들을 기꺼이 희생할 의사가 있는지 여부가 아니라, 아브라함이 하나님에 대한 지식, 즉 후손에게 물려줄 지식(어떤 하나님이 후손이 믿어야 할 하나님인지에 대한 지식; 창 18:19)을 보유하고 있는지 없는지 여부에 대한 시험이라고 주장한다. "나는 아브라함이 창세기 22장에서 시험을 통과하지 못했다고 생각하는 편이다. 그의 말 없는 순종은 그가 (천사가 번제 봉헌 행위를 취소할 때까지) 하나님의 자비로운 성품을 분별하지 않았고, 아들을 대신하여 중보함으로써 아들에 대한 사랑을 보여주지 않았음을 나타낸다." 미들턴의 결론은 다음과 같다. "아브라함의 침묵이 그토록 비극적인 이유가 바로 여기에 있다. 아케다는 아브라함이 애통할 기회를 놓친 것을 증언한다. 그럼에도 불구하고 창세기 22장은 복음을 선포한다. 아브라함이 탄식하는 데 실패했음에도 불구하고 하나님은 은혜를 베푸시고 아브라함의 믿음을 지켜주셨으며, 이 분열된 가정을 통해 궁극적으로 세상에 구원을 가져오기까지 지속적으로 동행하시고 일해 오셨다." 그런 점에서 저자는 창세기 22장의 끝은 복음이라고 결론을 내린다. 아브라함의 하나님께서는 아브라함을 통해 모든 민족에게 복을 주시겠다고 약속하신 대로 행하실 것이다(창 12:3). 하나님은 아브라함이 아들을 희생하는 것을 원하지 않으셨다. 하나님께서 아브라함이 끔찍한 일을 저지르기 전에 아브라함을 막으셨기 때문에 하나님의 의도는 분명하다. "이삭을 죽이는 것이 아니라, 이삭을 통해 천하 만민을 복되게 하실 후손을 일으키실 것이다."

김회권 숭실대학교 기독교학과 구약학 교수

『아브라함의 침묵』은 창세기 22장의 전통적 해석에 신학적 반성과 도전을 제기한다. 경건이라는 이름으로 포장된 침묵의 신화를 깨뜨리는 책이다. 아브라함의 침묵이 과연 믿음의 완성인가? 미들턴은 이 물음 앞에 신중하면서도 대담한 신학적 해석을 들고나온다. 그는 욥기, 시편, 예언서 속 "하나님께 말 걸기"의 경건한 전통을 회복하면서, 하나님은 단지 순종만을 원하시는 분이 아니라 정직한 항의와 탄식을 기꺼이 들어주시는 분임을 설득력 있게 보여준다. 이 책은 신앙이란 때로 하나님과 격렬하게 씨름하는 것이며, 기도란 침묵보다 더 많은 말을 품고 있어야 한다는 것을 일깨워 준다. 이러한 접근은 성경 본문을 바르게 해석하려는 학문적 성실성과 동시에 신학적 상상력을 균형 있게 보여준다. 특히 욥기 해석은 "바른말"이란 무엇인가에 대한 깊은 성찰을 이끌어준다. 경건과 복종이라는 이름으로 침묵을 미화하거나 강요해 온 한국교회에 중요한 신학적 자극과 성찰을 제공할 것이다. 본문에 충실하면서도 깊은 사색과 독창적 성경 해석의 열매가 담긴 귀한 책이다. 그러기에 꼭 곁에 두고 천천히, 그러나 진지하게 읽으시라. 개인적 생각으로는 월터 브루그만의 그림자가 깊게 드리운 책이기도 하다. 모든 설교자와 성서 신학도에게 일독을 권한다.

류호준 백석대학교 신학대학원 은퇴 교수, 다니엘의 샘 원장

리처드 미들턴은 성서를 읽는 익숙한 방식에 의문을 제기하며, 견고하게 쌓인 논리 구조 속에서 낯선 시선을 끌어내려 노력한다. 하나님의 축복과 심판 앞에서 인간은 감사와 탄원이라는 방식으로 응답해 왔다. 수많은 신앙인에게 모범으로 제시되어 온 아브라함의 침묵, 그리고 하나님의 질문 앞에서 보여주는 욥의 침묵. 저자는 "침묵"이라는 주제를 통해 익숙한 독법에 근본적인 물음을 던진다. 침묵 가운데 하나님의 명령을 수행한 아브라함은 진정한 순종자였을까, 아니면 탄식하는 인간이었을까? 저자는 이러한 물음을 통해 독자들의 시선을 잠시 "하나님"이 아닌 "인간"에게 돌리기를 요청한다.

미들턴의 질문은 여기서 멈추지 않는다. 그는 한 걸음 더 나아가 "고통"이라는 보다 근원적

인 문제에 다가가고자 한다. 어쩌면 인간의 침묵은 자신을 숨기시는 하나님의 침묵에 대응하는 방식인지도 모른다. 이 책의 페이지를 넘기는 순간, "웅변은 은이요, 침묵은 금이다"라는 경구(警句)는 잠시 접어두게 될 것이다.

민경구 에스라성경대학원대학교 구약학 교수

미들턴은 욥의 시선으로 침묵 속의 아브라함에게 말을 건넨다. 그는 욥기가 아브라함 이야기의 전복적 속편(subversive sequel)이라는 신학적 조명 아래, 독자들에게 "아케다"(창 22장)의 재해석을 요구한다. 그의 저항적 신학 사색은 판타지적 일탈이자 외경적 궤변이다. 저자는 신약(히 11:17-19)이 아브라함을 부활 믿음의 첫 주자로 지목하는 사실을 왜 외면하는가. 그럼에도 이 책을 끝까지 덮을 수 없는 것은 성경 속에 넘쳐나는 탄식의 코러스가 우리의 삶과 깊이 맞닿아 있기 때문이다. 인간 내면에는 아케다를 실존의 심연으로 끌어내리려는 몸부림이 있으며, 이러한 내적 긴장 속에서 미들턴의 논증을 따라가다 보면 독자는 수 세기 동안 성서의 경계를 넘어 이어져 온 다양한 신앙적 고뇌의 소리를 접하며 일종의 카타르시스를 경험하게 된다. 저자에 따르면 이러한 항의의 신앙이야말로 주님을 더 깊이 알아가는 믿음의 한 과정이다. 아브라함을 시험하시는 하나님의 옹호자로 자처하며 내러티브를 다양한 각도로 굴절시키는 그의 반칙적 주해 작업에 동의하든 그렇지 않든, 독자는 결국 역설적인 진리와 새롭게 마주하게 될 것이다. 곧 십자가에 달리신 아들의 항변적 탄식 앞에서 드러난 하나님의 우주적 침묵이 바로 당신을 위한 사랑의 언어였음을.

안한나 횃불트리니티신학대학원대학교 구약학 교수

본서는 창세기 22장의 "아케다", 곧 이삭 결박 이야기를 관습적이고 전통적인 해석의 틀을 넘어 새롭게 조명한다. 저자는 "아브라함의 침묵"을 신앙의 이상으로 보기보다 깊은 윤리적 갈등과 내면의 고뇌가 반영된 행위로 해석하며, 하나님께 수동적으로 복종하기보다는 정의와 자비의 성품을 신뢰하며 능동적으로 대화하려는 태도가 오히려 성숙한 신앙임을 강조한다. 특히 창세기 18장에서 소돔을 위해 하나님께 끈질기게 질문하던 아브라함과 대비하여, "아케다에서의 침묵"을 도덕적 퇴보로 읽어내는 해석은 매우 흥미로운 통찰이다. 그래서 저자는 모세, 욥, 예언자들처럼 하나님과 맞서 씨름하던 인물들의 신앙을 긍정적으로 평가하며, "질문과 항의"도 참된 영성의 본질임을 역설한다. 이 책은 현대 사회의 복잡한 윤리적 문제 앞에서 고민하는 그리스도인들에게 하나님과 정직하게 대화하고 윤리적으로 참여하는 신앙의 길을 제시하며, 성서를 관례적 해석 너머에서 새롭게 읽도록 자극하는 중요한 이정표가 될 것이다.

윤철원 서울신학대학교 신학전문대학원 신약학 교수

"이삭의 결박 이야기"가 기록된 창세기 22장은 유대교인과 기독교인을 막론하고 누구나 피하고 싶은 끔찍한 시험을 주된 내용으로 한다. 이 본문 안에는 아브라함에게 그의 사랑하는 독자 이삭을 번제로 드리라고 명령하시는 도무지 납득할 수 없는 하나님이 등장한다. 비인간적이고, 폭력적이며, 잔인하기 그지없는 하나님 말이다. 미들턴은 입에 담기조차 부담스러운 그분의 명령을 "침묵" 가운데 묵묵히 따르는 아브라함을 탄식 시편의 저자들 그리고 이유 없이 고통을 당한 전형적인 인물인 욥과 비교하며 문제를 제기한다. "왜 아브라함은 하나님께 항의하거나 탄식을 통해 그 명령을 취소해 주실 것을 간구하지 않았을까?" 이어서 미들턴은 다음과 같은 질문을 던진다. "이삭을 결박하여 번제로 드리라는 하나님의 명령에 대해 아브라함이 침묵한 것은 순응과 순종의 태도가 아니라 저항의 표시이진 않았을까?" 이러한 문제 제기와 물음은 독자들에게 창세기 22장에 대한 전통적인 해석이나 평면적 이해에서 그칠 것이 아니라, 보다 대담하면서도 창의적인 시각과 관점을 갖도록 독려한다. 요컨대 "이삭의 결박 이야기"와 더불어 생동감 있고 역동적인 구약성서에 입각해 기존의 세계관과 가치를 뒤집어엎는 새로운 독법을 독자들에게 선사한다. 그러기에 미들턴의 새 저작은 흥미롭고, 도발적이며, 전복적이다! 야웨께서 친히 불어넣으신 숨결로 살아 펄떡이는 구약 본문들, 특히나 오랫동안 문제투성이로 간주 되어온 난해 본문들을 뜨거운 심장과 더불어 창의적인 관점으로 읽고 해석하고자 하는 열정적인 말씀 지킴이들 모두에게 조금도 주저하지 않고 본서를 정독하고 그 함의를 깊이 사유해 볼 것을 권하고 또 추천한다.

주현규 백석대학교 신학대학원 구약학 교수

저자는 창세기 22장의 이삭 결박 사건에 대한 전통적인 유대교와 기독교의 해석에 의문을 제기하고, 여기서 보여준 아브라함의 침묵에 대하여 새로운 해석을 제안한다. 전통적인 해석은 아브라함의 침묵을 변호하며 긍정한다. 이에 반해 저자는 아브라함이 여기서 보여준 하나님의 뜻에 절대적으로 순복하는 자세는 성경적 신앙의 전형적인 모습이 아니라고 역설한다. 하나님에 대한 믿음을 지키기 위해서라도 침묵하지 않는 것이 중요하다고 주장한다. "아브라함은 하나님의 명령에 대해 항의하고, 아들을 위해 중보기도 하는 것이 더욱 탁월한 선택이었다"는 것이다.

저자는 폭풍우 가운데서 임한 야웨의 담화(욥 38:1-42:6)가 욥의 항변에 대한 하나님의 긍정적인 승인이었다고 해석하면서, 하나님 앞에서 "침묵하기"보다는 "항의하기"("거칠게 날을 세운 간구", "하나님께 대항하여 하나님을 붙드는 것")가 더 중요함을 부각한다. 따라서 "참된 경건은 하나님의 이름으로 하나님께 도전하는 일을 허용한다"고 한다. 저자는 욥기와 이삭의 결박 이야기가 상호 연결되어 있음을 간파하고, 성경 해석사에서 두 인물 간의 내적 연관성을 전달하기 위해서 과거에 사용되었던 "요브라함"(Jobraham)이라는 신조어도 끄집어낸다. 욥기는 이삭의 결박 이야기에 대한 "전복적 속편"(subversive sequel)이라는 주장도 신선하게 다가온다. 욥이 하나님께 소리 높여 불평한 일이 창세기 22장에서 아브라함이 이삭을 대신하여 항의하지 않는 일에 대한 "암묵적인 비판"으로 작용한다는 것이다.

"신자는 탄식과 함께 하나님 앞에서 주도권을 행사할 수 있으며, 이를 통해 책임감 있는 신앙에 필수적인 자아 강도(ego-strength)를 하나님과의 관계 속에서 발전시켜 나갈 수 있다." "자신이 믿는 하나님을 비난하거나 신뢰하는 일에 거리낌이 없는 사람들은 어려운 상황 속에도 살아갈 힘을 끌어모을 수 있다." 저자의 새로운 해석들에 여러 차례 무릎을 치면서, 독자들에게도 동일한 즐거움과 기쁨을 나누고 싶다.

차준희 한세대학교 구약학 교수, 한국구약학연구소 소장, 한국구약학회 회장 역임

성경은 하나의 "도서관"과 같다. 도서관 서가에 꽂힌 수많은 책이 서로 다른 목소리를 내듯 성경 역시 다양한 입장과 관점들이 공존하는 공간이다. 따라서 어느 한 관점만을 절대시하는 것은 오히려 "성경적"이지 않다. 저자는 창세기 22장 해석에서 아브라함의 "침묵"에 주목하며 하나님과의 관계에서 진정 필요한 언어와 반응이 무엇인지 깊이 탐구한다. 특히 욥기를 통해 하나님에 관한 세 가지 말의 유형을 제시한다. 축복의 말, 저주의 말, 그리고 "기도를 통한 도전"의 말이다. 저자는 욥이 제3의 길인 "기도를 통한 도전"을 선택함으로써 하나님의 응답을 경험할 수 있었다고 평가한다. 이 책의 핵심은 하나님과의 대화에서 "탄식"과 "중보기도"의 필요성을 일깨우는 데 있다. 무조건적인 "수용"이나 "감사"가 아니라, "탄식"과 "질문"을 통해서 하나님의 성품을 더욱 깊이 분별할 수 있으며, 더 진실하고 성숙한 관계로 나아갈 수 있음을 설득력 있게 보여 준다. 이 책이 독자들에게 하나님과의 관계에 대한 새로운 신학적 통찰과 실천적 방향을 제공해 줄 것을 기대한다.

하경택 장로회신학대학교 구약학 교수

미들턴은 성경, 유대교, 기독교의 광범위한 전승을 바탕으로 창세기 22장에서 아브라함이 보여준 침묵이 바람직하지 않은 태도였다고 설득력 있게 주장한다. 한 걸음 더 나아가 그는 탄식의 기도가 우리의 신앙생활에 필수적인 덕목이라고 주장하는데, 왜냐하면 우리가 믿는 하나님은 맹목적인 순종이 아니라 "당돌함"("후츠파")을 원하시기 때문이라는 것이다. 저자의 주장에 동의하든 동의하지 않든, 이 책을 읽은 후로는 이삭의 결박 이야기를 이전과 같은 방식으로 읽지는 못할 것이다. 욥기와 시편도 마찬가지다.

윌리엄 P. 브라운 컬럼비아 신학교

전도서 3장은 "범사에 기한이 있고 천하 만사에 때가 있"다는 유명한 구절로 시작하여 다양한 "때"의 목록을 제시하는데, 여기에는 "잠잠할 때"와 "말할 때"(3:7)도 포함된다. 본서에서 미들턴은 하나님을 향한 아브라함의 침묵과 욥의 발언, 그리고 성경에 기록된 다른 항의와 탄식의 목소리에 대해 깊이 생각해 보도록 우리를 초대한다. 독자들은 미들턴에게서 언제나 예리한 주해와 주석적 통찰력을 기대하는데, 여기서 그는 고난과 고통에 직면하여 담대하고 절박하게 기

도할 것을 요청하고 있다. 참으로 심오한 가치를 지닌 신앙적 통찰이 아닐 수 없다. 깊이와 넓이를 겸비한 미들턴의 글은 언제나 몰입감 있는 독서를 가능하게 해줄 뿐 아니라 우리의 생각과 삶에 변화를 요구한다.

니제이 굽타 노던 신학교

미들턴은 이 책에서 성경 텍스트에 대한 날카로운 분석, 정곡을 찌르는 신학적 통찰, 그리고 놀랍도록 명료한 설명을 결합한다. 그는 하나님에 대해, 아브라함에 대해, 그리고 신앙인의 삶이 어떤 모습이어야 하는가에 대해 까다롭고 고통스러운 질문을 던지기를 주저하지 않는다. 그의 주장에 동의하든 그렇지 않든 당신은 이 도발적인 책을 통해 배우고 성장하게 될 것이다.

샤이 헬드 『토라의 심장』 저자

오래전에 전도서의 저자는 말했다. "잠잠할 때가 있고 말할 때가 있"다고!(3:7) 이제 미들턴은 그 "전도자"의 뒤를 이어 "침묵"과 "말하기"라는 수수께끼 속으로 과감하게 걸어 들어간다. 그는 모세와 예언자들, 특히 욥이 하나님 앞에서 했던 강력한 발언들에 대해 숙고한다. 그러다가 그는 아브라함이 사랑하는 아들 이삭을 거의 희생시킬 뻔했던 사건을 두고 하나님 앞에서 보였던 놀라운 침묵에 주목한다. 미들턴은 아브라함의 침묵이 그가 하나님의 자비를 전적으로 신뢰하지 못했으며 "완전히 자비롭지는 않은 하나님"이라는 생각에 안주했음을 의미한다고 판단한다. 사실 유대교와 기독교 양 진영 모두 아브라함을 신실한 신앙과 기도의 모범으로 여기고 있는 것이 현실이며, 아브라함에 대한 미들턴의 이러한 평가는 우리 시대의 가장 뛰어난 해석가들의 판단과도 충돌하는 대담한 주장이다. 하지만 아브라함의 침묵을 대하는 미들턴의 관점은 가장 대담한 주장인 동시에 최선의 해석이다.

저자는 우리가 목소리를 높여 하나님께 말하는 일이 시급하며, 하나님께서는 이처럼 "옳은 말"(욥 42:7)을 기뻐하신다고 역설한다. 미들턴의 결론은 세상이 온통 권위주의적인 침묵으로 가득한 이 시대에 참으로 중요한 의미를 지닌다.

월터 브루그만 컬럼비아 신학교 명예교수

이 책은 이삭의 결박 이야기(창세기 22장)를 다룬 비범한 주석이다. 나는 이 책이 한 세대에 한 번 나올까 말까 한 걸작이라고 생각한다. 『아브라함의 침묵』은 이삭을 제물로 바치라는 하나님의 지시에 대한 아브라함의 맹목적인 순종을 칭송해 온 수천 년의 전통을 진지하게 받아들이고 존중하면서도 그러한 관점을 정중하게 뒤집는다. 유대인의 한 사람으로서 나는 저자가 본서 전체에서 보여준 겸허한 신학적 태도에 존경을 표한다. 결과적으로 저자는 수 세기 동안 현자들을 고뇌하게 만들어온 신학적 난제에 대해 현존하는 모든 지혜를 공정하게 다루는 전방위적인 작품을 내놓았다. 이 책은 성경을 가까이하는 모든 독자의 손에 들릴 자격이 있다.

어빙 (이츠) 그린버그 하다르 연구소

미들턴은 이 획기적인 저서에서 창세기 22장에 나타나는 아브라함의 맹목적인 순종에 의문을 제기하는 과감함을 보여준다. 그의 접근 방식은 대체로 건전한 성경신학적 관점이지만, 기존의 틀을 벗어난 그의 사고는 두 가지 대표적인 해석학적 난제, 곧 "이삭의 결박"과 "욥의 시험"에 대해 흥미로운 해법을 제시한다. 이 책은 목회적으로도 중요한 함의를 지니고 있으며, 그런 이유에서 목회자와 성서학자 모두에게 필요한 책이다.

캐머런 조이 아임스 바이올라 대학교

나는 25년 넘게 미들턴에게서 가르침을 받아오면서 중요한 한 가지 진리를 깨우치게 되었다. 다름 아니라 하나님께서 우리의 질문과 의구심을 기꺼이 받아주신다는 것을 성경 자체가 증언하고 있다는 사실이다. 그는 시편과 욥기를 통해 "탄식"이야말로 신실한 믿음의 표현임을 나에게 보여주었다. 이 놀라운 책은 미들턴이라는 인물의 독보적인 특징을 잘 보여준다. 성경에 대한 깊고 넓은 이해와 예리한 철학적 감수성, 이 두 가지 요소가 목회적 관심사와 깊이 연결되어 있다. 교회와 학계 모두에게 선물과 같은 책이다.

제임스 K. A. 스미스 캘빈 대학교

Abraham's Silence

The Binding of Isaac, The Suffering of Job, and How to Talk Back to God

J. Richard Middleton

© 2021 by J. Richard Middleton
Originally published in English under the title
*Abraham's Silence: The Binding of Isaac, the Suffering of Job, and
How to Talk Back to God* by Baker Academic,
A division of Baker Publishing Group
P.O. Box 6287, Grand Rapids, MI 49516, U. S. A.
All rights reserved.

Used and translated by the permission of Baker Publishing Group
through rMaeng2, Seoul, Republic of Korea.

This Korean edition © 2025 by Holy Wave Plus Publishing Company, Seoul, Republic of Korea.

이 한국어판의 저작권은 알맹2를 통하여 미국 Baker Publishing Group과 독점 계약한 새물결플러스에 있습니다. 신저작권법에 의하여 한국 내에서 보호받는 저작물이므로 무단 전재와 무단 복제를 금합니다.

아브라함의 침묵

아브라함의 침묵과 욥의 항의 중 무엇이 더 신앙적일까?

J. 리처드 미들턴 지음
윤희경 옮김

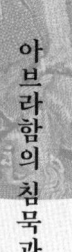

새물결플러스

데이비드 비버스타인(David Biberstein)과
베르너 E. 렘케(Werner E. Lemke, 1933 – 2010)를 위하여.

목차

감사의 글 17
약어표 23

서론: 아브라함의 침묵이 문제가 되는가? 27

제1부 격렬한 기도의 성경적 모델 49

제1장 거칠게 날을 세운 목소리 51
제2장 하나님의 충성스러운 반대자 95

제2부 욥기 이해 137

제3장 욥의 발언은 적절했는가? 139
제4장 하나님은 욥을 매장하려고 오셨는가, 아니면 칭찬하려고 오셨는가? 195

제3부 이삭의 결박 이야기를 전통의 굴레에서 풀어주기 249

제5장 아브라함이나 하나님을 비판하는 일이 허용되는가? 251
제6장 이삭의 결박 이야기와 욥기에서 수사학적 신호 읽어내기 311
제7장 아브라함은 시험을 통과했는가? 361

결론: 거칠고 강인한 탄식의 영성 427

참고문헌 453
성구 색인 473
인명 색인 492
주제 색인 495

감사의 글

모든 저자는 자신의 견해를 형성하는 데 도움을 주고 집필의 길을 닦아준 많은 사람에게 빚을 지고 있다. 먼저 자메이카 신학교 학부 시절 처음으로 성경에 눈을 뜨게 해주신 데이비드 비버스타인, 로저 링겐버그, 닉 맥팔레인(1946-2019), 제나스 게릭(1927-2011) 교수님께 감사의 인사를 드린다. 평생에 걸쳐 성경을 깊이 있게 연구하고 싶은 열망을 일깨워주신 신실한 스승님들이시다.

나는 베르너 E. 렘케(1933-2010)와 대릴 랜스 교수님의 소개로 콜게이트 로체스터 신학교에서 구약학으로 석사 과정을 밟게 되었다. 성경에 대한 그분들의 통찰력은 놀라웠으며, 특히 탄식 시편과 인간의 고통을 다루는 그 시편들의 역할을 소개해 주신 렘케 교수님께 감사할 따름이다.

함께 공부할 기회는 없었지만 저술이나 개인적 친분으로 나에게 중요한 스승이 되어주신 다른 구약학자들도 있다. 나에게 가장 큰 영향을 주신 학자로는 월터 브루그만, 테렌스 프레타임, J. 제럴드 잔젠, 윌리엄 P. 브라운을 들 수 있다.

또한 진행 중인 저작의 일부를 발표하도록 허락해 주신 많은 분께도 감사의 말씀을 드린다. 발전 과정에 있는 나의 아이디어들을 그들과 공유하고 지적인 피드백을 받는 기회를 가질 수 있었던 것은 이 책을 위한 자료를 수집하는 과정에서 얻었던 기쁨 중 하나였다. 존 가너는 온타리오주 세인트캐서린스에 있는 하버펠로우십 교회에서 탄식 시편을 주제로 첫 발제를 할 수 있도록 기회를 마련해주었다. 그의 격려와 본서 제1장에 "거칠게 날을 세운 목소리"(Voices from the Ragged Edge)라는 창의적인 제목을 제안해 준 것에 대해 특별한 감사를 표한다.

라일 에슬링거는 내가 캐나다성서학회에서 욥기에 관한 학술 논문을 발표하는 것을 듣고 앨버타주 캘거리 소재 캘거리 대학교에서 열리는 "피터 C. 크레이기 기념 강연"(2005)에서 욥기에 관한 논문을 확장해서 발표해달라고 초청해 주었다. 그 후 제이미 스미스는 나를 캘빈 대학교로 초청하여 욥기를 주제로 한 공개 강연(2006)을 열도록 주선해 주었다. 그리고 일리노이주 그린빌 소재 그린빌 칼리지에서 열린 "V. 제임스 앤 플로렌스 마노이아 강연"(2014)에서 내가 주제로 선택한 것도 욥기였다. 이 강연에 초대해 주신 크리스티나 스메릭에게 감사드린다.

2016년 안식년 기간에 매튜 앤스티와 데이비드 네빌은 나를 오스트레일리아로 초청하여 찰스 스터드 대학교의 상주 신학자로 4주간의 인상적인 시간을 보내도록 배려해 주었다. 애들레이드에서 매튜 앤스티가 주최한 발제와 캔버라에서 데이비드가 주최한 발제를 통해 많은 성서학자와 다른 관심 있는 사람들과 교류할 기회를 가질 수 있었다는 것도 감사한 일이다. 매튜 앤스티는 애들레이드 세인트바나바스 칼리지에서 이삭의 결박 이야기에 관한 나의 연구를 중심으로 "삶 가운데서의 탄식 기도"를 주제로 심포지엄을 개최하도록 조직해 주었으며 이삭의 결박 이야기에 대한 나의 논문에 유익한 논평을 해주었다.

캔버라에서 데이비드 네빌은 세인트마크 국립 신학 센터에서 열린 성서학 세미나에서 욥기에 대한 기조연설을 부탁했는데, 여기서 나의 발표에 논평을 해준 지네트 매튜스에게 감사를 표한다. 그리고 애들레이드 세인트피터 대성당과 캔버라 세인트마크 국립 신학 센터에서 탄식 시편에 대한 공개 강연을 할 수 있었던 것도 나에겐 크나큰 즐거움이었다.

매니토바주 위니펙 소재 캐나다 메노나이트 대학교에서 J. J. 티센 강연에 동참하도록 나를 초청해 준 고든 매티스에게 감사드린다. 오스트레일리아에서 돌아온 직후(2016)에 열린 이 강연들은 탄식 시편, 욥기, 그리고 이삭의 결박 이야기에 초점을 맞추었다.

이듬해인 2017년 나는 2주간의 영국 강연 투어를 가졌고 그 기간에 다양한 주제로 강연을 했는데, 그중 일부는 본서의 주제와 관련된 것이었다. 스코틀랜드에서는 먼저 세인트앤드루스 대학교의 "로고스 주석 및 분석 신학 연구소"에서 N. T. 라이트의 초청으로 탄식 시편에 대해 강의했으며, 애버딘 대학교의 신학 역사 철학부에서도 그랜트 매카스킬의 초청으로 동일한 주제의 강의를 진행했다. 또한 잉글랜드 웨스트요크셔의 리즈에서는 "생각하는 신앙 네트워크"에서 데이비스 핸슨의 초청으로 탄식 시편을 강의했다.

영국에 머무는 동안 나는 더럼 대학교의 구약학 박사 과정 학생들을 위해 월터 모벌리가 주최한 세미나에서 이삭의 결박 이야기에 대해 발표하는 특권을 누렸고, 미어필드에 있는 레저렉션 칼리지에서도 동일한 주제로 공개 강연을 했다. 브리스톨 트리니티 칼리지에서 제이미 데이비스 주최로 열린 세미나에서 교수진과 대학원생을 대상으로 욥기에 대해 발표하는 것으로 영국 강연 여행을 마무리했다. 특히 스코틀랜드와 잉글랜드 각지에서 이런 강연을 진행하도록 기획해 준 데이비스 핸슨에게 감사드린다.

이듬해인 2018년에 제임스 휘트먼은 오하이오주 데이턴 소재 유대-기독교 연구 센터의 설립 35주년 기념행사에 나를 초청하여 탄식 시편, 욥기, 그리고 이삭의 결박 이야기를 주제로 내 차례의 강연을 히도록 주선해 주었다.

특히 나의 고향인 자메이카 킹스턴에서 다양한 청중들에게 이 자료 중 일부를 발표할 수 있었던 일을 기쁘게 생각한다. 2009년 안식년을 맞아 캐리비언 신학교(CGST)에서 가르치면서 나는 레슬리 앤더슨과 가넷 로퍼 주최로 서인도제도 대학교의 연합 신학 대학에서 욥기에 대해 강의할 기회가 있었다. 이후에 캐리비언 신학교에서 다른 과목을 가르치면서 나는 데이비드 하비의 초청으로 스왈로우필드 채플에서 탄식 시편에 관한 워크숍을 진행했다(2010). 그리고 자메이카 신학교에서 열린 제1회 제나스 게릭 기념 강좌(2012)에서 이삭의 결박 이야기에 관한 공개 강연을 진행하는 특권을 누렸는데, 초대해 주신 가넷 로퍼에게 감사드린다.

마지막으로 코로나19 팬데믹 기간에(2021) 나는 두 차례에 걸쳐 이삭의 결박 이야기에 관한 논문을 온라인으로 발표할 수 있었다. 먼저 코넬리아 반 데벤터와 배트 마니카의 초청으로 남아프리카 신학교의 대학원생 심포지엄에서 이삭의 결박 이야기에 관한 강의를 진행했고, 헬렌 페인터와 트레버 로렌스가 주최한 "성경과 폭력 연구 센터"의 제3회 연례 심포지엄에서도 나의 기조 강연 주제는 "이삭의 결박 이야기"였다.

    나는 본서에서 다룬 주제와 관련하여 공식적인 자리에서 발제하고 여기 관련된 자료를 다루는 많은 강좌를 진행할 기회를 가질 수 있었던 것을 영광스럽게 생각한다. 또한 수년 동안 학생들, 교회 공동체, 학계 동료들과 탄식 시편 및 욥기, 그리고 이삭의 결박 이야기와 관련하여 비공식적으로 토론할 기회를 많이 가질 수 있었던 것도 감사한 일이다.

    본서는 그런 교류를 통해 더욱 풍성해졌다.

    이 책의 출간을 위해 준비하는 동안 지원과 헌신을 아끼지 않은 베이커 아카데믹 출판사의 동료들께 감사하고 싶다. 특히 베이커 아카데믹 출판사에서 전작이 출간된 이후에 다음 작품으로 어떤 주제를 생각하고 있는지 질문해 주신 진 키니에게 감사드린다. 짐의 우정, 그리고 프로젝트에 대해 그가 보여준 관심과 지지는 나에게 큰 힘이 되었다. 나의 원고를 훌륭한 책으로 만들어 준 멜리사 블록과 그녀의 뛰어난 편집팀에게도 진심으로 감사하며 찬사를 보낸다.

약어표

성경 번역본

ASV	American Standard Version
CEB	Common English Bible
CEV	Contemporary English Version
ESV	English Standard Version
HCSB	Holman Christian Standard Bible
JPS	Tanakh Jewish Publication Society Tanakh
KJV	King James Version
LXX	Septuagint
MT	Masoretic Text
NAB	New American Bible
NASB	New American Standard Bible
NET	New English Translation
NIV	New International Version
NJB	New Jerusalem Bible
NJPS	New Jewish Publication Society of America Tanakh
NLT	New Living Translation
NRSV	New Revised Standard Version
REB	Revised English Bible
RSV	Revised Standard Version

이차자료

AB	Anchor Bible
ABRL	Anchor Bible Reference Library
ArBib	The Aramaic Bible
ASJP	Amsterdam Studies in Jewish Philosophy
ASJR	*Association for Jewish Studies Review*
BBR	*Bulletin for Biblical Research*
BCOTWP	Baker Commentary on the Old Testament Wisdom and Psalms
BETL	Bibliotheca Ephemeridum Theologicarum Lovaniensium
Bib	*Biblica*
BibInt	*Biblical Interpretation*
BibInt	Biblical Interpretation Series
BJS	Brown Judaic Studies
BZAW	Beihefte zur Zeitschrift für die alttestamentliche Wissenschaft
CBQ	*Catholic Biblical Quarterly*
CBQMS	Catholic Biblical Quarterly Monograph Series
CV	*Communio Viatorum*
DBSJ	*Detroit Baptist Seminary Journal*
FAT	Forschungen zum Alten Testament
HAR	*Hebrew Annual Review*
HBT	*Horizons in Biblical Theology*
HSM	Harvard Semitic Monographs
HTS	Harvard Theological Studies
Int	*Interpretation*
ISBL	Indiana Studies in Biblical Literature
JBHT	*Journal of the Bible and Human Transformation*

JBL	*Journal of Biblical Literature*
JES	*Journal of Ecumenical Studies*
JSOT	*Journal for the Study of the Old Testament*
JSOTSup	Journal for the Study of the Old Testament Supplement Series
JSQ	*Jewish Studies Quarterly*
JTR	*Journal of Textual Reasoning*
LHBOTS	Library of Hebrew Bible / Old Testament Studies
LJI	Library of Jewish Ideas
LNTS	Library of New Testament Studies
LTJ	*Lutheran Theological Journal*
NICOT	New International Commentary on the Old Testament
OBT	Overtures to Biblical Theology
OTG	Old Testament Guides
OTL	Old Testament Library
OTR	Old Testament Readings
RevExp	*Review and Expositor*
SBLRBS	SBL Resources for Biblical Study
SPOT	Studies on Personalities of the Old Testament
TBN	Themes in Biblical Narrative
Them	*Themelios*
ThTo	*Theology Today*
UCOP	University of Cambridge
VT	*Vetus Testamentum*
WW	*Word and World*
YJS	Yale Judaica Series

서론
아브라함의 침묵이 문제가 되는가?

창세기 22장에서 하나님은 아브라함에게 모리아 땅으로 가서 그가 보여 주실 산에서 아들 이삭을 번제로 바치라고 말씀하신다. 놀랍게도 아브라함은 그 같은 지시가 정말 하나님에게서 온 것인지, 하나님이 왜 그런 일을 원하시는지 질문하지 않으며, 그의 아들을 살리기 위해 간청하지도 않는다. 다만 그는 다음 날 아침 일찍 일어나서 조용히 여행과 희생제사를 준비할 뿐이다.

3일 후 하나님이 지시하신 장소에 도착한 아브라함은 제단을 쌓고 (이삭이 가져온) 장작을 쌓은 후 희생제사를 위해 아들을 묶는다(*āqad*). 유대인들이 "이삭의 결박"을 "아케다"(*Aqedah*)라고 부르는 이유는 여기 사용된 "아카드"(*āqad*, "묶다")라는 동사 때문이다.[1] 기독교 전통에서 이 이야기는 이삭의 희생제사, 혹은 희생제사에 준하는 사건으로 알려져 있다. 어떻게 명명하든 이것이 껄끄러운 텍스트라는 점은 분명하다.[2]

---

1 "아케다"(*Aqedah*)라는 단어는 이차 문헌에서 "Akedah", "Akeda", "Akeidah" 등 다양한 철자로 표기된다.
2 Leon R. Kass는 이를 다음과 같이 적절하게 표현한다. "창세기에서 이것만큼 끔찍하고, 강력하고, 신비롭고, 난해한 이야기는 없다. 이 이야기는 단편적이고 확신에 찬 해석을 거부하며, 이에 대해 해야 할 말들이 많지만, 그 이야기는 여전히 나를 당혹스럽게 한다."

오랜 세월 동안 나는 창세기 22장에 나오는 아브라함의 말 없는 순종에 대해 고민해 왔다. 만일 나 자신이 아들을 희생제물로 바치라는 음성을 들었다면 나는 그 같은 요구에 곧바로 응하는 **대신** 어떻게든 항의하고 의문을 품었을 것이기 때문이다. 그래서 나는 하나님에 대한 아브라함의 반응이 당혹스럽게 느껴졌다.

격렬한 기도의 가치

아브라함의 반응은 시편에서 탄식과 원망의 기도가 두드러진다는 점에서도 이해하기 어렵다. 나는 한 때 어둠과 침묵의 시간을 보냈는데, 그러고 나서 절박한 기도의 가치를 깨닫게 되었다. 나 자신의 소명과 삶의 목표에 대해 의문이 생기고 거기다가 하나님의 선하심에 대한 의심이 더해지면서 나는 기도를 멈추게 되었다. 모든 선하심과 사랑의 원천이시라는 하나님이 당신을 좌절하게 만든다면, 더욱이 그 선하심이 메말라 버리고 그 사랑이 사라져 버렸다고 느껴진다면, 당신은 그런 하나님께 무슨 말을 할 수 있겠는가?

하지만 감사하게도 나는 어둠 가운데 머물러 있지 않았으며 침묵하지도 않았다. 내가 기도를 올려드리지 않았던 바로 그 하나님의 은혜로 나는 성경에서 탄식 시편들을 발견할 수 있었고, 그 시편들이 나에게 벅찬 신앙의 회복을 가져다주었다.

Kass, *The Beginning of Wisdom: Reading Genesis* (New York: Free Press, 2003), 333.

시편을 구성하는 시들 가운데 3분의 1을 차지하는 "탄식시"(Lament psalms)는 시편에서 가장 두드러진 기도의 형태이며, 시편의 지배적인 장르이기도 하다.³ 탄식 시편들에서 고대 이스라엘 백성은 한편으로는 그들의 고통스러운 상황에 대해 불평하고 (때로는 하나님께서 그들을 버리시고, 심지어 그들을 표적으로 삼으신 사실에 대해 하나님을 비난하고) 한편으로는 구원을 간구하면서 하나님과 씨름했다.

시편 88편은 탄식 시편 가운데서도 가장 암울한 내용을 담고 있는데, 바로 그 시편이 나의 신앙을 다시 일깨우는 매개가 되었다.⁴

시편 88편에 담긴 어둠과 절망

시편 88편 저자는 (산 채로) 죽은 자들의 처소인 스올에 내려간 것과 같은 극한의 고통에 대한 경험을 묘사한다(88:3-5[4-6 MT]).⁵ 시인은 절망 가

---

3   시편의 분류법과 관련해서 다음을 보라. Bernhard W. Anderson, with Stephen Bishop, *Out of the Depths: The Psalms Speak to Us Today*, 3rd ed. (1983; repr., Philadelphia: Westminster, 2000), 219-24 (Appendix B: "Index of Psalms according to Type").

4   나는 1986년 콜게이트 로체스터 신학교에서 Werner E. Lemke 교수님이 가르치신 시편 강의를 통해 처음 탄식 시편을 접하게 되었다. 당시 나는 탄식 시편에 대한 수업 프로젝트를 진행하면서 신학교의 젊은 학생처장의 죽음을 맞아 시편 88편을 추모예배의 핵심으로 삼아서 지역사회가 그의 죽음을 애도하도록 도왔다. 그 추모예배를 기획하고, 참여하고, 설교하면서 나의 인생이 바뀌었다. 학생 시절에 나에게 통찰력 있는 가르침과 따뜻한 조언을 제공해 주시고 1996년에 동료 교수가 되었을 때 우정을 나누어주신 Werner Lemke 교수님(2010년에 작고)께 감사드린다.

5   구약성경 구절에서 히브리어 마소라 텍스트(MT)의 절 수는 때때로 기독교 세계에서 사용하는 영어 성경의 절 수와 다르다. 시편에서 종종 이런 경우가 있는데, 마소라 텍스트는 표제를 1절로 계산하는 반면(그리스어 LXX와 라틴어 Vulgata도 마찬가지다), 개신교 영어 성경에서는 표제가 절 수에 포함되지 않기 때문이다. 시편의 표제를 1절로 표시하는 번역 성경으로는 마소라 텍스트의 절 표기법을 따르는 JPS Tanakh와 같은 유대교 역본들과 70인역을 따르는 정교회 역본들, 그리고 라틴어 불가타를 따르는 대다수 가톨릭 역본이 포함된다(LXX과 Vulgata는 몇몇 시편에 대해 다른 번호를 적용하는데, 예컨대

서론   **29**

운데 하나님이 바로 자신이 당하는 고난의 근원이라고 비난한다.

> **주께서** 나를 깊은 웅덩이와 어둡고 음침한 곳에 두셨사오며,
>
> **주의** 노가 나를 심히 누르시고 **주의** 모든 파도가 나를 괴롭게 하셨나이다.
>
> (셀라)
>
> **주께서** 내가 아는 자를 내게서 멀리 떠나게 하시고
>
> [**주께서**] 나를 그들에게 가증한 것이 되게 하셨사오니
>
> 나는 갇혀서 나갈 수 없게 되었나이다(88:6-8).⁶

여기서 하나님은 시인을 죽은 자의 영역에 두셨을 뿐 아니라, 도움을 구하는 그의 기도에 응답하지 않으심으로써 잠재적인 예배자를 버리신 것처럼 보인다. 이 같은 상황은 다음과 같은 통렬한 질문으로 이어진다. "여호와여, 어찌하여 나를 버리시나이까?" "어찌하여 주의 얼굴을 내게서 숨기시나이까?"(88:14) 결국 이 시편은 흑암 가운데서 슬픔과 절망의 어조로 끝을 맺는다.

> 내가 어릴 적부터 고난을 당하여 죽게 되었사오며,
>
> 주께서 두렵게 하실 때에 당황하였나이다.
>
> 주의 진노가 내게 넘치고 주의 두려움이 나를 끊었나이다.

영어 성경 시편 88편이 LXX과 Vulgata에서는 87편이다). 본서에서는 시편에 대해 영어 성경의 절수를 먼저 제공하고 괄호 안에 MT의 절수를 병기하겠다.

6 별도의 언급이 없는 한, 본서에서 사용하는 성경 대본은 NRSV다. (번역서에서는 창세기 22:1-19을 제외한 다른 성경 구절은 개역개정판을 사용했으며, 필요에 따라 다른 번역을 사용했을 때는 출처를 표시했다.)

이런 일이 물 같이 종일 나를 에우며 함께 나를 둘러쌌나이다.
주는 내게서 사랑하는 자와 친구를 멀리 떠나게 하시며,
내가 아는 자를 흑암에 두셨나이다(88:15-18).

대부분의 개별 탄식 시편은 다음과 같은 하위 장르들로 구성되어 있다. "원망"(무엇이 잘못되었는지에 대한 솔직한 묘사), "신뢰의 고백"(하나님이 과거에 보여주셨던 선하심에 대한 긍정), "간구"(하나님께서 개입해 달라는 요청 혹은 강요), "찬송의 맹세"(하나님의 개입에 올바르게 반응하겠다는 확약) 등이다.[7] 하지만 시편 88편은 탄식 시편에 속하면서도 "찬송의 맹세"를 생략한 몇몇 시편 가운데 하나다.[8] 이 시편은 하나님의 개입에 대한 명시적인 기대를 담고 있지 않기 때문에 희망이 빠진 기도처럼 보일 수도 있다.

하지만 그런 겉모습은 일종의 속임수다.[9]

---

[7] 일반적으로 성서학자들은 **하나님께 아룀**(기도의 시작 부분에서 하나님의 이름을 부름)도 탄식 시편을 구성하는 형식적 요소의 일부로 간주한다. 모든 탄식 시편에 위에서 열거한 모든 요소가 포함되는 것은 아니며, 구성 요소들이 언제나 깔끔하게 구별되는 것도 아니고, 특정한 순서를 따르는 것도 아니다(하지만 찬양의 서원은 대체로 마지막에 위치한다). 탄식 시편 양식에 대한 고전적인 분석으로는 다음을 보라. Claus Westermann, *Praise and Lament in the Psalms*, trans. Keith R. Crim and Richard N. Soulen from the 1965 German ed. (Atlanta: John Knox, 1981). 탄식 시편의 구성 요소를 나열한 본서의 목록에서는 Westermann의 용어를 채택하지 않고 저자 나름의 용어를 사용하였다.

[8] 공동체 탄식 시편(시 44, 74, 89, 137편 등)에서는 "찬양의 서원"이나 희망에 대한 긍정적인 진술이 거의 발견되지 않는다(시 80:18[80:19 MT]은 예외적인 경우다).

[9] 시 88편에 대한 심도 있는 연구로는 다음을 보라. Anthony R. Piles, "Drowning in the Depths of Darkness: A Consideration of Psalm 88 with a New Translation," *Canadian Theological Review* 1, no. 2 (2012): 13-28.

희망으로 이어지는 관문인 시편 88편

시편 88편은 푸념의 어조가 지배적인 시편으로서 하나님의 개입에 대한 뚜렷한 기대를 담고 있지 않으며, 다만 첫머리에 "신뢰의 고백"이 미미하게 포함되어 있을 뿐이지만("여호와 내 구원의 하나님이여"[88:1]), 그럼에도 이처럼 철저한 솔직함 때문에 이 시편은 오히려 희망을 빚어낸다고 할 수 있다.

마틴 버트먼의 말처럼 "이 세상에 엄연히 존재하는 악에 대한 히브리인들의 일반적인 태도는 각자가 개인적으로 그 같은 경험을 부인해서는 안 된다는 원칙을 고수하는 것이었다."[10] 나는 이 시편에서 진술하는 흑암이 나 자신의 절실한 경험을 묘사하기에 적절하다고 생각한다. 이보다 긍정적으로 희망에 대해 말하는 것은 지나친 낙관주의다.

나는 시편 88편 말씀을 묵상하고 기도하면서 나 자신의 신앙이 새롭게 깨어나는 것을 발견했으며, 이렇게 깨어난 신앙이 심화되어 가는 것을 경험할 수 있었다.

이 같은 각성과 심화의 과정을 통해 나는 과거에 이미 나와 비슷한 일들을 경험했던 이웃들과 하나의 공동체에 속해 있다는 사실을 깨닫게 되었다. 한마디로 시편 88편은 내가 외톨이가 아니라는 점을 가르쳐주었다.

우리는 탄식의 공동체에 동참한 자들인데, 더 나아가 이스라엘과 교회의 기도서에 하나님께 드리는 이런 형태의 기도가 존재한다는(아니, 지배적이라는) 사실은 우리에게 희망을 가져다준다. 시편 88편 텍스트가

---

10   Martin A. Bertman, "The Hebrew Encounter with Evil," *Apeiron* 9, no. 1 (1975): 43.

성경 말씀으로 인정받는다는 점을 고려할 때, 탄식의 기도는 신자가 하나님께 나아가는 일에 규범적 모델이나 패러다임으로 받아들여질 수 있다. 이 시편과 (시편 모음집에 포함된) 다른 탄식 시편들의 존재는 나에게 나의 고통과 필요를 하나님께 표현하고, 하나님의 선하심에 의문을 제기하고, 심지어 내가 방향을 상실하게 된 일에 하나님이 연루된 것은 아닌지 따져 물을 수 있는 담력을 가져다주었다.

성경에 이 같은 기도들이 포함되어 있다는 사실은 하나님께서 언약의 대상인 사람들에게 이처럼 적극적인 반응을 허용하실 뿐만 아니라 더 나아가 그런 반응을 원하신다는 것을 암시한다. 하지만 하나님께서 아브라함에게 아들을 바치라고 요구하셨을 때, 아브라함은 아무 말도 하지 않았다. 어쨌거나 아브라함의 침묵은 끊임없이 나를 혼란스럽게 한다.

아브라함의 침묵이 왜 문제가 되는가?

그런데 아브라함만 침묵했던 것은 아니다. 교회에 속한 많은 사람이 우리는 아브라함처럼 자신에게 닥친 모든 일을 하나님의 뜻으로 알고 받아들이거나 복종해야 한다고 생각한다. 실제로 교회 지도자들은 신자들에게 모든 고통과 좌절을 그들의 삶에 대한 하나님의 (종종 불가해한) 계획 가운데 일부로 받아들이라고 조언한다.

때때로 이 같은 관점을 강화하기 위해 창세기 22장에 실린 아브라함 이야기가 소환되기도 한다. 이렇게 아브라함의 말 없는 순종은 고통에 어떻게 대응할지 보여주는 모델 혹은 패러다임이 된다. 어쨌거나 이삭의 결박 사건에서 아브라함이 하나님께 보인 반응은 후대의 유대교와 기독교 전통에서도 긍정적으로 평가받지 않는가? 성경 해석의 역사에서 이삭의 결박 이야기가 적용되는 용도는 매우 다양하지만(본서 뒷부분에서 자세하게 논의할 것이다), 하나님께 대한 아브라함의 말 없는 순종을 신자들이 따라야 할 모범으로 여기는 것이 기독교 세계에서 일반적인 사고방식이다. 물론 여기에는 불평 없이 고난을 감내하는 일도 포함된다.

비록 이삭의 결박 이야기가 고통을 묵묵히 감내하는 일을 정당화하기 위해 명시적으로 사용되지는 않는다고 하더라도 창세기 22장에 나타난 아브라함의 순종을 영웅시하는 모습은 눈앞에 보이는 악에 대항하여 싸우고 있는 믿음의 사람들을 무력하게 만들 수도 있다. 유대인과 그리스도인의 조상인 아브라함조차도 감내하기 어려운 고통스러운 현실 앞에서 묵묵히 하나님께 순종했다면, 평범한 신자인 우리가 감히 매일의 삶에서 하나님이 우리에게 안겨주시는 문제들에 대해 반항할 수 있겠는가? 결국 우리는 종종 고통에 직면했을 때 수동적인 자세를 취할 수밖에 없다. 그것이 우리 자신의 고통이든 혹은 타자의 고통이든 간에 말이다.[11]

---

11   비록 내가 기독교 배경을 가지고 있고 따라서 이삭의 결박 사건에 대한 유대인의 경험에 대해 권위 있는 해석을 개진할 자격은 없지만, 적어도 초기에는 이삭의 결박 이야기가 유대 사회에서 박해에 맞서는 순교의 패러다임으로 중요한 위치를 차지했음이 분명하다. 그리고 이삭의 결박 이야기가 유대교 전례(특히 속죄일과 "회개의 날들"[신년절부터 속죄일까지 열흘 간])에서 중심에 위치한다는 사실은 나의 분석이 이 규범적인 텍스트에 대한 유대인의 경험과도 일맥상통할 수 있음을 시사한다. 실제로 유대교 전통에 속한

나는 우리가 때때로 맞닥뜨리게 되는 고통이라는 현실을 부정하지 않을 것이다. 많은 신실한 그리스도인과 유대인들은 견딜 수 없는 고통스러운 상황에서 구원해달라고 기도했는데도 수난이 계속되는 것을 경험하게 된다. 성경에도 사도 바울이 하나님께 "육체의 가시"를 제거해달라고 세 번이나 기도했지만, 하나님으로부터 "네 은혜가 네게 족하도다"라는 답변만 들었던 사례가 있다(고후 12:7-9).[12]

나는 창세기 22장을 다룬 많은 저술에서 하나님에 대한 아브라함의 응답을 긍정적으로 평가했던 성서학자 월터 모벌리의 견해에 깊은 감명을 받았다.[13] 모벌리는 이삭의 결박 이야기에 대한 자신의 해석이 "질병과 사별의 문제에 관련된 실존적 투쟁"에 크게 영향을 받았음을 인정하면서, 특히 그 자신이 바꿀 수 없는 상황(자가면역 질환과 첫 번째 아내의 죽음)에 하나님께서 "창세기 22장에 대한 나의 거듭된 글쓰기에 영감을 주셨다"라고 지적한다. 더욱이 모벌리는 "나는 나만의 제한된 방식으로 모리아 땅에 있었다"라고 고백한다.[14]

Tikva Frymer-Kensky는 "이삭의 결박 이야기는 극심한 공포와 모호한 진술에도 불구하고 우리의 영적 의식을 형성하는 핵심적인 텍스트로 남아 있다"라고 진술한다. Frymer-Kensky, "Akeda: A View from the Bible," in *Beginning Anew: A Woman's Companion to the High Holy Days*, ed. Gail Twersky Reimer and Judith A. Kates (New York: Touchstone, 1997), 144.

12 바울의 "가시"가 무엇을 의미하는가에 대해서는 많은 논의가 있어 왔다. 내가 보기에 텍스트 자체나 문맥을 고려할 때 가장 만족스러운 대답은 J. Gerald Janzen의 제안인 것 같다. J. Gerald Janzen, "Paul's 'Robust Conscience' and His Thorn in the Flesh," *Canadian Theological Review* 3, no. 2 (2014): 71-83.

13 창 22장에 나오는 아브라함의 응답에 대한 Moberly의 긍정적인 해석은 별도의 장에서 다룰 예정이다. 그는 이삭의 결박 이야기를 30년 넘게 탐구하면서 이런 해석을 발전시켜 왔다.

14 R. W. L. Moberly, "Learning to Be a Theologian," in *I (Still) Believe: Leading Bible Scholars*

월터 모벌리는 탁월한 성서학자이자 깊은 신앙심과 진실성을 지닌 그리스도인이다. 따라서 나는 그의 관점을 확실히 존중할 뿐 아니라 하나님의 뜻이 무엇인지 헤아릴 수 없는 장기적인 고통의 상황이 주어질 수 있으며, 그럴 때 우리가 할 수 있는 최선은 그 고통을 견디며 살아가는 것임을 인정하고자 한다.

그러나 나는 우리가 그러한 고통조차도 묵묵히 받아들이고 견뎌야만 하는 것인지 궁금하다. 아니면 우리에게는 절박하게 기도할 길이라도 열려 있는 것일까?[15] 과연 우리는 우리가 맞닥뜨린 현실이 하나님과 씨름하지 않으면 바뀔 수 없는 고통의 상황인지 어떻게 분별할 수 있는 것일까? 더 중요한 질문은, 만일 우리가 침묵 가운데 빠져 있으면 어떻게 하나님과의 관계를 유지할 수 있는가 하는 점이다. 나는 오히려 나 자신의 침묵이 하나님과의 관계를 위축시키는 결과를 낳았으며 다시 (간절히) 기도하기 시작했을 때 그 관계에 활기를 되찾을 수 있었다고 증언할 수 있다.

고통 가운데 목소리를 높였던 욥

고난받는 자의 본보기인 욥의 이야기는 종종 고난을 순종적으로 견디는

Share Their Stories of Faith and Scholarship, ed. John Byron and Joel N. Lohr (Grand Rapids: Zondervan, 2015), 205.

15 Moberly는 여기서 삶의 상황이 바뀌지 않을 것이라는 사실을 받아들이기 전에 하나님과 씨름하는(아마도 기도를 통하여) 상황에 대해 지적하고 있다.

일의 중요성을 강조하는 데 사용되곤 한다.

교회와 학계에서 욥의 이야기를 대하는 일반적인 태도는 단순하지 않다. 일반 성도와 성직자, 그리고 학자를 포함하여 많은 독자는 욥이 그처럼 끔찍한 고통을 당할 만한 잘못을 저질렀을 것이라고 비난하는 친구들과는 달리 자신의 무죄를 주장하는 욥의 대담한 항변에 매료된다. 독자들의 이 같은 태도는 욥기의 첫 두 장에서 야웨와 내레이터가 욥의 결백을 인정한다는 사실에 의해 더욱 강화된다.

그러나 일부 독자는 욥이 자신이 태어난 날을 저주할 뿐 아니라(욥 3장) 특히 창조주 하나님이 우주 만물이나 욥 자신의 삶을 올바로 다루시지 못했다고 말하면서(특히 29-31장의 마지막 담화에서) 하나님의 공의를 의심하고 자신의 무죄를 변호하는 과격한 방식에 실망감을 표한다. 그러다가 욥기의 막바지에 회오리바람 가운데서 들려오는 야웨의 담화에 이르러서 독자들은 결정적으로 하나님께서 욥을 마땅한 자리에 두셨으며 하나님의 공의를 의심한 그의 교만으로 인해 그의 입을 막으셨다고 확신하게 된다.

욥이 친구들에게 비난받고 심지어 하나님을 향해 도전적인 반응을 보였음에도 그의 불타는 정직성을 응원하면서 끝까지 그의 편에 서는 독자들(아마도 소수일 것이다)조차도 대체로 하나님이 폭풍 가운데서 하신 말씀에 담긴 욥에 대한 질책에 당황해하는 한편, 욥이 미약한 인간의 대담한 항의가 부적절하다고 판단한 위압적인 신에 의해 강압적으로 굴복당했다는 점에 (마지못해) 동의한다.

물론 이 같은 관점을 받아들이지 않는 자들도 있겠지만, 오늘날에 이르기까지 전반적인 욥기 해석사에서 주도적인 해석은 이 책이 하나님께서 욥을 꾸짖으시고 이에 욥은 "내가…티끌과 재 가운데에서 회개하나이다"(42:6)라고 인정하는 장면으로 끝을 맺는다는 것이다.

수년 동안 욥기를 연구하고 가르치면서 나는 이것이 욥기의 메시지에 대한 근본적인 오해라고 확신하게 되었으며 결국 나는 폭풍우 가운데서 임한 야웨의 담화가 욥의 항변에 대한 긍정적인 승인이었다는 해석을 배우고 가르치는 반대파의 대열에 합류하게 되었다.

욥과 아브라함에 대한 대안적 해석

텍스트를 주의 깊게 읽으면 욥기가 다르게 해석될 수도 있다는 깨달음은 우리가 창세기 22장도 잘못 읽고 있는 것이 아닌가 하는 궁금증으로 이어졌다. 욥이 자신의 고난에 대해 보였던 격렬한 반응이 하나님에 의해 정당화될 수 있는 것처럼, 하나님에 대한 아브라함의 반응을 우리가 따라야 할 패러다임으로 존중할 필요가 없는 것은 아닐까? 이것은 유대교와 기독교 전통에서 창세기 22장에 나오는 아브라함을 칭송해 온 역사를 고려할 때 상당히 미묘한 문제다.

이 문제는 특히 내가 현대 성서학자 월터 모벌리(기독교 관점)와 존 레벤슨(유대교 관점)이 "이삭의 결박" 이야기를 비전통적인 방식으로 해석하는 경향("미심쩍어하는" 해석)에 대해 제기하는 경고를 진지하게 받아들인다는 점에서 더욱 복잡해진다. 두 학자는 아브라함을 아동 학대자로 해석하거나 하나님이 아브라함에게 아들을 바치라고 하신 명령이 자의적이고 비윤리적이라고 치부하는 현대의 해석을 비판하면서, 텍스트에 대한 (비록 복잡하고 미묘하기는 하지만) 전통적이고 신뢰할 수 있는 해석을 옹호하는 일에 앞장선다.

모벌리와 레벤슨은 창세기 22장에 기록된 아브라함의 행동에 대한 부정적인 평가가 현대 해석자의 전제와 선입견에 근거한 자의적이고 피상적인 비평인 경우가 많으며, 이런 접근법이 고대 텍스트에는 적용될 수 없다고 주장한다.[16] 이 같은 경고에 대한 응답으로 나는 "이삭의 결박" 이야기에 대한 본원적인 해석이 어떤 식으로 그것을 둘러싼 문맥(아브라함 이야기) 속에서 아브라함에 대한 비판을 낳는 것으로 이해될 수 있는지 보여주고자 한다.

욥기와 탄식시 전통에서 아브라함 해석하기

한편으로 본서는 "이삭의 결박" 이야기(창 22장)의 의미를 밝히기 위해 텍스트를 문맥에 따라 면밀히 해석하고자 하는 시도다. (유대교 전통에서는 이를 가리켜 "페샤트" 해석이라고 부른다.)[17] 이 과정에서 나는 또한 성경적 탄식의 모델로서 욥기에 대한 해석을 제공할 것이다. 이 텍스트들을 그

---

16 R. W. L. Moberly, "Abraham and God in Genesis 22," in *The Bible, Theology, and Faith: A Study of Abraham and Jesus* (Cambridge: Cambridge University Press, 2000), 76-78; Jon D. Levenson, "The Test," in *Inheriting Abraham: The Legacy of the Patriarch in Judaism, Christianity, and Islam*, LJI (Princeton: Princeton University Press, 2012), 108.

17 일반적으로 유대교의 성경 해석은 "페샤트"(성경 텍스트에 대한 문자적-문맥적 주해)에서 "미드라시"(동시대에 적용될 수 있는 의미를 찾기 위해 텍스트의 본래 의도를 [때로는 과감하게] 넘어서는 주해 방법)에 이르기까지 다양하다.

자체로 해석하되, 텍스트 상호 간의 관계(상호텍스트성)에도 관심을 기울일 것이다.

아브라함과 욥의 관계에 대한 나의 관심은 자의적인 것이 아니며, 둘 사이에는 명백하고 확고한 연관성이 존재한다. 예컨대 바빌로니아 탈무드(바바 바트라 15b-16a)에는 아브라함과 욥의 경건성과 의로움을 비교하는 현자들의 논의가 실려 있다. 더욱이 탈무드보다 훨씬 이전의 저작인 「희년서」(기원전 160-150년)에서는 아브라함과 욥이 당한 시험을 대비시킨다. 「희년서」 17-18장은 욥기의 첫 장들과 거의 동일하게 군주 마스테마(사탄)가 하나님께 아브라함의 믿음을 시험하라고 도전하는 것으로 "이삭의 결박" 이야기를 재진술한다.[18] 「희년서」 이후로 아브라함 이야기와 욥의 이야기를 연관 짓는 전통이 만연해졌고, 어떤 학자는 성경 해석사에서 이 두 인물 간의 내적 연관성을 전달하기 위해 "요브라함"이라는 용어를 만들어내기도 했다.[19]

---

18 창 22:1에서는 아브라함이 하나님께 시험받는다고 명시적으로 언급하고 있으며 욥기의 서언은 책 전체를 시험이라는 틀 안에서 이해한다. 유대교 전통에서 격렬한 기도 문제를 탐구한 잘 알려진 책에서 Yochanan Muffs는 "하나님께서 아브라함과 욥에게 부과하신 시험"이 자의적인 것으로 보인다는 점을 인정한다. 하지만 그는 아브라함의 응답과 욥의 응답을 구분하면서, 하나님을 향한 욥의 질문을 긍정적으로 평가한다. Muffs, *The Personhood of God: Biblical Theology, Human Faith and the Divine Image* (Woodstock, VT: Jewish Lights, 2005), 72, 184.

19 Nicholas J. Ellis, "The Reception of the Jobraham Narratives in Jewish Thought," in *Authoritative Texts and Reception History: Aspects and Approaches*, ed. Dan Batovici and Kristin de Troyer, BibInt 151 (Leiden: Brill, 2016), 124-40.

주해를 넘어 기도의 신학으로

창세기 22장과 욥기, 그리고 이 두 텍스트가 탄식 시편 전통에 비추어 어떻게 해석될 수 있는지에 대한 나의 관심은 단순히 고고학적인 차원의 궁금증이 아니다. 오히려 이 같은 주해적 탐구에는 분명한 신학적—그리고 더 나아가 목회적—목표가 있다. 성서학자로서 나는 성경 텍스트를 심도 있게 탐구하는 것을 좋아한다. 하지만 본서에서 내가 추구하는 궁극적인 목표는 믿음의 사람들이 우리 자신의 고통(과 세상의 고통)을 처리하는 방편으로 탄식 기도의 가치를 회복함으로써 우리 자신과 세상을 치유할 수 있도록 돕는 것이다.

어떤 이는 학문적 성경 연구와 목회적 성찰을 분리하고 싶어 하지만, 나는 실존적 측면과 주해적 측면이 근본적으로 서로 얽혀 있다고 느낀다.[20]

한편으로 나는 학계에서 말하는 상아탑이라는 것을 경험해 본 적이 없다. 나의 성경 연구는 일관되게 개인적인 참여의 문제였으며, 이는 히브리어, 문학적 수사, 혹은 고대 근동 컨텍스트 같은 전문적인 문제를 다룰 때도 마찬가지였다.

내가 성경에 깊이 관여하게 된 이유는 언제나 영적 훈련을 위한 것이었으며, 그것은 나 자신의 영적 성장에서 중요한 부분을 차지하고 있었다. 그런데 영적 성장을 위한 관심사가 학자로서의 연구, 강의실에서

---

20   오늘날의 신학적, 윤리적 관심에 대한 강조와 주해/페샤트 간의 유기적 통합을 보여주는 좋은 예로 다음을 보라. Shai Held, *The Heart of Torah*, 2 vols. (Philadelphia: Jewish Publication Society, 2017).

의 수업, 그리고 교회 사역과도 상당 부분 중첩되는 것을 발견하게 되었다.[21]

다른 한편으로 신앙생활의 성장과 신학적인 발전도 언제나 성경 본문과의 씨름을 **통해** 이루어졌다. 나는 성경과의 교감이 없었다면 탄식 기도에 관한 의미 있는 신학을 전개할 수 없었을 것이다. 따라서 이 책의 논의는 주로 일련의 성경 텍스트에 대한 참여를 통해 세 단계로 진행될 것이나.

제1부: 격렬한 기도의 성경적 모델

제1부에서는 성경에 나오는 격렬한 기도의 모델, 특히 탄식 시편과 예언자적 중보기도에 대해 다룰 것이다.

제1장 "거칠게 날을 세운 목소리"에서는 하나님 안에서의 회복과 희망을 고대하며 고통의 문제를 해결하는 데 도움을 주는 자료로서의 탄식 시편을 소개한다. 물론 이것은 탄식시에 대한 체계적인 개괄은 아니지만, 구체적인 시편들을 예로 들어 위기의 상황에서 들려오는 목소리가 얼마나 실존적으로 강력한 힘을 지니는지를 소개한다. 본 장은 탄식 기도가 성경 이야기의 규범적 패턴, 특히 출애굽, 십자가 처형, 그리고 종말의 상황에 어떻게 들어맞는지 제시하며, 탄식 기도가 깨어진 세상에서 살아가는 데 어떤 역할을 하는지 성찰하는 것으로 끝맺는다.

제2장 "하나님의 충성스러운 반대자"에서는 예언자의 전형으로서

---

[21] 나는 2021년 캐나다성서학회 회장 취임 연설에서 "학문적 성경 연구"와 "실존적 맥락"의 교차점에 대해 언급했다. "Beyond Eurocentrism: Envisioning a Future for Canadian Biblical Studies," *Canadian-American Theological Review* 10, no. 1

의 모세에 초점을 맞추는데, 그는 이스라엘 백성이 시내산에서 금송아지 우상을 숭배한 이후에 이스라엘 백성을 위해 하나님께 탄원하고, 후에 가데스 바네아에서는 하나님께서 이스라엘 백성을 다시 용서하셔야 하는 이유로서 과거의 금송아지 사건을 선례로 제시한다. 덧붙여 본 장은 구약성경과 후기 유대 문학에 나타난 모세의 중보기도에 대한 기억을 제시하는데 여기에는 아모스, 미가, 예레미야, 에스겔과 같은 예언서에 나타나는 "모세의 모범을 따른" 중보기도가 포함된다. 이처럼 담대한 중보기도를 요청한 분이 하나님이시라는 사실은 바로 그 하나님이 간절하게 기도하는 대화 파트너를 긍정적으로 평가하신다는 점을 보여준다.

제2부: 욥기 이해

제2부에서는 욥기의 의미를 다루며, 성경에서 격렬한 기도의 가치를 증명한 인물로서의 욥을 조명한다.

제3장 "욥의 발언은 적절했는가?"에서는 지혜에 관한 사고 실험으로서의 욥기를 살펴보는데, 여기서 중심 질문은 "처참한 고통에 직면했을 때 지혜롭고 의로운 사람이 (하나님에 관해, 혹은 하나님을 향해) 해야 할 말은 무엇인가"라는 것이다. 욥기는 다음과 같은 일련의 응답을 통해 독자들을 여정으로 안내한다. 욥의 첫 찬미, 욥의 숙명론적 침묵, 항의하는 욥의 목소리, 하나님의 방식을 옹호하는 욥의 친구들이 제시한 답안, 친구들에 대한 욥의 답변, 엘리후의 개입, 폭풍우 가운데서 야웨가 주신 답변.

제4장 "하나님은 욥을 매장하려고 오셨는가, 아니면 칭찬하려고 오셨는가?"에서는 욥에 대한 답변으로 폭풍우 가운데서 주어진 야웨의 답

화가 지닌 의미를 살펴봄으로써, 욥기가 제기하는 "올바른 말"이라는 문제를 다룬다. 이런 맥락에서 볼 때 야웨의 첫 번째 담화는 하나님의 공의에 관한 욥의 오해—욥기 전반에 걸쳐 나타나는 욥의 항의를 통해 분명하게 드러나는—를 교정하는 역할을 하는 것으로 볼 수 있다. 천상계와 동물계를 아우르는 창조세계 전반에 걸친 여행을 통한 야웨의 교정은 욥을 침묵으로 이끌었는데, 이 같은 침묵은 하나님이 의도하신 것이 아니었으며, 그런 이유에서 하나님은 다시 말씀하신다.

폭풍우 가운데서 행하신 두 번째 담화에서 야웨는 욥의 항의가 타당하다고 인정하신다. 두 번째 담화의 핵심은 하나님께서 욥에게 두 가지 "카오스적인" 괴물, 요컨대 베헤못("내가 너를 지은 것 같이 그것도 지었느니라", 40:15)과 리워야단(욥 41장)이라는 아무도 길들일 수 없는 괴물들을 보여주시는 것이었다. 여기서 욥은 하나님이 기뻐하시는 길들일 수 없는 괴물들에 (암묵적으로) 비유되면서, "티끌과 재**에 관하여** 위로받는다"(이것이 "티끌과 재 가운데에서 회개하나이다"라는 전통적인 번역보다 낫다; 42:6).

제3부: 이삭의 결박 이야기를 전통의 굴레에서 풀어주기

욥기에 대한 분석에 이어 우리는 이삭의 결박 이야기를 본격적으로 탐구할 것이다. 먼저 해석의 역사를 일별한 후에 텍스트 자체를 면밀하게 주해할 것이다. 여기서는 특히 창세기 22장을 해석할 때 전통의 굴레를 벗어나서, 말하자면 아브라함을 영웅시하지 않으면서 해석하는 일이 정당한가 하는 문제에 초점을 맞출 것이다.

제5장 "아브라함이나 하나님을 비판하는 일이 허용되는가?"에서

는 내가 창세기 22장에서 아브라함이 하나님께 보인 반응에 대해 비판적으로 해석하려 하는 이유를 밝히고, "이삭의 결박" 이야기에 대한 존 레벤슨과 월터 모벌리의 표준적 입장에 담긴 미묘한 해석과 씨름할 것인데, 그들의 핵심적인 주장은 아브라함에 대한 모든 비판이 성경 텍스트와 성경적 전제들의 본질을 다루지 않기 때문에 유효하지 않다는 것이다. 이어서 본 장에서는 근대 이전 유대교가 창세기 22장을 대하던 태도를 추적하면서 하나님을 향한 항의를 명백한 죄악으로 여겼던 초기 유대교 전통의 한 갈래와, 그와는 대조적으로 하나님에 대해 의문을 제기하는 대안적인 전통에도 주목할 것이다. 하지만 이런 대안적인 전통에서도 이삭의 결박 이야기에 대해 명시적으로 도전하는 질문은 발견할 수 없는 것이 사실이다. 하지만 이삭의 결박 사건에 대한 암묵적인 의문이라도 발견할 여지는 없는 것일까?

이런 암묵적인 질문들의 여지는 고대 유대교 해석자들이 텍스트에서 느끼는 내밀한 불안감을 표현하기 위해 텍스트의 세부 사항들을 선별한 방식에서 드러난다. 유대교와 기독교 세계를 막론하고 대부분의 근대 이전 저자들은 하나님이 아브라함을 시험하신 일을 명시적으로 비판하는 대신 아브라함의 순종이 지닌 모범적인 성격을 부각하지만, 고대와 중세 유대교 주석 전통에 속하는 많은 저자들이 하나님과 아브라함에 대한 칭송을 유보한 채, 이야기의 세부 사항을 미드라시 해석 방식으로 다룸으로써 이삭의 결박 사건에 대한 그들의 불편함을 암시적으로 표현했다.

물론 이것은 모세나 욥이 당돌하게 하나님을 향해 직접적으로 도전했던 것과는 거리가 멀지만, 그럼에도 이삭의 결박 이야기를 좀 더 비판적으로 해석할 수 있는 길을 열어준다.

제6장 "이삭의 결박 이야기와 욥기에서 수사학적 신호를 읽어내기"는 창세기 22장 텍스트에서 독자에게 무언가가 잘못되었음을 알려주는 다양한 수사학적 장치들을 탐구하는 것으로 시작한다. 이 같은 단서들은 이 특별한 사례에서 아브라함을 규범적인 인물로 받아들여야 하는가에 대해 심각한 의문을 제기한다. 이어서 이삭의 결박 이야기를 포함하는 광범위한 아브라함 내러티브와 욥기 간의 다양한 주제적, 문맥적 연결고리를 강조하는데, 이러한 연결고리는 욥기가 이삭의 결박 이야기와 연결하여 읽히도록 의도되었음을 시사한다. 실제로 욥기에 등장하는 항의의 목소리는 창세기 22장에서 아브라함이 보여준 침묵의 태도에 대한 암묵적 비판으로 해석될 수 있다.

이것은 하나님의 시험에 대한 아브라함의 응답이 하나님에 의해 (특히 야웨의 사자가 말했던 것처럼) 옳다고 인정되었다는 창세기 22장 저자의 가정을 욥기가 정면으로 반박하는 것으로 이해될 **수도 있다**. 하지만 창세기 22장 저자의 관점이나 아브라함에 대한 천사의 승인으로 받아들여졌던 반응을 우리가 오해했을 가능성 역시 존재한다. 그렇다면 욥기와 창세기 22장이 하나님께 대한 항의의 타당성에 대해 근본적으로 일치된 견해를 보이는 것은 아닐까? 또한 **창세기 22장조차도** 아브라함의 침묵을 모범적인 반응으로 인정하지 않는 것은 아닐까?

다음 장에서는 이 질문을 본격적으로 다룰 것이다.

제7장 "아브라함은 과연 시험을 통과한 것일까?"에서는 창세기 12-25장에 전개된 아브라함 내러티브에서 특히 하나님에 대한 아브라함의 이해가 변화되고 그의 가족과의 관계가 재정립되는 맥락 안에서

이삭의 결박 이야기를 읽음으로써 하나님에 대한 아브라함의 반응을 재평가할 것이다. 이러한 문맥적 해석은 하나님이 아브라함을 시험하신 이유에 대해 흔히 제안되는 것과는 전혀 다른 선택지를 제공하는데, 이를 통해 우리는 아브라함 이야기 전체를 보다 잘 이해할 수 있게 된다. 이 같은 해석은 하나님에 대한 아브라함의 반응이 모범적이었다는 일반적인 견해를 효과적으로 논박하는데, 이것은 이삭의 결박 이야기를 외부적 관점에서가 아니라 이야기 **그 자체로서** 이해하기 위한 시도라고 할 수 있다. 이것은 레벤손과 모벌리가 제기하는 우려에 대한 답변이 될 수도 있을 것이다.

시험의 목적(그리고 아브라함의 "그리-모범적이지-못한" 반응)에 대한 대안적 독법을 제안하는 본 장은 일반적으로 아브라함을 칭찬하는 것으로 받아들여졌던 두 천사의 담화를 검토하는 것으로 마무리된다. 이 같은 탐구는 아브라함의 침묵에 대해 대안적이고 비판적인 해석이 가능할 뿐만 아니라 상당히 개연적이라는 점을 보여줄 것이다.

마지막으로 다룰 주제는 "불굴의 영적 탄식에 대한 성찰"이다. 창세기 22장에서 하나님이 아브라함을 시험하신 목적을 욥기, 탄식 시편 및 성경에 나오는 다른 항의의 기도들과의 관계에서 살펴본 후에, 그런 텍스트들에 내포된 "복종과 저항"이라는 변증법적 특성을 탐구하면서 본서를 마무리할 것이다. 이 같은 변증법은 고통 가운데 놓인 신자들에게 간절히 기도해야 할 이유를 제공해 줄 뿐 아니라 폭력적이고 양극화된 세상에서 건전한 영성을 개발하고 우리의 삶을 새롭게 하며 하나님과 동행할 수 있게 해주는 필수적인 요소다.

희망 가운데 성경과 삶의 난제에 직면하기

지난 세월 동안 아브라함, 욥, 탄식 시편에 대한 나의 성찰은 마치 지표면 아래로 흐르는 거대한 강물처럼 성서학자로서 나의 삶과 연구를 위한 토양에 생수를 제공해 주었다. 그런데 지표면 아래로 흐르는 이 강력한 물줄기가 거품을 일으키며 점점 더 수면 위로 올라오더니, 이제는 나에게 물살 속으로 뛰어들어서 신앙생활의 어려움과 우리를 종종 당황히게 만드는 성경 텍스트들의 복잡성을 밝히 보여주라고 요구한다.

여기서 다루어지는 성경 텍스트들에 대한 탐구가 혼돈과 고통으로 가득한 세상 가운데 놓인 하나님의 백성들이 일상생활에서 희망을 지니고 살아갈 수 있도록 정직하고 신실한 영성을 개발하는 데 도움이 되기를 희망한다.

제1부

격렬한 기도의 성경적 모델

제1장

거칠게 날을 세운 목소리

영화 〈프린세스 브라이드〉에서 납치당한 공주와 그녀를 구출한 남자(공포의 해적 로버츠) 사이에 오간 대화. 공주가 "당신은 나의 고통을 조롱하는군요"라고 말하자, 남자는 "공주님, 인생은 고통입니다. 그렇지 않다고 말하는 사람은 뭔가를 팔러 온 것이 분명합니다"라고 대답한다.[1]

그렇게까지 냉소적으로 생각하지는 않는다 하더라도, 우리 중 대다수는 고통이나 괴로움이 인간 실존에서 제거할 수 없는 현실임을 인정할 것이다. 우리는 고통으로 가득한 세상에 살고 있다.

다면적인 고통의 세계

수많은 부부가 서로에 대해 좋은 마음을 품고 결혼 생활을 시작했음에

---

[1] *The Princess Bride*, 장면 20, Rob Reiner 감독, William Goldman 각본, Twentieth-Century Fox, 1987. 이 영화는 William Goldman의 다음 소설에 바탕을 두었다. *The Princess Bride: S. Morgenstern's Classic Tale of True Love and High Adventure* (New York: Harcourt Brace, 1973).

도 결국 파탄에 이른다. 가장 친했던 친구가 자살이나 암으로 죽음에 이른다. 그런가 하면 우리는 도심의 거리에서 도움의 손길을 기다리며 우리의 발걸음을 뒤쫓는 노숙자들의 공허한 눈빛과 마주친다.[2]

테러와 정치적 폭력으로 인한 희생자가 늘어가고 전 세계 수많은 도시의 거리마다 시신들이 쌓여가고 있다. 시간이 흐르면서 나라의 이름만 바뀌었을 뿐 고통은 계속되고 있다. 이 같은 폭력으로 인해 집과 나라를 잃어버린 수백만의 난민이 열악한 환경에서 살아가고 있다.

한편으로 난민 위기는 점점 더 부족주의화 되고 타인의 고통에 무감각해졌을 뿐만 아니라 더 나아가 (경제적, 국가적, 정치적, 종교적 이유로) 적으로 여겨지는 사람들을 냉혹하게 악마화하는 세상 풍조와 맞물려 있다.

인간 대 인간의 폭력을 넘어서, 우리가 살아가는 지구는 대기와 물과 토양의 광범위한 오염으로 신음하고 있다. 태평양 한가운데 거대한

---

[2] 이번 장은 1980년대 후반부터 탄식 시편에 관해 진행해 온 성경 연구, 신학교 강의, 그리고 대중 강연의 결실이다. "거칠게 날을 세운 목소리"(Voices from the Ragged Edge)라는 제목은 1993년 온타리오주 세인트캐서린스 소재 하버펠로우십 교회의 John Garner 목사가 탄식 시편에 대해 설교해 달라고 요청했을 때 그와 대화를 나누면서 생각해 낸 것이다. 나는 그 설교를 짧은 묵상 글로 다듬어서 "거칠게 날을 세운 목소리: 시편이 고통을 다루는 데 어떻게 도움이 되는가?"라는 제목으로 기고했으며("Voices from the Ragged Edge: How the Psalms Can Help Us Process Pain," *Canadian Theological Society Newsletter / Communiqué de la société théologique canadienne* 14, no. 1 [November 1994]: 4-7), 기독교 연구소(Institute for Christian Studies)에서 발행하는 학회지에도 같은 제목으로 실었다(*Perspective* 29, no. 1 [March 1995]: 4-5.). 이 짧은 글이 본 장으로 확장되었는데, 이 확장된 글의 초기 형태는 다음과 같이 출간되었다. Middleton, "Voices from the Ragged Edge: The Gritty Spirituality of the Psalms," in *A Sort of Homecoming: Pieces Honoring the Academic and Community Work of Brian Walsh*, ed. Marcia Boniferro, Amanda Jagt, and Andrew Stephens-Rennie (Eugene, OR: Pickwick, 2020), 90-108. Wipf & Stock Publishers의 허락을 받아 여기 게재한다.

플라스틱 섬이 떠다니고, 열대우림이 광범위하게 파괴되었으며, 다양한 생물 종이 멸종의 위기에 놓여 있다. 인간의 활동으로 인해 지구의 기후가 온난화되면서 전 세계 곳곳에서 대규모 쓰나미, 지진, 허리케인이 강력하고 빈번하게 발생하여 막대한 인명 피해와 자연 파괴로 이어지고 있다.

우리가 살아가는 세상에서 고통은 다방면에 걸쳐 있으며 그 규모도 방대하다. 이 엄청난 고통도 비극이지만 우리가 적으로 규정하는 사람들을 향해 때때로 분노와 마비의 감정을 번갈아 느낀다는 사실이 우리의 비극을 한층 심화한다. 하나님께서는 우리에게 타인의 고통에 공감하라고 요구하시지만, 솔직히 말해 우리는 그 같은 사명을 감당할 힘이 부족하다는 사실을 발견한다. 우리는 삶에서 마주하는 일상적인 위기들에 대응하기에도 바빠서 다른 사람의 필요를 돌아볼 여력이 없다. 그래서 우리는 세상의 상처에 노출되는 것을 견디지 못하고 노숙자와 눈을 마주치는 일도 피하면서 자기 보호적이고 방어적인 자세를 취하게 된다. 한편으로 우리는 아군과만 유대관계를 공고하게 하고 우리의 안전과 정체성을 위협하는 모든 외부인을 격렬하게 비난한다.

나는 우리의 무감각과 부적절한 분노의 뿌리가 올바로 처리되지 않은 우리 자신의 고통에 놓여 있다고 믿는다. 신앙인들은 고통의 문제를 다루는 데 특히 어려움을 겪는다. 왜냐하면 그들은 항상 긍정적인 면을 강조하려는 경향이 있기 때문이다. 하지만 칭찬과 축하와 같은 긍정적인 반응이 항상 적절한 것은 아니다.

칭찬이 부적절할 때

자동차 사고가 심하게 나서 일가족 가운데 한 사람만 겨우 살아남았고 부상이 심해서 중환자실에 누워 있는데 목사님이나 랍비가 찾아와서 시편 150편을 낭독한다고 상상해 보라.

> 할렐루야!
> 그의 성소에서 하나님을 찬양하며,
> 그의 권능의 궁창에서 그를 찬양할지어다.
> 그의 능하신 행동을 찬양하며,
> 그의 지극히 위대하심을 따라 찬양할지어다.
> 나팔 소리로 찬양하며,
> 비파와 수금으로 찬양할지어다.
> 소고 치며 춤추어 찬양하며,
> 현악과 통소로 찬양할지어다.
> 큰 소리 나는 제금으로 찬양하며,
> 높은 소리 나는 제금으로 찬양할지어다.
> 호흡이 있는 자마다 여호와를 찬양할지어다.
> 할렐루야!(시 150:1-6)

물론 이것은 의심의 여지 없이 부적절한 일이다.

아니면 당신이 가슴 아픈 이유로 이혼했거나 얼마 전에 직장을 잃어서 가족이 앞으로 어떻게 살아야 하며 전세 대출을 어떻게 상환해야 할지 막막하다고 가정해 보라. 이때 누군가가 당신에게 찾아와서 **"그래도 주님을 찬양하세요"**라고 말한다고 생각해 보라. (내 친구 중 한 명은 어떤 상황에서도 이렇게 말하곤 한다.)

하지만 당신이 인생의 방향을 상실하고 충격에 빠져 고통받고 있을 때 어떻게 하나님을 찬양할 수 **있겠는가**? 바빌로니아로 끌려간 이스라엘 백성들이 어떻게 시온의 노래 가운데 하나를 부를 수 있겠는가? 대표적인 시온 찬송 중 하나인 시편 46편은 하나님께서 예루살렘에 임재하셔서 그의 백성들과 함께하심을 찬미하는 노래다. 이 노래는 다음과 같이 확신에 찬 선언으로 시작한다. "하나님은 우리의 피난처시요 힘이시니 환난 중에 만날 큰 도움이시라"(46:1[46:2 MT]). 시편 저자는 하나님이 예루살렘 성 한가운데 계시기 때문에 성이 결단코 흔들리지 않을 것이라고 장담한다(46:5[46:6 MT]). 물론 지금 그 도시는 폐허가 되었지만 말이다.

따라서 바빌로니아 유배기에 활동했던 후대의 시편 저자는 시온 찬송이 아니라 공동체의 탄원을 담은 탄식의 노래를 부른다. "우리가 바벨론의 여러 강변 거기에 앉아서 시온을 기억하며 울었도다"(시 137:1).

시편 137편은 다음과 같이 질문한다. 우리가 이역만리 낯선 땅에서 어떻게―시편 46편이나 150편 같은―야웨의 노래를 부를 수 있겠는가?(137:4) 한편 시편 137편은 본래의 역사적 맥락을 넘어서 오늘날 우리에게도 의미가 있다. 왜냐하면 우리가 고통 가운데 처해 있을 때 우리는 하나님께서 선한 창조물인 우리를 위해 의도하신 번영의 상태로부터 소외되어 낯선 땅에 머물고 있는 것이기 때문이다.

얼터너티브 기독교 예술가인 마크 허드는 〈플라스틱 가면〉("These

Plastic Halo")이라는 노래에서 교회에 속한 많은 이들이 자신의 고통에 솔직해지기 위해 분투하고 있는 모습을 묘사한다. 허드는 "플라스틱 헤일로"라는 은유를 사용하여 그리스도인들이 교회에서 자주 쓰곤 하는 가면을 묘사하는데, 그는 플라스틱 가면 뒤에 "상처투성이의 연약한 얼굴이 숨겨져 있다"라고 말한다. 이 가면들은 우리의 고통을 감추는 역할을 하는데, 우리가 고통을 감추려 하는 이유는 "우리의 눈물이 하나님의 진노를 불러오리라고 생각"하기 때문이다. 우리의 "잿빛 침묵"("우리의 고통을 대면할" 능력의 부족)이 불러오는 결과로 "우리는 어쭙잖은 환호로 낯빛을 꾸미고", "엉겁결에 위로를 거부한다."³

마지막 연에서 허드는 고통을 감추기 위한 이러한 접근 방식을 가리켜 낙관주의를 찬양하고 슬픔을 비하하는 일종의 "지침"이라고 묘사한다. 노래는 다음과 같은 가사로 끝난다. "우리는 세상이 먼지로 변하는 것을 바라보고, 하나님의 눈물은 우리 위에 떨어지네."

나는 탄식 시편이 고통의 문제를 해결하기 위한 대안적 프로토콜, 요컨대 성경 내러티브의 구속사적 전망에 깊이 뿌리내리고 실존적인 치유로 이어지는 "지침"을 제공한다고 믿는다.

---

3   Mark Heard, "These Plastic Halos," recorded July-September 1982, side 2, track 3 on *Eye of the Storm*, Home Sweet Home Records, 1983.

악의 원인을 설명하려 할 때 발생하는 "문제"

그런데 우리가 칭찬과 축하에만 집중하는 것 자체가 우리가 고통에 대처하는 일을 방해하는 주된 요인이 아닐 때도 있다. 어떤 경우에는 선의를 가진 사람들이 우리에게 고통의 원인에 대해 지나치게 신속한 (결국은 피상적인) **설명**을 제공함으로써, 우리가 느끼는 방향 상실을 "수용"(hosting)하지 못하게 하고 우리의 고통에 대해 전적으로 솔직해지지 못하게 방해할 수도 있다. 욥의 위로자들이 그랬던 것처럼 말이다.[4]

설령 우리가 "악의 문제"(소위 신정론)를 철학적으로 깊이 다루어본 적이 없다고 하더라도, 깨어 있는 신앙인이라면 직관적으로 이 문제의 기본적인 윤곽을 이해할 수 있다.[5] 이 "문제"를 가장 단순하게 정리하자

---

[4] 본 장을 관통하는 "**방향 설정**", "**방향 상실**", "**방향 재설정**"이라는 범주는 Walter Brueggemann의 다음 책이 제공하는 통찰력 있는 분석에 기초하고 있다. Walter Brueggemann, *The Message of the Psalms: A Theological Commentary*, Augsburg Old Testament Studies (Minneapolis: Augsburg, 1984). 이 범주들은 Paul Ricoeur의 연구에서 파생된 것으로, Brueggemann은 시편들을 인간 경험과 연결하기 위해 이 범주들을 전용한다. 방향 상실을 "수용"(hosting)한다는 나의 은유는 고통으로 인한 방향 상실이 우리의 삶이라는 "집"에 영구적으로 침투하는 것은 바람직하지 않으나 어차피 뒷문으로 들어올 것이므로 이를 문전박대해서는 안 된다는 점을 암시하기 위한 것이다. 우리는 오히려 떠날 준비가 되었다고 판단되기까지는 방향 상실을 환대해야 하며, 시편의 지침들을 따라 그것을 해결한 후, 새롭고 변화된 방향으로의 이동을 시작해야 한다.

[5] 그리스어로 신을 뜻하는 "테오스"(*theos*)와 정의를 뜻하는 "디케"(*dikē*)가 합쳐져서 만들어진 신정론(theodicy)이라는 용어는 17세기 말 고트프리트 빌헬름 폰 라이프니츠(1646-1716)가 자비를 베푸시고자 하는 하나님의 일반적인 의지를 가리키기 위해 만들어낸 것이다. 라이프니츠의 『신정론 논고』(*Essais de théodicé*)는 1710년에 가서야 출간되었지만, 그는 이미 1695년에 보낸 편지에서 그가 제안하는 논문의 제목으로 이 용어를 언급하고 있다. 영역본으로는 다음을 보라. Leibniz, *Theodicy: Essays on the Goodness of God, the Freedom of Man and the Origin of Evil*, trans. E. M. Huggard, ed. Austin Farrer (Le Salle, IL: Open Court, 1985). 볼테르는 『캉디드』(Paris: Nilsson, 1759)에서 1755년에 일어난 비극적인 리스본 대지진과 그에 뒤따른 해일, 화재를 다루면서 라이프니츠의 이 같

면 다음과 같다.

1. 우리는 하나님이 선하시고 사랑이 많으신 분이라고 (그래서 하나님이 악과 고통을 원하지 않으신다고) 믿는다.
2. 우리는 하나님이 주권자이시고 전능하신 분이라고 (그래서 하나님이 악과 고통을 제거하거나 예방하실 수 있다고) 믿는다.
3. 그러나 악은 존재한다.

이것은 확실히 모순처럼 보이며,[6] 이것을 해결하는 다양한 방법이 있다.
먼저 우리는 **"하나님이 존재하지 않는다"**라고 말할 수 있다. (논리적인 문제는 완벽하게 해결되었으나 하나님을 믿는 사람들에게는 이런 해결책이 도움이 되지 않는다.) 또는 첫 번째 전제를 부정하면서 **"하나님은 완전히 선하시거나 전적으로 신뢰할 수 있는 존재가 아니다"**라고 말할 수도 있다.[7] 아니면 두 번째 전제를 부정하면서 **"하나님은 전적으로 주권을 행사하시지는 않으며, 모든 것을 다 하실 수 있는 것은 아니다"**라고 말할 수도

은 낙관주의를 풍자한다.

[6] 이 세 가지 명제는 데이비드 흄이 『자연종교에 관한 대화』(*Dialogues concerning Natural Religion*, ed. Martin Bell [1779; repr., London: Penguin, 1990], part 10, esp. pp. 108-9)에서 이 문제와 관련하여 했던 유명한 진술에 근거한다. (여기서 흄은 그리스 철학자 에피쿠로스가 이전에 공식화했던 내용을 상기시킨다.) J. L. Mackie는 "Evil and Omnipotence," *Mind* 64, no. 254 (1955): 200-212에서 그와 비슷한 방식으로 이 문제를 언급한다. 어떤 이는 하나님이 모든 것을 알고 계신다는 명제를 네 번째 항목으로 추가하지만, 나는 이것이 문제 해결에 본질적인 공헌을 한다고 생각하지 않는다.

[7] 이 관점은 David Blumenthal에 의해 발전되었다. David Blumenthal, *Facing the Abusing God: A Theology of Protest* (Louisville: Westminster John Knox, 1993).

있다.[8]

우리는 심지어 악은 실제로 존재하지 않는 환상에 불과하다고 말할 수도 있는데 동양의 일부 종교에서는 이렇게 주장하기도 한다.

하지만 기독교 사상사에서 가장 일반적인 해법은 하나님이 악과 고통을 허용하시는 데는 "그럴 만한 이유"가 있다고 주장하는 것이었다.[9] 달리 표현하자면 하나님께서는 세상의 모든 악과 고통 없이는 도달할 수 없는 "더 큰 선"을 염두에 두셨다는 것이다.[10] 이것은 세 번째 전제를 부정하는 기독교적 해법이다. 한마디로 우리가 "악"이라고 **생각한** 것이 실질적으로나 궁극적으로는 악이 아니라는 말인데, 왜냐하면 그것은 가능한 최선의 세상을 만들기 위해 필요한 요소이기 때문이다. 이 같은 해법은 교묘하게 하나님의 책임을 면제해 주는데, 왜냐하면 하나님은 더 큰 선(그것이 무엇이든 간에)을 이루기 위해 실제로 발생하는 악과 고통을

---

[8] 이 관점은 Harold S. Kushner에 의해 발전되었으며, 신과 실재의 본질에 대한 형이상학적 분석에 기초한 과정신학과 과정철학의 입장이기도 하다. S. Kushner, *When Bad Things Happen to Good People* (New York: Schocken Books, 1981).

[9] 하나님이 악을 허용하시는 데는 "그럴 만한 이유"가 있다는 표현은 다음 책에서 발견된다. Alvin Plantinga, *God, Freedom, and Evil* (Grand Rapids: Eerdmans, 1977), 26, 31. Plantinga 이전에는 Nelson Pike가 하나님이 악을 허용하시는 데는 "윤리적으로 충분한 이유"가 있다고 말했었다. Pike, "Hume on Evil," *Philosophical Review* 72, no. 2 (1963): 183.

[10] 이런 사고방식은 적어도 아우구스티누스에게까지 거슬러 올라간다(다만 그는 고통이 엄밀한 의미에서 악이라고 말하지는 않았다; *De libero arbitrio*, 1.11.22; 3.9.25). 아우구스티누스는 그의 초기 저작에서 인간이 저지르는 모든 윤리적 악은 하나님의 정당한 형벌에 의해 곧바로 상쇄되기 때문에, 세상은 인간의 악으로 인해 더 나빠지지는 않는다고 주장했다(*De libero arbitrio*, 2.16.43; 3.9.25). 후기 저작에서 그는 말하기를, 하나님은 인간이 행하는 악을 상쇄하여 그 결과 인간이 악을 행하기 이전보다 더 **나아지게** 하신다고 주장했다. "하나님은 악이 존재하지 않는 것보다 악에서 선을 이끌어내는 것이 더 낫다고 판단하셨습니다." *Augustine: Confessions and Enchiridion*, trans. and ed. Albert C. Outler (Philadelphia: Westminster, 1955), 355.

허용할 필요가 있으셨기 때문이다.

그러나 세상의 모든 악이 다른 방법으로는 달성할 수 없는 "더 큰 선"을 이루는 데 공헌한다고 주장하는 것은 진정한 의미에서 악이 존재하지 않는다는 것을 의미할 뿐이다. 데이비드 레이 그리핀이 설득력 있게 주장했듯이, 진정한 악이 성립되는 데는 최소한의 판별 기준이 필요한데, 바로 "그것이 없다면 세상이 좀 더 나은 장소가 될 것이다"라는 기준이나. 이런 기준을 충족하지 못한다면 그것은 진정한 악이 아니라 단지 악처럼 보이는 것일 뿐이다.[11]

겉으로 보기에 악처럼 여겨졌던 일들이 실제로는 더 큰 선을 이루는 데 공헌하는 경우가 적지 않다. 예를 들어 겉으로 보기에는 나에게 "악"으로 여겨졌던 강의 준비나 연설 준비에 매달려야 할 때, 나는 차라리 숲속을 걷거나 자전거를 타는 것이 훨씬 유익하겠다고 생각했던 적이 있다. 하지만 나는 강의를 준비하고 저술하는 일이 게으름을 피워서는 결코 달성할 수 없는 "더 큰 선"을 가져다준다고 판단했기 때문에 그 일에 매진했다. 아니면 전쟁터에서 한 병사가 다리에 총상을 입어 상처가 병균에 감염되었는데 항생제를 구할 수 없는 상황이라고 가정해 보자. 이때는 병사의 생명을 구하기 위해 다리를 절단해야 할 것이다. 일반적으로 다리를 절단하는 것은 좋은 일이 아니지만, 이 같은 상황에서는 다리를 절단하는 일이 그것을 시행하지 않고서는 달성할 수 없는 더 큰 이익(생명을 구하는 것)을 가져다준다고 할 수 있다.

---

11   David Ray Griffin, *God, Power, and Evil: A Process Theodicy* (Philadelphia: Westminster, 1976), 21-26.

악의 문제를 해결하기 위한 보편적인 방식으로서 "더 큰 선"을 옹호하는 것에는 중대한 난점이 있는데, 그렇게 되면 우리는 세상에서 일어나는 **모든** 악과 고통이 하나님께서 그것 없이는 성취하실 수 없는 어떤 더 큰 선을 위해 필요하다고 말해야 한다는 점이다.[12] 여기서 발생하는 문제점은 그 같은 주장이 악에서 구원하시기를 간구하고 악을 적극적으로 대적할 동기를 무력화할 여지가 있다는 것이다. 어쨌거나 만일 내가 마주한 특정한 "악"이라는 상황이 없이는 이루어질 수 없는 "더 큰 선"을 하나님이 염두에 두고 계신다고 내가 믿는다면, 내가 특정한 상황에서 하나님께 구원을 요청할 이유가 무엇이겠는가? ("더 큰 선" 논증은 하나님의 목적에 따라 모든 악이 정당화된다고 주장한다.) 그렇다면 과연 나는 악에 저항해야만 하는 것일까? 결국 악의 문제와 관련하여 "더 큰 선" 접근법을 받아들이는 것은 윤리적 마비 상태를 초래할 수 있다.[13]

자유 의지는 아마도 하나님이 고통을 허용하시는 이유를 설명하기 위해 제안된 "더 큰 선"의 가장 중요한 사례일 것이다. "자유 의지"라는 더 큰 선을 제안하는 자들은 하나님이 자유 의지를 너무나 중요하게 여기셔서 설령 그것이 폭탄 테러, 홀로코스트, 르완다와 보스니아의 인종 청소, 아우슈비츠와 다하우의 소각로를 비롯하여 수많은 끔찍한 악을

---

12 "더 큰 선"을 옹호하는 입장에 대한 나의 이전 비판으로는 다음을 보라. Middleton, "Why the 'Greater Good' Isn't a Defense: Classical Theodicy in Light of the Biblical Genre of Lament," *Koinonia* 9, nos. 1 & 2 (1997): 81-113.
13 물론 나는 어떤 형태의 "더 큰 선" 논증을 인정한다고 해서 반드시 우리 앞에 닥치는 모든 일에 대해 묵인하게 되는 것은 아니라는 점을 알고 있다. 왜냐하면 악에 저항하도록 이끄는 다양한 종류의 심리적 동기가 작용하기 때문이다. 하지만 여기서 나는 이 관점의 논리, 그리고 특히 "더 큰 선" 논증을 실제로 신봉하는 자들에게 이 논리가 가하는 압박을 염두에 두고 있다.

초래하더라도 그것을 허용하신다는 주장을 옹호한다. 그처럼 끔찍한 일들이 일어나겠지만, 하나님의 관점에서 볼 때 그것은 마땅한 일이며 우리가 자유 의지를 누리기 위해서는 불가피한 일이기도 하다는 것이다.

나의 요점은 "자유 의지" 논증이 지닌 장점을 논의하려는 것이 아니라, 누군가가 고통받는 이유를 설명하려 하는 기독교적 시도 가운데서 "더 큰 선" 접근 방식의 많은 사례를 발견할 수 있다는 점에 주목하려는 것이다. 예컨대 장례식에 참석한 어떤 사람이 하나님께서 고인을 데려가신 데는 그만한 이유가 있다고 말할 수도 있다. 그리스도인들이 우리가 고난을 당하는 데는 분명히 어떤 목적이 있을 것이라고 주장하는 것은 아주 흔한 일이다. 비록 그 이유가 무엇인지 분명히 설명하지는 못하지만 말이다.[14]

"더 큰 선" 논증을 옹호했던 C. S. 루이스의 생각 변화

C. S. 루이스는 1940년에 출간된 그의 유명한 저서 『고통의 문제』에서

---

14 Alvin Plantinga(*God, Freedom, and Evil*, 26-28)는 자유 의지를 옹호하는 일(그가 주장하는 내용)과 자유 의지를 전제한 신정론을 구분해야 한다고 (또한 같은 논리에서 "더 큰 선"을 옹호하는 일과 "더 큰 선"을 전제한 신정론을 구분해야 한다고) 주장한 것으로 유명하다. [자유 의지나 "더 큰 선"을] 옹호하는 일은 단순히 악의 존재가 하나님의 선과 능력에 모순된다는 주장을 반박하기 위해 하나님이 악을 허용할 선한 이유가 있다는 **논리적 가능성**만을 제안하는 반면, 자유 의지나 "더 큰 선"을 전제한 신정론은 하나님이 악을 허용하시는 **구체적인 이유**를 제시하는 것이다. 이 같은 구분이 타당하기는 하지만 그런 구분이 악의 문제에 대한 "더 큰 선" 접근법이나 그것이 우리의 신앙생활에 미치는 결과에 관한 나의 논점에 영향을 미치지는 않는다. 내가 **옹호**(defence)라는 용어를 사용하는 방식은 Plantinga의 기술적 차원을 넘어선다.

"더 큰 선" 논증을 옹호하는 다양한 방식을 보여준다. 여기서 루이스는 사람들이 특히 만사가 형통할 때 자신이 하나님께 반역하는 상태에 있다는 사실을 인지하지 못하는 경우가 많다고 설명한다. 그는 다음과 같이 지적한다. "하지만 우리는 고통의 문제에 민감해야 한다." 이어서 그의 유명한 진술이 뒤따른다. "하나님은 우리가 즐거울 때 우리에게 속삭이시고, 우리의 양심에 대고 말씀하시지만, 우리의 고통 가운데서 우리에게 소리치신다. 고통은 귀머거리가 된 세상을 깨우치시는 하나님의 확성기다."[15] 고통이 우리를 잠에서 "깨웠다"는 것을 알게 되고, 우리가 "세상과 조화를 이루지 못한다"는 사실을 발견하고, 우리가 통제할 수 없는 현실이 우리를 엄습해 온다는 것을 깨닫게 될 때 무슨 일이 일어날 것인가? 루이스는 우리에게 두 가지 선택지가 있다고 말한다. 우리는 하나님께로 돌아가는 여정을 시작할 수도 있고, 아니면 하나님께 반항할 수도 있다(물론 나중에 회개할 여지는 남아 있다).

루이스는 말한다. "하나님의 확성기로서의 고통은 분명히 끔찍한 도구이며, 그것은 최종적으로 영구적인 반역으로 이어질 수 있다. 하지만 고통은 악한 사람이 개과천선할 수 있는 마지막 기회를 제공한다. 고통은 위선의 장막을 걷어내고 반역하는 영혼의 요새 안에 진리의 깃발을 세워준다."[16] 고통이나 고난은 한마디로 잠을 깨우는 경종이다. 고통은 적어도 일부 사람들을 자극하여 "더 큰 선"이신 하나님께로 돌이키게 만들기 때문에 이 세상에 필요한 존재다. 물론 모든 사람이 회개하는 것

---

15 C. S. Lewis, *The Problem of Pain* (London: Centenary Press, 1940), 83.
16 Lewis, *Problem of Pain*, 83.

은 아니다. 하지만 루이스가 여기서 암묵적으로 주장하는 바는 고통을 정당화할 만한 이유가 있다는 것이다.

이것이 그가 1940년에 펼쳤던 주장이다.

그러나 21년 후인 1961년에 루이스는 『헤아려 본 슬픔』이라는 책을 썼다. 그는 자신이 『고통의 문제』에서 말했던 내용을 (자신의 이름을 걸고) 정면으로 반박할 수는 없었기 때문에 N. W. 클라크라는 가명으로 이 책을 출간했는데, 여기서는 이전 지적과 완전히 배치되는 주장을 펼친다. 이 새로운 책에서 그는 악의 문제를 설명할 때 "더 큰 선" 논증을 전적으로 거부한다. 여기서 루이스는 하나님의 임재, 더 나아가 하나님의 **부재**를 느끼는 이유를 묻는다.

그렇다면 하나님은 어디 계신 것일까? 이것은 가장 불안정한 증상 가운데 하나다. 당신이 너무 행복해서 그분이 필요하다는 생각조차 들지 않을 때, 당신을 향한 그분의 요구를 방해로 여기라는 유혹을 받을 만큼 행복할 때, 만일 당신이 정신을 차리고 감사와 찬송을 올리면서 그분께 돌이키면 하나님은 두 팔 벌려 당신을 환영하실 것이다(혹은 그렇게 느껴질 것이다).

하지만 당신에게 도움이 절실하게 필요하고 다른 모든 노력이 허사가 되었을 때 그분께로 돌이키면 당신은 어떤 상황을 마주하게 될 것인가? 눈앞에서 문이 철컥 닫히고 안에서 문빗장을 이중으로 잠그는 소리가 들려올 것이다. 그리고 나서는 침묵이 찾아올 것이다.

여기서 빨리 발걸음을 돌리는 게 나을 것이다. 당신이 오래 기다릴수록 그 침묵은 더욱 강렬해질 것이다. 창문에는 불빛도 없고 그 집은 이미 비어 있을 수도 있다. 그곳에 사람이 살았던 적이 있기는 할까? 한때는 그랬던 것

같기도 하다. 그리고 그때의 모습도 이처럼 강렬했었다.[17]

루이스는 두 가지 질문으로 이 생각을 마무리한다. 첫째, 그는 단순히 "이것이 무엇을 의미할 수 있을까?"라고 묻는다. 그런 다음 아이러니하게도 시편 46:1(욥 7:17-18이 시 8:4[8:5 MT]에 대한 역설적인 언급인 것처럼)을 염두에 두고서 "어찌하여 그분은 우리가 형통할 때는 지휘관처럼 나타나시면서, 고난의 시기에는 도움을 주시지 않는가?"라고 묻는다.[18]

확실히 이것은 어떤 형태의 "더 큰 선" 논증과도 거리가 멀다. 그렇다면 『고통의 문제』와 『헤아려 본 슬픔』 사이에는 무슨 일이 있었던 것일까?

많은 사람이 50년 넘게 독신으로 살아온 루이스가 결혼의 기쁨을 경험하게 된 이야기를 알고 있을 것이다. 그런데 얼마 지나지 않아 그의 사랑하는 새 신부인 조이 데이비드먼이 암 진단을 받았다. 잠시 호전되는 듯했으나 암이 재발했고 처음 암 진단을 받은 지 3년 만에 세상을 떠났다.

고통의 이유를 설명하는 것이 용납되지 않을 때

고통이 "더 큰 선"을 위한 것이라는 입장을 이론적으로 도식화하는 것과

---

[17] C. S. Lewis, *A Grief Observed* (1961; repr., Greenwich, CT: Seabury, 1963), 9.
[18] Lewis, *A Grief Observed*, 9.

내가 알고 사랑하는 사람에게 고통과 죽음이 닥쳤을 때 그 입장을 계속해서 신봉하는 것은 완전히 다른 문제다.

C. S. 루이스의 삶을 조이 데이비드먼과의 결혼 생활을 중심으로 그려주는 〈섀도우랜드〉(1993)라는 영화에서 이런 점이 생생하게 드러나는데, 이 영화는 『헤아려 본 슬픔』에 바탕을 둔 것이다.[19]

친구들 사이에서 잭으로 알려진 루이스가 아내의 죽음 이후에 겪은 변화를 보여주는 세 개의 장면이 연달아 등장한다.

첫 번째 장면에서 조이의 장례식이 끝나고 루이스가 교회당을 나서는 순간 방금 장례를 집전한 사제가 루이스에게 "잭, 당신이 믿음을 지킨 것에 대해 하나님께 감사드립니다. 이런 때일수록 믿음이 중요하죠"라고 말한다. 한마디도 대답하지 못하고 루이스가 보여준 몸짓이 많은 것을 말해 준다. 그는 사제를 잠시 쳐다보고는 그 같은 위로의 말을 견디지 못하겠다는 듯이 입을 악물고 계속 걷는다.

두 번째 장면에서 루이스는 장례식이 끝난 후에 형 워렌(워니로 알려진)과 함께 집에 있다. 침묵의 시간이 흐른 후 그는 조용히 읊조린다. "그녀를 다시 볼 수 없다는 것이 너무나 두려워. 고통은 단지 고통일 뿐이며, 여기에는 아무런 이유도, 목적도, 패턴도 없다는 생각이 드는 것도 두렵고." 이에 형이 대답한다. "잭, 무슨 말을 해주어야 할지 모르겠구나." 루이스가 다시 대답한다. "할 수 있는 말이 없지. 이제 그것을 깨달

19　*Shadowlands*, Richard Attenborough 감독, William Nicholson 각본, Savoy Pictures, 1993. 1993년에 개봉한 영화(앤서니 홉킨스가 C. S. 루이스 역을, 데보라 윙어가 조이 데이비드먼 역을 맡았다)는 1985년에 제작된 TV 영화와 1989년에 공연된 동명의 연극을 리메이크한 것이다.

게 되었네. 워니, 이제 막 뭔가를 조금 깨달은 기분이야. 경험은 잔인한 스승이지만 그래도 배워야지. 하나님의 은총으로 우리가 뭔가를 배우는 것이겠지."

세 번째 장면에서 루이스는 케임브리지 대학교의 학회에 다시 들어간다. 그를 가엾게 여긴 동료 교수가 "도와드릴 것이 없나요?"라고 물었을 때 그는 "이것이 최선이라는 말만 하지 마세요. 그게 제가 바라는 전부입니다"라고 대답한다. 조이의 장례식을 집전했던 사제(해리)도 그 자리에 있었는데 그는 다시 경건한 말을 건넸다. "어째서 이런 일이 일어나는지는 오직 하나님만 아십니다." 그러자 루이스가 정곡을 찌르는 답변을 던진다 "하나님은 아시겠지요. 그런데 하나님께서 신경은 쓰시나요?" 이후 대화는 빠르고 격렬하게 이어진다.

해리가 말한다. "물론 우리는 많은 것을 볼 수 없습니다. 우리는 창조자가 아니니까요."

루이스가 다시 대답한다. "맞아요. 우리는 그저 피조물일 뿐이죠. 그렇지 않나요?" "우리는 그저 우주라는 실험실에 던져진 쥐에 불과하지요." 이 지점에서 해리는 고개를 가로저었지만, 루이스는 멈출 생각이 없었다. "이 실험이 우리 자신을 위한 것이라는 점은 분명하겠지만, 그래도 하나님이 해부학자라는 사실에는 변함이 없지요." 여기서 해리는 끼어들려고 하지만 루이스는 소리를 높여 "아니요. 그래서는 안 돼요. 정말 끔찍하게 엉망진창이고, 그것이 우리에게 주어진 전부입니다."

시편의 솔직함

루이스가 『헤아려 본 슬픔』에서 표현한(그리고 영화 〈섀도우랜드〉의 주인공이 말했던) 내용은 악을 "설명"하려고 하는 사람들에 맞서 삶의 한계 상황에서 목소리를 내는 자들과 그를 한데 묶어준다. 이리하여 그는 시편의 수많은 탄식시와 탄원시, 예언자 예레미야의 고뇌에 찬 기도(렘 20:7-18), 그리고 욥기라고 불리는 책 전반에 길처 나타나는 고통받는 욥의 항의에 한층 더 가깝게 다가간다.

시편의 3분의 1 이상을 차지하는 탄식 시편(4분의 1도 채 되지 않는 찬미 시편과 비교해 보라)은 인간 경험의 어두운 측면을 정면으로 마주하는 솔직하고 거친 기도이며, 따라서 우리가 느끼는 방향 상실(disorientation)을 "관리"하고 처리하는 방법에 대한 지침을 제공할 수 있다.

여기서는 시편 30편(감사 시편)과 39편(탄식 시편)에 집중할 것인데, 이 시편들은 탄식에 이르는 과정과 탄식의 본질을 잘 설명해 준다.[20]

오늘날 우리는 **감사, 찬양, 경배**와 같은 용어들을 종종 같은 의미로 사용하지만, 감사 시편(thanksgiving psalms)이라는 장르는 찬미 시편(hymns of praise)과는 사뭇 다르다. 찬미 시편은 하나님께서 행하시는 전

---

20 나는 신학교에서 시편 강좌를 들으면서 탄식 시편에 대해 알아가기 시작했고, 결과적으로 시편 88편을 접하게 되었는데(앞서 서론에서 언급한 바 있다), 이후로 1989년 4월 온타리오주 키치너 소재 세인트앤드루스 장로교회에서 Walter Brueggemann이 인도한 주말 시편 워크숍에 참여하면서 탄식 시편에 대한 이해가 더 깊어졌다. 워크숍 과정에서 Brueggemann은 시편 39편의 의미를 탐구했다. 또한 나는 Brian Walsh가 시편 30편을 주제로 통찰력 있는 성경 연구를 진행하면서 시편 39편에 대한 Brueggemann의 분석과 연관 지어 설명해 준 데 대해 감사한다. 나는 이 강좌들을 통해 그 시편들을 더 깊이 탐구해 보고 싶다는 열망을 품게 되었다.

형적인 일들을 묘사한다. 따라서 이 시들은 하나님의 특징적인 속성이나 행위들에 대해 보다 일반적인 방식으로 하나님을 찬양하며 대개 현재 시제를 사용한다. 시편 103편을 예로 들 수 있다.

> 내 영혼아! 여호와를 송축하며,
> 그의 모든 은택을 잊지 말지어다.
> 그가 네 모든 죄악을 사하시며,
> 네 모든 병을 고치시며,
> 네 생명을 파멸에서 속량하시고(시 103:2-4a).

또 다른 예는 시편 117편이다.

> 너희 모든 나라들아! 여호와를 찬양하며,
> 너희 모든 백성들아! 그를 찬송할지어다.
> 우리에게 향하신 여호와의 인자하심이 크시고,
> 여호와의 진실하심이 영원함이로다.
> 할렐루야!(시 117:1-2)

시편 103편이나 117편 같은 찬미 시편들이 하나님의 전형적인 행동을 묘사한다면, 감사 시편은 과거 시제로 이야기를 들려준다. 이렇게 감사 시편은 하나님께서 시인에게 행하신 놀라운 사건들을 회고한다.

심연으로부터의 구원 이야기(시 30편)

시편 30편은 새로운 방향 설정에 관해 이야기한다. 시인은 삶에 중대한 변화를 가져다준 하나님과의 만남, 다시 말해 갱신을 체험한다. 이것이 바로 시편 저자가 시의 첫머리에서 하나님을 찬미하며 이 시편을 탄생시킨 구원의 이야기를 압축해서 전달해 주는 이유다.

> 여호와여, 내가 주를 높일 것은 주께서 나를 끌어내사,
> 내 원수로 하여금 나로 말미암아 기뻐하지 못하게 하심이니이다.
> 여호와 내 하나님이여, 내가 주께 부르짖으매,
> 나를 고치셨나이다.
> 여호와여, 주께서 내 영혼을 스올에서 끌어내어,
> 나를 살리사 무덤으로 내려가지 아니하게 하셨나이다(시 30:1-3).[21]

마지막 행에서는 "무덤으로 내려가지 아니하게 하셨나이다"(3; NIV, NJPS, NASB, NAB, NLT, KJV)라고 하였는데, 바로 앞에서는 "내 영혼을 스올에서 끌어내어"(3a)라고 말하는 것은 서로 모순처럼 들릴 수도 있다. 어느 쪽이 맞는 것일까? 내려가지 않게 하신 것일까, 아니면 끌어 올리신 것일까? 하지만 우리는 이 같은 묘사를 문자적으로 받아들여서는 안 된다. 이것은 시적 표현일 뿐이다. 시편 저자는 지금 감사로 마음이 충

---

[21] 시 30:2-4 MT. 여기서부터 이 시편에 대해서는 NRSV 번역본의 절수만 표기할 것이다(개역개정도 동일하다). 이 시편에서 마소라 텍스트의 절수는 언제나 영역본의 절수보다 하나가 높다.

만하다. 요지는 하나님께서 그를 구원하셨다는 것이다. 정확히 어떤 상황으로부터 그를 구원하셨는지 밝히지는 않는다. 질병일지, 아니면 전쟁, 박해, 가난일지, 우리는 문제가 뭐였는지는 알 수 없다. 또한 그는 하나님께서 자신을 적으로부터 보호해 주셨다고만 말할 뿐이고 더 자세히 설명하지는 않는다.

시편에는 무덤(스올), 구덩이, 진창, 그리고 시인을 둘러싸고 있는 적들(개, 황소라고 표현하기도 한다)과 같은 이미지들이 가득하다. 하지만 시편에서 이런 일반화된 표현을 넘어서 구체적으로 상황을 묘사하는 경우는 드물다. 마치 시편 저자(그리고 그에게 영감을 주신 하나님)가 우리 중 누구라도 시인의 기도를 통해 **우리 자신의** 문제를 읽어내고 이를 통해 하나님을 만나는 데 도움을 얻을 수 있도록 개방적이고 포용적인 용어들을 사용하기라도 한 것처럼 보인다.

감사 시편의 내용은 주로 두 부분으로 구성된다. 먼저 시인의 삶에서 무엇이 잘못되었는지(방향 상실), 그리고 이어서 하나님께서 어떻게 개입하셔서 치유 혹은 구원을 가져다주셨는지(새로운 방향 설정, 회복) 이야기한다.

탄식 시편은 사실상 감사 시편의 전반부에 해당한다고 말할 수 있다. 탄식 시편이 구덩이 밑바닥에서 도움을 구하는 기도라면, 감사 시편은 그처럼 탄식하던 시인이 다시 견고한 땅으로 돌아와서 드리는 감사의 기도다.

세상 가장 높은 곳에 서는 기분: 방향 설정

시편 30편은 단순히 방향 상실과 그에 뒤따르는 회복에 관해서만 이야기하는 것이 아니라 방향 상실 이전, 다시 말해 그가 "잃어버렸던" 이전의 방향 설정에 관해서도 이야기한다는 점에서 일반적인 감사 시편과는 조금 다르다.

> 내가 형통할 때에 말하기를,
> "영원히 흔들리지 아니하리라" 하였도다.
> 여호와여 주의 은혜로
> 나를 산 같이 굳게 세우셨더니(30:6-7a).

여기에는 확신, 안전, 자신감의 언어로 가득하다. 사실 우리 모두는 방향 설정, 다시 말해 이 세상에서 자신이 처한 위치와 방향에 대한 안정감이 꼭 필요하다. C. S. 루이스는 『고통의 문제』에서 우리가 왜 고통받는지를 설명하면서 나름의 방향을 제시하고 있다.

시편 1편(우리가 어떻게 살아가야 하는지를 알려주는 토라 시편)은 전형적인 방향 설정의 시편이며, 그런 이유에서 시편의 첫머리에 배치된 것일지도 모른다. 그 메시지는 매우 간단하다. 의의 길로 행하는 자는 복된 자이며, 그는 시냇가에 심긴 나무처럼 안전하고 열매가 풍성할 것이다. 반면에 악한 자들(그리고 그들의 길을 따르는 자들)은 그렇지 못할 것이다. 그들은 불안정하고 일시적이며, 바람에 날리는 지푸라기와 같이 잠깐 있다가 사라질 것이다.

이보다 단순할 수는 없다. 인생에는 윤리적으로나 종교적으로 크게 두 가지 방향이 존재한다. 한 길을 따라가면 당신은 안전할 것이고 하나님께 복을 받을 것이다. 그러나 다른 길을 따라가면 당신은 오래가지 못할 것이다. 이것이 바로 언약에 기반한 인생관이며 성경의 기본적인 "방향 설정"이다. 하지만 이것은 아이들에게나 통하는 이야기이며, 좋은 의미에서 주일학교 신앙이라고 말할 수 있다. 사실 모든 아이(어른도 마찬가지겠지만)는 인생이 무엇인지에 대한 명확한 이해, 다시 말해 사물을 이해하는 기본적인 방향 설정이 필요하다.

그리고 인생에서 실제로 그런 기본적인 원칙이 통하는 경우도 물론 있다. 학교에서 공부를 열심히 하면 성적이 오르고 장학금도 받을 수 있다. 나중에 졸업하면 좋은 직장도 얻게 될 것이다. 그리고 당신이 직장에서 주어진 일에 최선을 다하면 연봉도 오르고 승진도 할 수 있다(확실히 당신은 그런 것들을 얻을 자격이 있다).

이성 교제에 공을 들이면 결혼에 성공할 수도 있다. 결혼 생활에도 노력을 기울여야 가정이 오래 지속된다. 자녀 교육에 많은 에너지를 쏟아야 아이들이 바르게 자란다. 교회 활동에 열심을 내고 개인 경건에도 최선을 다해야 교회가 (양적으로나 영적으로나) 성장하고 단합을 이룰 수 있다.

이처럼 "방향 설정"은 제대로 작동한다. 때로는 말이다. 그리고 당신이 주일학교에서 배운 "방향 설정"이 작동할 때 당신은 세상 가장 높은 곳에 서 있는 것처럼 느낄 것이다.

확신에서 좌절로: 방향 상실

하지만 시편 30편 저자의 세상은 무너져 내렸고, 저자의 은유를 확장하자면, 산 정상에서 추락해 내려왔다. 하나님의 호의에 대한 시인의 기억(30:6-7a)은 깊은 상실감으로 가득하게 되었다. 시인은 하나님의 임재가 사라졌으며 자신이 방향을 잃어 높은 곳으로부터 심연으로 추락했다고 말한다. "주의 얼굴을 가리시매 내가 근심하였나이다"(30:7b).

구체적으로 설명하지는 않지만 마치 하나님이 사라지신 것처럼 느껴졌다는 뜻일 것이다. 이것이 바로 C. S. 루이스가 『헤아려 본 슬픔』에서 경험했던 상황이다.

시편 30편의 저자나 루이스처럼 교회에 출석하는 사람들을 포함하여 우리 사회 전반에 속해 있는 많은 사람이 하나님의 부재를 경험하고 배신감에 사로잡혀서 미래에 대한 희망도, 의미 있는 삶을 위한 열정도 잃어가고 있다. 고통이 기쁨을 압도해 버린 것이다. 이 같은 고통이 가족이나 개인의 위기로 인해 발생하기도 하지만, 보편적으로는 어떤 일이 우리가 예상했던 대로 진행되지 않을 때 삶에서 느끼는 좌절감이 누적된 결과로 찾아온다. 이 같은 고통은 결국 더 큰 위기로 이어진다.

그렇다면 우리의 "방향 설정"이 제대로 작동하지 않을 때 우리는 어떻게 해야 하는 것일까? 루이스는 어떻게 했어야만 할까? "이것이 최선이야, 하나님은 '더 큰 선'을 위해 이런 일을 요구하셨을거야"라고 말했어야만 했을까? 우리는 폭탄 테러나 자연재해의 피해자들에게 그렇게 말해야만 하는 것일까? 나치 학살의 생존자들에게도 그렇게 말하라는 것인가?

악의 실체가 무엇인지 분명히 하고 넘어갈 필요가 있다. 아래의 글은 엘리 위젤이 아우슈비츠-비르케나우 수용소에 도착했을 때의 상황을 묘사한 것이다. 때는 1944년이었고 그는 당시 열넷, 혹은 열다섯의 소년이었다. "우리 눈앞에서 불길이 치솟아 올랐고 공기 중에서 살이 타는 냄새가 났다. 아마 자정쯤이었을 것이다. 우리가 비르케나우에 도착

했을 때는."²²

그리고 3일 후 그는 "결코 잊지 못할 것이다"라는 유명한 말을 하지 않을 수 없었는데, 이것은 그의 처절한 경험에서 우러나온 것이었다.

> 결코 잊지 못할 것이다. 수용소에서의 첫날 밤, 나의 인생을 일곱 번이나 봉인된 한 날의 긴 밤으로 바꾸어버린 그날 밤을.
> 결코 잊지 못할 것이다. 그 연기를.
> 결코 잊지 못할 것이다. 고요한 하늘 아래 몸이 연기로 변해버린 아이들의 작은 얼굴을.
> 결코 잊지 못할 것이다. 나의 믿음을 영원히 집어삼켜 버린 그 불꽃을.
> 결코 잊지 못할 것이다. 살고자 하는 의욕을 영원히 앗아가 버린 그 밤의 침묵을.
> 결코 잊지 못할 것이다. 나의 하나님과 나의 영혼을 죽이고 내 꿈을 재로 만들어버렸던 그 순간을.
> 그것들을 결코 잊지 못할 것이다. 내가 하나님처럼 오래 살도록 저주받는다고 해도.
> 결코!²³

---

22 Elie Wiesel, *Night*, trans. Marion Wiesel (New York: Hill and Wang, 2006 [French original 1958]), 28.
23 Wiesel, *Night*, 34. 이 구절들이 보여주는 반복적인(거의 예전적인) 특성은 시 150편에서 발견되는 유사한 패턴과 비교될 수 있다. 차이가 있다면, "그를 찬양할지어다"가 "결코 잊지 못할 것이다"로 대체되었다는 점이다." Sparknotes, *Night* by Elie Wiesel, "Important Quotations Explained," https://www.sparknotes.com/lit/night/quotes.

이 같은 경험에 대해 우리는 무슨 말을 할 수 있을까? 확실히 "이것이 최선이야. 하나님은 '더 큰 선'을 위해 그런 일을 요구하셨을거야"라고 말할 수는 없을 것이다. 차라리 우리는 어빙 (이츠) 그린버그의 유명한 조언을 진지하게 받아들여야 할 것이다. "불타는 아이들 앞에서는 그 어떤 말도 그럴듯하게 여겨질 수 없을 것이다. 그것이 신학적이든 그렇지 않든 간에 말이다."[24]

그렇다면 우리는 뭐라 말할 수 있을 것인가? 아마도 탄식 시편 한 구절은 허용될 것이다.

침묵을 깨고 말하기(시 39편)

시편 30편으로 돌아가기에 앞서 잠시 시편 39편을 들여다볼 것인데, 이것은 구덩이 바닥에서 노래하는 개인 탄원 시편이다.

시편 30편이 방향 상실 이전으로 돌아간다는 점에서 우리에게 교훈적이었다면, 시편 39편은 시인이 탄식하게 된 이야기를 전해준다는 점에서 또 다른 방식으로 우리에게 교훈을 준다.

솔직하게 말하기 어려운 이유

시편 39편 저자가 처음 느꼈던 충동은 침묵하는 것이었다.

---

24 Irving Greenberg, "Cloud of Smoke, Pillar of Fire: Judaism, Christianity, and Modernity after the Holocaust," in *Auschwitz—Beginning of a New Era? Reflections on the Holocaust*, ed. Eva Fleschner (New York: KTAV, 1977), 27.

> 내가 말하기를 "나의 행위를 조심하여,
>
> 내 혀로 범죄하지 아니하리니,
>
> 악인이 내 앞에 있을 때에
>
> 내가 내 입에 재갈을 먹이리라" 하였도다(39:1).[25]

자신의 고통을 공개적으로, 특히 하나님 앞에서 솔직하게 말하는 것은 시인에게 적절하지 않은 일처럼 여겨진다. 그래서 그는 자신의 고통에 대해 침묵하고 입을 굳게 "다물기로" 결심한다. 왜냐하면 "악인들"이 여전히 거리를 활보하고 다니는 데다가 그 자신도 좋은 평판을 원하기 때문이다. 그는 사실상 "나는 진정으로 영적인 사람은 부드럽고 교훈적인 말만을 해야 한다고 배워왔습니다"라고 말하는 셈이다. 추측건대 그는 불신자들 앞에서 부족한 믿음을 드러내고 싶지 않았을 것이다. 그는 결국 "나는 입을 다물겠습니다"라고 말한다.

오래 침묵하기 어려운 이유

하지만 그는 침묵을 지킬수록 점점 더 흥분하게 된다.

> 내가 잠잠하여
>
> 선한 말도 하지 아니하니,
>
> 나의 근심이 더 심하도다.

---

25   시 39:2 MT. 시 30편과 마찬가지로 히브리어 마소라 텍스트의 절수가 영역본(과 개역개정판)보다 하나 높다. 여기서부터는 영역본의 절수만 표기할 것이다.

> 내 마음이 내 속에서 뜨거워서
>
> 작은 소리로 읊조릴 때에 불이 붙으니(39:2-3b).

교회와 우리 사회에 속한 다른 많은 사람들처럼 시인도 자신의 고통이 내면에서 자라나 성난 불길처럼 폭발할 지경에 이를 때까지 그것을 마음속에 꼭꼭 담아두었다. 그러다가 한계에 다다른다. "나의 혀로 말하기를"(39:3b). 하지만 이때도 보는 것이 한순간에 터져 나오지는 않는다.

1단계: 상황 타진

시인은 이렇게 시작한다.

> 여호와여, 나의 종말과 연한이
>
> 언제까지인지 알게 하사,
>
> 내가 나의 연약함을 알게 하소서.
>
> 주께서 나의 날을 한 뼘 길이만큼 되게 하시매,
>
> 나의 일생이 주 앞에는 없는 것 같사오니,
>
> 사람은 그가 든든히 서 있는 때에도 진실로 모두가 허사뿐이니이다. (셀라)
>
> 진실로 각 사람은 그림자같이 다니고,
>
> 헛된 일로 소란하며 재물을 쌓으나,
>
> 누가 거둘는지 알지 못하나이다(39:4-6).

아마도 그는 하나님께서 무엇을 하실 수 있는지 확신하지 못했을 것이다. 그래서 그는 인생의 죽음에 대해 일반적인 방식으로 사색하고, 자신이 얼마나 오래 살 수 있는지에 대해 무관심한 듯한 태도로 질문을 던지면서 상황을 타진해 본다. 그는 말한다. "나는 사람이 죽는다는 것을 알고 있습니다. 우리 중 누구라도 그저 숨이 붙어 있는 존재에 불과합니다. 그래서 당신이 나에게 혹시라도 나의 남은 날수를 알려주실 수 있는지 궁금합니다."

2단계: 진짜 문제는 무엇인가?

하나님께서는 그에게 화를 내시거나 쓰러뜨리지 않으셨다. 그래서 그는 점점 대담해진다. 부담 없는 중얼거림이나 무관심한 듯한 질문에서 벗어나 이제는 자신의 필요를 솔직하게 인정하는 단계로 나아간다. "주님, 이제 저는 무엇을 기다려야 합니까?"(39:7a) 얼마나 더 살 수 있는지를 묻는 것이 아니라 내가 **참으로** 기다려야 하는 것이 무엇인지, 내가 **참으로** 소망해야 하는 것이 무엇인지 질문한다. "나의 소망은 **주께** 있나이다"(39:7b). 그러고는 그를 구원해 주시기를 간청한다.

이제 그는 일곱 개의 명령어를 사용하여 하나님께서 그를 위해 하셔야 할 일들을 말한다.[26]

* 나를 건지소서(39:8a).
* 우매한 자에게서 욕을 당하지 아니하게 하소서(39:8b).
* 주의 징벌을 나에게서 옮기소서(39:10a).

26　엄밀히 말해 히브리어에는 부정 명령형이 없기 때문에 두 번째와 여섯 번째 항목의 문법 형식이 나머지 항목들과 약간 다르긴 하지만, 그럼에도 명령의 의미를 지니고 있다.

* 나의 기도를 들으소서(39:12a).
* 나의 부르짖음에 귀를 기울이소서(39:12a).
* 내가 눈물 흘릴 때에 잠잠하지 마옵소서(39:12a).
* 나에게서 시선을 돌리소서(39:13 NRSV).

그렇다면 시인은 왜 처음부터 이렇게 **시작하지** 못했을까? 무엇이 그의 발목을 잡았던 것일까? 그는 새롭게 되찾은 솔직함으로 그가 왜 그럴 수밖에 없었는지 하나님께 말한다. "내가 잠잠하고 입을 열지 아니함은 **주께서 이를 행하신 까닭이니이다**"(39:9). 문제는 그가 겪는 고통이 하나님에게서 왔다는 것인데, 그는 자신의 고통을 **하나님의 잘못**으로 인식하였기 때문에 당연히 이것을 말하기를 주저했던 것이었다. 그런데 시편 30편에서는 그를 버리신 사실에 대해 하나님을 탓하는 것으로 끝나지만, 시편 39편에서는 훨씬 더 멀리 나아간다. "주의 징벌을 나에게서 옮기소서. 주의 손이 치심으로 내가 쇠망하였나이다"(39:10). 시인은 사실상 "제발 그만 좀 때리세요. 저는 지쳤습니다"라고 말하는 셈이다. 그는 하나님이 폭력을 행사하신다고 고발하면서, 이제 더는 견디지 못하겠으니 그의 고통을 끝내달라고 간청한다.

솔직한 말의 힘

물론 시편 39편 저자처럼 하나님이 악을 행하신다고 비난하는 것이 "신학적으로 옳은 일"은 아니다. 이것은 절망적인 상황에서 나온 극단적인 표현일 뿐이다. 하지만 이런 표현이 시편 39편에서만 발견되는 것은 아니며, 적지 않은 탄식 시편이 비슷한 내용을 담고 있다. 예수께서 십자가 상에서 인용하신 시편 22편("내 하나님이여, 내 하나님이여, 어찌 나를 버리셨나이까?", 22:1)에서부터 모든 희망이 사라져 버린 것처럼 보이는 시편 88편("주께서 두렵게 하실 때에 당황하였나이다", 88:15[88:16 MT])에 이르기까지 우리 앞에는 하나님께 고통을 솔직하게 표현하는, 거칠게 날을 세운 목소리로 가득하다. 이 절박한 기도들은 모두 참을 수 없는 고통을 호소하며 하나님의 구원을 갈구한다. 실제로 예레미야서와 욥기의 일부분과 많은 탄식 시편에서 기도자는 삶이 너무나 거칠고 변덕스러우며 고통과 아픔이 너무 커서 **하나님을** 변덕스러운 분으로 경험하고 이를 감히 기도로 표현한다.[27]

나는 시편 저자들의 솔직함으로부터 배울 것이 있다고 생각한다. 고통과 방향 상실이 극에 달할 때 우리에게 남은 선택지는 세 가지뿐이다.

억누르기

우리는 무너지기 직전까지 고통을 마음속에 꼭꼭 담아두었다가 결국 폭발하여 주변 사람들, 특히 가장 취약한 사람들을 학대하거나 폭력을 행사할 수 있다. 배우자나 자녀를 대상으로 한 가정 폭력의 상당수는 우리

---

[27] 누군가를 뒤에서 험담하는 것은 부적절하지만, 그 사람과 직접 대면하여 그들이 어떻게 당신을 낙심하게 만들었는지를 말해 주는 것은 중요하다. 마찬가지로 하나님의 성품에 대한 일반적인 선언들(신학책에 나오는)과 우리가 기도 가운데 하나님께 직접 올려드리는 말들 사이에는 중대한 차이가 있다. 이 둘은 근본적으로 다른 유의 발화 행위다.

가 미처 표현하지 못하고 마음속에 쌓아두었던 고통에 기인하는 것으로 보인다. 실제로 오늘날 많은 정치적, 종교적 담론이 거칠어지는 이유는 적절하게 처리되지 못하고 쌓여온 고통 때문이다. 또한 우리의 고통을 표출할 대상이 주변 사람들밖에 없는 상황에서 우리는 그들의 고통에 올바로 대응하기는커녕 그들의 고통을 인지할 수도 없다.

부정하기

다음으로 우리는 경건한 자세로 고통을 부정하고 신학적으로 바람직하게 인정되는 상태를 유지할 수도 있다. 우리는 진심으로 믿지 않으면서도 예배당에 앉아서는 "하나님은 언제나 선하십니다"라고 찬송할 수도 있다. 그러다 보면 우리는 고통에 무감각해지고, 하나님에 대해서도 무감각해진다. 그러다 보면 확실히 다른 사람의 고통에 대해서도 무감각해질 수밖에 없다.[28]

---

[28] "언제나 좋으신 하나님!" 이것은 오늘날 많은 교회에서 흔히 들을 수 있는 후렴구다. 보다 고전적인 형태는 예전을 중시하는 교회에서 자주 낭송되는 라틴어 찬송 "글로리아 파트리"(*Gloria Patri*; "영광이 아버지께")다. "영광이 아버지께, 그리고 성자께, 그리고 성령께; 태초에도 그러했고, 지금도 그러하고, 앞으로도 세상 끝까지 그러할 것입니다!" 나는 고전적인 형태의 예전을 존중하는 신자로서 위의 표현들이 모든 시대를 아울러 하나님께 영광을 돌려야 한다는 의미로 이해한다. 하지만 "태초에도 그러했고, 지금도 그러하고, 앞으로도 세상 끝까지 그러할 것입니다"라는 문구가 때로는 아무것도 변하지 않을 것이라는 선언처럼 들리기도 한다(그런 이유 가운데 하나는 이 찬송이 특정 시대에 갇혀 있는 것처럼 보이는 교회들에서 주로 불리기 때문이다). 나는 개인적으로 깊은 고통 가운데서 "글로리아 파트리"를 부르는 것이 고통을 심화시키고 나 자신을 더 깊은 절망으로 빠뜨렸으며, 찬송 가사가 나를 낙담시키고 탄식하게 만들었다고 고백할 수밖에 없다. 그런 의미에서 나는 현재와는 다른 미래를 표현한 Bob Marley의 "One Love / People Get Ready"(1977년 녹음)의 가사가 마음에 든다. "처음에 그랬던 것처럼, 마지막에도 그러하기를." 현재 상황이 때로는 하나님의 본원적이고 궁극적인 목적과 상충한다는 점에서, Marley의 가사가 나에게는 현상 유지를 거부할 수 있는 여지를 확인해 주었고, 탄식 가운

탄식하기: 거칠게 날을 세운 간구

아니면 우리는 시편 저자들의 인도를 따라 우리의 분노, 의심, 그리고 삶의 모든 실망과 공포를 지극히 높으신 분 앞으로 가져갈 수도 있다. 우리는 하나님의 보좌 앞에서 우리의 고통을 펼쳐놓고 "주님은 신실하시다고 하였는데 저는 그것을 깨닫지 못합니다. 주님은 선하시다고 하였는데 저는 그것을 경험하지 못합니다"라고 말할 수 있다.

겉보기와는 달리, 절망 가운데 솔직하게 하나님께 우리의 고통을 토로하는 것은 불경스러운 일이 아니라 구원을 가져다주는 거룩한 행위다. 탄식의 기도는 고통 가운데도 하나님을 거부하지 않는다는 점에서 근본적으로 믿음과 소망의 행위다.

이제 시편 30편에서 시인의 표현들이 얼마나 격렬한지(심지어 유치하고 퇴행적인지) 주목해 보라.

> 내가 무덤에 내려갈 때에 나의 피가 무슨 유익이 있으리요?
> 진토가 어떻게 주를 찬송하며,
> 주의 진리를 선포하리이까?(30:9)[29]

여기서 시인은 하나님께서 왜 자신을 구원하셔야 하는지 논거를 제시한다. 그는 이렇게 말한다. "나는 곧 죽게 될 터인데, 무덤에 누운 자들은 주님을 찬양하지 못합니다. 주님은 제가 주님을 찬양하기를 원하시는

데 나의 고민을 하나님 앞에 가져갈 용기를 주었다.
29 시 6:4-5(6:5-6 MT)과 시 88:10-12(88:11-13 MT)에 사용된 유사한 전략에 주목하라.

것 아니었나요? 그렇다면 빨리 저를 구해주세요!"

이처럼 유치하면서도 절실한 감정의 분출은 사실상 격한 신앙고백인데, 시인은 절망 가운데서도 그의 도움은 오직 하나님께만 있다는 사실을 알고 있다. 다른 누구도 그를 구원할 수 없다.

이것이 바로 시편 39편이 하나님께 대한 명령문으로 가득한 이유다. 창조주께 명령하고 하나님께 무엇을 해달라고 말하기 위해서는 절실함이 필요하다. 그러니 간구나 탄원의 기도는 본질적으로 당돌할 수밖에 없다. 탄식은 거칠게 날을 세운 간구다.

사실 침묵으로는 고통을 이겨낼 수 없다. 시편 30편 저자가 "여호와여, 들으시고 내게 은혜를 베푸소서. 여호와여, 나를 돕는 자가 되소서"(30:10)라고 기도했던 것처럼 입을 벌려 하나님을 우리의 고통 가운데로 불러내야만 고통을 극복할 수 있다. 아니면 우리는 시편 39편 저자가 "나에게서 시선을 돌리소서, 그래야만 내가 웃을 수 있습니다"(39:13a NRSV)라고 불경스럽게 말했던 것처럼 기도할 수도 있다. 그렇다고 해서 신학적으로 바람직하게 여겨지는 말일 필요는 없다. 그러나 심중에서 우러나오는 진실한 말이어야 한다.

패러다임으로서의 성경 이야기

우리가 담대하게 우리의 고통을 하나님의 발 아래 내려놓고 지극히 높으신 분을 우리의 고통 가운데로 초청할 때 놀라운 일이 벌어진다. 하나님께서 그리로 오신다.

출애굽

탄식 시편은 궁극적으로 구약의 핵심이자 근간이 되는 사건인 출애굽, 다시 말해 야웨께서 이스라엘 백성을 이집트의 속박에서 구출하신 사건에 뿌리를 두고 있다. 성경의 기록에 따르면 출애굽 사건의 중심에는 이스라엘 백성이 하나님을 향해 고통 가운데 부르짖었던 절규가 놓여 있다. 수 세기에 걸친 누적된 고통과 하나님의 결정적인 개입 사이에서 우리는 주목할 만한 진술을 발견한다.

> 이스라엘 자손은 고된 노동으로 말미암아 탄식하며 부르짖으니, 그 고된 노동으로 말미암아 부르짖는 소리가 하나님께 상달된지라. 하나님이 그들의 고통 소리를 들으시고 하나님이 아브라함과 이삭과 야곱에게 세운 그의 언약을 기억하사 하나님이 이스라엘 자손을 돌보셨고 하나님이 그들을 기억하셨더라(출 2:23b-25).

출애굽 사건의 중심에 놓인 이 고통의 외침은 탄식 시편 전체에 울려 퍼진다. 따라서 탄식은 단순히 간구하는 자가 절박한 믿음으로 하나님께 매달린다는 이유에서 구속적인 것이 아니다. 보다 근본적으로 탄식은 속박과 구원을 연결해 주는 이음새로서 성경 이야기의 토대를 이루고 있다.[30] 이는 구약과 신약 모두에 해당하는 진리다.

---

[30] 나는 속박과 구속을 이어주는 연결고리로서의 탄식이라는 은유—이것은 내가 "Why the 'Greater Good' Isn't a Defense," 103에서 제안했던 것이다—에서 한 걸음 더 나아가도록 도전해 준 Melody Knowles에게 감사한다. Knowles는 탄식이 "하나님의 마음을 움직이는" "인과론적 영향력"을 지닌다고 통찰력 있게 지적했다. 그 힘이 하나님을 행동하게 만든다는 것이다. Melody D. G. Knowles, "Lament and the Transformation of God:

예수

예수가 겟세마네 동산에서 방향 상실의 시간을 마주하셨을 때, 그는 슬픔 가운데 피땀을 흘리며(눅 22:44) 아버지께 "이 잔을 내게서 옮기시옵소서"(22:42)라고 간구하셨다. 그리고 십자가 위에서 혼란과 고뇌 가운데 시편 22편을 인용하시며 "나의 하나님, 나의 하나님, 어찌하여 나를 버리셨나이까"라고 부르짖으셨다(마 27:46; 막 15:34).

신약성경에 따르면 예수의 죽음으로 대표되는 방향 상실은 너무나 커서 그가 돌아가시자 땅이 흔들렸고(마 27:51) 창조세계 전체가 하나님의 아들에 대해 일종의 우주적인 공감에 휩싸였던 것으로 묘사한다.

그리고 예수님은 혼란의 심연으로 떨어지셔서 심지어 죽음을 당하셨다. 사도신경에 따르면 예수는 십자가에 못 박혀 죽으시고 매장된 후 지옥으로, 하데스로, 스올로, 구덩이로 내려가셨다. 그러나 버림받은 그의 외침은 하나님께 상달되었다. 또한 그가 방향을 상실하고 고통 가운데 죽은 지 사흘 만에 하나님은 그의 부르짖음에 응답하셔서 그를 죽음에서 살리셨다.

창조세계 전체

하지만 이보다 더 중요한 것은 십자가 자체가 모든 피조물의 탄식에 대한 하나님의 응답이었다는 점이다. 바울에 따르면 모든 피조물이 부패에 얽매여 신음하고 있으며, 허무한 데 굴복하였고, 간절히 구원을 갈망

Response to J. Richard Middleton," *Koinonia* 9, nos. 1 & 2 (1997): 118. 아마도 "지렛대로서의 탄식"이라는 은유가 논점을 잘 전달하는 것 같다.

하고 있다(롬 8:19-22). 그뿐 아니라 우리 자신도 안으로 탄식하고 있다고 사도는 말한다(8:23). 나는 우리가 이 같은 신음을 기도로 표현할 때, 심지어 그것이 올바름의 경계를 넘나드는 거친 기도라 할지라도 부활의 능력을 발휘하여 새 창조로 이끌어주는 잠재력을 지니고 있다고 믿는다.

우리는 부르짖어야 한다. 출애굽을 앞둔 이스라엘 백성의 신음, 하나님을 향한 예수의 부르짖음, 피조물의 신음. 이 세 가지 중추적인 사건을 하나로 묶어주는 것은 **하나님을 향한 부르짖음**이라는 패턴이다.

탄식 기도를 특징짓는 표어를 우리는 요엘 2:32(3:5 MT])에서 발견할 수 있다. "누구든지 여호와의 이름을 부르는 자는 구원을 얻으리니." 베드로가 오순절 날 이 말씀을 인용했고(행 2:21) 사도 바울도 로마서 10:13에서 이 말씀을 인용했다는 사실은 간구의 형태로서의 탄식이라는 개념이 신약에서도 정착되고 받아들여졌음을 시사한다.[31]

기도에 대한 예수의 가르침

하나님께 도움을 구하는 일의 중요성을 예수가 제자들에게 모범으로 가르치신 주기도문(마 6:9-13; 눅 11:2-4)보다 더 분명하게 보여주는 곳은

---

[31] Patrick D. Miller의 *They Cried unto the Lord: The Form and Theology of Biblical Prayer*(Minneapolis: Augsburg Fortress, 1994)는 탄식 기도가 신약에서도 발견된다는 사실을 보여준다. 특히 제3장 "'They Cried to You': Prayers for Help"(55-134)를 보라. 이 장의 초점은 구약(히브리)성경이지만 Miller는 신약성경에서도 다양한 차원의 탄식 기도를 인용한다. 그는 제10장 "'Teach Us to Pray': The Further Witness of the New Testament"(304-35)에서도 이 논의를 이어간다.

없다.³² 이 기도는 처음부터 끝까지 청원 혹은 간구로만 구성되어 있다 (후기 사본에서 마 6:13에 추가되어 교회의 전례로 사용된 송영은 예외로 한다). 첫 번째 간구들은 명백히 하나님 중심적이지만("주님의 이름이 거룩히 여김을 받으소서", "주님의 나라가 임하소서", "주님의 뜻이 하늘에서와 같이 땅에서도 이루어지게 하소서") 그렇다고 이런 간구들이 우리와 순전히 무관한 것은 아니다. 왜냐하면 이 같은 간구가 이루어지면 하나님의 이름을 걸고 이 땅에 살아가는 간구자들에게도 긍정적인 영향이 미치기 때문이다.³³ 이어서 매일의 양식, 시험으로부터의 보호, 악으로부터의 구원을 간청하는 기도가 뒤따르는데, 이 모든 기도는 인생들의 필요를 하나님 앞에서 표현하는 것이 정당하다는 점을 확인시켜 준다. 간구의 중요성을 강조하는 것은 기도와 관련하여 예수가 전하신 두 비유와도 일관성을 유지하는데, 두 비유 모두 성경적 탄식의 패턴에 부합한다.

과부와 불의한 재판관의 비유(눅 18:1-8)에서는 자신을 위해 정의를 실현해 주기를 거부하는(아마도 그녀가 지위도 영향력도 없는 상대적으로 힘없는 사람이었기 때문이었을 것이다) 재판관에게 매달리는 과부의 행동을 기도와 비교한다. 예수는 재판관이 자신의 억울함을 풀어줄 때까지 자신의 사건을 재판관 앞에 가져가는 과부의 대담함과 끈기야말로 우리가 하나님께 우리의 필요를 채워달라고 간구할 때 요구되는 뚝심(그리고 덧붙이자면 뻔뻔함)과 유사하다고 말씀하신다.

---

32 Chuck Day는 주기도문이 고전적인 유대교 전례 문구들을 반향하고 있음을 설득력 있게 논증한다. Chuck Day, "The Lord's Prayer: A Hebrew Reconstruction Based on Hebrew Prayers Found in the Synagogue," *Conspectus* 17 (2009): 27-37.
33 내가 자메이카에서 학부생으로 신학을 공부할 때 출석했던 교회의 담임이셨던 David Biberstein 목사님께 감사드린다. 그는 주기도문에 대해 심오한 가르침을 주셨다.

한밤중에 찾아온 친구의 비유(눅 11:5-8)에서 기도는 밤늦게 이웃집 문을 두드려서 손님에게 대접할 음식을 달라고 구하는 일에 비유된다. 예수는 한밤중에 이웃으로 하여금 문을 열게 만드는 대담함과 끈기야말로 중보기도에 요구되는 뚝심(그리고 뻔뻔함)과 유사하다고 말씀하신다.[34]

기도에 관한 이 두 가지 비유는 탄원과 간구(청원), 다시 말해 필요를 진술하는 일과 도움을 구하는 일을 연결한다. 그 같은 기도에 요구되는 겸손과 담대함의 조합은 근본적으로 하나님에 대한 신뢰의 표현이며, 이러한 기도가 지속적으로 시행될 때 더 깊은 신뢰로 이어진다.

예수는 십자가 위에서 깊은 고통 가운데 시편 22:1("내 하나님이여, 내 하나님이여, 어찌 나를 버리셨나이까") 말씀으로 기도하심으로써 탄식의 전통을 구체적으로 시연하셨다(마 27:46). 하지만 탄식의 기도는 그가 붙잡히시기 전 겟세마네에서 이미 시작되었다. 예수가 죽음을 피하고 싶다는 소망을 솔직히 표현하시면서도("아버지여, 만일 아버지의 뜻이거든 이 잔을 내게서 옮기시옵소서"), 하나님의 뜻에 복종하시겠다고 확언하셨다는("그러나 내 원대로 마옵시고 아버지의 원대로 되기를 원하나이다") 점도 탄식 기도의 특징인 당돌함과 신뢰의 필수적인 조합을 시사한다(눅 22:42).[35]

---

[34] 누가복음에서는 이 비유가 주기도문 바로 다음에 나오며, 이어서 하나님께서는 그의 자녀에게 좋은 선물을 주기를 원하신다는 확언과 함께 구하고, 찾고, 두드리라는 권면이 뒤따른다(눅 11:9-13 // 마 7:7-11).

[35] 신약에서의 탄식 기도에 대한 심층적인 탐구로는 다음을 보라. Rebekah Ann Eklund, *Jesus Wept: The Significance of Jesus' Laments in the New Testament*, LNTS 515 (London: Bloomsbury T&T Clark, 2015).

고통을 다루는 모델로서의 시편

우리가 살아가는 사회와 교회에서 고통에 대해 침묵하는 일은 역설적으로 하나님이 고통에 관심이 없으시다는 메시지를 전달한다. 너무나 많은 교인이 자신의 고통을 억누르고 송축과 감사로 점철된 경쾌한 찬양을 불러야만 했는데, 실제 그들에게 필요했던 것은 원초적인 분노의 외침에 가까웠다. 그리고 상처 입은 방문객들은 청중을 향해 자신의 문제 따위는 제쳐두라고 부추기는 기도들에 시달리다 결과적으로 예배에 참석하기를 포기하게 된다.

그러나 만일 교회가 탄식 시편을 공동체 생활의 모범적인 화법으로 진지하게 받아들이고 공공 예배의 예전에서 성도들의 고통 문제를 적절하게 다루어준다면, 우리의 고통을 하나님께서 중하게 다루신다는 상당히 과격한 메시지를 전달할 수 있을 것이다. 예수가 나무 위에서 자기 몸으로 직접 당하실 만큼 고통은 참으로 중요한 문제였다.[36]

그리고 우리의 고통이 하나님께 중요한 문제라는 사실을 깨달을 때, 우리는 타인의 고통 역시 중요한 문제라는 사실을 비로소 인정하고 느낄 수 있을 것이다. 하나님 앞에서 우리 자신의 고통을 토로하는 일은 단지 우리 자신뿐만 아니라 궁극적으로 세상을 구원하는 일이 될 수 있다. 부활의 능력을 매개하는 지렛대와도 같은 탄식 기도는 하나님의 은혜에 대한 진정한 감사를 불러일으키고 고통받는 세상에서 하나님의 백

---

36   여기서 내가 염두에 둔 것은 벧전 2:24이지만, (NRSV 같은) 현대의 번역본들은 대개 "나무"를 "십자가"로 대체했다.

성이 소명을 다하도록 활력을 불어넣는 잠재력을 지니고 있다.

제2장

하나님의 충성스러운 반대자

영화 〈스타더스트 메모리〉에서 샌디 베이츠(우디 앨런 분)는 "당신이 보기에는 내가 무신론자이겠지만, 하나님이 보시기에 나는 충성스러운 반대자입니다"라고 말한다.[1] 영화가 개봉되기 몇 해 전, 성서학자 조지 코츠는 출애굽기 32-34장에서 모세가 대담하고 격렬하게 하나님께 항의했던 것을 염두에 두고 그를 가리켜 "왕의 충성스러운 반대자"라고 묘사했다.[2] 이스라엘 백성이 금송아지 우상을 숭배하였을 때 하나님께서 그들에게 내리신 심판에 대해 모세가 왕이신 하나님께 사실상 "아니오"라고 말하면서 반대하기는 했으나(출 32:11-12), 분명 그는 무신론자가 아니었다. 실제로 우리는 시내산 내러티브의 중심부에서 모세가 회막에 들어갈 때마다 하나님의 임재의 영광(구름 기둥)이 장막으로 내려오고(33:9) "사람이 자기 친구와 이야기함 같이 여호와께서는 모세와 대면하여 말씀"하셨다는 증언을 발견할 수 있다(33:11). 하나님의 친구라면, 하

---

[1] 〈스타더스트 메모리〉, Woody Allen 감독, Woody Allen 각본, United Artists, 1980.
[2] George W. Coats, "The King's Loyal Opposition: Obedience and Authority in Exodus 32-34," in *Canon and Authority: Essays in Old Testament Religion and Theology,* ed. Burke O. Long and George W. Coats (Philadelphia: Fortress, 1977), 91-107.

나님께 말대답한다고 해서 둘 사이의 우정이 위태로워지지는 않을 것이다.[3]

모세가 하나님께 말대답한 것은 사실상 이스라엘 편에 서서 중재하라는 하나님의 요청에 응한 것일 뿐이었다. 그런 점에서 모세는 후대 예언자 전통의 선구자였다. 예언자들은 다양한 목소리로 이스라엘의 죄에 대한 심판을 보류해달라고 간청했다.

우리는 일반적으로 예언자란 하나님과 백성 사이에 서서 (상황에 따라) 심판 혹은 구원의 말씀을 전달하는 자를 뜻한다고 생각한다. 그러나 때때로 예언자들은 하나님께 대하여 말대답하기도 한다. 어떤 예언자들은 이스라엘 백성의 불순종으로 말미암아 하나님의 심판이 임할 것이라는 말씀을 전한 후에는 백성들에게 회개할 시간을 벌어주기 위해 다시 하나님께로 돌아서서 심판을 연기하거나 취소해달라고 간청한다.[4]

여기서 우리는 중보기도와 탄식 기도의 관계를 명확히 할 필요가 있다. 탄식 시편을 주제로 다루었던 이전 장에서는 이 기도가 원망을 솔직하게 담아낸다는 점에서 탄식 기도를 가리켜 **거칠게 날을 세운 간구**라고 정의했다. 탄식 시편에서 원망은 기도 가운데 하나님의 주의를 끄

---

[3] 물론 이것은 하나님께서 "나의 벗"(사 41:8; 참조. 약 2:23)이라고 부르셨던 아브라함이 창 22장에서 왜 하나님께 말대답하지 않았는가라는 의문을 제기한다. 본서 마지막 장에서 이 문제를 다룰 것이다.

[4] 여기서 예언자의 중보자 역할을 지나치게 강조하지 말아야 한다. 왜냐하면 모든 예언자가 백성을 위해 중보기도 하는 것으로 제시되지는 않기 때문이다. 한 걸음 더 나아가 Samuel E. Balentine은 예언서에 등장하는 중보기도에 관한 연구에서, 중보기도는 예언자의 "전형적인 역할"이나 "일상적인 행위"로 여겨지지 않았다고 결론짓는다. Balentine, "The Prophet as Intercessor," *JBL* 103, no. 2 (1984): 171. 하지만 나는 본 장 뒷부분에서 아모스, 미가, 예레미야, 에스겔이 드렸던 중보기도를 예시할 것이다.

는 곤란한 상황을 초래하게 하는 부분인데, 심지어 하나님이 문제를 복잡하게 만드셨다고 비난하기도 한다. 하지만 탄식 시편에 원망과 불평만 담겨 있는 것은 아니다. 탄식 시편은 먼저 하나님께서 주의를 기울이시도록 만든 다음 상황을 개선하기 위해 하나님께서 행동해달라고 요청한다. 따라서 간청 혹은 간구도 탄식 기도를 구성하는 중요한 부분이다.

그리고 중보기도는 타인을 위해 간청하거나 간구하는 특별한 형태의 기도다.

모세의 중보기도 패러다임

예언자적 중보기도의 가장 뛰어난 모범은 모세의 기도이며, 그래서 그는 성경에서 예언자의 전형으로 여겨진다. 이스라엘에서 예언자 직분은 기원전 8세기 이후로 등장한 예언서들(이사야, 예레미야, 에스겔, 열두 소예언서) 또는 9세기를 배경으로 한 엘리야와 엘리사 이야기(열왕기상하), 더 거슬러 올라가자면 11-10세기를 배경으로 한 사무엘과 나단 이야기(사무엘상하)에서 그 기원을 찾을 수 있는데, 모세는 공식적인 예언자 직분이 출범하기 이전에 활동했다. 그럼에도 신명기는 모세를 훗날 출범할 예언자 계보의 첫 번째 주자로 간주하며 그런 취지에서 "모세와 같은 예언자"(신 18:15-18)라는 표현을 사용한다.

모세는 이스라엘 백성에게 하나님의 말씀(그의 경우에는 토라)을 전달한다는 의미에서 예언자 직분을 수행했던 것이 분명하다. 하지만 모세는 그와 동시에 이스라엘 백성 편에 선 중보기도의 모델이기도 했다.[5] 모세는 여러 차례 이스라엘을 위하여 하나님께 중보기도 했는데, 그중 첫 번째이자 가장 중요한 에피소드는 금송아지 우상숭배 사건 이후에 시내산/호렙산에서 오랜 시간 기도한 사건이었다(출 32-34장).[6] 그런 의미에서 이 에피소드는 시간을 내어서 살펴볼 필요가 있다.

시내산에서의 우상숭배: 모세의 중보기도의 배경

출애굽기의 내러티브에 따르면 모세는 사십 주야를 시내산에 올라가 있었고(출 24:18) 그곳에서 하나님이 손가락으로 직접 율법을 새기신 돌판을 받았다(31:18). 모세가 산에 머무는 동안 백성들은 아론을 설득하여 그들을 위해 금송아지 형상을 만들게 했고 그것으로 야웨께 경배하려고 했는데, 이것은 십계명이 명시적으로 금한 일이었다.

---

[5] 아브라함은 예언자로 불리기도 하는데 이는 그가 처음에 소돔을 위하여(창 18장), 이어서 그랄 왕 아비멜렉을 위하여(20:7) 중보기도 했기 때문이다. 제7장에서는 창 18장이 지니는 중대한 의미를 살펴볼 것이다.

[6] 이 핵심 텍스트에 관한 고전적인 연구로는 다음을 보라. R. W. L. Moberly, *At the Mountain of God: Story and Theology in Exodus 32-34*, JSOTSup 22 (Sheffield: JSOT, 1983); Michael Widmer, *Moses, God, and the Dynamics of Intercessory Prayer: A Study of Exodus 32-34 and Numbers 13-14*, FAT 2 (Tübingen: Mohr Siebeck, 2004). 흥미롭게도 첫 번째 책은 Moberly의 박사 학위 논문이었고, 두 번째 책은 Widmer의 박사 학위 논문으로서 Moberly의 지도로 작성되었다. Widmer는 이후에 출간된 다음 책 제3장에서도 출 32-34장을 다룬다. *Standing in the Breach: An Old Testament Theology and Spirituality of Intercessory Prayer*, Siphrut 13 (Winona Lake, IN: Eisenbrauns, 2015).

너를 위하여 새긴 우상을 만들지 말고 또 위로 하늘에 있는 것이나 아래로 땅에 있는 것이나 땅 아래 물 속에 있는 것의 어떤 형상도 만들지 말며 그것들에게 절하지 말며 그것들을 섬기지 말라(20:4-5a).

첫 번째 계명에서는 야웨 외에 다른 신을 숭배하는 일을 금했던 반면 (20:3), 이 둘째 계명에서는 한 걸음 더 나아가 사람이 만든 형상을 사용하여 예배하는 것을 금한다(이 금령은 야웨를 예배하는 일에도 적용된다).[7]

성경이 이처럼 첫 번째 계명과 두 번째 계명을 구분하는 것은 우리에게 고대 근동 사회에서 우상 혹은 형상의 역할이 무엇이었는지 생각해 볼 것을 요구한다. 기본적으로 신의 형상은 숭배자들에게 신의 임재, 축복, 호의를 매개하는 일을 용이하게 해주는 수단이었다.[8] 사실 모세는 약속의 땅으로 가는 여정에서 이스라엘과 야웨 사이에서 신적 권한을 위임받은 중재자 역할을 했는데, 그런 의미에서 그는 초기 단계의 이스

---

[7] 십계명(유대교 전통에서는 "열 가지 말씀"으로 알려졌는데, 이는 출 20:1이 "하나님께서 이 모든 말씀을 하셨다"로 시작하기 때문이다)은 유대교와 기독교 전통에서 서로 다른 번호 체계를 갖고 있다. 유대교 전통에서는 2절("나는 너를 애굽 땅, 종 되었던 집에서 인도하여 낸 네 하나님 여호와니라")이 첫 번째 "말씀"이고, 3절이 두 번째 "말씀"이다. 하지만 개신교와 정교회 전통에서는 2절을 십계명의 서문으로 간주하여 3절("너는 나 외에는 다른 신들을 네게 두지 말라")이 1계명이고 4-5절이 2계명이다. 로마 가톨릭 전통에서는 (야웨의 자기 자기소개를 포함하는) 2-3절이 1계명이다.

[8] 이것이 인류를 하나님의 형상(창 1:26-28)으로 여기는 전통의 개념적 배경이다. 고대 근동 사회에서 형상의 역할(특히 형상 개념을 인간에게 적용하는 문제)에 대한 나의 주해를 참조하라. Middleton, *The Liberating Image: The* Imago Dei *in Genesis 1* (Grand Rapids: Brazos, 2005), 43-90 (esp. 74-90); Middleton, "The Role of Human Beings in the Cosmic Temple: The Intersection of Worldviews in Psalms 8 and 104," *Canadian Theological Review* 2, no. 1 (2013): 44-58; Middleton, *A New Heaven and a New Earth: Reclaiming Biblical Eschatology* (Grand Rapids: Baker Academic, 2014), 37-56 (esp. 37-50), 155-76 (esp. 163-176). 『새 하늘과 새 땅』(새물결플러스 역간).

라엘 종교에서 **형상**의 역할을 대신했다고 말할 수 있다. 모세가 산 위에 오래 머물면서 백성들 눈에 보이지 않았을 때(32:1-2, 23) 백성들이 하나님과의 연결고리가 사라진 것으로 여기고 불안해했던 것은 이해할 수 있는 일이었다.

모세가 부재한 상황에서 그들은 자신들이 생각하는 형태의 중재자를 만들기로 결정하고, 그 결과 역설적이게도 하나님의 은총을 잃어버리게 된다. 이스라엘 백성은 우상숭배로 말미암아 시내산 언약의 핵심 계명 중 하나를 범하였다(모세가 32:19에서 돌판을 깨뜨린 것은 언약 파기를 상징한다). 그들이 하나님과 맺었던 언약(24:7-8)은 이제 사실상 무효가 되었다.

출애굽기 20장의 형상 금지 조항에는 이스라엘 백성이 계명을 준수하도록 독려하기 위한 "동기부여 조항"이 덧붙여진다. 여기서 동기부여는 이중적인데, 하나는 부정적인 경고이고 다른 하나는 긍정적인 보장이다.

> 나 네 하나님 여호와는 질투하는 하나님인즉, 나를 미워하는 자의 죄를 갚되 아버지로부터 아들에게로 삼사 대까지 이르게 하거니와, 나를 사랑하고 내 계명을 지키는 자에게는 천 대까지 은혜를 베푸느니라(20:5b-6).[9]

구약에서 형상 금지는 야웨가 라이벌을 허용하시지 않는다는 사실에 근

---

9   이 동기부여 조항은 모세가 약속의 땅에 들어갈 다음 세대를 위해 십계명을 재진술하는 병행 구절인 신 5:9b-10에서도 발견된다(십계명의 내용과 그 배경에 관한 모세의 설명으로는 5:1-22을 보라).

거를 두고 있음이 명백하며, 야웨의 질투는 계명을 위반한 자에게 확실히 부정적인 결말을 초래할 것이다. 하지만 이러한 경고에는 순종을 위한 긍정적인 동기로서 하나님의 "은혜"(*hesed*)에 대한 언급이 뒤따른다.[10] 심판은 삼사 대까지 이어질 것이라고 약속되는 반면(고대 사회에서 일반적으로 그러했던 것처럼 여기서 한 "대"는 하나의 가정을 이루어 함께 살아가는 확대가족을 의미할 수도 있다), 하나님의 은혜는 야웨를 사랑하고 그의 계명을 지키는 자에게 천 대까지 주어질 것이라고 약속된다.[11]

그러나 이스라엘 백성은 형상 금지의 계명을 어겼고, 바로 이 불순종을 통해 그들이 야웨를 사랑하지 않는다는 것을 입증한 셈이다.[12] 결국 그들의 불순종에는 필연적으로 심판이 뒤따를 것이다. 이제 우리는 하나님께서 그의 백성과 거리두기를 시작하셨다는 사실을 발견하게 되는데, 이때 하나님께서는 세상의 부모들이 흔히 사용하는 전략을 동원하신다. 마치 부모 중 한 명이 배우자를 향해 "**당신** 아들이 지금 무슨 짓을

---

[10] 이 히브리어 단어는 동일한 번역본에서도 문맥에 따라 구절마다 다양하게 번역된다. 출 20:6의 "헤세드"는 번역본에 따라 "자비"(KJV), "인자"(NASB 95), "친절"(NJPS), "신실한 사랑"(NJB), "변함없는 사랑"(NRSV, ESV), "사랑"(NIV)으로 번역된다. 이 단어에 관한 표준적인 연구로는 다음을 보라. Katharine Doob Sakenfeld, *The Meaning of Hesed in the Hebrew Bible: A New Inquiry*, HSM 17 (Missoula, MT: Scholars Press, 1978; repr., Eugene, OR: Wipf & Stock, 2002). 이후에 출간된 Sakenfeld, *Faithfulness in Action: Loyalty in Biblical Perspective*, OBT 16(Philadelphia: Fortress, 1985)도 참조하라.

[11] 출 20:6의 히브리어 텍스트는 단순히 하나님께서 그의 "헤세드"를 "천"에게 주실 것이라고만 말한다(KJV, NASB, ESV, NJB). 하지만 문맥상 이는 "천 대"를 뜻할 것이다(NRSV, NIV, NJPS, NLT).

[12] 하나님을 향한 이스라엘의 헌신을 묘사하기 위해 "사랑"이라는 용어를 사용한 것이 후대 유대교와 기독교 전통에서는 감정적인 의미를 내포하는 것으로 이해되지만, 고대 근동의 정치적 조약에서는 "사랑"이라는 단어가 주군에 대한 충성을 의미했고, 따라서 "사랑"의 반대말은 "반역"이었다. William L. Moran, "The Ancient Near Eastern Background of the Love of God in Deuteronomy," *CBQ* 25 (1963): 77-87.

했는지 당신은 알고 있는 거요?"라고 말하는 것처럼 말이다.

하나님께서 모세에게 말씀하신다. "너는 내려가라. 네가 애굽 땅에서 인도하여 낸 네 백성이 부패하였도다. 그들이 내가 그들에게 명령한 길을 속히 떠나 자기를 위하여 송아지를 부어 만들고 그것을 예배하며 그것에게 제물을 드리며 말하기를, '이스라엘아, 이는 너희를 애굽 땅에서 인도하여 낸 너희 신이라' 하였도다"(출 32:7-8). 하나님께서는 두 번째 새 계명을 범한 이스라엘 백성에 대한 책임을 온전히 모세의 어깨에 지우신다. 처음에 모세는 이 말씀에 대해 뭐라 답해야 할지 알지 못했다.

우리는 바로 다음 구절에서 대화가 재개되는 방식을 통해 모세가 아무 말도 하지 못했다는 것을 미루어 짐작할 수 있다. "여호와께서 또 모세에게 이르시되"(32:9). 바로 앞 절의 화자가 하나님이었기 때문에, 만약 8절에서 하나님이 대화를 마치시고 응답을 기다리셨는데 아무런 응답을 듣지 못하신 상황이 아니라면 9절에서 굳이 "여호와께서 또 모세에게 이르시되"라는 말로 시작할 필요가 없었다.

그래서 하나님께서 다시 대화를 이어가시며 모세에게 그가 분노하셨다는 사실을 알려주신다. "여호와께서 또 모세에게 이르시되, '내가 이 백성을 보니 목이 뻣뻣한 백성이로다. 그런즉 내가 하는 대로 두라. 내가 그들에게 진노하여 그들을 진멸하고 너를 큰 나라가 되게 하리라'"(32:9-10).

출애굽기 32:7-8에서 하신 말씀에 대해 모세로부터 아무런 대답도 듣지 못하신 하나님께서는 모세에게 그가 백성들의 우상숭배에 대해 분노하고 계시지만 그렇다고 그들을 멸망시키실 **만큼 분노하신 것은 아니라는** 힌트를 보내신다. 그래서 하나님은 (다소 아이러니하게도) 모세에게 하나님의 분노가 그들을 진멸할 만큼 충분히 커질 때까지 내버려두라고 말씀하시면서, 모세가 백성들을 위해 중보기도 할 수 있도록 대화의 여지를 마련하신다.

모세는 다시 목소리를 되찾아서 틈새를 공략한다

처음에 아무 말도 할 수 없었던 모세는 두 가지 틈새를 감지한다. 첫 번째로 하나님과 그의 백성 사이에 비극적인 결별의 길이 열렸다는 것이다. 그런데 모세는 또 다른 틈새를 감지한다. 하나님께서 의도적으로 하나님과 이스라엘 백성 사이에 개입할 수 있는 공간을 모세에게 남겨두신 것처럼 보인다는 말이다. 그래서 모세는 그 틈새로 들어갔고 그 자리에 멈춰 선다. 하나님께서는 모세에게 두 가지를 말씀하셨다. "그런즉 내가 하는 대로 두라. 내가 그들에게 진노하여 그들을 진멸하고"라는 말씀**과** "너를 큰 나라가 되게 하리라"라는 말씀이다. 그런데 모세는 이 중 첫 번째 말씀은 (당분간) 무시하고 곧바로 두 번째 말씀에 집중한다.

우상숭배를 금하는 계명에 "동기부여 조항"이 덧붙여졌던 것처럼, 그리고 탄식 기도가 하나님께 행동하실 이유를 제공하는 것처럼 모세는 이스라엘을 멸하시지 않으셔야 할 세 가지 동기를 하나님께 제공한다. 그는 질문으로 시작하는데, 이것은 기도를 시작하는 안전한 방법이다. 왜냐하면 질문하는 행위 자체가 잘못으로 여겨지는 일은 좀처럼 없기 때문이다. "여호와여, 어찌하여 그 큰 권능과 강한 손으로 [**주께서**] 애굽 땅에서 인도하여 내신 **주의** 백성에게 진노하시나이까?"(32:11)

여기서 모세가 순진한 질문을 가장하여 무슨 일을 했는지 주목할 필요가 있다. 하나님께서는 모세에게 말씀하시면서 백성들을 가리켜 "**네가** 애굽 땅에서 인도하여 낸 **네** 백성"이라고 묘사하신다(32:7). 그러나 모세는 이에 굴하지 않고 "**[주께서]** 애굽 땅에서 인도하여 내신 **주의 백성**"이라고 말하며 국면 전환을 시도한다(32:11). 모세는 백성들에 대한 책임 소재를 하나님께 돌려놓은 것이다. 하나님께서 그들을 진멸하지 않으셔야 할 첫 번째 동기는 그들이 하나님의 백성이라는 사실이며, 모세는 이 점을 분명하게 상기시킨다(하나님께 되돌려 드렸다고 표현할 수도 있을 것이다).

그런 다음 모세는 즉시 또 다른 질문을 던지는데 여기에는 두 번째 동기가 포함되어 있다. "어찌하여 애굽 사람들이 이르기를, '여호와가 자기의 백성을 산에서 죽이고 지면에서 진멸하려는 악한 의도로 인도해 내었다'고 말하게 하시려 하나이까"(32:12a). 달리 표현하자면, 모세는 하나님께 그가 시작하신 일, 곧 자기 백성을 이집트에서 구원해 내시는 일을 끝내지 않으시면 이방 민족들 사이에서 오명을 얻게 되실 것이라고 말하는 셈이다.

하나님께서 이런 종류의 논리에 흔들리지 않으실 것이라고 여겨진다면 모세의 마지막 동기가 더욱 중요할 수 있다. "주의 종 아브라함과 이삭과 이스라엘을 기억하소서. **주께서** 그들을 위하여 **주를 가리켜** 맹세하여 이르시기를, '내가 너희의 자손을 하늘의 별처럼 많게 하고 내가 허락한 이 온 땅을 너희의 자손에게 주어 영원한 기업이 되게 하리라' 하셨나이다"(32:13). 여기서 모세는 하나님께서 약속하셨으며, 엄숙하게 맹세하시기까지 하셨다는 사실을 상기시켜 드리며(아마도 창 22:16-18이

나 15:13-16을 염두에 두었을 것이다) 그가 하신 약속을 충실히 이행하실 것을 요청한다.[13]

두 번째와 세 번째 동기 사이에 모세의 간구 혹은 요청이 끼어 있다. "주의 맹렬한 노를 그치시고 뜻을 돌이키사 주의 백성에게 이 화를 내리지 마옵소서"(출 32:12b). "뜻을 돌이키사"라는 문구는 하나님의 "후회"를 뜻하는 히브리어 동사 "나함"(*nāḥam*)을 번역한 것이고, "화"라는 단어는 히브리어에서 (윤리적 악을 포함하여 상처와 해악에 이르기까지) 모든 종류의 "악"을 뜻하는 일반적인 용어인 "라아"(*rā'â*)를 번역한 것이다. 말하자면 모세는 지금 하나님이 잘못하고 계시며 그러니 노선을 변경하실 필요가 있다고 말씀하는 셈이다. 킹제임스성경의 고전적인 표현을 따르면, 모세는 야웨께 이렇게 말씀한다. "주님의 백성을 향한 이 같은 악을 회개하십시오."

여기서 모세는 마치 자기가 하나님께서 하셔야 할 일을 더 잘 알기라도 하는 것처럼 감히 하나님께 마음을 바꾸시고 노선을 변경하시라고 요청(사실상 "통보")하는데, 하나님께서는 이를 불쾌하게 받아들이시는가? 전혀 그렇지 않다. 사실상 이때 하나님께서 보이신 반응은 거의 꼬리를 내리는 격이다. "여호와께서 뜻을 돌이키사 말씀하신 화를 그 백성에게 내리지 아니하시니라"(32:14). 이처럼 하나님께서는 아무런 반박도 하지 않으시고 모세의 요청을 고분고분 받아들이신다. 마치 하나님께서 처음부터 그렇게 하시기를 원하셨던 것처럼 말이다.

---

13 창 22장에서 이삭의 결박 사건 이후 하나님께서 야곱에게 하신 맹세의 중요성에 대해서는 제7장에서 다루겠다.

모세는 하나님의 긍정적인 반응에 고무되었고, 계속하여 일련의 추가적인 요청과 청원을 올린다.[14] 백성들을 멸망시키시지 않도록 하나님을 설득하는 데 성공한(32:11-14) 모세는 그다음으로 이스라엘의 죄를 용서하시고(혹은 떠안으시고) 그들과의 언약 관계를 계속 이어가시도록 설득한다(32:31-32).[15]

하나님께서는 그의 백성을 진멸하시겠다는 뜻을 처음으로 모세에게 밝히시면서, 그를 새로운 아브라함으로 삼아서 새롭게 시작하시겠다고 제안하신다(32:10). 당시 모세는 그런 제안을 무시했다. 그런데 우리는 하나님의 제안에 대한 모세의 지연된 대답이 하나님께 백성들을 용서해달라고 요청했던 일과 관련이 있음을 발견한다. 그는 하나님께서 백성들의 죄를 용서하시지 않으시려거든 "주께서 기록하신 책에서 내 이름을 지워 버려 주옵소서"(32:32)라고 강청하면서 사실상 자신의 미래를 백성의 운명과 결부시킨다.

하나님께서는 모세의 요청에 응하시면서 두 가지 단서를 덧붙이신다. 첫째, 반역한 자들에게는 징벌을 내리시겠지만(실제로 하나님은 역병을 보내신다), 모세가 백성을 약속의 땅으로 인도해 들어가는 일은 받아들이시겠다고 하셨는데(32:33-34), 이는 그들이 용서받았다는 것을 의미한다. 둘째, 하나님께서는 사자를 그들 중에 보내어 광야 여정을 안내하게 하실 것이라고 말씀하시는데, 이것은 하나님의 진노로 말미암은 일종의

---

14 모세의 중보기도를 네 가지 요청으로 구분했지만, 출 32-34장을 주의 깊게 읽어보면 요청들이 부분적으로 중첩된다는 사실을 발견할 수 있다. 어떻게 세느냐에 따라 네 가지 이상이 될 수도 있다. 이 복합적인 기사에는 하나 이상의 자료가 사용된 것이 분명하다.

15 여기 사용된 "나사"(*nāśā*)라는 동사는 "들어올리다", "떠안다"라는 뜻을 지니고 있다. 죄와 관련하여 사용될 때는 일반적으로 "용서하다"라고 번역할 수 있다.

거리두기 전술로 이해될 수 있다. 하나님께서 그들과 너무 가까이에 머무시면, 그의 진노가 폭발할 수 있기 때문이다(33:2-3).

그러나 모세는 이런 조건을 수용하지 않고 그와 하나님 사이의 친분("street cred")에 호소하면서("주께서 전에 말씀하시기를 '나는 이름으로도 너를 알고 너도 내 앞에 은총을 입었다' 하셨사온즉"; 33:12), 이를 근거로 하나님께서 그들의 여정에 직접 동참하셔야 한다고 주장한다. 여기서 모세의 요청은 자기 자신과("주의 길을 내게 보이소서") 이스라엘 백성("이 족속을 주의 백성으로 여기소서"; 33:13) 모두를 염두에 둔 것이었다. 사실상 모세는 하나님의 "길"이 자비의 길이며, 이스라엘과 세우신 언약에 신실한 길임을 하나님께 상기시켜 드리는 것일지도 모른다.

하나님께서는 다시 모세의 요청에 긍정적으로 응답하신다. "내가 친히 [너와 함께, NRSV] 가리라. 내가 너를 쉬게 하리라"(33:14). 그렇다면 하나님께서는 정확히 **누구**와 함께 가시고 **누구**에게 안식을 주신다는 말인가? 영역 성경에서 33:14의 "너와 함께"라는 문구는 히브리어 원문에는 없고 번역가들이 추가한 것이다. 하나님께서는 단지 "내가 친히 가서, 내가 너를 쉬게 하리라"라고만 말씀하셨다. 그러니 우리는 "내가 너를 쉬게 하리라"라는 문구에서 "너를"에 집중해야 한다. 히브리어 텍스트에서 "너"는 단수형으로 기록되어 있는데, 그렇다면 이 대명사는 이스라엘을 가리키는 것일까, 아니면 모세만을 가리키는 것일까?[16]

모세는 분명 이런 모호한 답변에 만족하지 못했고, 그래서 다시 한

---

16 이와는 대조적으로 출 33:3에서 "너희"라고 번역된 대명사는 단수형으로서 단수 명사 "백성"을 가리키는데("너희는 목이 곧은 **백성**인즉"), 따라서 결과적으로 복수형이다.

번 묻는다. "주께서 친히 가지 아니하시려거든 **우리**를 이곳에서 올려보내지 마옵소서. 나와 주의 백성이 주의 목전에 은총 입은 줄을 무엇으로 알리이까? 주께서 **우리**와 함께 행하심으로 **나와 주의 백성**을 천하 만민 중에 구별하심이 아니니이까?"(33:15-16)

모세가 "우리"라는 단어를 강조한 사실에 주목할 필요가 있다. 모세는 하나님께 자신과 백성은 "패키지 상품"이라고 말하면서 만일 하나님께서 모세에게 진실하시기를 원하신다면 그 거래에 이스라엘 백성도 포함하셔야 한다고 주장한다. 그리고 모세의 전략은 먹혀들었다. "여호와께서 모세에게 이르시되 '네가 말하는 이 일도 내가 하리니, 너는 내 목전에 은총을 입었고 내가 이름으로도 너를 앎이니라'"(33:17).

마지막으로 모세는 주의 "길"을 보이시라는(33:13) 개인적인 요청으로 다시 돌아오는데, 이번에는 주의 "영광"(*kābôd*)을 보여달라고 표현한다(33:18).[17]

---

[17] 성경의 신현 기사에서는 하나님의 가시적인 형태를 가리키기 위해 종종 "카보드"(*kābôd*)라는 명사를 사용한다. 하나님께서 평범한 인간의 모습으로 나타나신 경우(창세기의 족장 설화에서)와, 그보다는 좀 더 신비적인 모습으로 나타나신 경우(오경의 다른 책들과 예언서에서)를 비교한 다양한 연구서가 있다. Benjamin D. Sommer, *The Bodies of God and the World of Ancient Israel* (New York: Cambridge University Press, 2011); and Mark S. Smith, "The Three Bodies of God in the Hebrew Bible," *JBL* 134 (2015): 471-88.

하나님께서 "야웨"라는 이름을 다시 계시하심: 출애굽기 3장을 넘어서

다시 한번 하나님께서는 모세의 요청에 동의하시면서 하나님의 모든 "선한 것"("영광"에 해당하는 것으로 보임)이 그의 앞을 지나갈 것이라고 말씀하시는데, 다만 그가 하나님의 "얼굴"(manifestation)을 보지는 못할 것이라는 경고를 덧붙이신다. 그래서 하나님은 모세를 시내산의 바위틈(아마도 작은 동굴)에 두시고 그를 덮으셔서 그가 하나님의 "등"을 볼 수 있게 해주시는데(출 33:19-23), 그것만으로도 모세가 산에서 내려왔을 때 그의 얼굴은 광채로 빛났다(34:29-35).[18] 하나님께서는 모세 앞을 지나가시면서 "야웨"라는 이름의 의미를 선포하신다.

이전에 "야웨"는 불타는 떨기나무 가운데서도 같은 일을 행하셨다(출 3장). 당시 모세는 이스라엘 백성을 속박으로부터 구원하기 위해 이집트로 내려갈 준비를 하면서 하나님께 이름이 무엇인지 물었다. 이때 하나님께서는 잘 알려진 것처럼 "에흐예 아셰르 에흐예"('ĕyeh 'ăšer 'ĕyeh) — "나는 나다"("I am Who am"; 더 정확하게는 "나는 내가 될 것이다"[I will be who will be] — 라고 대답하신다(3:14). 그런 다음 하나님께서는 자신의 이름이 "야웨"라고 대답하시는데, 이는 히브리어로 "있다"(to be)를 의미

---

18 출 33:23에서 하나님의 "등"을 가리키는 히브리어 단어 "아호르"('ăḥôr)는 "뒤" 또는 "이후"를 뜻하는 어근에서 유래했다. Diana Lipton은 이 용어에 대한 예리한 연구를 통해 모세가 흘끗 보았던 것은 하나님의 "등"이 아니라 하나님의 "미래"(이후에 오는 것)였다고 제안한다. 히브리 성경에서는 일반적으로 사람의 얼굴이 과거를 향하고 있다고 상상하기 때문에, "등"은 미래를 향하고 있다는 것이다. Lipton, "God's Back! What Did Moses See on Sinai?," in *The Significance of Sinai: Traditions about Sinai and Divine Revelation in Judaism and Christianity*, ed. George Brooke, Hindy Najman, and Loren Stuckenbruck, TBN 12 (Leiden: Brill, 2008), 287-311.

하는 "하야" 동사에서 파생된 것으로 보이며, "야웨"라는 변화형은 아마도 "그가 있게 하신다"를 의미할 것이다.[19]

출애굽기 3:14-15은 상당히 압축적인 텍스트인데, 주된 요점은 이집트로부터의 탈출이라는 사건을 통해 "야웨"라고 불리는 하나님의 적극적이고 역동적인 성품이 드러나리라는 것이다. 그 사건은 미래의 일이며 그런 이유에서 야웨의 이름이 "나는 내가 될 것이다"(I will be who I will be)라고 미래형으로 표현된 것이다. 특히 하나님은 고대 근동의 가장 강력한 제국에 예속되었던 자기 백성의 고통을 돌보시는 분으로 **드러날 것이다**. 야웨는 세계사의 무대에서 파라오와 맞서 제국의 결박을 끊고 이스라엘을 해방하실 강력한 인물로 **등장할 것이다**.

이것은 창세기 12-50장에서 아브라함과 그의 후손들을 보호하고 번성케 하시겠다고 약속하시면서 조상들과 언약을 맺으셨던 야웨에게서는 발견할 수 없었던 새로운 계시였다. 이 텍스트에서 야웨의 행동은 가신 혹은 씨족신의 역할과 상당히 유사하다(비록 이를 넘어선다는 암시가 주어지기는 하지만 말이다). "조상들의 하나님"과 그 동일한 하나님이 "세계사의 무대에 등장하시는 장면" 사이의 대조가 출애굽기 6장에서 분명하게 드러난다. 거기서 하나님은 모세에게 "내가 아브라함과 이삭과 야곱에게 전능의 하나님[El Shaddai]으로 나타났으나 나의 이름을 여호와[YHWH]로는 그들에게 알리지 아니하였고"라고 설명하신다(6:3).[20] 때

---

19 이것은 Frank Moore Cross의 고전적인 주장이다. F. M. Cross, *Canaanite Myth and Hebrew Epic: Essays in the History of the Religion of Israel* (Cambridge, MA: Harvard University Press, 1973), 65.

20 "엘 샤다이"(El Shaddai)의 의미 및 야웨의 시내산 언약과 하나님이 조상들과 맺으신 언약의 관계에 대한 심도 있는 연구로는 다음을 보라. J. Gerald Janzen, "Israel's Default

로는 이 말이 "야웨"(YHWH)라는 이름 자체가 조상들에게는 알려지지 않았었다는 의미로 받아들여지기도 하는데(그렇다면 창세기에 여러 차례 등장하는 "야웨"라는 표현이 시대착오적이라는 뜻이다), 반드시 그렇게 이해될 필요는 없다. 차라리 출애굽 사건을 통해 하나님에 관해 새로운 정보— 말하자면 야웨라는 이름이 지닌 **의미**(적어도 출애굽 사건에 적합한 초기 의미)—가 주어졌음을 가리키는 것으로 이해할 수 있을 것이다.[21]

그러나 출애굽기 34:6-7에서 하나님이 모세 앞을 "지나가셨을" 때 계시된 "야웨"라는 이름의 의미는 출애굽기 3장에서 그 이름에 관해 계시된 의미를 훨씬 뛰어넘는 것이었다. 시내산에서 하나님의 이름에 관해 새로이 계시된 내용은 특히 금송아지 우상숭배 사건에 초점을 맞추고 있으며, 이스라엘이 이 심각한 패배 이후로 어떻게 나아가야 할지를 다루고 있다.

야웨께서 그의 앞으로 "지나시며" 선포하신다.

Position before God," in *At the Scent of Water: The Ground of Hope in the Book of Job* (Grand Rapids: Eerdmans, 2009), 15-36. Janzen은 시내산 언약을 개인 컴퓨터의 맞춤형 운영체제에 비유하는 한편 아브라함 언약은 기본형/공장 출시형 운영체제에 비유한다. 이 같은 비유는 금송아지 에피소드와 욥기를 비롯하여 구약성경의 많은 부분을 이해하는 데 도움을 준다. Janzen의 *At the Scent of Water*는 전체적으로 훌륭해서 특정 부분만 추천하기가 망설여지지만, 굳이 꼽자면 제2장은 너무 탁월해서 흔히 하는 말로 "그것만으로도 책값을 치를 가치가 있다."

21 나는 출 3장과 6장이 서로 다른 전승 자료(일반적으로 J로 표시되는 야웨 문서와 P로 표시되는 제사장 문서)에서 나온 것일 수 있다는 주장에 이의를 제기하지 않으며, 그렇다면 두 자료는 모세의 소명을 다룬 호환적인 기사들로 이해될 수 있다. 이런 해석에 따르면 (출 6장의 출처인) 제사장 문서는 야웨라는 이름이 조상들에게 알려지지 않았다고 주장하는 반면, 야웨 문서는 (제사장 문서의 관점으로는 시대착오적으로) 야웨라는 이름을 창세기 내러티브에 삽입했다는 것이다. 두 텍스트의 기원에 관한 설명으로서 이 같은 가설이 얼마나 타당하든 간에, 출 3장과 6장은 정경 내러티브에서 하나님과 모세 간에 이루어진 대화의 두 단계로 서로 연결되어 있다.

여호와라, 여호와라!(YHWH, YHWH)

자비롭고 은혜롭고,

노하기를 더디하고,

인자와 진실이 많은 하나님이라.

인자를 천대까지 베풀며,

악과 과실과 죄를 용서하리라(34:6-7a).

하지만 사랑에는 심판이 따르기 마련이다. 그래서 하나님께서는 이렇게 덧붙이신다.

그러나 벌을 면제하지는 아니하고,

아버지의 악행을

자손,

삼사 대까지 보응하리라(34:7b).

출애굽기 34장의 문구는 금송아지 에피소드 이전에 출애굽기 20장에서 주어졌던 우상숭배 금지와 관련된 동기부여 조항과 유사하다.

나 네 하나님 여호와는 질투하는 하나님인즉, 나를 미워하는 자의 죄를 갚되 아버지로부터 아들에게로 삼사 대까지 이르게 하거니와, 나를 사랑하고 내 계명을 지키는 자에게는 천 대까지 은혜를 베푸느니라(출 20:5b-6).

두 진술은 비슷하지만 출애굽기 20장과 34장 사이에는 상당한 변화가 있다. 출애굽기 20장에서는 처참한 결과에 대한 하나님의 경고가 긍정적인 동기보다 앞서 등장한다. 그러나 출애굽기 34장에서는 이 순서가 뒤바뀌어서 긍정적인 동기(은혜[*ḥesed*]에 대한 하나님의 약속)가 앞선다. 더욱이 두 요소의 순서가 바뀌는 것에서 그치지 않고 긍정적인 동기가 눈에 띄게 확장된다. 여기에는 사랑과 관련된 용어가 꼬리를 물고 나타난다. 야웨는 자비로우시고(*raḥûm*), 은혜로우시고(*ḥannûn*), 인자(*ḥesed*)와 진실('*ĕmet*)이 풍성하시다.

실로 이 사랑은 너무나 풍성해서, 출애굽기 20장에서는 언급하지 않는 새로운 요소인 "용서"로 이어지며, 용서는 "불의"(*'āwôn*), "범법"(*pešaʻ*), "죄악"(*ḥaṭāʼâ*)과 같은 다양한 종류의 잘못을 덮어주는 것으로 소개된다.[22] 천 대까지 은혜를 베푸신다는 출애굽기 20장 말씀이 여기서도 반복되는데, 20장에서 열거되었던 조건들이 34장에서는 사라졌다. 이제 하나님의 사랑은 그의 계명을 준수하는 자들에게만 제한되지 않으며, 아무 조건 없이 천 대까지(혹은 수천 대까지) 주어진다.[23]

그렇다고 해서 불순종이 아무런 결과도 초래하지 않는다는 뜻은 아니다. 하지만 그 같은 결과가 더는 언약을 파기하는 데까지 나아가지는 않는다. 하나님의 이름에 대한 새로운 계시가 상징하는 중대한 변화는 이제 시내산 언약이 더 이상 조건부가 아니라는 점이다. 이제 그 언약은 무조건적 언약이 되었다. 그렇지 않았다면 이스라엘 백성이 언약의 하나님께 충성을 다하지 못하고 노골적으로 우상숭배의 죄를 범하고서도

---

22 이것은 속죄일 제사를 통해 다루어지는 악행들의 범주와 동일하다(레 16:21).
23 출 20:6에서와 마찬가지로 여기 34:6에서도 "대"(generations)라는 단어가 빠져 있다. 하지만 문맥상으로 "천"은 "천 대"를 의미하는 것으로 보는 것이 자연스럽다.

어떻게 하나님과 언약 관계를 지속할 수 있었겠는가?[24]

모세의 중보기도의 근거가 되는 하나님의 사랑

텍스트는 모세가 하나님의 행동 방침을 변경시켰다고 분명히 말하는데, 그렇다면 우리는 모세가 하나님의 성품에도 변화를 초래했다고 받아들여야 하는 것일까? 모세가 중보기도를 하기 **이전**에 하나님은 주로 심판의 하나님이셨는데, **이후**에 자비와 사랑의 하나님이 되신 것인가? 아니면 모세의 중보기도를 통해 이미 존재하고 있었으나 감추어졌던 성품이 분명하게 드러난 것일까?

하나님께서 모세 앞으로 지나가셨을 때 모세가 야웨에 대해 배우게 된 사실 가운데 하나는 야웨가 "노하기를 더디하신다"는 것이다(출 34:6). 그러나 이것이 새로운 일은 아니었다. 애초에 모세가 기도할 수 있었던 이유도 하나님께서 **아직** 자기 백성을 진멸하실 만큼 분노하지는 **않으셨기** 때문이었다(사실 그는 기도하도록 하나님께 초대받은 것이었다). 심

---

[24] 여기서 아브라함 언약과 시내산 언약을 컴퓨터의 기본 운영체제와 맞춤형 운영체제에 비교하는 Janzen의 설명이 작동한다. 컴퓨터가 망가지면, 이를 회복할 수 있는 유일한 희망은 기본 운영체제를 사용하여 재부팅하는 것이다. 말하자면 금송아지 우상숭배는 컴퓨터의 재부팅을 요구하는 중대한 고장이다. 따라서 시내산 언약으로 상징되는 이스라엘과 하나님 간의 새로운 관계는 아브라함 언약으로 대표되는 본래의 관계로 회귀한다. (아마도 우리는 시내산 언약 자체가 확대된 아브라함 언약으로 발전한 것이라고 말할 수도 있을 것이다.) 흥미롭게도 Janzen의 주장은 하나님께서 모세 및 다윗과 맺으신 조건부 언약과 무조건적 언약 간의 관계에 대한 Jon D. Levenson의 분석과 교차하는 부분이 있다. Levenson, *Sinai and Zion: An Entry into the Jewish Bible* (New York: HarperOne, 1987).

지어 모세의 중보기도 이전에 야웨는 이미 노하기를 더디하셨다.²⁵

사실 모세가 바위틈에서 받았던 하나님의 성품에 대한 핵심적인 요약이 바로 하나님께서 모세에게 중보기도를 요청하신 **근거**이자 **기초**였던 것으로 드러났다. 야웨는 언제나 사랑과 용서의 하나님이셨다. 그는 언약의 파트너인 인간들이 간절하고 정직하게 기도하기를 원하실 뿐만 아니라 기도하도록 적극적으로 초청하시는, 사랑이 넘치는 하나님이시다.

모세의 시내산/호렙산 중보기도에 대한 기억: 성경에서

물론 그와 같은 기도가 하나님의 은혜로운 성품으로 말미암아 가능하게 된 것이지만, 그렇다고 모세의 역할을 경시해서는 안 된다. 사실 모세가 이스라엘을 위해 중재하지 않았다면 이스라엘은 더 이상 존재하지 않았을 것이라고 말해도 지나치지 않다. 그랬더라면 구원사는 전혀 다른 모습으로 전개되었을 것이다.

이후 민수기 14장에서 모세는 이스라엘 백성이 가데스 바네아에서

---

25 "노하기를 더디하신다"(출 34:3)라는 문구는 히브리어 "에레크 아파임"(*'erek 'appayim*)을 번역한 것인데, 문자적으로는 "코가 길다"라는 뜻이다. 히브리 성경에서 분노를 나타내는 주된 은유는 "열"인데, 일반적으로 열은 사람의 몸 안에서 만들어져서 콧구멍을 통하여 배출되는 것으로 여겨졌다. 이것이 바로 (출 15:7에 언급된) 이집트인들을 향한 하나님의 진노에 대한 생생한 묘사의 배경인데, 바로 다음절을 보면 결국 "주의 콧김"으로 인해 물이 쌓이고 바다가 갈라진다(15:8). 하나님의 "긴 코"라는 은유적인 표현은 심판으로 표출될 만큼 열이 충분히 쌓이는 데는 많은 시간이 필요하다는 것을 시사한다. 오늘날의 은유를 사용하자면, 하나님은 "성미가 급하지"("퓨즈가 짧지") 않으시다.

가나안 땅에 들어가기를 거부하자 그들을 위해 기도하면서 하나님의 자비와 용서를 구했는데(14:13-19), 여기서 자비와 용서는 그가 시내산 계시를 통해 배웠던 바로 그 성품들이다. 정탐꾼들이 그 땅에 거인이 있다는 보고를 가져오고(13:25-33) 이에 백성들이 입성을 거부하자(14:1-4), 하나님께서는 이전에 시내산에서 그러하셨던 것처럼 이스라엘 백성을 진멸하고자 하셨고, 모세에게 다시 시작하자고 제안하신다(14:11-12).

다시 한번 모세는 거절하였고, 이전에 시내산에서 그랬던 것처럼 여러 나라 사이에서 존중되어야 할 하나님의 명성에 호소하면서(14:13-16) 하나님께 자비의 능력을 보여달라고 통찰력 있게 요청한다. "이제 구하옵나니 이미 말씀하신 대로 주의 큰 권능을 나타내옵소서. 이르시기를, '여호와는 노하기를 더디하시고 인자가 많아 죄악과 허물을 사하시나'"(14:17-18).[26]

출애굽기 34장에서 하나님이 그에게 대답하신 말씀을 인용한 후에 모세는 다음과 같이 간구한다. "주의 인자의 광대하심을 따라 이 백성의 죄악을 사하시되 애굽에서부터 지금까지 이 백성을 사하신 것 같이 사하시옵소서"(민 14:19). 그리고 이전에 그랬던 것처럼 야웨는 다시 모세의 요청을 수용하신다. "내가 네 말대로 사하노라"(14:20).

---

[26] 주의 "인자"하심으로 "주의 권능"을 나타내시기를 구하는 모세의 기도(민 14:17-18)가 『성공회 공동 기도서』 21번 기도의 문구에 영향을 미친 것으로 보인다. *Book of Common Prayer* (New York: Church Publishing, 1979). "자비와 긍휼로 권세와 능력을 선포하시는 하나님! 주의 넘치는 은혜를 너그럽게 허락해 주셔서 주의 약속을 얻기 위해 달려가는 우리가 하늘 보화에 참여하는 자가 되게 하소서. 주와 함께 사시고 다스리시는 예수 그리스도를 통하여, 그리고 한 분 하나님이신 성령님을 통하여, 세세토록 아멘." 이 같은 통찰을 제공해 준 J. Gerald Janzen에게 감사드린다.

시편 106편에서는 이스라엘을 대신하는 중보자로서 모세의 필수적인 역할이 강조된다. 여기서 시인은 특히 금송아지 사건을 포함하여 (106:19-22) 이스라엘 백성이 광야 여정에서, 그리고 약속의 땅에 들어간 후에 야웨께 반역했던 다양한 사례들을 언급한 후에(106:6-46) 다음과 같이 덧붙인다.

[시내산/호렙산에서의 우상숭배 사건 이후에]
여호와께서 그들을 멸하리라 하셨으나, 그가 택하신 모세가 그 어려움 가운데에서 그의 앞에 서서 그의 노를 돌이켜 멸하시지 아니하게 하였도다 (106:23).

그런 다음 시인은 사사 시대에 하나님께서 이스라엘을 구원하신 근거였던 하나님의 넘치는 자비(hesed)에 대한 계시에 관심을 기울인다(출 34:6). 비록 백성들은 끊임없이 야웨께 불순종하여(106:34-39) 대적들의 손에 넘겨졌고(106:40-42), 하나님께서 여러 번 그들을 건지신 후에도 계속하여 반역했지만(106:43), 그럼에도 하나님은 그들의 부르짖음을 들으시고 그들의 고통을 돌보시며, 그들을 위하여 언약을 기억하시고, 그 풍성하신 인자하심을 따라 긍휼을 보이셨다(참조. 106:44-45).[27]

---

[27] 모세의 중보기도가 이 시편의 시작 기도와 마침 기도에 영감을 주었던 것으로 보이는데, 두 기도 모두 하나님께 도움을 요청하고 있다. 시작 기도에서 저자는 이렇게 간구한다. "여호와여, 주의 백성에게 베푸시는 은혜로 나를 기억하시며 주의 구원으로 나를 돌보사"(106:4). 그리고 마지막 기도에서 이렇게 구한다. "여호와 우리 하나님이여, 우리를 구원하사 여러 나라로부터 모으시고 우리가 주의 거룩하신 이름을 감사하며 주의 영예를 찬양하게 하소서"(106:47). 엄밀히 말해 48절은 106편의 마지막 절이라기보다는 시

바빌로니아 포로기에 활동했던 시인은 과거에 기도를 통하여 이스라엘 백성의 운명을 결정적으로 바꾸었던 모세의 모범을 근거로 야웨께 도움을 간청할 마음을 갖는다.

시편 51편에서는 시내산에서 금송아지 사건 이후에 모세가 드렸던 중보기도와 이후 출애굽기 34:6-7에서 드러난 하나님의 자비에 대한 강렬한 기억을 바탕으로 하나님께 죄 용서와 회복을 탄원한다. 51편의 첫 셜에 모세에게 계시된 야웨의 성품이 암시되어 있다는 점은 의미심장하다. 첫 번째 간구에서는 주의 인자(ḥesed)를 따라 "내게 은혜를 베푸"시기를(ḥānnēnî) 탄원하는 동시에 "주의 많은 긍휼(raḥămim)을 따라…죄악을 지워"주시기를 간청한다. 이 구절에 사용된 단어들은 출애굽기 34장에서 모세에게 "자비롭고[raḥûm] 은혜롭고[ḥannûn] 노하기를 더디하고 인자[ḥesed]와 진실이 많"다고 하셨던(출 34:6) 하나님의 자기 계시를 반영한다.[28]

더 나아가 하나님께서 용서하시는 잘못의 범주를 열거하기 위해 출애굽기 34:7에서 사용한 세 단어(불의, 범법, 죄악)가 시편 51:1-2(51:3-4

---

[28] 편 제4권(90-106편)을 종결짓는 송영이라 할 수 있다.
출 34:6-7에서 하나님의 성품에 대한 결정적인 계시는 예로부터 일종의 신앙고백적 진술로 받아들여졌는데, 후대의 구약 텍스트에서는 시 51편에 반영된 출 34장의 진술보다는 훨씬 뚜렷한 형태로 나타난다. 민 14:18 외에 가장 명백한 인용으로는 느 9:17b, 31; 시 86:5, 15; 103:8; 145:8; 렘 32:18; 욜 2:13; 욘 4:2; 미 7:18; 그리고 (출 20장의 공식에 근거한) 나 1:2-3이 있다. Phyllis Trible은 다음 책에서 이 텍스트들에 대해 간략하게 언급한다. Trible, *God and the Rhetoric of Sexuality,* OBT (Philadelphia: Fortress, 1978), 1-5. 신구약, 외경, 사해문서, (탈무드를 포함한) 후기 유대교 전승, 그리고 심지어 쿠란에 이르는 다양한 문헌에서 출 34:6-7을 명시적으로 인용하거나 암시적으로 반향하는 사례들에 관한 심도 있는 연구로는 다음을 보라. Michael P. Knowles, *The Unfolding Mystery of the Divine Name: The God of Sinai in Our Midst* (Downers Grove, IL: IVP Academic, 2012).

MT)에서도 같은 형태로 발견될 뿐만 아니라, 시편 전반에 걸쳐 명사형과 동사형으로 반복해서 나타난다.

출애굽기 34장에 대한 이런 암시는 시편 51:13(51:15 MT)에서 범죄자에게 "주의 길"을 가르치겠다는 시편 저자의 맹세가 한편으로는 금송아지 이야기를 염두에 두었을 가능성을 시사한다. 시편 저자의 맹세는 출애굽기 33:13에서 모세가 하나님께 "주의 길을 내게 보이사"라고 했던 요청을 상기시키는데, 여기서 주의 길은 결국 자비의 길이었음이 드러난다.[29]

금송아지 사건을 암시하는 시편의 여러 사례를 종합해 보면 시편 저자는 현재 그의 백성이 용서받기 위한 근거로서 과거에 야웨께서 이스라엘을 용서하셨던 사례들을 하나의 패러다임으로 제시하면서 호소하는 것으로 보인다. 그는 하나님이 공동체의 죄를 용서하신 것처럼 개인의 죄도 용서해 달라고 하나님께 요청하면서, 모세에게 계시하셨던 성품에 부합되게 행동하실 것을 촉구한다.[30] 모세가 하나님과 활발하게 소통했던 것처럼 시편 저자도 하나님께서 그의 음성을 들으시리라는 확

---

[29] 시 51편과 금송아지 에피소드 간에는 구체적인 언어학적 연관성 외에도 희생제사를 통해 해결될 수 없는 심각한 죄(출애굽기 텍스트에서는 우상숭배, 시 51편에서는 특정되지 않음)의 용서에 초점을 맞춘다는 주제적 유사성이 존재한다. 시 51편의 표제는 이 시를 다윗의 범죄와 그 결과(삼하 11-12장)에 관한 이야기와 연결하는데, 거기서 다윗의 죄가 사해졌음에도 그의 아들이 죽었다는 사실(삼하 12:13-14, 18)은 "죄 용서"를 "후손에 대한 보응"과 연결했던 출 34:7("죄를 용서하리라. 그러나 벌을 면제하지는 아니하고 아버지의 악행을 자손 삼사 대까지 보응하리라")을 반영할 것이다.

[30] 시 51편에 대한 나의 분석은 다음을 보라. Middleton, "A Psalm against David? A Canonical Reading of Psalm 51 as a Critique of David's Inadequate Repentance in 2 Samuel 12," in *Explorations in Interdisciplinary Reading: Theological, Exegetical, and Reception- Historical Perspectives,* ed. Robbie F. Castleman, Darian R. Lockett, and Stephen O. Presley (Eugene, OR: Pickwick, 2017), 26-45.

신 가운데 담대하게 그의 소원을 하나님께 아뢴다.

모세의 시내산/호렙산 중보기도에 대한 기억: 미드라시와 탈무드에서

이스라엘의 중보자로서 모세의 필수불가결한 역할은 「미드라시 탄후마」로 알려진 중세 텍스트 모음집에 실린 모세의 죽음에 관한 유대교 미드라시의 토대를 이룬다. 어느 날 대천사 메타트론은 하나님이 눈물을 흘리시는 모습을 목격한다. 당황한 메타트론은 모세의 삶이 하나님의 손에 달린 것처럼 그의 죽음도 하나님의 손에 달려 있다고 하나님께 말씀드린다. (말하자면, 모세의 죽음도 하나님의 결정에 따른 것일 텐데, 그렇다면 어째서 우시는가 하고 물은 것이다.)

이에 대해 하나님께서는 다음과 같은 비유를 제시하신다.

이 문제를 어디에 비유할꼬? 한 왕에게 아들이 있었다. 아버지는 날이면 날마다 아들이 아버지를 공경하지 않는다고 화를 내면서 아들을 죽이려 했지만, 그때마다 아들의 어머니가 아버지의 손에서 아들을 구했다.
하루는 아들의 어머니가 죽었고 아버지는 울기 시작했다. 그의 종들이 그에게 말했다. "왕이시여 어째서 우십니까?" 왕이 그들에게 말했다. "내가 우는 것은 아내 때문이 아니라, 내 아들 때문이니라. 내가 아들에게 노하여 그를 죽이려고 했을 때 아내가 아들을 내 손에서 구해낸 적이 얼마나 많은 줄 아느냐?"

이어서 하나님은 메타트론에게 설명하신다.

> 내가 우는 것은 모세 때문만이 아니라 그와 이스라엘 때문에 우는 것이다. 그들이 얼마나 자주 나를 화나게 했고, 내가 그들에게 화냈는지 생각해 보라. 하지만 그때마다 모세가 우리 사이에 끼어들어서 나의 분노를 가라앉히고 그들을 진멸하지 못하게 막았었다.[31]

또 다른 랍비 문헌인 탈무드에서는 출애굽기 34장에 나오는 하나님의 성품에 관한 계시를 모세가 떠난 뒤에 살아갈 후대 이스라엘을 위한 기도의 근거라고 여긴다. 랍비 요하난은 다음과 같이 말했다고 전해진다(Bereshit Rosh HaShanah 17b).

> 성경에 그렇게 기록되지 않았더라면 우리는 결코 그렇게 말할 수 없었을 것이다. 이 구절은 거룩하시고 복되신 그분이 회당의 토라 낭독자처럼 몸에 겉옷을 두르시고 모세에게 기도의 모범을 보여 주셨다고 가르친다. 그분은 모세에게 말씀하셨다. "이스라엘이 죄를 지을 때마다 내 앞에서 이처럼 예배하게 하라. 그러면 내가 그들을 용서할 것이다."[32]

---

31 *Midrash Tanḥuma* (S. Buber ed.), vols. 1-3, trans. J. T. Townsend (New York: KTAV: 1989-2003), Va'etchanan, section 6.

32 *The Babylonian Talmud*, vol. 4, *Seder Mo'ed*, ed. and trans. Isidore Epstein (London: Soncino, 1938), 68. 여기 등장하는 미드라시는 무엇보다도 출애굽기 텍스트에서 하나님이 모세 앞으로 "지나신다"라고 한 진술을 토대로 한 것이다. 후대 랍비 전통에서는 기도를 이끄는 자에 대해, 그가 서 있는 앞으로 "지나가신다"라는 표현을 사용한다.

모세 이후 예언자들의 중보기도 전통

모세가 이스라엘 편에 서서 드렸던 담대한 중보기도의 전통은 다시 예언자 전통의 일부가 되었다. 여러 예언자가 하나님과 이스라엘 백성 사이에 서서 회개를 촉구하며 백성들을 향해 도전하시는 하나님의 말씀을 전하는 한편, 하나님 앞에서 백성들을 변호하면서 심판을 최대한 연기하려고 노력했다.[33] 아모스와 미가(기원전 8세기), 예레미야(7세기), 에스겔(6세기)의 사례가 이를 잘 보여준다.

아모스는 이스라엘을 향한 하나님의 임박한 심판을 예고하는 두 가지 환상을 체험하였는데, 그는 매번 하나님의 자비를 구하기 위하여 부르짖었고(7:2, 5), 그때마다 하나님께서는 심판을 유보하셨다(7:3-6). 첫 번째 환상은 메뚜기 재앙에 관한 것이었다(7:1-2a).

> 메뚜기가 땅의 풀을 다 먹은지라. 내가 이르되,
> "주 여호와여, 청하건대 사하소서.
> 야곱이 미약하오니
> 어떻게 서리이까?" 하매,
> 여호와께서 이에 대하여 뜻을 돌이키셨으므로
> "이것이 이루어지지 아니하리라."
> 여호와께서 말씀하셨느니라(7:2-3).

---

[33] Yochanan Muffs의 고전적인 연구를 참조하라. Muffs, "Who Will Stand in the Breach? A Study of Prophetic Intercession," in Muffs, *Love and Joy: Law, Language, and Religion in Ancient Israel* (New York: Jewish Theological Seminary of America, 1992), 9-48.

두 번째 환상은 파괴적인 불에 관한 것이었다(7:4).

> 이에 내가 이르되,
> "주 여호와여, 청하건대 그치소서.
> 야곱이 미약하오니
> 어떻게 서리이까?" 하매,
> 주 여호와께서 이에 대하여 뜻을 돌이켜
> 주 여호와께서 이르시되,
> "이것도 이루지 아니하리라" 하시니라(7:5-6).

우리는 다른 역사적 배경에서(아마도 8세기 아시리아의 이스라엘 침공 시에) 예언자 미가가 야웨께 간구하는 모습을 발견할 수 있다.

> 원하건대 주는 주의 지팡이로 주의 백성,
> 곧 갈멜 속 삼림에 홀로 거주하는
> 주의 기업의 양 떼를 먹이시되,
> 그들을 옛날같이
> 바산과 길르앗에서 먹이시옵소서(미 7:14).

그런데 이스라엘의 회복을 구하는 이 같은 탄원의 근거가 바로 출애굽기 34장에 계시된 야웨의 성품이었다.

> 주와 같은 신이 어디 있으리이까?

제2장 하나님의 충성스러운 반대자

> 주께서는 죄악과
>
> 그 기업에 남은 자의 허물을 사유하시며,
>
> 인애를 기뻐하시므로
>
> 진노를 오래 품지 아니하시나이다.
>
> 다시 우리를 불쌍히 여기셔서,
>
> 우리의 죄악을 발로 밟으시고,
>
> 우리의 모든 죄를 깊은 바다에 던지시리이다.
>
> 주께서 옛적에 우리 조상들에게 맹세하신 대로
>
> 야곱에게 성실을 베푸시며,
>
> 아브라함에게 인애를 더하시리이다(미 7:18-20).[34]

후에 바빌로니아의 유다 정복이 임박한 상황에서 예레미야는 자기 자신을 위하여(자신의 메시지가 대부분 거절당하고 그 결과 박해받았기 때문에), 그리고 이스라엘 백성을 위하여(그가 깊은 동정심을 품고 있었기 때문에) 야웨께 부르짖는다. 예레미야의 기도는 예언자 자신의 소명에 닥쳐온 위기에 초점을 맞추고 있다는 점에서 이례적인 예언 문학이지만, 예언자는 또한 백성들과 땅의 황폐한 상태에 대해서도 고뇌를 표하고 있다.

> 언제까지 이 땅이 슬퍼하며,

---

34 이 신탁은 "주와 같은 신이 어디 있으리이까?"(*mi-'ēl kāmôkā*)라는 질문으로 시작하는데, 이 질문은 야웨의 비교 불가능성을 시사한다. 또한 이 질문은 미 1:1에 나오는 예언자 미가(*mîkâ*)의 이름과도 관련이 있는데, 렘 26:18에서는 이 이름의 완전한 형태인 "미가야"(*mîkāyâ*)가 등장한다. "미가야"는 "야웨 같은 이가 누구입니까?"라는 뜻이다.

온 지방의 채소가 마르리이까?

짐승과 새들도 멸절하게 되었사오니,

이는 이 땅 주민이 악하여 스스로 말하기를,

"그가 우리의 나중 일을 보지 못하리라" 함이니이다(렘 12:4).

또 다른 장면에서 예레미야는 그가 전한 심판의 메시지로 말미암아 사람들로부터 박해받을 때 그 사람들이 바로 그가 하나님 앞에서 중재했던 자들이라는 사실을 하나님께 상기시켜 드린다. "내가 주의 분노를 그들에게서 돌이키려 하고 주의 앞에 서서 그들을 위하여 유익한 말을 한 것을 기억하옵소서"(18:20).[35]

예레미야의 중보기도에 대한 기록이 많지는 않으나, 그는 예언의 말씀에 도전했던 바로 그 백성들을 위해 너무나 끈질기게 간청했기 때문에 하나님께서는 그에게 더 이상 그들을 위하여 중재하지 **말라고** 세 차례나 경고하셔야만 했다. 첫 번째 경고는 예레미야 7:16에 나온다. "그런즉 너는 이 백성을 위하여 기도하지 말라. 그들을 위하여 부르짖어 구하지 말라. 내게 간구하지 말라. 내가 네게서 듣지 아니하리라." 이렇게 경고하신 이유는 그들이 회개하지 않고 계속 거짓을 신뢰했으며, 따라서 그들에게는 (바빌로니아 군대의 침공이라는 형태의) 심판이 불가피했

---

35 비록 성경에서 모든 예언자가 중보자로 묘사되는 것은 아니지만, Samuel Balentine은 예레미야의 경우 명백하게 이런 식으로 묘사된다고 인정한다. 실제로 Balentine은 예레미야를 (모세의 뒤를 따르는) 예언자적 중보자의 주요 사례로 간주한다. Balentine은 예레미야서 텍스트에서 예레미야의 중보자 역할을 묘사하는 다양한 지표에 대해 논의한다. Balentine, "Prophet as Intercessor," 169-70; Balentine, "Jeremiah, Prophet of Prayer," *RevExp* 78 (1981): 331-44.

기 때문이었다. 그런데도 예레미야가 기도하기를 멈추지 않자, 하나님께서는 두 차례나 더 중보기도를 자제하라고 말씀하셔야만 했다(11:14; 14:11-12).

예레미야의 중보기도 가운데 하나는 하나님께서 기도하지 말라고 두 번째로 지시하신 11장에서 몇 장 뒤인 14장에서 찾을 수 있다. 이것이 기도를 그만 멈추라는 하나님의 세 번째 명령으로 이어지는 예레미야의 탄원이나.

> 이스라엘의 소망이시요
> 고난 당한 때의 구원자시여,
> 어찌하여 이 땅에서 거류하는 자 같이,
> 하룻밤을 유숙하는 나그네 같이 하시나이까?
> 어찌하여 놀란 자 같으시며,
> 구원하지 못하는 용사 같으시나이까?
> 여호와여, 주는 그래도 우리 가운데 계시고,
> 우리는 주의 이름으로 일컬음을 받는 자이오니,
> 우리를 버리지 마옵소서(14:8-9).

그러나 하나님께서는 "너는 이 백성을 위하여 복을 구하지 말라. 그들이 금식할지라도 내가 그 부르짖음을 듣지 아니하겠고, 번제와 소제를 드릴지라도 내가 그것을 받지 아니할 뿐 아니라 칼과 기근과 전염병으로 내가 그들을 멸하리라"(14:11-12)라고 응답하신다.

예레미야의 계속되는 중보기도에 대한 응답으로 내려진 이러한 금지 명령들은 단순히 이스라엘 백성의 반역에 대한 하나님의 단호함이나 진노를 표현하는 것이 아니라, 오히려 자비를 베풀고자 하시는 야웨의 **성향**에 호소하는 예언자의 기도가 얼마나 큰 영향력이 있는가를 반증한다. 또한 이 금지 명령들은 다가오는 심판에 대해 하나님 자신이 느끼시는 슬픔과 감정을 묘사하는 표현들(14:17-18)과도 복잡하게 얽혀 있다.

예언자 에스겔은 기원전 6세기 초에 바빌로니아로 추방된 1차 유배자 중 하나였다. 에스겔은 머지않아 하나님의 백성에게 임할 대규모의 멸망에 관한 환상을 보고 엎드려서 "아하, 주 여호와여! 예루살렘을 향하여 분노를 쏟으시오니 이스라엘의 남은 자를 모두 멸하려 하시나이까?"라고 부르짖는다(겔 9:8). 이에 하나님께서 대답하시기를, 이제는 너무 늦었다고, 이 백성의 죄악이 너무 커서 심판이 반드시 임하고야 말 것이라고 말씀하신다(9:9-10).

이후에 예루살렘의 지도자들에 관한 자신의 예언이 부분적으로 성취되자 에스겔은 이렇게 외친다. "오호라! 주 여호와여, 이스라엘의 남은 자를 다 멸절하고자 하시나이까?"(11:13) 이에 대한 하나님의 응답은, 비록 유배를 피할 수는 없겠으나 심판의 한가운데 하나님의 임재와 회복이 뒤따르리라는 사실에 초점을 맞춘다. 하나님은 유배자들을 위한 성소가 되실 뿐만 아니라(11:16), 그들을 다시 모아 고토로 돌아오게 하실 것이고(11:17), 하나님의 뜻을 행할 수 있도록 새 마음을 주시겠다고 약속하신다(11:19-20).

에스겔의 기도가 유배를 막기에는 늦은 감이 있었던 것이 사실이다. 하지만 예언자의 소명에서 중보기도의 역할이 너무 중요하기 때문에, 에스겔 13장에서는 중보기도의 **결여**(13:5)가 거짓 예언자를 정죄하는 고발의 일부로 나열되어 있다(13:1-16). 후에 에스겔 22:25-29에서는 유다의 예언자들(및 제사장들을 포함한 다른 지도자들)에 대한 추가적인 고발과 함께 시편 106:23의 언어로 표현된 하나님 자신의 탄식이 이어진다. "이 땅을 위하여 성을 쌓으며 성 무너진 데를 막아 서서 나로 하여금 멸하지 못하게 할 사람을 내가 그 가운데에서 찾다가 찾지 못하였으므로"(겔 22:30).

모세와 대비되는 엘리야: 예언적 대조에 관한 연구

예언자적 기도의 전통에 비추어 볼 때 엘리야가 갈멜산에서의 대결 이후 백성을 위해 중재하기를 단호하게 거부하는 모습은 대단히 인상적이다. 이 에피소드는 엘리야와 모세를 비교함으로써 우리에게 교훈을 준다.

갈멜산 대결(왕상 18:20-40)에서 바알의 선지자들을 무찌른 엘리야는 왕비 이세벨이 위협하자 목숨을 부지하기 위해 도망친다(19:1-3). 브엘세바 근처의 광야에 도착한 엘리야는 이제 편안히 죽게 해달라고 하나님께 기도한다(19:4). 하나님의 사자로부터 호렙산(시내산의 다른 이름)까지 가는 여정에 필요한 식량을 전달받아 길을 떠난 그는 40일 만에 산에 도착하여 동굴에서 밤을 보낸다(19:5-9a).[36] 시내산/호렙산의 동굴에

---

36 호렙은 신명기에서 시내산을 가리키는 전형적인 이름이다. 출애굽기에서는 "하나님의 산"(출 3:1)이 대체로 시내산이라고 불리지만, 3:1, 17:6, 33:6에서는 호렙이라고 불린다.

머물렀다는 사실이 이미 출애굽기 34장을 연상시킨다.[37]

하나님께서는 두 번씩이나 엘리야에게 "네가 어찌하여 **여기** 있느냐?"라고 물으신다(왕상 19:9b, 13b). 말하자면 무엇 때문에 호렙산에 왔느냐 하는 질문이다. 이에 엘리야는 똑같은 대답을 두 번 반복한다. "내가 만군의 하나님 여호와께 열심이 유별하오니, 이는 이스라엘 자손이 주의 언약을 버리고 주의 제단을 헐며 칼로 주의 선지자들을 죽였음이오며, **오직 나만 남았거늘** 그들이 내 생명을 찾아 빼앗으려 하나이다"(19:10, 14).[38]

모세는 백성들이 우상숭배를 범했음에도 불구하고 끝까지 그들 편에 섰으며, 하나님께서 그들을 진멸하시고 그와 함께 새로 시작하자고 하시는 제안에 반대했다(출 32:10-14, 31-32; 민 14:12-20). 출애굽기 33:16에서 모세는 "나와 주의 백성"이라는 표현을 반복해서 사용하며 자신이 백성들과 함께하고 있음을 분명히 한다. 그러나 엘리야는 백성들로부터 자신을 **분리함으로써**("나만 남았거늘") 그들의 멸망으로 이어지는 길을 열어놓았다. 사실 엘리야의 근시안적인 시각은 하나님에 의해 교정될 필요가 있었는데, 왜냐하면 아직 바알에게 무릎을 꿇지 않은 **칠천 명**이 있었고(왕상 19:18), 그들은 멸망을 피할 자들이었기 때문이다. 그들이 멸망을 피할 수 있었던 것이 엘리야의 중보기도 때문은 아니었는데, 왜냐하면 엘리야는 그런 기도를 드린 적이 없기 때문이다.[39]

---

37 엘리야가 왜 호렙으로 갔는지는 설명하지 않으며, 그것이 예언자 자신의 결정이었는지, 아니면 하나님의 지시였는지도 알려주지 않는다.
38 야웨는 주의 제단을 헐어버린 장본인이 이스라엘 자손이 아니라 이세벨이었다고 굳이 정정해 주려 하시지 않는다.
39 왕상 19장의 엘리야에 관한 통찰력 있는 연구로는 다음을 보라. Mark A. Throntveit,

시내산/호렙산을 배경으로 하는 두 에피소드에서 모세와 엘리야 사이에는 또 다른 중대한 대비점이 있다.

"나만 남았거늘"(왕상 19:10)이라는 엘리야의 첫 번째 응답 직후에 하나님께서는 엘리야에게 하나님이 그의 앞을 "지나가실"(ʿābar) 것이니 동굴 밖으로 나와서 "여호와 앞에서 산에 서라"고 말씀하신다. 이것은 명백히 출애굽기 19장에서 그의 "모든 선한 것"을 그 앞으로 "지나가게"(ʿābar) 하신다는 말씀을 암시한다("아바르"[ʿābar]라는 동일한 동사를 사용함). 그런데 출애굽기 33장에서는 하나님의 영광을 보여달라고 요구한 사람이 **모세**였던 반면, 열왕기상 19장에서는 엘리야에게 자신의 임재를 현시하겠다고 말씀하신 분이 **하나님**이셨다.

또한 하나님의 임재가 현시되는 방식에도 차이가 있다. 여기서 "콜 데마마 다카"(qôl dəmāmâ daqqâ)라는 히브리어 문구에 대한 번역들("잔잔한 작은 소리"[KJV], "일종의 중얼거리는 소리"[NJPS], "부드러운 속삭임"[NIV], 혹은 "순전한 침묵의 소리"[NRSV]; 왕상 19:12) 가운데 어떤 것이 최선인지 판단하지는 않겠다. 요점은 모세가 호렙산/시내산에서 목격했던 신현(불, 지진, 폭풍이 동반된)과는 다른 방식으로 하나님께서 임재하셨다는 것이다.

그러나 하나님의 임재가 현시되는 방식의 차이를 넘어 우리는 이 사건에 대한 모세와 엘리야의 상반된 태도를 엿볼 수 있다. 모세가 하나

"1 Kings 19: Lead, Follow, or Get Out of the Way?," *LTJ* 50, no. 2 (August 2016): 125-35. 엘리야가 신명기의 기준으로 볼 때는 부족한 예언자였을 가능성을 다루는 종합적인 연구로는 다음을 보라. Roy L. Heller, *The Characters of Elijah and Elisha and the Deuteronomistic Evaluation of Prophecy: Miracles and Manipulation*, LHBOTS 671 (London: Bloomsbury T&T Clark, 2018).

님께 그의 영광을 보여달라고 요청했을 때 하나님께서는 모세를 바위틈에 두시고 부분적인 모습(하나님의 "등")만을 보여주셨다.

그러나 하나님께서 엘리야에게 (야웨의 임재를 상징하는) "세미한 소리"(qôl dəmāmâ daqqâ)를 들려주시고 그에게 동굴 밖으로 나오라고 말씀하셨을 때, 엘리야는 동굴 입구까지 나오기는 했으나 "[그의] 겉옷으로 얼굴을 가"림으로써(왕상 19:13) 사실상 하나님의 눈을 피했다. 엘리야가 백성들을 위해 중보기도를 하지 않은 것은 그가 감히 하나님을 대면할 수 없었던 것과 관련이 있을까?

모세도 처음에는 불타는 떨기나무 가운데 거하시는 "하나님 뵈옵기를 두려워하여 얼굴을 가"렸으나(출 3:6), 시내산 장면에서는 하나님께서 마치 친구에게 하듯이(33:11) 모세와 주기적으로 "얼굴을 마주하여" 말씀하신다. 민수기에서는 하나님께서 모세에게 "입을 열어" 말씀하시고, 모세에게 "야웨의 형상"을 보여주셨다고 증언한다(민 12:8).[40]

엘리야는 이세벨에게도 혹은 야웨께도 맞설 만한 담력이 부족했던 것으로 드러난다. 루벤 키멜먼이 설명하듯이, 엘리야는 예언자 직분에서 해임되고 후계자를 임명하라는 지시를 받는다.[41]

---

[40] 민 12:8은 문자적으로 하나님께서 모세에게 "입에서 입으로"(mouth to mouth) 말씀하신다고 증언하지만(ESV, KJV, NASB), NIV, NRSV, NLT, NJB 등에서는 "대면하여"(face to face)라고 번역된다.

[41] 엘리야가 예언자로서 하나님과 백성에게 이중적으로 충성하는 일에 실패했음을 다룬 연구로는 다음을 보라. Reuven Kimelman, "Prophecy as Arguing with God and the Ideal of Justice," *Int* 68 (2014): 17-27 (특히 25-26). 하나님의 존전에 들어가서 "하나님을 보고자" 하는 자가 가져야 할 올바른 태도를 포괄적인 맥락에서 다룬 연구로는 다음을 보라. Simeon Chavel, "The Face of God and the Etiquette of Eye-Contact: Visitation, Pilgrimage, and Prophetic Vision in Ancient Israelite and Early Jewish Imagination," *JSQ* 19 (2012): 1-55 (엘리야의 사례는 38).

참된 이스라엘 백성이 보여야 할 하나님을 향한 담대함

잠언에 관한 9세기의 미드라시에서는 하나님께 다가갈 때 필요한 담대함을 잘 드러내는 사례로 시바 여왕이 솔로몬의 지혜를 시험하는 장면을 든다. 시몬 하벨이 지적하듯이, 시바 여왕이 고안한 한 시험에서 "솔로몬은 동질적으로 보이는 무리 가운데서 이스라엘 백성과 비이스라엘인을 구분해야 했다. 솔로몬은 시싱소의 휘장을 긷어내어 사람들에게 하나님의 법궤를 보여주었다. 비이스라엘인들은 바닥에 넙죽 엎드렸지만, 이스라엘 백성은 허리를 숙인 채 **안을 들여다보기 위해 목을 세웠다.**"[42]

이 미드라시에 따르면 모세는 진정한 이스라엘 백성이었던 반면 엘리야의 과묵함은 이스라엘 백성의 이상에 미치지 못했던 것이라고 생각할 수 있다. 요지는 **하나님을 보고자 하는** 열망이 하나님의 가시성(visibility) 여부에 달려 있지 않다는 점이다. 그 열망은 차라리 우주를 다스리시는 왕의 임재 앞에, 은혜의 보좌 앞에 나아가는 데 필요한 용기와 관련이 있다(히 4:16).

만일 하나님께 대한 복종이 본질적으로 경건의 표지라고 여긴다면, 이스라엘의 우상숭배 후에 모세가 보였던 당돌한 도전이 표면적으로는 반역 행위, 아니면 적어도 만용으로 여겨질 수 있다. 하지만 조지 코츠가 지적했던 것처럼 모세의 도전은 "하나님으로 하여금 처음 세우신 목표

42　Chavel, "Face of God," 52 (강조는 덧붙인 것임). 이 에피소드는 Midrash Mishle에 등장한다. Burton L. Visotzky, *The Midrash on Proverbs: Translated from the Hebrew, with an Introduction and Annotations*, YJS 27 (New Haven: Yale University Press, 1992), 19.

를 추구하시고, 그가 하신 약속과 일관되게 행동하시도록 설득하는 일이었다."[43] 따라서 모세의 담대함은 하나님의 근본적인 성품과 의도에 대한 분별에 근거를 두고 있다.

이와 유사한 역설—신실함을 바탕으로 한 담대한 도전—이 (이전 장에서 다루었던) 탄식 시편에서도 발견되는데, 새뮤얼 발렌타인은 이를 가리켜 "하나님께 대항하여 하나님을 붙드는 것"이라고 묘사했다.[44] 마찬가지로, 욥이 자신을 부당하게 대우하신 하나님께 열정적으로 항의한 일을 가리켜서(이 주제는 다음 장에서 다룰 것이다) 클라우스 베스터만은 욥이 "하나님께 대항하여 하나님께 집착한다"라고 설명한다.[45]

이 같은 도식들은 하나같이 "참된 경건은 하나님의 이름으로 하나님께 도전하는 일을 허용한다"라는 역설로 수렴하는데, 이 역설은 하나님 자신이 그의 종들에게 담대함을 원하신다는 사실에 근거한다. 탄식 시편이든, 예언자의 중보기도든, 혹은 자신의 고통에 대한 욥의 처절한 항변이든, 성경은 다양한 방식으로 아브라함의 하나님께서 열정적인 대화 파트너를 적극적으로 찾으신다는 사실을 보여준다. 그 방식이 탄식 시편일 수도 있고, 예언자의 중보기도일 수도 있고, 아니면 자신의 고통에 대한 욥의 처절한 항변일 수도 있다.

---

[43] Coats, "King's Loyal Opposition," 98.
[44] Samuel E. Ballentine, *Prayer in the Hebrew Bible: The Drama of Divine-Human Dialogue*, OBT (Minneapolis: Augsburg Fortress, 1993), 146.
[45] Claus Westermann, "The Role of Lament in the Theology of the Old Testament," *Int* 27, no. 1 (1974): 32.

제2부

욥기 이해

제3장

—

욥의 발언은 적절했는가?

욥기는 지난 이천오백 년간 독자들을 매료시켜 왔다. 현대의 독자들은 욥이 자신의 고난에 대해 솔직하게 대응할 뿐 아니라 특히 그가 당하는 고난이 마땅하다는 친구들의 주장에 맞서 하나님께 억울함을 호소하는 모습에 매력을 느낀다. 하지만 모든 독자가 욥의 솔직함에 매료되는 것은 아니다. 특히 고대의 많은 독자들은 욥기가 다루는 "무고한 자의 고난"이라는 주제에 관심을 보이기는 했으나 욥의 거친 말들이 지나치게 반항적이고 따라서 부적절하다고 생각했다.

이 문제에 관한 욥기 자체의 관점이 무엇인지는 모호하다.

단순하지만 복잡한 욥기 이야기

얼핏 보기에 욥기는 상당히 이해하기 쉬운 책이다. 욥기는 주로 욥과 그의 세 친구(엘리바스, 빌닷, 소발), 엘리후라는 네 번째 인물, 그리고 야웨라는 등장인물이 주고받는 일련의 명료한 담화로 구성되며, 거의 전체가 히브리 시문학으로 표현되고 있다(3:1-42:6). 이 기나긴 시문학 단락을 산문 내러티브가 앞뒤에서 감싸고 있는데, 앞에는 짧은 프롤로그(1-2장)가 등장하고, 뒤에는 그보다 짧은 에필로그(42:7-17)가 자리하고 있다. 프롤로그에서 욥의 자녀와 종들이 거론되고 있으며, 욥의 아내는 짧게나마 발언도 하고, 욥의 친구들이 2장 막바지에 잠깐 소개되기는 하지만, 프롤로그의 주요 등장인물은 욥, 야웨, 그리고 대적자 혹은 고발자(haśśāṭān)다. 에필로그에서는 고발자가 이야기에서 사라지고, 이제는 욥, 야웨, 세 친구, 그리고 욥에게 태어난 새로운 자녀들이 등장한다.[1]

하지만 이런 단순한 구조 안에 요점이 명확하지 않은 복잡한 이야기가 담겨 있다. 여기 엄청난 비극(재산과 자녀를 잃고 끔찍한 병에 걸림)을 겪는 한 의인이 있는데, 그의 친구들은 그가 그처럼 비극적인 운명을 맞을 만한 죄를 지었음에 틀림없다고 그를 비난한다. 친구들과 주고받는 대화에서 욥은 자신이 진실하며 자신이 당하는 고난은 정당하지 않다고 주장하는데, 마침내 하나님께 자신의 불평을 직접 쏟아내면서 그의 억울함을 풀어주시든지 아니면 적어도 왜 고통당해야 하는지 설명이라도 해달라고 간청한다. 욥이 친구들과 나눈 대화(4-27장)에 이어 지혜에 관한 막간극(28장)이 등장하고, 이어서 욥이 자신의 무죄를 주장하면서 불의하신 하나님을 비난하는 긴 연설(29-31장)이 이어진다.

---

1 욥기에서 "야웨"라는 신명은 오직 프롤로그와 에필로그에서만 거의 독점적으로 사용되면서 하나님의 담화와 하나님께 대한 욥의 응답을 소개하는 역할을 한다. 유일한 예외는 12:9이다("이것들 중에 어느 것이 여호와[야웨]의 손이 이를 행하신 줄을 알지 못하랴?"). 욥기의 나머지 부분에서는 하나님을 가리키기 위해 엘, 엘로하, 엘 샤다이 등과 같은 다른 호칭들을 사용하는 경향이 있다. 욥기의 화자 중 누구도 이스라엘인으로 묘사되지 않았기 때문에(물론 그들은 유일신 사상을 신봉하는 것처럼 보인다) "야웨"라는 이름을 피하는 것이 적절해 보인다.

욥이 자신의 고통에 대해 하나님 앞에서 쏟아내는 불평은 탄식 시편을 특징짓는 솔직함과 분명하게 연결되며, 마침내 욥기는 성경에서 격렬한 기도가 무엇인지 보여주는 모범 사례가 된다. 그런데 욥의 기도는 시편에 실린 대부분의 탄식 시편보다 더 거칠다.[2]

욥의 마지막 발언이 끝나고 새로운 발언자가 등장한다. 엘리후는 젊은 청년으로 욥과 그의 친구들이 하나님을 잘못 대변했다고 비판하지만(32-37장), 정작 그가 어떤 새로운 통찰력을 가지고 대화에 임하는지는 분명하지 않다. 욥기는 하나님께서 폭풍우와 회오리바람을 동반하여 강력하고 신비롭게 등장하셔서 욥에게 말씀하시는 장면(38-41장)에서 절정에 이른다. 이 장면에서 하나님이 하신 말씀의 요지가 무엇인지에 대해 학자마다 의견이 분분하지만, 하나님께서 말 그대로 욥을 괴롭혀서 복종하게 하셨고, 그로 인해 욥이 "티끌과 재 가운데에서"(42:6) 회개하게 되었다는 해석에는 대체로 동의한다. 하지만 아이러니하게도 욥기의 에필로그에서 하나님께서는 욥의 친구들을 정죄하는 반면 욥은 옳은 말을 했다고 인정하신다(42:7-8). 이 매혹적인 책은 한편으로는 당혹스러운 책이다.

이번 장에서는 욥기를 읽을 때 특별히 어디에 주안점을 두어야 할

---

[2] Will Kynes는 욥기가 "시편이 제시하는 하나님과의 관계 모델을 따르면서 그것을 극한까지 밀어붙인다"라고 지적한다. Kynes, "Reading Job Following the Psalms," in *The Shape of the Writings*, ed. Julius Steinberg and Timothy J. Stone, Siphrut 16 (Winona Lake, IN: Eisenbrauns, 2015), 142. 이 논문에서 Kynes는 욥기와 다양한 시편 간의 상호텍스트적 연관성 및 이러한 연관성을 부각하기 위해 시편을 욥기 앞에 배치하기로 했던 랍비들의 결정에 대해 다룬다. 다음 논문도 참조하라. Kynes, "My Psalm Has Turned to Weeping": Job's Dialogue with the Psalms, *BZAW* 437 (Berlin: de Gruyter, 2012).

지 제안하면서, 아울러 욥기의 메시지를 이해하기 위한 독서 전략도 소개하고자 한다. 욥기 전체의 플롯 전개를 내가 제안하는 주안점에 비추어 이해하기 위해서는 1장부터 엘리후의 연설을 거쳐 이어지는 하나님의 담화에 이르기까지 욥기 전체를 빠르게 훑어볼 필요가 있다. 다음 장에서는 하나님께서 폭풍우 가운데서 욥에게 하신 담화 가운데 특히 두 번째 연설에 초점을 맞추어서, 하나님께서는 욥이 고통 가운데서 보였던 반응을 과연 인정하셨는지, 그리고 인정하셨다면 어떤 의미에서 인정하셨는가라는 질문에 답하고자 한다.

욥기에서 "사탄"의 역할

욥기 프롤로그에 등장하는 고발자(haśśāṭān)에 대해 약간의 설명이 필요할 것 같다. 대부분의 번역 성경이 욥기 1-2장의 "하사탄"(haśśāṭān)을 단순히 "사탄"이라고 옮기지만, 히브리어 텍스트에서는 단어 앞에 정관사가 붙어 있으며, 이는 이 단어가 고유명사가 아니라 일종의 "직함"을 가리키는 용어라는 뜻이다.³

히브리 성경에서 "사탄"이라는 단어는 일반적으로 누군가를 반대하는 사람(대적)을 가리킨다. 예컨대 블레셋의 장수들은 다윗이 자신들에게 등을 돌리고 그들의 "사탄"이 될까 봐 염려하는 것으로 묘사되며

---

3   그렇다고 번역에서도 항상 정관사를 사용하여 "그 고발자"(the Accuser)라고 표기해야 한다는 뜻은 아니다. 영어 번역에서는 일반적으로 "하엘로힘"(hā'ělōhîm)이 야웨를 지칭할 때(이삭의 결박 이야기에서 그런 것처럼) 그것을 "the God"이라고 번역하지 않으며, 단순히 "God"이라고 번역한다. (물론 "하엘로힘"이 "그 신들"을 의미할 때도 있다.) 하지만 정관사를 번역하든 번역하지 않든 간에 "하사탄"(haśśāṭān)이나 "하엘로힘"(hā'ělōhîm)은 고유명사가 될 수 없다.

(삼상 29:4), 다윗은 스루야의 아들들이 그의 "사탄"이 되었다고 말한다(삼하 19:22[19:23 MT]). 열왕기상에서도 처음에는 솔로몬을 반대하는 "사탄"이 없었으나(왕상 5:4[5:18 MT]) 나중에는 야웨께서 하닷(11:14)과 르신(11:23, 25)을 일으키셔서 솔로몬의 "사탄"이 되게 하셨다고 기록한다.

위에 인용한 구절들에서 "사탄"은 "대적자" 혹은 "공격자"라고 번역하는 것이 최선인데, 시편 109편에서처럼 적들의 공격은 언어적 폭력이나 비난의 형태를 띨 수도 있다. 시편 저자는 사악한 거짓말쟁이들이 자신을 모함하고 말로 공격할 뿐 아니라(109:2-5), 심지어 법정에서 자신을 거짓으로 고발할 "사탄"을 선임하려 한다고(109:6) 탄식한다. 이 시편에서 "사탄"은 "고발자"라고 번역하는 것이 문맥에 가장 적합하다. 이는 욥기 1-2장에서도 마찬가지인데, 거기서 "하사탄"은 욥이 하나님을 경외하는 동기에 대해 의혹을 제기하면서, 그가 하나님께 물질적인 축복을 받았기 때문에 충성심을 보이는 것일 뿐이라고 비난한다.

욥기의 "고발자"(haśśāṭān)는 인간이 아니지만, 그렇다고 해서 후대의 유대교와 기독교 사상에서 (하나님께 반역한 타락한 천사를 가리키는 전문 용어인) "사탄" 혹은 "악마"와 동일시될 수도 없다.[4] 오히려 그는 욥기 1:6

---

[4] 사탄 혹은 마귀를 타락한 천사로 이해하는 전통은 후대(중세)에 발전한 것이며, 신약성경에서도 아직 명시적으로 확립되지 않은 전통이었다. 신약성경에서 사탄은 미혹하는 자, 고발자, 대적, 속이는 거짓말쟁이로 묘사되었으며, "공중의 권세 잡은 자…지금 불순종의 아들들 가운데서 역사하는 영"이라고 불렸다(엡 2:2). 또한 눅 10:18과 계 12:7-10에서 하나님 나라의 도래와 함께 그가 하늘 권세로부터 추락할 것이라고 언급되기는 하지만, 한 번도 (전통적인 의미에서) 타락한 천사라고 명시적으로 불린 적은 없다. 외경 문서에서도 사해 문서에서도 그는 타락한 천사가 아니었다. (기원전 100년경의) 외경 문서인 지혜서 2:24에서는 "죽음이 이 세상에 들어온 것은 악마의 시기 때문이니 악마에

과 2:1에서 "하나님의 아들들"(일반적으로 "천사들"이라고 알려져 있다)이라고 불리는 집단에 속한 자로서 천상의 어전회의의 일원이었다. 그는 완전히 독립적으로 활동하는 존재는 아니었기 때문에, "땅을 두루 돌아 여기저기 다니"면서 겪은 일들을 하나님께 보고해야 했다(1:7; 2:2).

구약에서 "사탄"이라는 용어를 욥기에서처럼 구체적인 방식으로 사용했을 가능성이 있는 선례를 민수기 22장에서 찾을 수 있는데, 거기서는 야웨가 보내신 천사 혹은 사자를 가리켜 발람이 "사탄"(대적)이라고 묘사한다(민 22:22, 32). 하지만 민수기 22장에서 "사탄"은 아직 구체적인 "직책"을 가리키는 명칭이 아니었으며, 단순히 발람이 이스라엘을 저주하지 못하게 함으로써 하나님의 뜻을 성취하도록 파견된 사자를 가리키는 용어에 불과했다. 욥기의 고발자는 천상의 어전회의에 배석하는

게 편드는 자들이 죽음을 맛볼 것이다"라고 말한다. 사해 문서(4Q543 manuscript C; 기원전 200년경으로 추정)에도 누군가와 다투는 "인간 아닌" 존재가 소개된다. 한 존재는 대천사 미가엘인데 그는 자신이 "모든 빛을 다스릴" 권한을 위임받았다고 설명한다. 다른 한 존재는 독사나 뱀의 모양을 하고 있는데, 그는 어둠의 군주이자 악의 왕 벨리알이라고 불리며, "모든 어두움을 지배할 권한을 위임받았다." 위 텍스트의 번역으로는 다음을 보라. Robert H. Eisenman and Michael Wise, *The Dead Sea Scrolls Uncovered: The First Complete Translation and Interpretation of 50 Key Documents Withheld for over 35 Years* (New York: Penguin, 1992), 151-56. 고전적 의미에서 타락한 천사라는 개념이 처음 등장하는 곳은 「에녹1서」 6-9장(기원후 3세기 저작으로 추정)이며, 여기서 타락한 천사는 "순찰자"(Watchers)라고 불린다. 이 용어는 단 4:13에서 유래했으며 창 6:1-4에 나오는 "하나님의 아들들"과 동일시된다(타락한 천사라는 개념은 "네필림" 곧 "추락한 자들"이 그 시대에 땅 위에 있었다고 묘사하는 창 6:4에서 유래한 듯하다). 최초로 사탄 혹은 마귀의 추락을 명시적으로 언급하는 문헌은 창조 둘째 날의 사건을 기록한 「에녹2서」 29장이다(여기서도 사탄 혹은 마귀라는 단어는 사용하지 않는다). 이 텍스트에 따르면 하나님은 자신이 그날에 여러 부류의 천사들을 만드셨는데, 대천사 중 하나가 자신의 보좌를 높여서 하나님과 동등해지려고 마음먹었다. 그래서 하나님은 그와 그를 따르는 천사들을 함께 하늘로부터 던지셨고 그는 공중을 날아 바닥이 없는 심연으로 떨어졌다(이 모든 일이 창조의 둘째 날에 일어났다).

일원으로서 심판주 하나님께 보고할 사건을 찾아다니는 일종의 고소인 (prosecuting attorney) 역할을 맡는다.[5]

성경에서 욥기 1-2장 외에 "사탄"이라는 용어가 준독립적인 지위를 가진 천사적 존재를 가리키는 것으로 사용된 곳은 스가랴 3장과 역대상 21장뿐이다. 스가랴 3장에서는 "사탄"이 대제사장 여호수아를 대적하며, 역대상 21장에서는 다윗을 선동하여 인구 조사를 시행하게 만든다.[6] 이런 사례들을 통해 우리는 욥기의 고발자를 명확하게 규정된 신학을 대변하는 존재로 받아들이는 데 주의할 필요가 있음을 깨닫게 된다. 욥기에서 고발자가 오직 프롤로그에만 등장하는 것을 보면 그는 이야기

---

[5] Marvin H. Pope는 그를 가리켜 "떠돌이 수사관"이라고 부른다. Pope, *Job: A New Translation with Introduction and Commentary*, 3rd ed., AB 15 (Garden City, NY: 1973), 10.

[6] 포로기 이후 예언자인 스가랴의 환상 가운데 "대제사장 여호수아가 야웨의 천사 앞에 섰고, 그 오른편에 **하사탄**이 서서 그[대제사장]를 대적한다[동사로서의 '사탄']. 그리고 야웨가 **하사탄**에게 말씀하신다. '야웨가 너를 책망한다 **하사탄**아!'"(3:1-2a) 문맥상 여기서 **하사탄**은 (욥기에서처럼) "그 고발자" 아니면 (야웨가 그를 직접 부르시는 장면에서는) 단순히 "고발자"라고 번역하는 것이 최선이다. 역대기는 삼하 24장에서 다윗이 (하나님의 뜻에 반하여) 인구 조사를 하는 이야기를 재진술하는데, 역대기보다 시기적으로 앞서는 사무엘하 텍스트에서는 역설적이게도 인구 조사를 시작하게 하신 분이 야웨 자신이시다. "여호와께서 다시 이스라엘을 향하여 진노하사 그들을 치시려고 다윗을 격동시키사 가서 이스라엘과 유다의 인구를 조사하라 하신지라"(24:1). 바빌로니아 포로기까지만 해도 이스라엘의 신학은 종종 하나님이 세상만사를 배후에서 결정짓는 힘이라고 여겼는데, 이는 사 45:7을 통해 분명하게 드러난다. 여기서 야웨는 다음과 같이 주장한다. "나는 빛도 짓고 어둠도 창조하며 나는 평안도 짓고 환난도 창조하나니 나는 여호와라. 이 모든 일들을 행하는 자니라"(45:7). 그러나 포로기 이후의 저작인 역대기에서는 신학적 변화가 감지된다. "사탄이 일어나 이스라엘을 대적하고 다윗을 충동하여 이스라엘을 계수하게 하니라"(대상 21:1). 아마도 여기서 정관사가 없는 "사탄"은 일반명사(대적자)로 이해되어야 할지도 모른다. 아니면 이곳이 성경에서 "사탄"이 고유명사로 사용된 최초의 사례일 수도 있다. 어느 쪽이든 텍스트의 문맥은 하나님의 직접적인 대리인을 사칭하여 다윗을 꼬드기고 죄악에 빠뜨리는 적대적인 천사(angelic adversary)를 우리에게 보여준다.

의 전개를 돕기 위해 만들어진 문학적 장치에 불과할 수도 있다.[7]

정의와 고통의 극한

산문체로 기록된 프롤로그에서 내레이터는 욥이 "온전하고[*tām*] 정직하여[*yāšār*] 하나님을 경외하며[*yirē' 'ĕlōhîm*] 악에서 떠난" 자라고 간략하게 소개한다(욥 1:1).[8] 야웨는 1장과 2장에서 고발자와 대화하는 중에 이러한 묘사를 거의 그대로 반복하신다. 하지만 야웨는 "그와 같이…떠난 자는 세상에 없느니라"(1:8; 2:3)라는 선언을 덧붙이심으로써 내레이터보다 한 걸음 더 나아가 욥의 의로움이 얼마나 탁월한지를 확인시켜 주신다. 말하자면 욥은 단순히 의로운 자가 아니라 비할 데 없이 의로운 사람이라는 뜻이다. 에스겔 14:12-20(욥기보다 시대적으로 앞서는 것으로 보이기는 하지만)에서 욥은 "노아", "다니엘"(단엘)과 함께 전설적인 의인으로 거론된다. "노아"는 창세기 6:9에서 "의인[*ṣadîq*]이요 당대에 완전한

---

7   Ryan E. Stokes는 "사탄"이 인간을 가리키는 경우 대적자의 반대는 물리적 폭력의 형태로 나타난다는 흥미로운 주장을 펼친다(그는 모든 경우에 그렇다고 말하지만, 나는 시 109편의 경우에는 의문을 가진다). 따라서 그는 "사탄"이 천사적 존재일 때는 야웨의 뜻을 집행하는 자로 여겨져야 하며, 그의 임무는 악인을 파멸시키는 것이라고 이해해야 한다고 제안한다. (이것이 바로 그가 의인인 욥을 공격할 때 특별한 허락을 받아야 했던 이유이며, 야웨가 그에게 욥을 정말로 죽이지는 말라고 말씀해야 했던 이유다.) 다음을 보라. Stokes, "Satan, YHWH's Executioner," *JBL* 133, no. 2 (2014): 251-70. 하지만 민 22장에서 천사적 "사탄"이 발람을 죽이도록 보내졌는지, 혹은 스가랴서에서 "사탄"이 대제사장을 죽이려고 시도했는지 나는 단언할 수 없다. 그리고 욥기에서 "사탄"은 욥을 고발하는 자이면서 (나중에는) 그를 공격하는 자다.

8   여기 등장하는 표현들은 모두 잠언에서 의인을 가리키는 표준적인 용어들이다. 많은 번역본에서 욥이 "하나님을 두려워했다"라고 말하지만, 히브리 성경은 문자적으로 그가 "하나님-경외자"였다고 말한다. 여기 사용된 히브리어의 독특한 부사구문을 이삭의 결박 이야기에서도 발견할 수 있다(이 문제는 이후에 자세히 다룰 것이다).

[tāmim] 자"라고 소개되었으며, 여기서 "다니엘"은 구약성경에 나오는 다니엘과는 다른 인물로 보이는데, 왜냐하면 히브리어 원문에서 모음 형태가 다르며, 다니엘서는 시기적으로 에스겔서 이후의 저작이기 때문이다.[9]

욥은 또한 비할 데 없이 큰 복을 받았다. 그는 아들 일곱과 딸 셋을 가졌으며(1:2), 엄청난 부자였다("그의 소유물은 양이 칠천 마리요 낙타가 삼천 마리요 소가 오백 겨리요 암나귀가 오백 마리이며 종도 많이 있었으니 이 사람은 동방 사람 중에 가장 훌륭한 자라", 1:3). 양 떼와 가축의 수가 과장된 것처럼 느껴질 수도 있지만, 그만큼 욥은 "평범한" 인물이 아니었다. 그는 비교 불가한 인물이었고 의로움에서나 물질적인 축복(자녀, 가축, 종들)에서도 독보적인 존재였다.[10]

그러나 욥은 모든 가축을 잃었고, 종들은 죽임을 당했으며, 끔찍한 사고로 자녀들을 빼앗기고 만다(1장). 욥의 육체는 머리부터 발끝까지 종기와 상처로 뒤덮였고 그에게 고통을 안겨주었다(2장). 욥이 받았던

---

[9] 학자들은 고고학 연구를 통해 "단엘"이 아크하트의 아버지라는 사실을 알아내는데, 그들은 고대 라스 샤므라 유적지에서 (바알 신화와 함께) 발견된 우가리트어 「아크하트 서사시」를 통해 이런 사실을 발견한다.

[10] August H. Konkel은 욥이 평범한 사람을 대표한다는 견해를 비판하면서 욥이라는 등장인물이 이스라엘의 상류층 지혜 교사로서 높은 수준의 교육을 받았던 욥기의 저자를 모델로 삼았을 것이라고 제안한다. 또한 욥기의 저자는 여행을 많이 다녔을 것으로 추정된다. Konkel은 욥기의 저자가 다양한 지역과 지형(이집트, 사막, 산악지대, 바다 등)에 대해 알고 있었으며, 기상현상, 별자리, 신화, 광산업, 함정(그는 욥 18:8-10에서 서로 다른 여섯 종류의 덫 또는 함정에 대해 언급한다)에 대한 지식을 가지고 있었다. 덧붙여서 나는 욥 4:10-11에서 사자를 가리키는 다섯 가지 서로 다른 히브리어 단어를 사용한다는 점도 지적하고 싶다. 그는 분명 세상에 대해 광범위한 지식을 가지고 있었을 뿐 아니라 문학적 소양도 갖춘 학식 있는 작가였음이 분명하다. Konkel, *Job*, in *Cornerstone Biblical Commentary*, ed. Philip W. Comfort (Carol Stream, IL: Tyndale, 2006), 6:7-9.

축복이 극단적이었던 만큼, 그에게 닥친 재난도 극단적이었다.

욥기 1장에서 재난이나 재앙을 묘사하는 고도로 양식화된 방식은 그것들의 극단적인 성격을 더욱 강조한다. 우리는 네 명의 사자가 연달아 욥에게 찾아와 재난과 재앙을 보고하는 방식에서도 그 극단적인 특징을 확인할 수 있다. 네 가지 구체적인 재난이 언급된다. 스바 사람이 찾아와서 욥의 소와 나귀를 빼앗았고, 가축을 돌보던 종들을 죽였다(1:14-15), "하나님의 불"이 하늘에서부터 떨어지시 양과 종들을 불살랐다(1:16); 갈대아 사람이 쳐들어와서 낙타를 빼앗았고 종들을 죽였다(1:17); 마지막으로 광야로부터 거친 바람이 불어와서 집 모퉁이를 쳤고 집안에서 잔치하던 욥의 자녀들이 모두 죽임을 당했다(1:19-20).

여기서 재난에 관한 기사들은 하나같이 "나만 홀로 피하였으므로 주인께 아뢰러 왔나이다"라는 전령의 말로 마무리된다. 사자들이 전한 말 자체도 인상적인데, 처음 세 기사 다음에는 "그가 아직 말하는 동안에 또 한 사람이 와서 아뢰되"라는 설명이 이어진다.

나는 욥기를 다루는 강의 시간에 가끔 네 명의 서로 다른 학생에게 네 명의 전령 역할을 맡기곤 했다. 앞의 전령이 "나만 홀로 피하였으므로 주인께 아뢰러 왔나이다"라고 말하는 **동안에** 다음 전령이 등장하여 앞 사람의 말을 끊은 다음 "**그가 아직 말하고 있는 동안에**"라는 말로 강하게 운을 띄운 뒤에 자신의 대사를 이어가라고 지시했다.

결과는 놀라웠다. 이런 시연을 통해 이것이 역사적 보도가 아니라는 점이 더욱 분명해졌다. 욥기 1장의 반복적인 패턴은 이 재앙들의 극단적이고 과장된 성격을 강조하기 위한 문학적 장치였다. 나는 이 구절이 개연성 없는 상황과 과장으로 특징지어지는 해학극이라는 장르와 유사하다고 생각한다. 차이점이 있다면, 일반적으로 해학극에는 희극적인 요소가 담겨 있는 반면, 욥의 불행에 유머러스한 요소는 전혀 없다는 것이다. 욥은 1장(가축, 하인, 자녀)과 2장(육체적 건강)에서 모두 극단적인(그리고 부당한) 손실을 겪는 의로운 사람의 전형으로 묘사된다.[11]

욥이 언약의 저주로 고통받다

욥은 이스라엘 사람이 아니며, 동방 어딘가에 있는 우스라는 지역 출신이다(1:1, 3).[12] 그는 비록 이스라엘인은 아니었지만, 욥의 환난을 묘사하는 언어는 신명기 28장에서 야웨께 불충한 자들에게 닥치는 결과(소위 언약의 저주)들을 반영한다. 신명기의 저주 단락은 다음과 같은 일반적인 진술로 시작한다. "네가 악을 행하여 그를 잊으므로 네 손으로 하는 모든 일에 여호와께서 저주와 혼란과 책망을 내리사 망하며 속히 파멸하게 하실 것이며"(28:20). 신명기 텍스트는 불충의 결과로 가축(28:31)과 자녀(28:32)의 손실을 거론하는데, 욥의 경우 이 두 가지 모두 현실로 나타난다.

---

11 그의 이름 자체도 상징일 수 있다. "욥"('iôb)이라는 이름은 "대적하다"라는 뜻을 지닌 동사 "아야브"('āyab)에서 유래한 것으로 보인다. 욥기의 뒷부분(13:24과 33:10)에서 욥은 하나님이 자신을 "적"('ôyēb, "오예브")으로 취급하셨다고 비난하는데, 이것은 "아야브"라는 동사의 분사형이다.

12 "우스" 땅의 위치에 대해서는 합의된 견해가 없으며, 다만 이스라엘 영토의 일부가 아니라는 점만은 일반적으로 인정된다. 일반적으로 욥은 에돔 사람이라고 생각되어왔는데, 이는 부분적으로 애 4:21에서 "우스 땅"을 에돔과 연관 짓고, 70인역 욥기의 결말부(42:17)에서 욥을 이두매(에돔)와 아라비아 사이에 거주하던 "요밥" 왕과 동일시한다는 점에 근거한다. 70인역의 결말부는 에서의 후손으로 요밥이라고 불리는 에돔 왕을 언급하는 창 36:33에 영향을 받았을 가능성이 있다. 하지만 욥기 내에서는 그가 이방인이라는 사실 외에 어느 나라 사람인지에 대해서는 구체적인 언급이 없다.

신명기 28장의 언어가 욥기 1장에서 욥의 손실을 묘사하는 표현과는 단지 유사해 보일 뿐이지만, 질병에 대한 언약의 저주는 상황이 조금 다르다. "여호와께서 네 무릎과 다리를 쳐서 고치지 못할 심한 종기[šəḥîn ra']를 생기게 하여 **발바닥에서부터 정수리까지** 이르게 하시리라"(28:35). 이것은 욥기 2장에서 욥에게 닥친 상황과 거의 동일하다. 고발자는 하나님의 허락하에 "욥을 쳐서 그의 **발바닥에서 정수리까지** 종기[šəḥîn ra']가 나게" 하였다(욥 2:7). 욥은 심지어 "재 가운데 앉아서 질그릇 조각을 가져다가 몸을 긁"어야 할 정도로 심한 피부병을 앓았는데(2:8), 그 결과 레위기 13-14장의 규정에 따라 사회로부터 격리되어야 했다. 욥의 육체적 고통을 다루는 언어는—욥기의 내레이터와 하나님 모두 그가 의로움의 표본임을 인정하는데도 불구하고—마치 그가 하나님께 대한 불순종의 결과로 고통받는 것처럼 묘사한다.

욥기가 제시하는 핵심 주제는 무엇인가?

욥의 고난에 관한 프롤로그의 묘사를 염두에 두고 욥기를 해석하는 몇 가지 접근 방식이 있다. 가장 일반적인 접근법 중 하나는 욥기가 무고한 자의 고난이라는 소재에 비추어 신정론 문제(하나님은 의로우신가?)를 제기한다고 생각하는 것인데, 다른 접근법으로는 본서가 아무런 대가를 바라지 않고 하나님께 충성하는 문제를 다룬다고 보는 견해가 있다. 하지만 두 가지 접근법 모두 욥기의 내용을 충분히 반영하고 있지 **않다**.

첫 번째 접근법을 취해보자. 욥기의 개론서 가운데 상당히 많은 책이 욥기는 신정론 문제를 다루고 있다는 점을 인정한다. 욥기의 첫 장들은 명백한 악, 특히 무고한 자의 고통이라는 문제에 직면하여 하나님이 의로우신가에 관해 의문을 **제기한다**. 욥의 친구들은 하나님의 공의를 변호하면서 욥이 (적어도 교만의) 죄를 지었다고 비난하려 했지만, 욥은 계속해서 결백을 주장한다(이것은 그가 내레이터와 하나님으로부터 받았던 승인과도 일맥상통한다). 에필로그에 가서 욥의 친구들이 야웨께 책망을 받기는 하지만, 거기서도 욥이 당한 고난과 하나님의 공의를 화해시킬 수 있는 해결책을 제시하지는 않는다.[13] 사실 욥에 대한 야웨의 대답은 문제를 회피하는 (일부 해석에 따라서는 심화하는) 것처럼 보인다.[14]

그렇다면 욥기는 아무런 대가를 바라지 않고 묵묵히 하나님께 충성하는 문제를 다루는 것인가? 첫 장에서 고발자가 제기했던 다음과 같은 질문이 이런 해석을 시사한다. "욥이 어찌 까닭 없이 하나님을 경외하리

---

13 William P. Brown은 다음과 같이 지적한다. "욥기는 고난의 이유를 설명하지 않는다. 그것이 문제를 일으키는 도발적인 주제인데도 말이다." Brown, *Wisdom's Wonder: Character, Creation, and Crisis in the Bible's Wisdom Literature* (Grand Rapids: Eerdmans, 2014), 70. Konkel은 "욥기가 '무고한 자에게 왜 고난이 임하는가'라는 합리적인 질문에 대해 해결책을 제시하지 못한다"는 점을 인정하면서, 욥기의 초점이 "악의 신비"(인간은 하나님이 섭리적으로 세계를 돌보시는 방식을 알 수도, 이해할 수도 없다는 사실)와, 이 신비에 비추어 과연 우리가 해야 할 일은 무엇인가라는 실존적, 실천적 질문에 놓여 있다고 제안한다(Konkel, *Job*, 6:4, 11). Claus Westermann도 욥기가 악에 관한 이론적 문제가 아니라 우리가 고통에 어떻게 대응해야 하는가라는 실존적 질문을 다룬다고 주장한다. Westermann, *The Structure of the Book of Job: A Form-Critical Analysis*, trans. Charles A. Muenchow (Philadelphia: Fortress, 1981), 1-2.

14 James L. Crenshaw는 일부 주석가들이 야웨의 담화에 대해 "적실성이 없다", "'숭고하지만' 요점을 벗어나 있다", "자극적이다", "공허하다", "핵심 사안이 아닌 권력을 강조하고 정의를 무시함으로써 요점을 놓친다", "자연과학에 관한 지루한 강의"라는 평가를 내린다는 점을 지적한다. Crenshaw, *Reading Job: A Literary and Theological Commentary* (Macon, GA: Smyth & Helwys, 2011), 148.

이까?"(1:9)

고발자의 질문이 계속된다. "주께서 그와 그의 집과 그의 모든 소유물을 울타리로 두르심 때문이 아니니이까? 주께서 그의 손으로 하는 바를 복되게 하사 그의 소유물이 땅에 넘치게 하셨음이니이다"(1:10). 이스라엘의 경전에 따르면 그 같은 축복은 순종에 따르는 결과 혹은 보상으로 우리가 기대할 수 있는 것이다.[15]

"이제 주의 손을 펴서 그의 모든 소유물을 치소서. 그리하시면 틀림없이 주를 향하여 욕하지 않겠나이까?"(1:11) 다음 장에 가면 고발자는 욥의 재산과 자녀에게 "손을 대"는 것에서 한 걸음 더 나아가 "이제 주의 손을 펴서 그의 뼈와 살을 치소서. 그리하시면 틀림없이 주를 향하여 욕하지 않겠나이까?"라고 말하며 하나님을 도발한다.

달리 표현하자면, 과연 욥은 토라에서 신실함에 수반되는 보상으로 간주했던 (건강을 포함한) 물질적 축복이 주어지지 않았더라도 하나님께 신실한 자로 남아 있었을까? "욥이 어찌 까닭 없이 하나님을 **경외하리이까?**"라는 질문은 욥기의 내레이터와 야웨가 한목소리로 욥은 악을 멀리하고 **하나님을 경외하는 자**라고 했던 평판에 대한 응답이었다. 하나님을 경외하는 일과 악을 멀리하는 일 사이의 연관성은 잠언 3:7이나 16:6과 같이 지혜문학 전통에 속한 텍스트에서 발견할 수 있다. 또한 이 같은 연관성은 욥기 28장(지혜에 관한 막간극)에서 절정을 이룬다. "보라! 주를 경외함이 지혜요 악을 떠남이 명철이니라"(28:28). 그러므로 욥기의 첫

---

15 시 128:1-4은 가정과 자녀의 축복이 야웨를 경외하는 자에게 임하는 귀결이라고 명시적으로 언급한다.

두 장에서 욥은 지혜로운 자에 관한 묘사에 잘 들어맞는다. 문제는 이런 상황이 계속될 것인가 하는 점이다.

하지만 프롤로그에 등장하는 고발자의 질문("욥이 어찌 까닭 없이 하나님을 경외하리이까?")은 책의 나머지 부분에서 다시 등장하지 않는다. 더욱이 고발자라는 등장인물 자체가 프롤로그 이후로 완전히 사라져 버린다. 욥기의 대부분을 차지하는 시적 대화 단락에도 등장하지 않으며, 욥의 신원을 다루는 마지막 장면(42:7-17)에도 등장하지 않는다.[16] 따라서 "욥이 어찌 까닭 없이 하나님을 경외하리이까?"라는 고발자의 질문이 이야기의 흐름을 이어가는 것은 분명하지만, 이 질문이 욥기 전체를 이해하는 데 중요한 역할을 하는지는 의문이다.[17]

---

[16] David J. A. Clines와 그를 따르는 William Brown은 1:11에 나오는 고발자의 도전("이 제 주의 손을 펴서 그의 모든 소유물['뼈와 살'; 2:5]을 치소서. 그리하시면 틀림없이 주를 향하여 욕하지 않겠나이까?")에 "자기-비난"이 포함되어 있다고 제안한다(Clines, *Job 1-20*, Word Biblical Commentary 17 [Dallas: Word Books, 1989], 26; Brown, *Wisdom's Wonder*, 76). 여기서 "틀림없이"라고 번역된 히브리어 단어는 "임-로"(*im-lō*)인데, 이 단어가 다른 곳에서는 "자기-저주"를 도입하는 기능을 한다. Clines는 이 문구를 "만일 ~라면 내게 저주가 임할 것입니다"라고 번역하며(Clines, *Job 1-20*, 26), Brown은 욥이 끝까지 신실함을 지켰기 때문에 이 "자기-비난"이 고발자에게 반사되어 돌아갔고 결국 그는 책의 에필로그에서 사라지게 된 것이라고 제안한다(Brown, *Wisdom's Wonder*, 76n34).

[17] Terence Fretheim도 이 점을 지적하면서, 프롤로그 이후로 "고발자" 및 "하나님과 고발자 간의 내기"라는 주제가 다시 등장하지 않는다는 사실은 이런 요소들이 욥기 내러티브의 "수사학적 설정"이었음을 시사한다고 주장한다. Fretheim, *God and World in the Old Testament: A Relational Theology of Creation* (Nashville: Abingdon, 2005), 224-25.

적절한 발언 문제

그런데 욥기에 접근하는 좀 더 생산적인 방법이 있는데, 다름 아니라 고발자의 "말들"에 주의를 기울이는 것이다. 하나님을 향한 고발자의 도전은 단순히 "욥이 하나님께 신실함을 지킬 것인가?"라는 문제가 아니라, "그가 하나님 앞에서 하나님을 저주할 것인가?"라는 문제와 관련이 있다(1:11; 2:5). 고발자가 제기한 문제는 단순히 고난 앞에서도 하나님께 신실함을 지킬 것인가가 아니라 그 고난이 어떤 **발언**을 낳을 것인가 하는 것이었다.

사실 하나님을 저주하는 문제는 고발자가 이 문제를 거론하기 전부터 이미 수면 위로 올라와 있었다. 욥기의 내레이터는 욥을 소개하면서 그가 자녀들을 대신하여 하나님께 번제를 드린 이유가 그의 자녀들이 "마음으로 하나님을 욕되게 하였을까" 염려했기 때문이라고 말한다(1:5). 그리고 고발자가 욥이 하나님을 저주할 것이라고 두 번째로 말한(2:5) 이후에, 욥의 아내는 그에게 "하나님을 욕하고 죽으라"고 권유한다(2:9).

엄밀히 말해 욥의 아내는 "하나님을 **축복하고** 죽으라"고 남편에게 말했다. 마찬가지로 욥은 자녀들이 혹시라도 마음속으로 하나님을 "축복"하지는 않았는지 염려했고(1:5), 고발자는 만일 하나님이 욥을 괴롭히시면 그가 하나님을 "축복"할 것이라고 주장했다(1:11; 2:5).[18] 여기서

18　영화 〈시스터액트 1〉 마지막 부분에서 우피 골드버그가 "복 받으세요"라고 외치는 것도 이와 비슷한 완곡어법일 수 있다. Emile Ardolino 감독, Paul Rudnick 원작, Touchstone Pictures, 1992). 관객들은 그녀가 전혀 다른 의도를 지니고 있음을 알고 있다.

사실 욥기 텍스트에서 하나님을 목적어로 삼아 "저주한다"라는 동사가 등장해야 할 자리마다 그 대신 완곡어법으로 "축복하다"(*bārak*)라는 동사가 사용되었다. 이처럼 완곡어법으로 "축복하다"라는 동사가 사용된 사례들과는 달리, 1:21에서 욥은 첫 번째 재앙 이후에 진심으로 하나님을 "축복"한다.[19]

이 책의 첫머리에서 하나님께 대해 적절한 (축복 또는 저주의) 발언을 강조했던 것은 에필로그에서 야웨가 엘리바스와 그의 친구들에게 하신 말씀과도 연결된다. "너희가 나를 가리켜 말한 것이 내 종 욥의 말 같이 옳지 못함이니라"(42:7, 8). 욥기의 프롤로그에서는 적절한 발언에 대한 강조가 축복과 저주라는 극단적인 사례들로 제한되어 있었다. 그러나 프롤로그와 에필로그 사이의 운문 단락에서는 단순한 이분법에는 들어맞지 않는 훨씬 더 많은 말들이 오고 간다. 따라서 욥기를 이해하는 한 가지 방법은 이 책을 "하나님에 대한 진정한 경외심이 무엇으로 구성되는가?", 구체적으로는 "(하나님을 향한, 혹은 하나님께 대한) 어떤 말들이 그같은 두려움을 드러내는가?"라는 질문을 제기하는 지혜의 논문으로 이해하는 것이다.

여기서 나는 욥기를 "만약에 ~라면"이라는 질문을 던지는 "사고 실험"으로 보자는 윌리엄 브라운의 제안을 소개하고자 한다.[20] 브라운 자

---

19 욥 1-2장에서 "바라크" 동사가 완곡어법으로 사용되었다는 사실로 인해 일부 주석가들은 이것이 완곡어법이 아닌 문자적 의미로 사용된 경우가 언제인지 결정하는 데 어려움을 겪는다. Tod Linafelt, "The Undecidability of BRK in the Prologue to Job and Beyond," *BibInt* 4 (1996): 154-72. "바라크" 동사는 욥기 외에 왕상 21:13 같은 구절에서도 하나님을 저주하는 완곡어법으로 종종 사용된다.

20 Brown, *Wisdom's Wonder*, 68. 비슷한 맥락에서 Terence Fretheim은 욥기가 "논쟁을 위해

신도 여러 가지 질문을 제시했지만, 나는 브라운의 사고 실험 개념을 구스타보 구티에레즈의 제안과 연결하는 것이 유익하리라고 믿는다. 구티에레즈는 욥기라는 책이 "**우리가 하나님에 대해 무슨 말을 해야 하는가?**보다, 무고한 자의 고통이라는 구체적인 상황에서 하나님에 대해 무슨 말을 해야 하는가?"라는 질문을 제기한다고 주장했다.[21] 샤오도 비슷한 제안을 하는데, 그는 욥기가 "혼돈에 직면하여 우리가 하나님에 대해 무슨 말을 해야 할까?"라는 질문을 제기한다고 말한다.[22]

만일 우리가 상상할 수 있는 가장 올곧고 의로우며 경건한 자(겔 14장의 노아와 다니엘[단엘]같이 전설적인 미덕을 지닌 인물)가 일련의 끔찍한 재앙(네 차례의 점층적인 기사로 묘사된 재물의 손실과 자녀의 사망[1장]; 육체적 고통과 사회적 배척[2장])을 겪는다면, 그런 상황에서 가장 적절하고 경건한 말은 무엇일까?[23]

위의 질문은 욥기를 역사적 기록으로 받아들이는지에 영향을 받지 않는다(심지어 욥기가 전설적인 역사적 인물을 모델로 삼은 기록이라고 해도 문제되지 않는다). 실제로 탈무드 시대 이래로 욥기는 비유(*māšāl*)로 여겨져 왔으며, 예수의 비유처럼 욥기의 목적도 실제 상황에 대한 설명이 아니라

상황을 설정하는 책"("a let's-suppose-for-the-sake-of-argument book")이라고 주장한다. Fretheim, *God and World in the Old Testament,* 221.

21　Gutiérrez, *On Job: God-Talk and the Suffering of the Innocent,* trans. Matthew J. O'Connell (Maryknoll, NY: Orbis Books, 1987), xviii (강조는 원저자의 것임).

22　C. L. Seow, *Job 1-21: Interpretation and Commentary, Illuminations* (Grand Rapids: Eerdmans, 2013), 108.

23　욥 1-2장과 겔 14장에서 욥의 의로움을 인정한다는 명백한 사실에도 불구하고 근대 이전의 유대교와 기독교 주석가들은 종종 이것을 부정해 왔다. 그들은 그의 거친 언사가 부적절하며 불경건하다고 여겼다.

성찰과 지혜로운 삶을 자극하는 것이었다.²⁴ 더 나아가 욥과 친구들 간의 대화, 엘리후와 야웨의 담화를 포함하여 이 책의 대부분이 시문학 형식으로 되어 있다. 그런데 사람들은 일반적으로 욥기 3-41장처럼 고도로 양식화되고 공교하게 구성된 시적 언어로 이야기하지는 않는다. 따라서 설령 이 책이 실제 대화를 바탕으로 작성되었다고 해도(그럴 가능성은 거의 없지만) 여기 기록된 길고 복잡한 담화가 발언자의 언어를 있는 그대로 옮긴 것일 수는 없다.

적절한 발언이라는 문제는 욥의 고난을 바빌로니아 유배 중에 이스라엘이 경험했던 고난을 상징하는 것으로 바라보는 관점(가능한 적용이기는 하지만)에 의존하지도 않는다. 왜냐하면 적절한 발언이라는 주제는 잠언 전체에서 발견되는 표준적인 논제이며 모든 역사 시대에 해당하는 사안이기 때문이다.²⁵ 신약의 지혜서인 야고보서도 적절한 발언이라는 주제에 초점을 맞추는데(3장), 여기에는 하나님을 축복하기도 하고 하나님의 형상대로 지음을 받은 인간을 저주하기도 하는 혀의 힘에 관한 설명이 포함되어 있다(3:9). 그러나 욥기는 욥이 극심한 재앙을 당한 상황에서 **하나님을** 축복할 것인지, 아니면 저주할 것인지에 관한 질문으로 시작한다.

---

24 12세기에 활동했던 유대인 주석가 마이모니데스는 욥기가 일종의 비유라고 생각했던 여러 탈무드 현자들을 인용하면서, 이런 판단에 동의하지 않는 다른 주석가들도 거론한다. *Guide for the Perplexed*, 3.22-23, https://www.sacred-texts.com/jud/gfp/

25 적절한 말이라는 주제를 다룬 구절들은 다음과 같다. 잠 10:18-21, 31-32; 11:9, 11-14; 12:6, 14, 17-19, 22; 13:2-3; 14:5, 25; 15:1-2, 4, 23; 16:1, 23-24, 27-28; 17:4, 7, 27; 18:4, 6, 13, 20-21; 19:5, 9; 20:19; 21:6, 23; 22:10; 25:11, 15, 23, 27; 26:20-28; 27:2; 28:23; 29:20.

욥기가 이스라엘 사회에서 어떤 역할을 했을지 이해하기 위해, 이 책이 고통에 직면했을 때 하나님 앞에서 해야 할 적절한 발언이 무엇인지에 초점을 맞춘 이스라엘 지혜 학파의 저작이라고 상상해 보자. 그 책이 주로 이 문제에 대해 서로 다른 의견을 가진 대담자들 간의 대화로 구성되어 있다는 사실은 확실히 텍스트를 읽는 독자들의 흥미를 유발할 것이다.

나도 한때 플라톤의 대화편(파이돈, 파이드로스, 향연, 테아이테토스)을 주제로 한 대학원 세미나에 참여했던 기억이 있는데, 플라톤이 사용한 극적 양식은 학생들의 흥미를 유발했고, 다양한 입장을 평가하면서 그들의 목소리에 귀 기울이도록 만들었다. 물론 소크라테스의 목소리가 각 대화의 최종적인 견해였고, 일부 대담자들은 (특히 파이돈에서) 소크라테스의 입장을 되풀이하는 "예스맨"에 불과했다. 그러나 이 같은 대화 형식은 처음부터 명확한 견해를 밝히지 않고 서로 주고받는 대화를 통해 다양한 입장을 발전시킬 수 있다는 장점이 있다.

고통에 직면했을 때 우리가 해야 할 적절한 발언(특히 하나님과의 관계에서)이 무엇인지에 초점을 맞추어서 보면 욥기의 흐름이 일관되게 눈앞에 펼쳐지기 시작한다.

다양한 목소리를 통한 프롤로그의 전개

욥기에 등장하는 발언의 대부분은 시적인 대화로 이루어지지만(3-41장), 산문체로 된 프롤로그에도 발언이 포함되어 있다. 1장과 2장은 하늘에서 야웨가 고발자와 대화하는 장면으로 시작해서(1:6-12; 2:1-6) 이후에 땅으로 장소를 옮겨 욥에게 닥친 고난과 그가 이에 대해 어떤 말로 대응하는지를 묘사한다(1:13-22; 2:7-10).

첫 번째 선택지: 하나님을 축복하기

첫 재앙들(재산의 상실과 자녀의 죽음)을 당한 이후로 욥은 일어나 겉옷을 찢고 머리털을 밀고 땅에 엎드려 예배하며 말하기를, "내가 모태에서 알몸으로 나왔사온즉 또한 알몸이 그리로 돌아가올지라. 주신 이도 여호와시요 거두신 이도 여호와시오니, 여호와의 이름이 찬송을 받으실지니이다"라고 하였다. 그러고 나서 내레이터는 욥의 반응을 이렇게 평가한다. "이 모든 일에 욥이 범죄하지 아니하고 하나님을 향하여 원망하지 아니하니라"(1:22).

욥이 재앙을 만나면 하나님을 저주할 것이라던 고발자의 주장과 달리(1:11), 욥은 자신의 운명을 하나님의 손에서 비롯된 것으로 받아들이고 신체적인 행동으로 애도하고 경배하였다. 그러고 나서 그는 하나님을 축복하였고(여기서는 "바라크"라는 동사가 저주를 의미하는 완곡어법이 아니라 진정으로 축복한다는 의미로 사용되었다), 내레이터는 이 축복을 승인하면서도 "욥이 범죄하지 아니하였"다는 진술에 그가 "하나님을 향하여 원망하지 않았"다는 진술을 덧붙임으로써 약간의 모호성을 남겨둔다.[26] 여기서 두 진술은 같은 의미여서 하나님을 향하여 원망하는 일이 곧 범죄

---

26 David Clines는 "욥은 죄를 범하거나 하나님께 대해 불경스럽게 말하지 않았다"라고 번역한다. Clines, *Job 1-20*, 2.

일까? 아니면 두 진술은 서로 다른 의미일까?

NRSV에서 "잘못"("wrongdoing")이라고 번역된 욥기 1:22의 "티플라"(*tiplâ*)라는 단어는 히브리 성경에서 오직 세 번만 등장하는데(욥 1:22; 24:12; 렘 23:13), 이 단어가 히브리어로 "기도"를 뜻하는 "테필라"(*təpillâ*)와 동일한 자음으로 이루어져 있다는 사실이 문제를 상당히 복잡하게 만든다.[27] 구약 히브리어는 본래 자음으로만 기록되어 있으며 샤오에 따르면 욥기는 자음 수순에서의 중의어(double entendre)로 기득히디고 한다.[28] (말하자면 동일한 자음의 배열이 붙여지는 모음에 따라 서로 다른 의미를 지니게 되는 경우가 많다는 것이다.) 따라서 욥기 내레이터의 말을 "이 모든 일에 욥이 범죄하지 아니하고 하나님을 향하여 **기도**하지 아니하니라"라고 번역하는 것도 전적으로 가능하다. 그러므로 여기서 요점은 비록 욥이 하나님을 축복했으나(이것은 적절한 발언이었다) 하나님께 직접 말씀드리지는 않았다는 것이다(이 점은 본서 뒷부분에서 중요하게 다룰 주제다).

욥기 1:22의 세부 사항을 어떻게 해석하든 간에 우리는 내레이터가 고통 가운데 하나님을 축복하는 반응을 정직하고 지혜로운 사람에게 어울리는 정당한 선택지로 여기고 있음을 알 수 있다.

27　그런 이유에서 NRSV도 욥 24:12에서는 이 단어를 "기도"(prayer)라고 번역한다.
28　히브리어 단어에서 모음을 바꿈으로써 의미가 달라지는 대표적인 예로 욥 3:8의 "날"(*yôm*)을 들 수 있는데, 많은 주석가들은 이것을 "바다"(*yām*)로 이해하는 것이 문맥상 더 잘 들어맞는다고 생각한다. Seow는 욥 3:8에서 "날"과 "바다"라는 두 가지 의미가 모두 잘 어울리며, 따라서 의도된 중의법이라고 주장한다. Seow, "Orthography, Textual criticism, and the Poetry of Job," *JBL* 130, no. 1 (2011):745-76. Seow는 그의 논문에서 1:22의 "기도"와 "잘못"이 중의법적으로 사용되었을 가능성에 대해서는 명시적으로 언급하지 않는다.

두 번째 선택지: 하나님을 저주하기

하나님을 저주하는 일이 정당하지 않은 선택지라는 점은 아주 분명하다. 욥이 두 번째 재앙들(종기와 상처로 인한 고통)을 겪은 뒤에 아내는 욥에게 하나님을 저주하고 죽으라고 권유했고(2:9), 이에 욥은 이렇게 대답한다. "그대의 말이 한 어리석은 여자의 말 같도다. 우리가 하나님께 복을 받았은즉 화도 받지 아니하겠느냐?"(2:10) 지혜문학에서 어떤 발언을 가리켜 "어리석다"(*nābāl*)라고 규정하는 것은 분명 중요한 의미를 지니며, 하나님을 향한 저주가 정당하지 않은 발언임을 확실하게 보여준다.

세 번째 선택지: 고통을 수동적으로 수용하기

이후로 욥이 더는 하나님을 축복하지 않았다는 점을 지적할 필요가 있다.[29] "우리가 하나님께 복을 받았은즉 화도 받지 아니하겠느냐?"(2:10)라는 그의 질문은 다음과 같은 이전 진술과 유사한 태도를 반영한다. "내가 모태에서 알몸으로 나왔사온즉 또한 알몸이 그리로 돌아가올지라. 주신 이도 여호와시요 거두신 이도 여호와시오니, 여호와의 이름이 찬송을 받으실지니이다"(1:21). 하지만 2:10에는 명시적인 축복의 말이

---

[29] 욥 1:21은 많은 교회에서 즐겨 부르는 대중 찬양곡의 가사이기도 하다. 노래의 제목은 "Blessed Be Your Name"이며 Matt와 Beth Redman이 작사했고 Matt Redman의 "Where Angels Fear to Tread"(Thankyou Music, 2002)라는 앨범에 실렸다. 아름다운 찬송이기는 하나, 1장 마지막에 나오는 욥의 응답을 고난에 대한 우리의 전형적인 태도로 도식화하는 한편 욥기의 나머지 부분에 담긴 복잡성을 무시한다는 점에서 상당히 피상적인 영성을 제시하는 것으로 보인다. 더욱이 노래의 가사는 이인칭 화법으로 하나님을 직접 부르는 반면("당신의 이름이 찬송을 받으소서"), 욥은 7장까지는 하나님을 탄원의 직접적인 대상으로 표현하지 않는다.

없으며, 그가 실제 말로 표현한 반응은 그의 운명에 대한 수동적이거나 심지어 금욕주의적인 수용으로 느껴진다. 아마도 그는 자신의 고통에 너무나 압도되어 차마 찬양의 목소리를 낼 수 없었을 것이다.[30] 그럼에도 내레이터는 "이 모든 일에 욥이 입술로 범죄하지 아니하"였다고 증언한다. 여기까지는 그래도 괜찮다. 욥은 아직 부적절한 발언의 선을 넘지 않았다.[31]

네 번째 선택지: 말없이 탄식하고 침묵하기

욥의 세 친구가 도착하여 7일 동안 말없이 그와 함께 앉아 있었다(유대교에서 "쉬브아"[7일간 애도하기] 의식의 기원).[32] 친구들은 그를 위문하고 위로하기 위해 각자 자기 집에서 찾아왔으나(2:11), "눈을 들어 멀리 보매 그가 욥인 줄 알기 어렵게 되었으므로 그들이 일제히 소리 질러 울며 각각 자기의 겉옷을 찢고 하늘을 향하여 티끌을 날려 자기 머리에 뿌"렸다(2:12). 이렇게 말없이 목소리로만 욥을 애도한 후에 그들은 침묵에 빠졌다. "밤낮 칠 일 동안 그와 함께 땅에 앉았으나 욥의 고통이 심함을 보므

---

[30] 학생들은 욥 2장에 나오는 욥의 반응이 1장의 반응보다 정직한 것 같다고 말하곤 한다. 그들은 욥이 1:21에서 하나님을 축복하기는 했지만 그것은 어디까지나 그가 하리라고 기대되는 말을 자동으로 내뱉은 것일 뿐이고, 마음에서 우러나온 진솔한 반응은 아니라고 느껴진다는 것이다.

[31] 욥이 입술로 범죄하지 않았다는 진술은, 그렇다면 그가 마음으로는 범죄했는가라는 의문을 우리 마음속에 불러일으킬 수 있으며(어쨌거나 그는 1:5에서 자녀들이 마음으로 하나님을 저주하며 죄를 범하지는 않았을까 걱정했었다), 몇몇 현대 주석가들은 실제로 욥이 마음으로 범죄했다고 주장한다(이는 그의 마음속 생각을 분명하게 표현했던 3장에서 명백해진다).

[32] 유대교에서 쉬브아 의식에 대한 세부 사항은 다음을 참조하라. Wikipedia, s.v. "Shiva (Judaism)," last modified April 7, 2021, https://en.wikipedia.org/wiki/Shiva_%28Judaism%29.

로 그에게 한마디도 말하는 자가 없었더라"(2:13). 이 지점에서 내레이터의 구체적인 평가는 찾아볼 수 없으나, 나는 누군가의 고통에 대해 슬피 우는 일은 그들과 함께 침묵하는 일과 마찬가지로 적절한 반응이라고 생각한다.

다양한 선택지를 통한 대화의 진전

욥기 3장은 다음과 같이 의미심장한 말로 시작한다. "그[7일] 후에 욥이 입을 열어"(3:1). 릭 무어가 적절하게 표현했듯이, "독자는 지금까지 죄를 범하지 않았던 입술에서 무슨 말이 나오는지 듣기 위해 몸을 앞으로 기울이지 않을 수 없다."[33]

다섯 번째 선택지: 고통에 대해 저항하고 불평하기

침묵을 깨뜨린 욥은 이제 대담한 말을 거침없이 쏟아내는데, 이때 그가 쏟아낸 격한 탄식은 독백의 형식을 띠었다는 점에서 탄식 시편과는 차이가 있다. 욥은 하나님을 향해 말하지도 않고(물론 축복하지도 않는다) 그렇다고 친구들을 향해 말하지도 않는다. "그 후에 욥이 입을 열어 **자기의 생일을 저주하니라**"(3:1).[34] 여기서 드디어 저주를 뜻하는 "칼

---

33   Rick D. Moore, "The Integrity of Job," *CBQ* 45, no. 1 (1983): 23.
34   텍스트는 문자 그대로 욥이 "그의 날을 저주했다"라고 표현한다(3:1). 문맥상으로는 그가 태어난 날을 의미하지만(NRSV와 다수의 번역본이 채택), 욥이 계속해서 자기가 왜 아직도 살아 있는지 의문을 표하고 있기 때문에 여기서 "그의 날"은 욥의 생애 전체를 의미할 수도 있다.

랄"(qālal)이라는 동사가 실제로 등장하는데, 그 시점이 흥미롭다.

7일간의 침묵과 함께 쌓여온 욥의 고통이 마침내 격렬한 절규로 폭발한다. "내가 난 날이 멸망하였더라면, 사내아이를 배었다 하던 그 밤도 그러하였더라면!"(3:3) 이어서 욥은 그가 태어난 날을 저주하는 데까지 나아간다.

> 그날이 캄캄하였더라면,
> 하나님이 위에서 돌아보지 않으셨더라면, 빛도 그날을 비추지 않았더라면,
> 어둠과 죽음의 그늘이 그날을 자기의 것이라 주장하였더라면,
> 구름이 그 위에 덮였더라면,
> 흑암이 그날을 덮었더라면(3:4-5).

이어서 그는 자신이 태어나기 전날 밤을 저주하면서 포괄적으로 다양한 요소들을 거론한다.

> 그 밤이 캄캄한 어둠에 잡혔더라면,
> 해의 날 수와 달의 수에 들지 않았더라면,
> 그 밤에 자식을 배지 못하였더라면,
> 그 밤에 즐거운 소리가 나지 않았더라면,
> 날을 저주하는 자들 곧 리워야단을 격동시키기에 익숙한 자들이
> 그 밤을 저주하였더라면,
> 그 밤에 새벽 별들이 어두웠더라면,
> 그 밤이 광명을 바랄지라도 얻지 못하며

> 동틈을 보지 못하였더라면 좋았을 것을,
>
> 이는 내 모태의 문을 닫지 아니하여
>
> 내 눈으로 환난을 보게 하였음이로구나(3:6-10).

이 확장된 저주의 마지막 두 줄에서는 저주의 근거를 제시하면서, 자신의 출생을 되돌리고자 하는 욥의 열망을 표현하고 있다.

3장의 나머지 부분은 이 같은 열망을 일련의 고통스러운 질문으로 확장하는데, 그 시작은 이렇다. "어찌하여 내가 태에서 죽어 나오지 아니하였던가, 어찌하여 내 어머니가 해산할 때에 내가 숨지지 아니하였던가?"(3:11) 욥은 크게 세 가지의 서로 연관된 질문을 던지는데 이를 다음과 같이 요약할 수 있다. "어찌하여 나는 태어날 때 죽지 않았을까?"(3:11-15); "어찌하여 나는 태어나기 전에(태중에서) 죽지 않았을까?"(3:12-19); "어찌하여 나는 아직도 살아 있는 것일까?"(3:20-26) 죽음에 대한 욥의 갈망을 잘 드러내 보여주는 이 같은 질문들 속에서 우리는 자신의 고통에 대한 욥의 놀랍도록 솔직한 태도를 엿볼 수 있다.

욥은 육체적으로나 심리적으로, 그리고 심지어는 하나님이 왜 그러시는지 그가 이해할 수 없었다는 점에서 신학적으로도 심한 고통을 맛보면서 죽음을 갈망하게 되었는데, 이는 죽음이 그에게 "안식"을 가져다 줄 것이라고 여겼기 때문이다. 욥은 3장에서 안식을 의미하는 "누아흐"라는 동사를 세 번 사용하는데, 세 번에 걸친 그의 질문마다 이 동사가 등장한다(3:13, 17, 26). 여기서 욥은 그의 독백을 다음과 같은 솔직한 고백으로 마무리한다. "나에게는 평온도 없고 안일도 없고 휴식도 없고 다

만 불안만이 있구나"(3:26).[35]

지혜 학파에 속한 고대의 독자들은 욥의 이 같은 격렬한 탄식에 어떻게 반응했을까? 그들은 과연 그의 고통을 이해하고 그의 불평에 동조했을까? 아니면 욥의 발언이 너무 지나치다고 판단했을까?

욥기 3장에서의 격렬한 탄식은 오늘을 살아가는 우리에게도 "고통이라는 현실"과 "그 고통에 대응하는 적절한 담화 방식" 사이의 관계에 대해 질문을 제기한다. 욥이 하나님께 했던 말들은 올바른 것이었을까? 많은 독자는 그렇지 않다고 판단하는데 여기에는 크게 두 가지 이유가 있다.

첫째, 독자들은 창조세계(그리고 창조주 하나님)에 대한 그의 태도에 문제가 있다고 여긴다.

3장에서 욥의 세 번째 질문의 요지는, 어둠을 갈망하는 그에게 하나님이 왜 **빛**을 주시는가 하는 것이었다. "어찌하여 고난당하는 자에게 빛을 주셨으며 마음이 아픈 자에게 생명을 주셨는고?"(3:20) "하나님에게 둘러싸여 길이 아득한 사람에게 어찌하여 빛을 주셨는고?"(3:23) "빛"은 욥의 두 번째 질문에도 등장한다. "또는 낙태되어 땅에 묻힌 아이처럼 나는 존재하지 않았겠고 빛을 보지 못한 아이들 같았을 것이라"(3:16). 물론 욥의 첫 번째 질문에서도 빛은 중심적인 역할을 한다. 그는 그가 태어난 날을 되돌려 흑암 속으로 몰아넣고 싶어 하며, 그가 태어난 밤이 대낮의 빛을 보지 못하기를 원한다.

---

[35] 욥의 아내가 "하나님을 욕하고[저주하고] 죽으라"(2:9)고 말했던 것에 비추어 보면, 3장에서 욥이 하나님을 저주하는 일은 거부하면서도 죽기는 바랐다는 사실은 역설적이다.

많은 독자는 하나님이 선물로 주신 **자신의** 빛과 생명을 되돌리려 했던 욥의 열망이 창조의 선함에 대한 암묵적인 거부라고 여겼다. 물론 욥의 발언은 하나님 자신이 창조하신 개별적인 피조물 중 하나인 "빛"에 초점을 맞추고 있지만, 그것은 결국 "빛이 있으라"(창 1:3)라는 하나님의 선포로 시작되는 세계 창조 자체를 거부하는 것이 아니겠는가?[36] 많은 독자는 이것이 너무 지나친 처사라고 생각한다.

예를 들어 레오 퍼듀는 욥기 3장을 창조세계에 대한 욥의 "공격"으로 묘사하면서 "욥이 실제로 원했던 것은 자기 자신뿐만 아니라 창조 세계 전체가 망각으로 돌아가는 것이었다. 욥은 탄식과 저주로 공식화된 그의 말이 지니는 힘으로 모든 존재를 소멸시키려 한다"라고 주장한다.[37] 퍼듀는 욥의 저주 공식("x가 일어나게 하라")이 창세기 1장에 나오는 하나님의 창조 공식("x가 있게 하라")을 뒤집기 위해 의도된 것이었다고 제안하면서, 창세기 1장에 나오는 창조의 7일에 대응하는 일곱 가지의 구체적인 저주 언어를 욥기 3:3-10에서 발견한다(이것 외에 다른 세부적인 병행 관계도 존재한다).[38]

---

[36] 욥 3장과 창 1장의 관계를 다룬 고전적인 연구 중 하나는 Michael Fishbane, "Jer IV 23-26 and Job III 3-13: A Recovered Use of the Creation Pattern," *VT* 21 (1971): 151-67 이다. 하지만 Fishbane은 두 텍스트 사이의 밀접한 관계를 조금은 과장했을 수 있다.

[37] Leo G. Perdue, *Wisdom and Creation: The Theology of Wisdom Literature* (Nashville: Abingdon, 1994), 133. "창조에 대한 공격"("The Assault on Creation")은 욥 3장을 다룬 단락(131-37)의 소제목이며, 이것은 그의 이전 논문의 제목 "Job's Assault on Creation"(HAR 10 [1987]: 295-315)에서 가져온 것이다.

[38] Perdue, *Wisdom and Creation*, 133-34. Perdue는 심지어 이렇게까지 말한다. "욥의 공고했던 초기 신앙은 무너졌고, 이제 그는 분노 가운데 세상을 창조하고 지탱하는 모든 전통적인 신학적 의미를 붕괴시키려 한다"(Perdue, *Wisdom and Creation*, 137). Rick Moore는 그렇게까지 말하지는 않지만, 욥이 하나님을 공격함으로써 자신의 진실성을 손상시켰다고 생각하며, 그 결과 하나님께서는 폭풍우 가운데서 하신 담화를 통해 "그에게 반격을"

나는 욥이 그렇게까지 나아간 것은 아니라고 생각하지만, 그렇다 하더라도 욥기 3장에서 욥이 삶에 대해 보이는 태도는 도스토옙스키의 소설 『카라마조프 가의 형제들』에서 이반이 친구 알료샤에게 했던 말을 상기시킨다. 이반은 세상의 고통(특히 어린아이가 당하는 고통)은 손에 잡히지도 않는 세상의 조화(세상의 악과 하나님의 선하심 간의 화해)를 위해 치르는 값치고는 너무 비싸다고 말한다.

> 나는 조화를 원하지 않소. 인류에 대한 사랑 때문에 그것을 원할 수가 없는 것이오.…조화로운 세상에 들어가기 위해 치러야 하는 입장료가 너무 비싸서 우리는 도저히 그 값을 감당할 수 없소. 그래서 나는 서둘러서 내 입장권을 반환하려고 하오. 알료샤여, 나는 하나님을 받아들이지 않는 것이 아니라, 단지 공손하게 그분에게 입장권을 돌려드리는 것뿐이오.
> "그건 반역이에요." 알료샤가 시선을 떨어뜨리며 조용히 말했다.[39]

욥기의 많은 독자들은 3장에서 욥이 폭발한 것이 반역이라고, 아니 적어도 반역의 경계를 건드리는 일이라고 생각했다. 욥이 명시적으로 하나님을 저주하지는 않았을지 모르지만, 그가 자신의 생일을 저주한 데다가 계속하여 하나님이 어째서 그의 출생을 허락하시고 그에게 계속하여 생명을 주셨는지 따져 물은 것은 창조주의 은혜에 대한 철저한 배신행

가하셨다고 말한다. "욥은 신학적 의심에서 비롯한 3장의 질문 행위에 대해 책망받는다." Moore, "Integrity of Job," 30.

[39] Fyodor Dostoevsky, *The Brothers Karamazov: A Novel in Four Parts with Epilogue*, trans. Richard Pevear and Larissa Volokhonsky (New York: Farrar, Straus & Giroux, 1990), 245.

위로 받아들여질 수 있다는 것이다.[40]

그의 발언이 부적절하다고 판단하게 된 또 다른 이유가 있다.

여기서 욥이 하나님께 직접 말씀드리지 않는다는 점이 의미심장하다.[41] 일반적으로 탄식 시편이 하나님께 직접 고통을 호소하는 반면, 욥기 3장의 독백은 광야에서 이스라엘 백성이 하나님을 원망했던 것에 비교될 수 있다. 하나님께서 시편에 실린 탄식 기도들은 (정경의 일부로 수록되었다는 사실이 암시하듯이) 바람직한 발언으로 인정하신 것으로 보이지만, 광야에서 이스라엘 백성이 자신들에 대한 하나님의 처우에 대해 뒤에서 불평했던 말들은 민수기 내러티브에서 불법적이며 하나님의 심판을 자초하는 것이라고 여겨졌다. 그렇다면 우리는 여기서 욥이 자신의 고난에 대해 불평한 발언들도 그와 마찬가지로 **불법적인** 것으로 판단해야 하지 않을까?[42]

욥기 자체는 이 지점에서 아무런 힌트도 주지 않으며, 책의 에필로

---

40 욥이 자신의 삶을 거부한 행위를 하나님에 대한 배은망덕으로 볼 수도 있지만, 우리는 욥이 실제로 하나님을 저주하는 일(레 24:15에서 금하는 일이다)을 피하기 위해 애쓰고 있다는 점을 주목할 필요가 있다. 더욱이 그가 부모에 대해 암시했을 때도(욥 3:3, 11-12), 그는 자신이 세상에 태어나도록 만든 부모를 저주하는 일(레 20:9에서 금하는 일이다)도 삼간다. 이런 점에서 욥은 토라의 금령을 벗어나지 않고 그 안에 머물고 있었다. 욥은 자신이 태어난 날을 저주하고, 어머니와 아버지를 언급하면서도 그들을 저주하지 않았던 예레미야와 매우 흡사하다(렘 20:14-18).
41 그러나 야웨께서는 욥의 폭발을 들으시고 욥이 지적하는 여러 가지 사안에 대해 폭풍우 가운데서 대답하신다. 이 주제와 관련하여 다음을 보라. Alex Breitkopf, "The Importance of Response in the Interpretation of Job," *Canadian Theological Review* 4, no. 1 (2015): 1-14. 따라서 비록 욥이 구체적으로 하나님께 직접 말하지는 않았지만, 사실 하나님께서는 욥의 폭발(3장)을 기도로 여기셨다.
42 이런 해석으로는 다음을 보라. Tremper Longman III, *Job*, BCOTWP (Grand Rapids: Baker Academic, 2012), 106-7.

그에 도달할 때까지 욥의 발언에 대한 평가는 더 이상 주어지지 않는다. 대신 욥기의 대부분을 구성하는 운문 형태의 본론은 세 친구의 대답을 통해 우리를 더욱 모호한 상황으로 몰아넣는다.

여섯 번째 선택지: 하나님을 옹호하면서 고난의 이유를 설명하기

욥의 친구들은 7일 동안 침묵하며 그의 곁에 앉아 있다가 마침내 입을 열었다. 3장에서 욥이 폭발한 일이 그들에게는 너무나 큰 충격이었다. 엘리바스는 이런 질문으로 발언을 시작한다. "누가 네게 말하면 네가 싫증을 내겠느냐, 누가 참고 말하지 아니하겠느냐?"(4:2) 엘리바스의 발언(4-5장) 후에 빌닷이 말하고(8장), 그다음에는 소발이 발언한다(11장). 각 친구의 발언에 이어 욥의 대답이 주어진다(6-7장; 9-10장; 12-14장).

1라운드(4-14장)가 끝나면 친구들은 다시 같은 순서로—엘리바스(15장), 빌닷(18장), 소발(20장)—발언하고, 이번에도 욥은 매번 그들의 발언에 답한다(16-17장; 19장; 21장). 그런 다음 3라운드(22-27장)가 시작된다(엄밀히 말하자면 3라운드의 전반부). 엘리바스(22장)와 빌닷(25장)의 발언에는 욥이 답하지만(23-24장; 26-27장), 소발의 세 번째 발언은 보이지 않는다.

소발의 세 번째 발언은 보이지 않지만, 그의 두 번째 발언은 첫 번째 발언보다 길었다.[43] 이것은 엘리바스와 빌닷의 발언이 두 번째에서 짧아지고 세 번째에서 더 짧아진 것과는 대조적이다.[44] 욥의 발언은 친구들의

43　소발의 첫 번째 발언은 스물두 절이었고, 두 번째 발언은 스물아홉 절로 늘어난다.
44　엘리바스의 발언은 1라운드에서 마흔여덟 절, 2라운드에서 서른세 절, 3라운드에서 서른 절로 이어진다. 빌닷의 처음 두 발언은 각각 스물두 절이지만 세 번째 발언은 여섯 절에

발언보다 길 뿐만 아니라, 각각의 라운드 내에서도 뒤로 갈수록 길어지는 경향이 있다.[45]

욥의 친구들은 그가 불경스러운 말을 했다며 그를 책망하고 심지어 이런 재앙이 그에게 들이닥친 것을 보면 뭔가 심각한 잘못을 저지른 것이 분명하다고 말하면서 고통의 원인을 그의 죄에서 찾으려고 했다. 또한 그들은 하나님께서 그에게 뭔가를 가르치시려고 이런 일을 행하신 것이니, 그는 자기가 당하는 고통을 하나님의 징계로 여기고 묵묵히 경건하게 받아들여야 한다고 설득하려 했다. 어쨌거나 세상 그 누구도 하나님 앞에서 의로울 수는 없으니 차라리 회개하는 편이 낫지 않겠느냐는 것이다.

여기서 나는 세 친구의 발언을 서로 구분하지 않고 전체 요지만 짧게 요약했다. 지면이 허락되었다면 욥에 대해 세 친구가 보인 태도가 미미하게나마 어떤 부분에서 서로 다른지, 그리고 하나님의 선하심 및 욥의 고통에 대한 그들 각각의 주장이 어떤 미묘한 의제를 전달하는지 분석해 볼 수도 있었을 것이다. 친구들의 태도와 주장은 완전히 동일하지도 않고 고정적이지도 않으며, 대화가 이어짐에 따라 발전해 간다. 수재나 볼드윈은 "초라하지만 단색적이지는 않게: 욥의 세 위로자의 개별적 특징과 관점"("Miserable but Not Monochrome: The Distinctive Characteristics and Perspectives of Job's Three Comforters")이라는 논문에서 이런 미묘한 차

불과하다.
45 1라운드의 대화에서 친구들에 대한 욥의 응답이 엘리바스에게는 쉰한 절, 빌닷에게는 쉰다섯 절, 소발에게는 일흔다섯 절로 늘어난다. 2라운드에서는 명확하게 늘어나는 모습을 보이지는 않는다(각각 서른여덟 절, 스물아홉 절, 서른네 절이다). 3라운드의 대화에서 욥의 첫 번째 발언은 서른네 절이고, 두 번째 발언은 서른일곱 절이다.

이들을 추적한다.[46] 볼드윈은 엘리바스, 빌닷, 소발의 전반적인 입장이나 어조, 발언에 나타나는 "논점"(세계관), 자신의 관점을 정당화하는 근거, 욥에 대한 구체적인 비난, 그들이 제안하는 해결책 등을 기준으로 그들을 구분한다. 예를 들어 엘리바스는 처음에 다른 친구들보다 욥을 더 많이 참아주는 것처럼 보인다. 소발은 욥의 죄악에 대해 다른 친구들보다 더 단호한 태도를 보여준다(그런 이유에서 그의 두 번째 발언이 첫 번째보다 길어진 것일 수도 있다).

여기서 세 친구 간의 미묘한 차이도 흥미롭지만, 더욱 눈에 띄는 것은 그들의 공통점이다. 그들 모두 죄와 고통 사이의 인과 관계를 어느 정도는 인정하며, 어떤 경우에도 하나님은 항상 옳으시며 하나님 앞에서 인간은 상대적으로 하찮은 존재라는 주장을 펼친다.

솔직히 말해 욥과 친구들 사이의 기나긴 대화를 읽다 보면 그들이 똑같은 기조 발언을 (약간의 변형만 가한 채로) 반복하기 때문에 약간 지루해질 수 있다. 그렇다면, 빌닷의 마지막 발언이 너무 짧거나(6절) 소발의 마지막 연설이 안 보이는 이유는 무엇일까? 그들은 단순히 지친 것일까? 물론 욥기 주석들에서도 이런 주장이 간혹 제기되기는 하지만, 보다 일반적인 견해는 욥에게 돌려지는 26-27장의 발언 가운데 일부는 사실상 빌닷의 짧은 발언의 연속이거나 혹은 소발의 누락된 발언이라고 해석되어야 한다는 것이다.

하지만 욥기 27장이 "담화 재개 공식"("욥이 또 풍자하여 이르되"; 27:1)

---

46 Baldwin, "Miserable but Not Monochrome: The Distinctive Characteristics and Perspectives of Job's Three Comforters," *Them* 43, no. 3 (2018): 359-75.

으로 시작하는 것으로 볼 때 욥은 빌닷에 대한 답변을 마친 후에(26장) 소발의 발언을 기다렸으나 아무런 말도 없자 27장에서 다시 발언을 시작한 것으로 보인다(27장).[47]

세 친구는 그들이 공유하던 전제에 근거하여 한목소리로 욥이 하나님에 관하여 했던 발언들, 그리고 직접 하나님께 했던 발언들이 부적절하다고 판단했다. 그래서 빌닷은 욥을 향한 첫 발언을 "네가 어느 때까지 이런 말을 하겠으며 어느 때까지 네 입의 말이 거센 바람과 같겠는가?"(욥 8:2)라는 질문으로 시작한다. 마찬가지로 소발도 욥을 향한 비판적인 질문으로 발언을 시작한다.

> 말이 많으니 어찌 대답이 없으랴?
> 말이 많은 사람이 어찌 의롭다 함을 얻겠느냐?
> 네 자랑하는 말이 어떻게 사람으로 잠잠하게 하겠으며,
> 네가 비웃으면 어찌 너를 부끄럽게 할 사람이 없겠느냐?(11:2-3)

엘리바스는 욥의 곤경에 대해 적어도 첫 번째 발언에서는 다른 친구들

---

[47] J. Gerald Janzen은 욥기 저자가 "의도적으로 질서정연한 진술과 반론의 순서를 해체하여 일관성 없는 목소리들이 뒤섞인 혼돈상태로 만들어버렸을 수도 있는데, 이것이 바로 혼돈을 막아주는 울타리가 세상에서 사라져 버린 데다가 세상이 무질서와 악으로 가득해져서 명확한 이해가 불가능하게 되어버렸다는 욥의 주장을 지탱해 주는 공식적인 방법이었다"라는 주장을 언급하는데, 그렇다고 이에 동조하지는 않는다(Janzen, *Job*, Interpretation [Atlanta: John Knox, 1985], 172). Janzen 자신의 견해는 욥이 종종 친구들의 말을 인용하거나 패러디한다는 것이다. 따라서 Janzen은 빌닷의 세 번째 발언이 짧아진 이유가 욥이 "냉소적인 도전"으로 끼어들어 발언을 중단시키고 자기 말을 했기 때문이라고 주장한다. 소발의 세 번째 발언은 욥이 "소발에게서 들었을 법한 말을 자신이 패러디하면서 친구들과의 대화를 마무리" 했기 때문에 누락되었다고 본다. Janzen, *Job*, 185.

보다는 조심스럽게 반응하지만, 두 번째 발언에서는 욥의 부적절한 말을 꾸짖는다.

> 지혜로운 자가 어찌 헛된 지식으로 대답하겠느냐?
> 어찌 동풍을 그의 복부에 채우겠느냐?
> 어찌 도움이 되지 아니하는 이야기, 무익한 말로 변론하겠느냐?
> 참으로 네가 하나님 경외하는 일을 그만두어,
> 하나님 앞에 묵도하기를 그치게 하는구나(15:2-4).

여기서 욥의 친구들은 욥의 발언을 비판하는 데서 더 나아가 욥의 고난이라는 명백한 악에 직면하여 하나님을 변호하는 일종의 신정론을 펼친다. 앞에서는 고통에 반응하는 다섯 가지 방식, 곧 하나님을 축복하기(선택지 1), 저주하기(선택지 2), 수동적으로 수용하기(선택지 3), 말없이 탄식하고 침묵하기(선택지 4), 항의하고 탄원하기(선택지 5)를 살펴보았는데, 여기서는 고통에 반응하는 여섯 번째 방식, 요컨대 비난할 여지가 없는 하나님의 성품을 변호하면서 고통이 왜 적절한지를 설명하려는 시도를 다룬다.[48]

---

48 나는 서방 교회에서 욥기와 탄식 시편이 신정론과 어떤 관계를 맺고 있는지 다음 논문에서 다룬 적이 있다. Middleton, "Why the 'Greater Good' Isn't a Defense: Classical Theodicy in Light of the Biblical Genre of Lament," *Koinonia* 9, nos. 1 & 2 (1997): 81-113. 이 논문은 하나님과 악의 관계에 대한 나의 견해가 소위 서양 철학적 관점에서 벗어나 내가 이 주제에 관해 성경적 접근이라고 여기는 관점으로 이동하고 있음을 보여준다. 내가 보기에 근본적인 질문은 하나님이 의롭다고 전제하고서 악을 설명하는 것이 더 적절한가, 아니면 악의 존재에 대해 하나님께 따지는 것이 더 적절한가 하는 것이다.

이것은 과연 고통에 직면했을 때 보일 수 있는 정당한 반응인가? 이 지점에서는 답변의 실마리를 찾을 수 없다. 다만 우리는 지혜 학파 독자들 간에 벌어졌을 논쟁을 상상해 볼 수 있는데, 어떤 이들은 욥의 친구들 편에 섰을 것이고(엘리바스, 빌닷, 소발을 지지하면서) 다른 이들은 과연 이것이 진정 욥에게 필요한 "위로"인지 의아해했을 것이다.

일곱 번째 선택지: 하나님께 직접 항의나 불만을 제기하기

친구들의 발언을 들은 욥은 자신의 결백을 호소하면서 그가 당하는 고통이 부당하고 주장한다. 이렇게 욥은 종종 자신의 고통에 대한 책임을 하나님께 돌리면서도 과연 하나님이 자신의 불평을 진지하게 받아들이실지 궁금해한다.

욥은 친구들에게 답변하면서 그들이 앞서 자신에게 했던 말들을 주로 언급하지만, 때로는 시선을 하나님께로 돌려서 하나님을 이인칭으로 부르기도 한다. 이 같은 전환은 첫 번째 라운드 중에 엘리바스에게 답변하는 장면에서 시작되는데, 여기서 욥은 처음으로 하나님을 향해 직접 발언한다(7:11-21). 그는 이제 더는 입을 다물지 않겠노라고 단호하게 말하면서(7:11) "기도"를 시작하고 하나님을 향해 다음과 같이 도전적인 질문들을 제기한다. "내가 바다니이까? 바다 괴물이니이까? 주께서 어찌하여 나를 지키시나이까?"(7:12) 여기서 욥은 과연 하나님께서 가나안 신화에 등장하는 혼돈의 세력들(바다와 용)에게 하신 것처럼 자신을 억제하고 재갈 물리시기를 원하시는지 궁금해한다. 그런 다음 그는 하나님께서 자신을 표적으로 삼으시고 친히 고통을 안겨주셨다고 고발하면서 하나님을 비난하는데, 이때 그는 인간의 특별한 지위에 관해 설명

하는 시편 8편의 표현을 사용한다(7:17-20).[49]

빌닷에 대한 응답에서 욥은 다시 하나님께 직접 발언하고(9:27-31), 하나님에 **관해** (아마도 빌닷에게) 이야기하는 짧은 막간극이 지나고 다시 **하나님께** 직접 발언한다(10:2의 "무슨 까닭으로 [당신이, MT] 나와 변론하시는지"라는 표현으로 확인할 수 있다).

> 내 영혼이 살기에 곤비하니,
> 내 불평을 토로하고,
> 내 마음이 괴로운 대로 말하리라.
> 내가 하나님께 아뢰오리니 나를 정죄하지 마시옵고,
> 무슨 까닭으로 나와 더불어 변론하시는지 내게 알게 하옵소서(10:1-2).

욥은 스물두 절로 이루어진 10장 전체에서 하나님께 직접 자신의 불만을 토로한다. 욥은 먼저 소발에 대한 답변에서 "참으로 나는 전능자에게 말씀하려 하며 하나님과 변론하려 하노라"라고 말한다(13:3). 이어서 욥은 이제까지 했던 가장 긴 항변을 직접 하나님께 늘어놓는다(13:17-14:22). 이곳 첫 번째 대화 모음에서 우리는 욥의 발언과 탄식 시편 장르 간의 명백한 연관관계를 확인할 수 있다.

두 번째와 세 번째 라운드에서 욥이 하나님께 직접 발언하는 내용

---

[49] 7:12에서 욥은 아나트 여신이 바다를 정복하고 용을 재갈 물렸다고 말하는 바알 신화를 거론하는데, 고대 근동 문화에서 바다와 용은 혼돈의 힘을 상징한다. 다음 장에서는 이 중요한 구절을 다시 다루면서 욥이 사용했던 신화적 이미지뿐만 아니라 엘리바스가 4장에서 제안하는 인간관(이에 대해 욥은 7장에서 답변한다)도 살펴보겠다.

은 발견되지 않으며(17:4만은 예외로 보인다), 그 대신 욥은 **하나님에 대해** 말하면서 하나님의 공의를 비판하고, 하나님이 자신의 고통을 넘어 세상에서 모든 종류의 악을 허용하신다고 주장했다. 그는 한편으로는 하나님께 답변을 요구하면서도 다른 한편으로는 하나님이 과연 그의 탄원을 심각하게 받아들이실지 궁금해했다.[50]

3장에서 욥이 감정적으로 폭발한 일을 부적절하게 여기는 (고대 혹은 현대의) 욥기 독자들은 과연 욥이 (적어도 첫 번째 라운드에서) **하나님께** 자신의 불만을 **직접** 제기했다는 사실을 알게 되면 그들의 견해를 바꿀 것인가? 자신의 고통을 설명하기 위해 하나님을 개인적으로 부르고 하나님께 직접 항의하는 일은 과연 **하나님에 대해** 불평하는 것보다는 더 적절한 일일까, 아니면 덜 적절한 일일까?

욥기 텍스트가 이 지점에서 명확한 답을 제시하지는 않으나, 욥기 28장은 독자들에게 잠시 멈춰서 이 문제를 성찰해 볼 기회를 제공한다.

지혜에 관한 막간극

욥과 친구들 사이의 대화―고통에 대한 올바른 반응이 무엇인지에 대해 친구들이 의견을 개진하고 그에 대해 욥이 반론과 불평을 제시하는―가 끝나고 해결의 실마리가 보이지 않는 상황에서 지혜에 관한 막간극이

---

50   욥이 하나님께 직접 발언하지는 않지만, 욥이 하나님을 알현하기를 분명히 원한다는 점에서 그의 불평은 광야 이스라엘 백성의 투덜거림과는 차이가 있다. 그는 뒤에서 하나님을 비난하는 것이 아니라 실제로 만남을 간청하고 있다.

등장한다.

막간극(interlude)이라는 용어를 선택했다고 해서 지금까지의 연설과는 다른 고상한 히브리어 운문 양식을 가진 본 장이 후대에 첨가된 것이라는 판단을 받아들인다는 뜻은 아니다. 욥기 28장이 후대에 첨가되었는가 하는 문제는 현재 상태로의 본 장이 욥기 전체에서 어떤 역할을 맡고 있는가 하는 문제만큼 중요하지는 않다. 어떤 이는 28장이 계속되는 욥의 발언이라고 생각하는데, 왜냐하면 27장과 29장도 욥의 발언이기 때문이다. 하지만 29:1에서 "욥이 다시 그의 담화를 이어갔다"(NRSV; 이것은 욥의 발언이 잠시 중단되었음을 암시한다)라고 지적하는 것을 보면 28장은 욥과 친구들의 다양한 의견에 대한 성찰을 위해 쉬어가는 장으로 보는 것이 합리적이라고 하겠다.

욥기 28장은 숨겨진 보물을 찾아 땅의 가장 멀고 깊은 구석까지 찾아가는 인물을 제시하는 것으로 시작해서(28:1-11) "그러나 지혜는 어디서 얻으며 명철이 있는 곳은 어디인고?"(28:12)라는 질문으로 나아간다.[51] 이 질문은 지혜를 찾는 것이 얼마나 어려운 일인지 확언하는 다음과 같은 묘사로 이어진다.

그 길을 사람이 알지 못하나니,

사람 사는 땅에서는 찾을 수 없구나.

---

51   욥 28장에서 가장 두드러지는 비유는 채굴(땅속에서 광물을 캐는 일)이라고 생각하는 것이 일반적이지만, Scott C. Jones는 메소포타미아 왕들이 보물을 얻으려고 비밀스러운 장소들을 찾아 떠났던 전설적인 여정에서 28장의 이미지와 가장 유사한 사례를 찾을 수 있다고 밝힌다(물론 이 여정의 목적에는 귀금속을 채굴하는 일도 포함되었을 것이다). Jones, *Rumors of Wisdom: Job 28 as Poetry*, BZAW 398 (Berlin: de Gruyter, 2009).

깊은 물이 이르기를 "내 속에 있지 아니하다" 하며,

바다가 이르기를 "나와 함께 있지 아니하다" 하느니라(28:13-14).

이어서 주제를 바꾸어 지혜가 귀금속이나 보석과 비교해도 더 탁월한 가치를 지니고 있음을 논하고(28:15-19), 그다음으로 이런 질문이 이어진다. "그런즉 지혜는 어디서 오며 명철이 머무는 곳은 어디인고?"(28:20) 지혜가 산 자와 죽은 자 모두에게 감추어져 있다고 확언한 후(28:21-22), "하나님이 그 길을 아시며 있는 곳을 아신"(28:23)다고 고백한다. 이는 오직 하나님만이 세상을 창조하실 때 지혜를 사용하셨으며, 따라서 지혜가 창조 질서 안에 내재해 있기 때문이다(28:24-27). 여기서 창조에 관한 언급은 욥에 대한 하나님의 응답, 특히 창조세계에 관해 길게 말씀하시는 하나님의 첫 번째 담화를 기대하게 해준다.

그러나 욥기 28장이 지혜를 찾는 일의 어려움에 초점을 맞추고 있는 데다가 위치상으로도 3-27장의 담화들 바로 뒤에 배치되어 있다는 점을 고려할 때 우리는 28장을 앞의 담화들에 대한 암묵적인 언급으로 이해해도 될 것이다. 지혜를 찾는 것은 대단히 어려운 일이다. 사실은 욥과 친구들 간의 대화를 집요하게 살펴보아도 그 속에서 우리는 악과 맞닥뜨렸을 때 해야 할 올바른 말이 무엇인지에 대한 확실한 대답을 찾을 수 없을 것이다. 본 장은 독자들에게 욥기의 대담자들 중 누가 지혜에 가장 가까이 다가갔는지 묻고 있지만, 이 시점에서 그것은 아직 열린 질문이다.[52]

---

52 Westermann은 욥 28장을 욥과 친구들 간의 대화 이후에 찾아온 "휴지기"라고 부르는

욥기 전체와 마찬가지로 지혜에 관한 막간극은 인간이 지혜를 얻을 가능성에 대해 잠언보다는 훨씬 낙관적이다. 잠언에서는 의인화된 지혜가 광장에 나와 어리석은 사람들을 향해 어서 와서 지혜를 배우라고 초청한다(1:20-33; 8:1-11; 9:1-6). 들을 귀가 있는 사람 누구에게나 지혜가 허락될 것이라는 뜻이다.[53] 반대로 욥기 28장은 오직 창조주만 지혜에 직접 접근하실 수 있다고 단언한다. 그러면서도 욥기 28장은 인간에게도 지혜에 접근할 수 있는 모종의 길이 있는데, 그것은 오직 하나님과 올바른 관계를 유지하는 윤리적 태도에 관한 지혜일 뿐이라고 결론짓는다. "보라! 주를 경외함이 지혜요, 악을 떠남이 명철이니라"(28:28).

28절의 언어가 기본적으로 욥기 1-2장에서 내레이터와 야웨가 욥의 의로움을 묘사할 때 사용했던 용어들을 인용한 것이라는 사실에 비추어 볼 때 우리는 욥의 시작이 지혜로웠다는 사실을 다시 한번 확인하게 된다. 하지만 우리는 욥에 대한 이런 묘사가 시적 대화 단락에서도 계속하여 사실일 수 있는지 궁금하지 않을 수 없다. 과연 욥의 거친 불평이 하나님을 경외하는 일과 조화를 이룰 수 있을 것인가?

데, 그는 그들 간의 대화가 하나님께서 나중에 그들의 말이 부적절하다고(다시 말해 그들은 지혜를 찾지 못했다고) 정죄하시는 근거가 되었다고 말한다(42:7-8). Westermann, *Structure of the Book of Job*, 137-38. 하지만 나는 그것이 친구들에 대한 정죄였는지, 아니면 그 문제와 관련하여 욥이 보인 반응에 관한 정죄였는지 확신하지 못한다.

53 그러나 심지어 잠언에서도 지혜를 구하는 일에는 정력과 의지가 필요하다고 말한다. 지혜는 온 힘을 다해 바라고 찾아야 하는 대상이다(2:1-5; 4:1-8, 특히 7절). 그리고 광장에서 소리를 높이는 것은 지혜만이 아니다. 어리석음도 소리를 높인다. 그러므로 어리석은 자는 누구의 소리에 귀를 기울일지 잘 분별해야 한다. 이 점을 상기시켜 준 Josef Sykora에게 감사한다.

욥의 마지막 발언

욥기 29-31장에서 계속되는 욥의 발언은 문제를 더욱 복잡하게 만드는 것으로 보인다. 욥의 마지막 긴 담화에는 친구들이 등장하지 않는다. 그것은 기본적으로 첫 발언이었던 3장처럼 독백이지만, 하나님께 직접 발언하는 장면(30:20-23)도 등장하기는 한다.

욥의 마지막 발언은 자연스럽게 세 부분으로 나뉘며 각 장은 하나의 주제에 초점을 맞추고 있다. 29장에서 욥은 그가 하나님과 좋은 관계를 유지했던 과거의 번영과 축복을 되돌아본다. 그런 다음 30장에서는 현재의 재앙에 대해 불평하면서 하나님이 그를 버리셨다고 느끼고 있음을 고백한다. 마지막으로 31장에서 욥은 일련의 맹세로 자신의 결백을 주장하면서 그가 시종일관 정직했음을 확인한다.

29-31장에서 욥의 발언을 이해하는 데 도움이 되는 한 가지 전략은 이 마지막 발언을 욥기의 첫 장들에서 욥에 관해 **외부 인물에 의해** 묘사된 내용에 대한 욥의 **내적** 성찰로 여기는 것이다. 따라서 29장의 첫 발언은 1:1-5에 묘사된 욥의 축복에 대한 서언적 설명에 해당하고, 30장의 두 번째 발언은 1:13-19과 2:7-9에 묘사된 욥의 재앙에 대한 진술이며, 31장의 세 번째 발언은 1:20-22과 2:10에서 욥이 보여준 반응에 대한 내레이터의 긍정적인 언급과 연결된다.[54]

하지만 욥의 발언들은 각각의 주제에 대해 프롤로그에서 묘사한 내

---

54 나는 수년 전에 이런 흥미로운 제안을 어느 책에서 읽은 적이 있는데, 누구의 책이었는지 기억해 낼 수 없어서 익명의 저자에게 감사를 표할 수밖에 없다.

용을 눈에 띄게 확장한다. 자신의 과거를 그리워하면서 회고하는 첫 번째 발언(29장)에서 욥은 자신이 이전에 받았던 복을 상당히 자세하게 설명하는데, 특히 그가 가난한 자들에게 베풀었던 의로운 행동으로 말미암아 존경받았다는 사실을 언급한다. 욥은 그 시절을 돌아보며 "그때에는 하나님이 내 장막에 기름을 발라 주셨도다. 그때에는 전능자가 아직도 나와 함께 계셨으며 나의 젊은이들이 나를 둘러 있었"다고 덧붙인다(29:4b-5).

30장에서 자신의 환난에 대한 욥의 묘사는 그가 재산과 자녀와 건강을 잃었다는 사실보다는 이러한 손실로 말미암아 그가 조롱과 박해를 받았다는 사실에 비중을 두고 있다. 처음에 그는 이 모든 사태의 원인을 삼인칭으로 묘사된 하나님께 돌리고 있다. "하나님이 나를 진흙 가운데 던지셨고 나를 티끌과 재 같게 하셨구나"(30:19). 그런 다음 욥은 하나님을 직접 부르면서, 하나님이 자신의 간청을 무시하시고 고통을 가져다 주셨다고 비난한다.

> 내가 주께 부르짖으나 주께서 대답하지 아니하시오며,
> 내가 섰사오나 주께서 나를 돌아보지 아니하시나이다.
> 주께서 돌이켜 내게 잔혹하게 하시고,
> 힘 있는 손으로 나를 대적하시나이다(30:20-21).

세 번째 발언(31장)에서 욥은 자신이 멀리했던 비윤리적인 행동들의 긴 목록을 제시하면서 자신의 결백을 확언한다. 이러한 확언들은 "만일 ~ 하였더라면, ~하기를 바라노라"라는 반복되는 문구를 틀로 삼아 나열되

고 있다. 만일 그가 이처럼 비윤리적인 행동을 하나라도 범했다면, 그에 상응하는 결과를 기꺼이 받아들일 준비가 되어 있다는 말이다.

    욥기 29-31에 실린 욥의 발언들과 이전에 친구들과 나눈 대화에서 우리가 관심을 가져야 할 중요한 요소는 욥이 말하지 **않은** 것들이다. 욥은 어떤 경우에도 자신을 구박한 사람들에게 복수하려는 마음을 품지 않았다.[55] 욥은 어떤 경우에도 물질적으로 풍요로웠던 과거로 돌아가기를 구하지 않았다. 오히려 그의 불평들 사이에서 감지되는 그의 근원적인 소망은 하나님께 의로움을 인정받는 것이었다. 이를 위해 그는 하나님께서 그의 사건을 듣고 응답해 주시기를 고대한다. (23:1-7에서 이런 소망을 가장 강력하게 진술한다.)

    그런데 욥은 종종 이런 "소망"과 그 소망이 실현될 수 없으리라는 "절망" 사이에서 방황한다. 하나님께서 기도에 응답하시기를 그가 소망했다는 사실이 그가 심판주 하나님을 신뢰했음을 증언해 주기는 하지만, 그는 하나님이 때때로 부재하신 것처럼 여겨진다는 점과, 초월적인 하나님과 비교할 때 그저 하찮은 인간에 불과한 그를 하나님이 과연 진지하게 대해 주실 것인가 하는 의문에 빠져들게 된다는 점을 인정할 수밖에 없다. (이 점에서 욥은 사람의 위상을 낮게 여겼던 친구들의 평가를 수용한 것으로 보인다.) 어느 순간 욥은 하나님이 자신에게 응답해 주시지 않을 것

---

[55] Amy Erickson은 욥 19장과 애 3장의 상호 관계를 신중하게 살펴본 후에, 욥기와 예레미야애가의 발언자 모두 비슷한 이미지를 사용하여 자신의 곤경(그들의 영광이 사라지고 앞길이 막혀버린 일을 포함하여)을 묘사하고 자신들에 대한 하나님의 공격에 대해 도전한다는 공통점을 보이지만, 욥은 애 3:64-66에서 발견되는 원수에 대한 복수의 요청을 애써 피하고 있다고 밝힌다. Erickson, "Resistance and Surrender: The Self in Job 19," *JBHT* 1, no. 2 (2011): 1-32.

이라는 절망 가운데서 "그가 내 앞으로 지나시나 내가 보지 못하며, 그가 내 앞에서 움직이시나 내가 깨닫지 못하느니라"라고 탄식한다(9:11). 여기에는 시내산/호렙산에서 모세가 경험했고 엘리야가 제안받았던 하나님과의 만남을 묘사하는 장면(출 33:19; 왕상 19:11)에 사용되었던 "아바르"(*ābar*)라는 동사가 동일하게 사용되는데, 이는 욥도 그들과 같은 종류의 만남을 소망했음을 시사한다. 그러면서도 그는 과연 그런 만남이 성사될지 확신하지 못한다.

하지만 욥은 하나님께 응답받고자 하는 열망을 절대 포기하지 않는다. 마지막 발언이 거의 끝나갈 무렵, 욥은 자신의 결백에 대한 확신을 표현하다가 잠시 말을 멈추고서, 하나님께 의로움을 인정받고자 하는 그의 소망을 열정적으로 표현한다.

> 누구든지 나의 변명을 들어다오!
> 나의 서명이 여기 있으니, 전능자가 내게 대답하시기를 바라노라!
> 나를 고발하는 자가 있다면, 그에게 고소장을 쓰게 하라.
> 내가 그것을 어깨에 메기도 하고,
> 왕관처럼 머리에 쓰기도 하리라.
> 내 걸음의 수효를 그에게 알리고
> 왕족처럼 그를 가까이하였으리라(31:35-37).

그렇다면 욥이 심판주 하나님을 만나고자 하는 강한 열망을 품고 있었다는 사실이 자신의 고통에 하나님이 관여하셨다고 비난하는 그의 거친 말에 대한 우리의 평가에 영향을 끼치는가?

욥기 29-31장의 발언에 욥의 이전 발언과는 근본적으로 다른 새로운 요소가 담겨 있는지는 분명하지 않다. 여기서 고통에 직면했을 때 해야 할 올바른 말이 무엇인지에 관해 새로운 선택지를 제공하는 것으로 보이지는 않는다. 이 단락에서 욥은 자신이 당한 재난에 대해 불평을 이어가며 때로는 하나님께 직접적으로 질문하기도 하고(선택지 7), 때로는 자신에게 말하기도 한다(선택지 5).

　욥의 질문에 대해 답변이 아직 주어지지 않았고, 그의 마지막 발언은 "욥의 말이 그치니라"(31:40)라는 말로 끝이 난다.

　마침내 우리는 앞서 던졌던 질문, 즉 "하나님께서 욥의 불평에 답하실 것인가?"라는 질문에 대한 답을 들을 시점에 도달했다.

엘리후는 도대체 누구이며, 그가 원하는 것은 무엇인가?

하나님의 응답을 고대하는 욥의 발언은 엘리후라 불리는 또 다른 화자에 의해 중단된다. 욥의 세 친구는 "욥이 자신을 의인으로" 여긴다는 이유로 대답을 멈추었던 반면(32:1), 엘리후는 같은 이유로, 다시 말해 "욥이 하나님보다 자기가 의롭다고 여겼기[ṣadiq의 동사형] 때문에" 욥에게 화를 내면서 말을 이어갔다(32:2). 엘리후는 욥의 친구들에게도 화가 났는데, 그 이유는 "그들이 능히 대답하지 못하면서도 욥을 정죄"했기 때문이었다(32:3).

　엘리후는 자신이 욥과 친구들에 비해 어리다는 점을 인정하고서 그들이 말을 마칠 때까지 기다림으로써 존경심을 표하는데, 이는 내레이터(32:4)와 엘리후 자신(32:6-7, 11-12, 16)이 모두 언급하는 내용이다. 하지만 그는 자신이 "연륜" 때문이 아니라 "전능자의 숨결"이 주시는 깨달음으로 말미암아(32:8-10)[56] 이 문제에 대해 새로운 관점을 지니게 되었음을 시사한다. "몬티 파이선"의 인상적인 표현대로 그는 "이제 완전히 다른 무언가"를 말할 것이다.[57]

엘리후는 욥의 불평에 대해 결정적인 답변을 제공할 수 있을 것인가? 그의 담화는 극심한 고통에 식면했을 때 될 수 있는 지혜로운 말이 무엇인지 해답을 제시할 수 있을 것인가?

우리는 엘리후의 발언을 소개하는 도입부(32:1-5)와, 이어지는 네 개의 발언(33-37장)으로 이어지는 짧지 않은 서론(32:6-22)을 통해 기대감을 가지게 된다. 자기소개 단락에서 엘리후는 자신이 뭔가 중요한 말을 하기 위해 기다려 왔다고 말하는 데 장장 열일곱 절을 할애한다. 패트릭 셰컨이 역설적으로 표현했던 것처럼, 이 단락에서 "화자는 같은 말을 수없이 반복하는 것처럼 보이는데도 정작 거의 아무것도 말하지 않는다."[58]

서론적 언급(32:6-22)에 이어 엘리후는 먼저 욥에게(33장), 이어서 친구들에게(34장), 그리고 다시 욥에게(35장) 말한 후에 마지막 장문의

---

56   그가 개인적으로 직접 하나님의 지혜에 가까이 다가갔다는 주장은 "엘리후"라는 그의 이름을 통해 더욱 강조되는데, 그 이름은 "그는 나의 하나님이다"라는 뜻을 지니고 있다.
57   이것은 John Cleese가 〈몬티 파이선의 비행 서커스〉라는 TV 프로그램의 여러 에피소드에서 사용했던 캐치프레이즈다. 이 시리즈는 1969년 10월 5일부터 1974년 12월 5일까지 영국 TV에서 네 시즌(45화)에 걸쳐 방영되었다.
58   Patrick W. Shekan, *Studies in Israelite Poetry and Wisdom*, CBQMS 1 (Washington, DC: Catholic Biblical Association of America, 1971), 85. Shekan은 엘리후가 약간은 희화적인 등장인물로 의도되었을 수 있다고 제안한다.

발언(36-37장)으로 마무리하는데, 이것은 욥에게 하는 말로 보인다. 마지막 발언의 도입부를 보면 이 단락은 일종의 부록(add-on)으로 이해될 수 있을 것이다. "엘리후가 말을 이어 이르되, 나를 잠깐 용납하라. 내가 그대에게 보이리니 이는 내가 하나님을 위하여 아직도 할 말이 있음이라"(36:1-2).

엘리후의 발언에서 골자는 무엇인가? 그가 말해야만 했던 중요한 일은 무엇이었을까?

무엇보다도 엘리후는 욥과 친구들을 향해 대놓고 욥이 하나님에 대해 하는 말이 잘못되었다고 끊임없이 지적하는데(32:8-13; 34:5-9, 35-37; 35:16), 어느 순간에는 욥을 향해 입을 다물고 자신의 지혜에 귀를 기울이라고 도발한다(33:31-33). 하지만 이것이 생소한 일은 아니었는데, 이전 대화에서도 욥의 친구들이 욥의 발언을 꾸준히 비판해 왔기 때문이다.[59] 한편으로 엘리후는 하나님이 인생을 초월해 하늘 높은 곳에 거하시는 분이시므로 인간이 행하는 선이나 악이 그분에게는 하찮은 일일 뿐이라고 주장한다(35:5-8). 그런데 이것 역시 욥의 친구들이 했던 말과 별반 다르지 않다.

아마도 엘리후는 인생의 고난을 하나님께서 (욥과 같이) 교만한 사람들을 징계하시고 교정하시기 위해 사용하시는 방편으로 해석함으로써 고통의 원인에 대해 욥의 친구들보다 더 나은 대답을 제공하려고 시도했던 것으로 보인다(33:16-19). 하지만 이것도 친구들이 이미 자신들

---

[59] 엘리후의 비판이 친구들의 비판과 다른 점이 있다면, 그는 욥을 논박하기 위해 욥이 이전 발언에서 했던 말들을 있는 그대로 인용한다는 것이다.

의 발언에서 (간헐적으로) 제기했던 관점이었다. 또한 엘리후는 고통을 하나님의 징계라는 관점에서만 바라보지 않고 더 나아가 죄에 대한 형벌로 이해한다(34:10-27). 묘하게도 엘리후는 이 마지막 요점을 욥의 친구들에게 제시하면서(34:10) 이것이 마치 그들이 배워야만 하는 내용인 것처럼 말한다. 하지만 이것도 욥의 친구들이 강조했던 요점 가운데 하나였다.

따라서 새로운 관섬을 제시하겠다던 엘리후의 주장은 상당히 실망스러울 수밖에 없다. 장황한 담론에도 불구하고 그가 말하는 내용 가운데 근본적으로 새로운 요소는 없다. 다만 그가 당대의 화석화된 지혜와 대조되는 하나님의 계시 능력에 주목했던 것은 확실히 새로운 강조점이라고 할 수 있을 것이다(32:8-10; 33:4, 14-15). 하지만 욥이 당하는 고난에 대해서는 새로운 설명을 제공하지 못한다. 그리고 엘리후도 욥의 친구들과 마찬가지로 욥이 자신의 고난에 대해 불평했던 것이 부적절한 일이었다고 생각한다.

따라서 엘리후의 발언이 욥기에서 중요한 위치를 차지할 뿐만 아니라 욥기의 핵심이라고 생각하는 몇몇 주석가들과는 달리, 나는 그의 발언이 우리가 이미 들어왔던 주제들을 변형한 것에 지나지 않는다고 주장한다. 욥의 친구들이 이미 제시한 관점에 새로 덧붙여진 것은 없다.[60]

---

60 엘리후의 발언이 욥기의 의미에 결정적인 역할을 한다고 보는 학자로는 다음을 보라. E. W. Hengstenberg, "Interpreting the Book of Job," in *Classical Evangelical Essays in Old Testament Interpretation,* ed. Walter C. Kaiser Jr. (Grand Rapids: Baker, 1972; repr. Eugene, OR: Wipf & Stock, 2008), 104-12. Hengstenberg는 엘리후가 "하나님의 종", "하나님의 대변인", "하나님 편에서 말하는 자"로서 "하나님께서 그에게 주신 것만을 말하는" 자라고 여겼으며(104, 109, 112), 그의 두드러진 역할은 욥이 자신의 의로움에 대

따라서 엘리후는 단순히 여섯 번째 선택지("하나님을 옹호하면서 고난의 이유를 설명하기")를 대변하는 새로운 인물로 이해하는 것이 최선이다.[61]

나는 엘리후의 발언이 욥기에 나중에 추가되었다는 학계의 지배적인 견해에 동의하는 편인데, 왜냐하면 욥기 전체에서 엘리후의 발언이 포함된 장을 제외한 다른 어떤 곳에서도 엘리후가 언급되지 않기 때문이다. 하지만 나는 욥기가 어떤 과정을 거쳐 구성되었는가 하는 문제보다는 현재 형태의 욥기에서 엘리후의 발언에 주어진 **기능**에 더 관심이 있다. 엘리후의 발언은 왜 그 자리에 놓였을까?

한 가지 그럴듯한 제안은 엘리후의 마지막 발언의 결론 단락(36:24-37:24)이 38장에서 시작되는 야웨의 담화에 대한 전주곡 역할을 할 수 있다는 것이다. 사실 엘리후는 그의 결론적 발언에서 야웨의 첫 번째 담화(특히 38:19-38)에 담긴 기상학 관련 주제 가운데 일부를 언급한다.[62]

해 느끼는 자부심 때문에 하나님께서 그를 징계하신다는 사실을 알려주는 일이었다고 주장한다(107).

[61] William Brown은 욥기에 대한 엘리후의 공헌을 평가절하하는 사람들에 반대하면서, 엘리후에 관한 몇몇 주석서의 묘사는 "등장인물 죽이기의 경계를 오간다"라고 비판한다. 그는 엘리후가 욥의 친구들과 크게 다른 인물로 묘사되고 그들의 지혜 전통을 대놓고 비판한다는 점에서 친구들에 대한 "반면교사" 혹은 "문학적 귀감" 역할을 한다고 제안한다(Brown, *Wisdom's Wonder*, 104-5). 나는 엘리후가 친구들과는 다른 사람으로 묘사되었다는 주장에 동의하지만, 그럼에도 그가 욥의 고난이나 불평에 대해 아무런 새로운 관점을 제시하지 못한다는 점은 역설적이라고 생각한다.

[62] William Brown도 이 점을 지적하는 많은 학자 가운데 하나다. Brown은 "엘리후가 제안하는 말 가운데 상당 부분이 뒤에 나오는 야웨의 담화와 일치"한다는 점에서 엘리후의 결론적 발언은 욥 38-41장에 등장하는 "신현 장면에 대한 적절한 서언" 역할을 한다고 주장한다(Brown, *Wisdom's Wonder*, 105). 마찬가지로 Robert V. McCabe도 창조에 나타난 하나님의 위대하심과 능력에 대한 엘리후의 결론적 찬양으로 말미암아 독자들은 야웨의 담화를 받아들일 대비를 하게 된다고 생각한다. McCabe, "Elihu's Contribution to the Thought of the Book of Job," *DBSJ* 2 (1997): 47-80.

그러나 하나님께서 인간에게 비를 내리시는 이유는 하나님께서 그들을 돌보신다는 사실을 그들이 깨닫게 하시기 위함이라는 엘리후의 주장(36:27-28, 31; 37:6-7)과는 달리, 야웨는 후에 그의 담화에서 욥에게 그가 사람이 살지 않는 황폐한 땅에 비를 내리신다고 말씀하시며(38:26-27), 사람들이 알지 못하고 관심을 가지지도 않는 들짐승 떼―하나님께서는 이런 동물들에게 호감을 가지신 것처럼 보인다―를 욥 앞으로 지나가게 하신다(38:39-39:30).

따라서 엘리후의 발언이 다루는 주제들이 뒤에 이어질 야웨의 담화를 위한 마중물이 될 수는 있겠지만 하나님께서 하실 말씀과 내용상으로 일치하지는 않는다. 게다가 엘리후의 발언에 할애된 엄청난 분량과 새로움의 탈을 쓰고 이전의 주제들을 되풀이하는 전개 방식은 아마도 욥의 고난에 대해 (아무런 해결책도 제시하지 않고) 끝없이 토론을 연장함으로써 독자들을 좌절시키려는 의도로 고안된 것일지도 모른다. 이렇게 그의 발언들은 책의 시작부터 전개되어 온 긴장감을 고조시킴으로써 과연 누가 하나님에 대해 올바르게 말하고 있는지 성찰해 보라고 우리를 압박한다.[63]

---

[63] McCabe는 엘리후가 주제상으로 하나님의 발언을 위한 길을 예비할 뿐만 아니라 욥의 논쟁을 (때로는 문자적으로) 인용하고 친구들과 상당히 비슷한 방식으로 그것을 비난한다는 점에서 책의 흐름에서 중요한 역할을 한다고 주장한다. 엘리후의 발언들은 욥과 친구들 간의 대화 내용을 재현함으로써 대화 단락에서 다음 내용으로 자연스럽게 전환시켜 준다. 하지만 이런 전환이 왜 필요한지 나는 의아할 뿐이다. 엘리후가 이전 논쟁을 되풀이하는 방식은 연설의 기법으로서 자주 인용되는 다음과 같은 말을 상기시킨다. "네가 무엇을 말할 것인지 미리 말하고, 네가 하려는 말을 본격적으로 한 다음, 네가 무엇을 말했는지 다시 말하라." 요점을 너무 여러 번 강조하는 일은 이해에 도움을 주기보다는 청중에게 두통을 선사할 뿐이다. 이것이 바로 엘리후의 발언이 지닌 목적일 수 있다. 엘리후의 반복적인 발언에 담긴 의도는 독자를 답답하게 만듦으로써 해결에 대한 열망을 고

이제 우리는 폭풍우 속에서 야웨가 주시는 답변을 들을 준비가 어느 때보다도 잘 되어 있다. 하나님은 과연 욥에게 뭐라고 말씀하실까? 욥은 하나님께 답을 달라고 요구했는데, 과연 하나님께서는 욥의 거친 불평을 어떻게 평가하실 것인가?

조시키려는 것일 수 있다. 연설에서의 반복법 사용에 관한 유명한 격언의 출처로는 다음을 참조하라. "Tell 'Em What You're Going to Tell 'Em," Quote Investigator, August 15, 2017, https://quoteinvestigator.com/2017/08/15/tell-em

제4장

—

하나님은 욥을 매장하려고 오셨는가, 아니면 칭찬하려고 오셨는가?

이제 우리는 야웨께서 폭풍우 가운데서 매우 구체적인 질문과 함께 욥에게 응답하시는 장면에 도달했다. 과연 이 응답은 앞서 고난에 직면했을 때 하나님께 반응하는 방법으로 제시된 다양한 선택지 가운데 무엇을 선택할지 판단하는 데 도움이 되는가? 구체적으로 하나님께서는 고통에 대한 욥의 거친 불평을 승인하셨는가? 좀 더 일반적으로 표현하자면, 욥기에 묘사되는 것과 같은 자신의 상황을 두고 하나님을 향하여, 혹은 하나님에 관하여 항의하는 것이 지혜로운 발언 형식인가?[1]

앞 장에서 나는 욥기를 극심한 고통에 직면했을 때 적절한 발언이 무엇인가라는 질문을 탐구할 수 있는 지혜에 관한 논의로 충분히 이해될 수 있다고 제안했었다. 비극이 우리에게 닥쳤을 때, 세상이 정의롭지 않아 보일 때, 심지어 하나님조차도 하나님답지 않게 행동하시는 것처

---

[1] 이 장은 훨씬 간략한 형태로 2005년 11월 1일 캐나다 캘거리 대학교 인문학부가 후원한 피터 C. 크레이기 기념 강좌에서 발표되었다. 개정된 원고가 2016년 10월 7일 오스트레일리아 캔버라 세인트마크 국립 신학센터의 성경신학 세미나에서 발표되었고 다음과 같이 출간되었다. "Does God Come to Bury Job or to Praise Him? The Significance of YHWH's Second Speech from the Whirlwind," *St. Mark's Review*, no. 239 (March 2017): 1-27. 저작권자의 허락을 받아 게재한다.

럼 여겨질 때 우리는 어떻게 대응해야 할까? 욥기는 우리에게 숙고해볼 만한 다양한 선택지를 제공한다. 욥기는 고통에 직면했을 때 우리가 대응할 수 있는 최소 일곱 가지 가능성을 제시하는데, 그중 둘은 고통이 닥쳤을 때 하나님에 관하여(선택지 5), 혹은 직접적으로 하나님께(선택지 7) 항의하거나 불평하는 것이었다.

욥의 발언에 나타나는 극단적 특성

욥은 책의 대화 단락에서 두 가지 불평 모델(선택지 5와 7)을 제시한다. 불평하는 사람으로서 욥의 평판은 하도 유명해서, TV 드라마 〈리졸리와 아일스〉에서 제인 리졸리 형사(앤지 하먼 분)는 자신이 떠맡은 사건에 대해 자기가 얼마나 참을성이 없었는지 설명하면서 이렇게 소리 지른다. "욥은 나에 비하면 그저 성미가 까다로운 아이에 불과해요!"[2] 그녀의 빈정거리는 말이 드라마에서는 잘 먹혀들었는데, 그만큼 그것은 욥의 발언들이 얼마나 거칠었는지 잘 보여준다.

    욥의 친구들은 기나긴 여러 차례의 대화를 통해 욥에게 그가 왜 고통을 겪고 있는지, 왜 하나님의 공의에 대해 의심하면 안 되는지 설명하려고 노력한다. 그런데 이 말은 욥에게 죄가 있거나 아니면 적어도 그가 교만하게 행동했기 때문에 하나님의 징계에 복종해야 한다는 것을 암시

---

[2] *Rizzoli & Isles,* season 2, episode 5, "Don't Hate the Player," 2011년 8월에 TNT에서 방영, https://www.hulu.com/series/0ae1d076-5a13-477f-af52-b22e3cf518e4.

한다. 그러나 욥은 간편한 대답, 특히 피해자를 비난하는 대답이나 설명은 받아들이려 하지 않는다. 더불어 그는 마음을 가라앉히고 흥분하지 말라는, 특히 하나님께 화를 내지 말라는 친구들의 조언도 받아들이지 않는다. 실제로 그는 분명한 말로 하나님의 불의에 관한 그의 불만을 표현하면서, 하나님을 향하여 그가 왜 고통받는지 설명해 주시거나 아니면 친구들이 제기한 혐의에 대해 무죄를(다시 말해 자기가 한 일이 정당함에도 고통받고 있다는 것을) 입증해달라고 도전한다.

욥이 첫 번째 일련의 재앙을 겪었을 때는 하나님을 축복했고, 두 번째 재앙 이후에는 하나님께서 그에게 일으키신 모든 것을 수동적으로 묵인했지만(물론 명시적으로 하나님을 축복하지는 않았다), 욥기의 후반부에서는 자신이 태어난 날을 저주하는 것을 넘어서서 상당히 대담한 발언들을 내뱉는다.

우리는 19장에서 극단적인 예를 찾을 수 있는데, 욥은 친구들에게 하나님께서 자신에게 잘못하셨다고 말하고(19:6, "하나님이 나를 억울하게 하시고"), 큰 소리로 외쳐도 공의를 얻지 못한다고 말한다(19:7, "부르짖으나 응답이 없고 도움을 간구하였으나 정의가 없구나"). 그는 하나님이 자신의 희망을 뿌리 뽑으시고(19:10, "내 희망을 나무 뽑듯 뽑으시고"), 자신을 적처럼 대하셨다고 주장한다(19:11, "나를…원수 같이 보시는구나"). 그런 다음 욥은 27:4-6에서 자신이 결백하며 자신의 결백에 대해 진실을 말하고 있다고 단호하게 맹세한다. 실제로 그는 다음과 같이 시작하는 특이한 말로 맹세한다. "나의 정당함을 물리치신 하나님, 나의 영혼을 괴롭게 하신 전능자의 사심을 두고 맹세하노니"(27:2).

욥은 하나님의 긍정적인 속성에 기대어 맹세하는 대신, 하나님께서 자신을 부당하게 대하셨던 경험에 기대어 자신의 결백을 주장한다. 하나님의 본성과 성품에 대한 욥의 근본적인 판단은 하나님이 **틀리셨고**, 하나님이 **불의하시다**는 것이다.

그것은 확실히 극단적인 상황에서 나온 발언이며 평범하게 받아들이기 어렵다.

욥기의 매력과 문제점

그런데도 욥의 발언과 그의 관점은 많은 현대 독자에게 매력적으로 다가온다. 우리는 가정 폭력, 조직적인 인종 차별, 갱단 전쟁, 억압적인 정치체제, 악성 질병과 독성 폐기물, 테러, 고문, 인신매매, 예측할 수 없는 쓰나미, 지진, 생명을 파괴하는 허리케인 등 엄청난 고통이 실재하는 세계에 살고 있다. 설령 우리가 이런 극심한 고통을 직접 경험하지 않는다고 하더라도 미디어는 전 세계에서 일어나는 끔찍한 사건들을 끊임없이 쏟아낸다.

그리고 우리 중 많은 사람이 다양한 형태로 고통을 직접 경험한 적이 있다. 그래서 우리는 간편한 설명, 특히 피해자를 비난하는 설명을 참아주기가 힘들다. 우리는 욥의 솔직함에 매력을 느끼며(당돌하기는 하지만), 심지어 (7장에서부터는) 하나님을 향해서도 속마음을 담대하게 말하는 그의 모습에 흥미를 느낀다.

그러나 욥기는 심각한 문제점들과 골칫거리들을 담고 있다.

많은 독자가 느끼는 첫 번째 문제는 프롤로그에서 하나님이 고발자와 내기를 벌이시면서 욥이 과연 고난에도 불구하고 신실함을 지킬지 시험하신다는 사실이다. 하나님은 진정 그의 백성(특히 신실한 종들)을 아무렇게나 대하시면서 자신의 주장을 증명하기 위해 그들을 심각한 고통에 빠뜨리시는 것일까?

그러나 욥기의 프롤로그가 신학을 가르치려는 의도를 담고 있는지는 분명하지 않다. 만일 우리가 욥기를 (내가 지난 장에서 제안했듯이) 명백한 악에 직면하여 하나님께 올바르게 말하는 방식에 대한 성찰을 자극하기 위해 구성된 가상의 시나리오를 제공하는 지혜문학으로 간주한다면, 우리는 프롤로그에 등장하는 고발자가 이야기의 진행을 위해 고안된 허구적 인물이라고 이해할 수 있을 것이다. 고발자가 프롤로그 이후로 사라진다는 사실과 욥의 재난을 과장되게(거의 극적으로) 묘사한다는 사실은 우리로 하여금 처음 두 장의 시나리오가 하나님께 대하여 "올바르게 말하기"라는 문제를 제시하기 위한 상상의 설정이라고 생각하게 만든다. 욥기는 역사를 가르치거나(여기 기록된 사건들이 실제로 일어났는지) 혹은 신학을 가르칠(하나님이 실제로 어떤 분이신지) 의도로 기록되지 않았다는 것이다.

하지만 욥기에는 프롤로그에서 하나님을 묘사하는 방식보다 더 심각한 문제점이 있다. 다름 아니라 욥의 불평에 대해 하나님께서 거칠게 반응하신다는 사실이다. 폭풍우 가운데서 말씀하시는 야웨는 욥의 대담한 발언을 꾸짖으시며 하나님께서 세상과 욥의 삶에 대해 정하신 방식에 대해 그가 감히 의문을 제기한다고 비난하시는 것처럼 보인다. 야웨의 폭풍우 담화를 처음 대하면 마치 하나님께서 욥의 입을 막고 그의 솔직함과 대담함에 대해 자격지심을 느끼게 만드시려는 것처럼 느껴진다.

이는 고통에 대해 하나님께 저항하는 것이 부적절한 언행이라는 의미일 수도 있다.

하나님께서 욥에게 하신 말씀이 욥을 낮추시려는 의도에서 나온 질책 혹은 극단적인 비난이라는 해석은 오랜 역사를 지니고 있으며, 이것은 욥의 거친 발언을 하나님이 책망하셔야 하는 흉하고 오만한 발언으로 여기는 전통적인 신앙과도 조화를 이룬다. 내가 목격한 바에 따르면, 교회에 속한 많은 사람이 처음에는 욥의 솔직함에 매력을 느끼다가도 결국은 성직자와 신도들 모두 하나님의 발언이 욥에 대한 가혹한 질책이라고(그리고 그것이 마땅하다고) 생각하는 것이 일반적이다. 하나님께서 욥에게 하시는 말씀이 질책이라는 것이 성경 해석의 역사와 현대의 독실한 신도들 사이에 만연한 지배적인 견해이며, 그들은 욥이 하나님께 불평한 것은 선을 넘은 일이었다고 생각한다.[3]

욥의 발언에 대해서만 비판하는 자들이 있는 것은 아니며, 현대 주석가들 사이에서는 하나님의 발언에 대해서도 비판의 목소리가 있다. 그들은 욥의 편에 서서 그의 솔직함을 칭찬하고 오히려 하나님의 대응이 괴롭힘이라고 비난한다. 예컨대 아치볼드 맥리쉬는 그의 연극 〈J.B.〉에서 고발자의 입을 통해 하나님의 발언을 비판한다. "뭐라고? 하나님은 그보다 많이 알고 계신다고? 하나님은 그보다 강력하시다고? 창조세계 전체를 그에게 집어던지시다니! 영광과 능력을 집어던지시다니!"[4]

---

[3] 이것은 예컨대 칼뱅 같은 종교개혁가에 의해 고전적으로 표명된 견해다. John Calvin, *Sermons from Job*, trans. Leroy Nixon (Grand Rapids: Eerdmans, 1952), 220-23. 다음도 보라. Susan E. Schreiner, *Where Shall Wisdom Be Found? Calvin's Exegesis of Job from Medieval and Modern Perspectives* (Chicago: University of Chicago Press, 1994).

[4] Archibald MacLeish, *J.B.* (Boston: Houghton Mifflin, 1958), scene 10, lines 57-60.

욥을 괴롭히시는 하나님을 옹호하기

독실한 긍정론자들과 현대 비평가들 모두 욥에 대한 하나님의 응답이 지니는 핵심을 올바로 파악했다고 말할 수 있을까? 하나님께서는 그의 발언에서 실제로 욥을 공격하신 것일까? 욥기 텍스트에서 적어도 다섯 가지 지표가 하나님께서 참으로 욥의 오만함에 대해 그를 질책하신다는 점을 보여준다. 천상의 가해자(heavenly bully)이신 하나님을 옹호하는 주장의 힘을 온전히 느껴 보자.

첫 번째 담화에 인간에 대한 언급이 없음

무엇보다도 주석가들이 자주 지적하는 것처럼, 하나님의 첫 번째 담화(38-39장)에서 다루는 놀라운 생물들의 목록에는 인간에 대한 명시적인 언급이 없다.[5] 물론 기본적으로 야웨는 우주론(천체와 기상 연구)에서 동물학(다양한 동물들의 생태적 습성을 욥에게 가르침)에 이르기까지 폭풍우 가운데서 창조세계 전체를 돌아보는 여행에 욥을 대동하시지만, 특이하게도 그 목록에 인간은 언급되지 않는다.

하나님의 첫 번째 담화에 창조 질서 내에서 인간이 맡은 역할에 대한 언급이 없다는 사실은 종종 하나님께서 욥의 인간 중심적 사고방식을 거부하시고 인간을 중심의 자리에서 내려놓으신 증거로 여겨진다. 인간은 하나님의 관점에서 사소한 존재일 뿐인데, 욥은 우주 만물의 질

---

5 하나님의 첫 번째 담화에 인간이 등장하지 않는 현상에 대해 다음을 보라. Kathryn Shifferdecker, *Out of the Whirlwind: Creation Theology in the Book of Job*, HTS 61 (Cambridge, MA: Harvard University Press, 2008), 66, 82-83.

서 속에서 자신의 중요성을 과대평가함으로써 하나님에 대해 집요하게 오만한 질문들을 던졌다는 것이다.[6]

두 담화에 나타난 하나님의 능력

하나님의 담화들이 의도했던 바가 욥을 제자리에 돌려놓는 일이었다는 점을 보여주는 두 번째 지표는, 두 발언이 하나님께서 창조 때 드러내신 원초적인 능력을 압도적으로 과시하고 있다는 사실이다. 첫 번째 담화에서 하나님이 욥에게 던지시는 질문 공세("그가 누구냐?", "너는 거기 있었느냐?", "너는 아느냐?")와 하나님께서 한눈에 보여주시는 피조물들의 생생한 광경은 욥을 낮추심으로써 그를 제자리에 돌려놓기 위한 수사학적 "충격과 공포" 요법인 것처럼 보인다.[7] 특히 두 번째 담화에 고대 근동 신화에 등장하는 혼돈의 괴물인 베헤못(Behemoth)과 리워야단(Leviathan)이 포함된 것은 하나님의 능력이 얼마나 광대한지를 암시한다. 노먼 하벨의 말마따나 "하나님이 사나운 리워야단의 공포를 제압하실 수 있다

---

[6] 하나님의 첫 번째 담화를 인간 중심주의에 대한 비판으로 보는 견해로는 다음을 보라. James Crenshaw, "When Form and Content Clash: The Theology of Job 38:1-40:5," in *Creation in the Biblical Traditions*, ed. Richard J. Clifford and John J. Collins, CBQMS 24 (Washington, DC: Catholic Biblical Association of America, 1992), 80.

[7] "충격과 공포"(Shock and awe)는 1996년 Harlan K. Ullman과 James P. Wade가 개발하여 2003년 미국의 이라크 침공에 사용된 미군의 "신속 지배"(Rapid Dominance) 원칙에 사용된 관용구다. "신속 지배의 핵심 목표는 적에게 압도적인 수준의 **충격과 공포**를 즉각적으로 또는 충분히 시간을 두고 가함으로써 적의 교전 의지를 마비시키는 것이다. 요약하자면 신속 지배는 환경을 장악하고 사태에 대한 적의 지각과 이해를 마비시키거나 과부하를 일으키게 하여 전술적, 전략적 수준에서 저항할 수 없게 만드는 것이다." Ullman and Wade, *Shock and Awe: Achieving Rapid Dominance* (Washington, DC: National Defense University, 1996), xxv.

면 욥을 굴복시키는 일은 식은 죽 먹기였을 것이다."⁸

고대 메소포타미아의 신 니누르타가 설화적 인물인 안주(사자와 새의 혼합종)를 굴복시킨 이야기가 되었든 혹은 후기 바빌로니아의 신 마르두크가 바다의 괴물 티아마트를 굴복시킨 이야기가 되었든, 이처럼 잘 알려진 고대의 정복 신화는 혼돈의 세력에 대한 창조주의 능력을 칭송한다. 하나님이 혼돈의 우주적 권세도 굴복시키셨다면 어찌 감히 욥이 하나님과 맞먹을 수 있겠는가?

두 번째 담화에서 욥에게 우주에 대하여 권능을 행사해 보라고 도전하시는 하나님

이처럼 하나님께서 압도적인 능력을 과시하시는 이유가 욥을 낮추셔서 제자리로 돌려보내기 위함이었음을 보여주는 세 번째 지표는, 하나님께서 두 번째 담화의 첫머리에서 욥에게 창조주로서 권능을 행사해 보고 또 가능하다면 우주를 다스려 보라고 명시적으로 요구하셨다는 점이다. 물론 여기에는 혼돈의 짐승 리워야단을 다루는 일도 포함되어야 하는데, 그것은 불가능한 임무였다.

> 네 손을 그것[리워야단]에게 얹어 보라.
> 다시는 싸울 생각을 못하리라!
> 참으로 잡으려는 그의 희망은 헛된 것이니라.

---

8   Norman C. Habel, *The Book of Job: A Commentary*, OTL (Philadelphia: Westminster, 1985), 572. John Day도 비슷한 점을 지적한다. Day, *God's Conflict with the Dragon and the Sea: Echoes of a Canaanite Myth in the Old Testament*, UCOP 35 (Cambridge: Cambridge University Press, 1985), 83.

그것의 모습을 보기만 해도 그는 기가 꺾이리라(41:8-9[40:32-41:1 MT]).[9]

40:9-14에서 욥에게 던져진 도전은 하나님의 우주 통치에 의문을 품은 욥의 대담함에 대해 충분히 이해할 만한 하나님의 응답으로 해석된다. 실제로 하나님의 첫 번째 담화의 도입부에 따르면, 창조주께서는 욥이 무지한 말로 "생각"(ʿēṣā) 우주 만물에 대한 하나님의 "계획" 혹은 "설계"—을 어둡게 만든 데 대해 화나신 것처럼 보인다(38:2). 하나님의 계획이나 설계를 어둡게 만들었다는 표현은 욥이 첫 번째 발언에서 창조를 전복하고 빛을 어둠으로 되돌리고 싶다는 열망을 토로했던 사실을 떠올리게 한다(3:4-6, 9).

두 번째 연설의 도입부에 따르면, 하나님께서는 욥이 하나님의 공의(mišpāṭ)에 대해 불신을 조장하려고 시도했으며 자신을 정당화하면서 창조주를 정죄했다고 분명하게 말씀하신다(40:8). 욥이 자기를 정당화하면서 하나님의 "미쉬파트"에 도전했던 많은 구절 중에서 특히 19:7("부르짖으나 응답이 없고 도움을 간구하였으나 정의[mišpāṭ]가 없구나")이나 27:2("나의 정당함[mišpāṭ]을 물리치신 하나님…의 사심을 두고 맹세하노니")을 떠올릴 수 있다.

결국 하나님은 40:9-14에서 도전장을 내미신다. 욥은 좀 더 참거나 입을 다무는 것이 나았을 것이다.

---

[9] 41:9[41:1 MT]의 히브리어 텍스트는 다음과 같이 번역할 수 있다. "보라, 그의 희망은 속임수다. 그것을 보자마자 그는[그것은] 내던져지지 않겠는가?"

네가 하나님처럼 능력이 있느냐?

하나님처럼 천둥소리를 내겠느냐?

너는 위엄과 존귀로 단장하며,

영광과 영화를 입을지니라.

너의 넘치는 노를 비우고,

교만한 자를 발견하여 모두 낮추되,

모든 교만한 자를 발견하여 낮아지게 하며,

악인을 그들의 처소에서 짓밟을지니라.

그들을 함께 진토에 묻고,

그들의 얼굴을 싸서 은밀한 곳에 둘지니라.

그리하면 네 오른손이 너를 구원할 수 있다고

내가 인정하리라(40:9-14).

이것은 물론 욥이 그런 일을 할 수 없다는 뜻이다. 그리고 욥은 이런 사실을 깨닫게 되면서 태도를 바꾸어 창조세계의 진정한 통치자에게 복종하는 바람직한 모습을 보이게 될 것이다.

두 번째 담화에 등장하는 짐승과 욥의 비교

하나님께서 욥을 낮추고자 하신다는 점을 보여주는 네 번째 지표는 욥과 두 짐승 간의 흥미로우면서도 암시적인 비유에서 찾을 수 있다. 하나님께서 이 괴물들에게 호소하시는 한 가지 가능한 이유는 욥이 결정적인 측면에서 그들과 비슷하기 때문이다. 욥은 (자신이 했던 발언을 통해) 여기 등장하는 짐승들, 특히 리워야단처럼 정복되어야만 하는 괴물과 같은 혼돈의 피조물이 되었다.¹⁰ 참으로 욥이 원초적 혼돈과 비교되고 있다면, 이것은 하나님의 관점에서 욥에게 하실 수 있는 가장 강력한 비난이 아닐까?¹¹

두 번째 담화 이후 욥의 "회개"

그러나 하나님의 담화가 욥을 질책하고 낮추시기 위한 것임을 보여주는 결정적 증거(다섯 번째 지표)는 하나님의 두 번째 담화 이후 욥이 보였던 반응이다. 현대의 거의 모든 번역 성경에서 욥은 하나님의 수사학적 "충격과 공포" 요법에 대해 다음과 같이 반응한다. "나는 나 자신을 경멸하고 티끌과 재 가운데서 회개합니다"(42:6 NRSV).

하지만…하나님의 발언에 대한 이런 해석에 의문을 제기하는 이유

하나님의 발언이 욥의 대담함을 책망하고 그를 제자리에 돌려놓기 위한 것이라는 전반적인 해석이 지니는 첫 번째 문제는 욥의 "회개" 바로 뒤에 이어지는 두 구절이 욥의 발언에 대한 하나님의 명백한 승인을 담고 있다는 점이다. 하나님께서는 엘리바스와 그의 두 친구에게 42:7과

---

10 Habel은 "베헤못에 대한 통제가 욥에 대한 통제와 지배를 내포한다"고 주장한다. Habel, *Book of Job*, 566.
11 Kathryn Shifferdecker는 욥과 짐승들의 비교와 관련해 약간 다른 견해를 제시하면서 욥이 심각한 결핍 상태에 있다고(짐승들이 훨씬 더 강력하고 욥보다 중요하다) 제안한다. 이것은 하나님이 욥의 인간 중심주의를 혁파하신다는 개념을 다른 형태로 표현한 것이다. Shifferdecker, *Out of the Whirlwind*, 87-88, 92.

8b에서 욥에 대하여 두 번이나 이렇게 말씀하신다. "너희가 나를 가리켜 말한 것이 내 종 욥의 말 같이 옳지 못함이니라."

이 두 차례의 동일한 진술 사이에 하나님께서는 엘리바스와 두 친구의 말에 대해 "우매함"(nəbālâ)이라는 표현을 사용하신다(대다수의 번역본에서). 42:8a의 히브리어는 단지 하나님께서 그들을 우매함에 따라 다루지 않으실 것이라고 말할 뿐이다("우매함" 앞에 "너희의"라는 소유 형용사는 번역자들이 추가한 것이다). 그러나 하나님께서 그들에게 동일한 방식으로 응답하지 않으시겠다고 말씀하셨다는 의미라면, 전통적인 번역이 크게 잘못된 것은 아니다.[12]

프롤로그에서 욥이 하나님을 욕하고 죽으라는 아내의 권유를 가리켜 "어리석다"(2:10)라고 말했던 것을 고려할 때, 욥기에는 두 가지 상반된 형태의 "부적절한 발언"이 등장하는 것처럼 보인다. 하나는 하나님을 저주하는 것(선택지 3)이고, 다른 하나는 하나님을 옹호하면서 고통의 이유를 설명하는 것(선택지 6)이다. 그렇다면 이 두 가지 선택지와는 달리 욥의 발언에는 지혜가 담겨 있다는 뜻이다.

그렇다면 욥이 자기가 태어난 날을 터무니없이 저주하고, 친구들과 거친 말을 주고받으며, 하나님께 답변을 달라고 불경스럽고 집요하게 요구했던 모든 일들이 신실한 발언이자 지혜가 담긴 신학적 담화일 수도 있다는 의미일까?

에필로그에서 욥의 발언을 하나님께서 승인하신 일이 42:1-6에 나

---

12   CEB의 번역은 하나님께서 친구들을 바보로 만들지 않기로 약속하신다는 의미를 전달한다.

오는 욥의 마지막 회개와 복종의 말에만 해당한다고 생각할 수도 있다. 그러나 하나님께서 욥의 발언과 친구들의 발언을 대조하여 말씀하신다는 점을 고려할 때 그럴 가능성은 높지 않다. 하나님께서는 시문학적 대화 단락에 나오는 욥의 발언도 분명히 염두에 두셨을 것이다.[13]

그렇다면 이것은 욥의 불평이 적절한지 판단하는 문제와 관련하여 에필로그와 폭풍우 가운데서 들려온 하나님의 담화 사이에 합의가 이루어졌다는 뜻일까?[14] 비록 욥기 학계의 전통적인 흐름에서 벗어나기는 하지만, 나는 하나님의 담화들이 욥기의 에필로그에서 욥이 얻었던 명시적인 승인과 일치할 가능성을 탐구해 보고자 한다. 하나님께서 폭풍우 가운데서 욥에게 대답하신 것은 욥을 매장하시기 위함이 아니라 그를 칭찬하시기 위함이었던 것일까?[15]

이처럼 파격적인 가능성을 탐구하기 위해 나는 야웨가 폭풍우 가운데서 하신 두 번째 담화(40-41장)에 초점을 맞추어서, 하나님께서 원시 괴물인 베헤못(40:15-24)과 리워야단(41장[40:25-41:26 MT])을 소환하신 의도가 무엇인지 탐구할 것인데, 이 탐험이 이번 장 나머지의 대부분

---

[13] 욥이 42:1-6에서 하나님께 했던 발언이 어떤 의미인가 하는 문제도 있다. 욥이 전통적인 의미에서 굴복하고 회개한 것인지는 확실하지 않다. 이 문제는 뒤에서 다루겠다.

[14] Carol Newsom은 운문 대화와 산문 에필로그 사이에 근본적인 모순이 있다고 주장하는 많은 주석가들 가운데 하나다(Newsom, *The Book of Job: A Contest of Moral Imaginations* [New York: Oxford University Press, 2003], 234). 이런 모순을 가정함으로써 주석가들은 하나님께서 42:7-8에서 욥의 발언을 승인하신 사실을 경시하고 하나님의 담화를 욥에 대한 비판으로 해석할 수 있게 된다.

[15] 이것은 물론 마르쿠스 안토니우스의 희곡 대사를 변형한 것이다. "친구들이여, 로마인들이여, 동포들이여, 나에게 귀를 빌려주시오. 나는 카이사르를 묻으러 온 것이지 그를 찬양하러 온 것이 아니오." William Shakespeare, *Julius Caesar*, act 3, scene 2, MIT Shakespeare, http://shakespeare.mit.edu/julius_caesar/full.html.

을 차지할 것이다. 이와 관련된 부수적인 논의로, 다른 두 가지 질문에도 답할 것이다. "욥은 하나님의 두 번째 담화에 대한 답변으로서 **무엇에 대해 '회개'한 것일까?**" 그리고 "두 번째 담화는 왜 필요했을까?(첫 번째 담화로는 왜 충분하지 않았을까?)"

하나님께서 두 번째 담화에서 짐승들을 소환하신 이유는 무엇인가?

과연 하나님께서 원시 괴물들에게 부여하시는 지위는 어떤 것인가? 하나님께서는 어떤 이유에서 그들을 소개하시는 것일까? 그리고 두 번째 담화에서 베헤못과 리워야단을 언급하시면서 하나님께서 말씀하시고자 하는 요점(들)은 무엇인가?

혼돈의 화신인 야수

하나님께서 두 번째 담화에서 욥을 낮추시기 위해 자신의 힘을 과시하고 계신다는 전통적인 해석은 일반적으로 여기 등장하는 짐승들이 하나님께서 창조 시에 정복하시거나 굴복시키신 혼돈의 세력을 상징하는 것으로 가정한다.[16] 말하자면 고대 근동의 "전투 신화"(*Chaoskampf*, "혼돈과의 전쟁")라는 배경을 가정하여 하나님이 원시의 물(흔히 바다를 가리킴)과 여기 속한 다양한 괴물들(뱀이나 용)을 물리치셨다고 주장한다. 바빌로니아

---

16 John Day는 베헤못과 리워야단이 하나님께서 창조 시에 물리치셨던 "마귀적 피조물"을 대표한다는 주장을 뒷받침하기 위해 우가리트 배경의 전쟁 신화를 광범위하게 인용한다. Day, *God's Conflict with the Dragon and the Sea*, 83.

신화 「에누마 엘리시」에서 마르두크 신은 원시 바다 혹은 괴물 티아마트를 정복하고, 우가리트 신화에서는 바알이 바다/강과 일곱 머리를 가진 용 리탄을 정복한다. 하지만 하나님의 두 번째 담화에 등장하는 베헤못과 리위야단도 태고의 혼돈 세력들을 상징하는 것일까?

이 두 짐승의 배경에 고대 근동의 전쟁 신화가 자리하고 있다는 것이 전혀 잘못된 가정은 아니다. 이 두 가지 짐승에 관한 묘사가 실제로 존재하는 자연계의 생물 중에 관한 것일 가능성이 이예 없는 것은 아니지만(베헤못은 하마 혹은 물소를, 리위야단은 악어를 묘사), 이것이 특정 동물종에 관한 묘사라고 보기에는 신화적인 색채가 너무 강하다.[17]

베헤못은 (일반적으로 가축화된) 거대한 육상 동물을 가리키는 전형적인 히브리어 단어인 **베헤마**(bəhēmâ)의 장엄 복수형이다(단수형은 종종 집합 명사로 사용되며 "소 떼" 혹은 "가축"으로 번역된다).[18] 그러므로 여기서 복

---

[17] 베헤못을 하마와, 리위야단을 악어와 동일시하는 견해가 이제는 보편화되었는데, 그 출발점은 다음 자료다. Samuel Bochart, *Hierozoïcon, sive, bipartitum opus de animalibus Sacrae Scripturae*, 2 vols. (London: n.p., 1663). 이런 자료에 접근하도록 해준 John J. Bimson에게 감사한다. John J. Bimson, "Fierce Beasts and Free Processes: A Proposed Reading of God's Speeches in the Book of Job," in *Wisdom, Science and the Scriptures: Essays in Honour of Ernest Lucas*, ed. Stephen Finamore and John Weaver (Eugene, OR: Pickwick, 2014), 17.

[18] 장엄 복수형(종종 "강세 복수형"[a pluralis intensivus]이라고 불리기도 한다)이란 단수 형태가 사용되어야 할 자리에 위엄, 탁월함, 위대함을 나타내기 위해 복수 형태를 사용하는 것을 말한다. 히브리 성경에서 가장 보편적인 장엄 복수형은 "하나님"[단수]이라고 번역되는 명사 "엘로힘"[복수]이다. "아도나이"[ʾădōnāy]라는 단어도 형태상으로는 복수이지만 욥 28:28에서처럼 단수의 의미로 하나님을 가리킨다. "구원"이라는 단어도 ("나의 구원", 혹은 "나의 도움"이라는 표현에서처럼) 장엄 복수형으로 시 42:5[42:6 MT], 42:11[42:12 MT], 43:5에서 하나님을 가리키는 별칭으로 사용된다. "시어머니"를 뜻하는 히브리어 단어가 룻기에서 복수 형태로 열 번 등장하는데, 아마도 나오미의 위대함과 탁월함을 표현하기 위한 장엄 복수형일 것이다.

수형은 거대 동물, 혹은 탁월한 짐승을 가리키는 것으로 보인다. 그것들은 육상에서만 아니라 물속에서도 편안하게 지낼 수 있으며, 확실히 가축으로 길들지 않은 상태다. 욥기 40:19에서 베헤못을 가리켜 "하나님이 만드신 것 중에 으뜸이라"라고 묘사한 것을 보면(잠 8:22에서 지혜를 묘사한 방식과 거의 동일하게) 그것은 단순한 하마나 물소 이상의 존재를 의미할 것이다.

리워야단에 대해서는 욥기 41장에서 불을 뿜는 능력에 관해 생생하게 묘사하는 데다가(욥 41:18-21[41:10-13 MT]), "신들"("용사", 개역개정)조차 그의 능력 앞에서 떨었다는 언급이 있는데(41:25), 이는 분명 리워야단이 악어 이상의 존재임을 암시한다. 이 같은 묘사는 우가리트 신화에 나오는 혼돈의 괴물, 곧 일곱 머리를 가진 용(혹은 뱀) "리탄"을 연상시킨다(리탄은 "로탄"이나 "리타누"로 발음하기도 하는데, 이것은 히브리어 "리워야단"[레비아탄]의 우가리트어 동족어다).

바알 신화에서 여신 아나트는 자신이 바알의 적들을 물리쳤다고 주장하는데, 적들의 목록에는 일곱 머리를 가진 뒤틀린(혹은 구부러진) 뱀이 포함되어 있다.

> 바알을 대항하여 일어난 적은 누구인가?
> 구름을 타고 달리는 자를 대항하는 적은 누구인가?
> 내가 엘의 연인이었던 바다를 파괴하지 않았는가?
> 내가 강을 다스리는 신, 힘 있는 자를 끝내지 않았는가?
> 내가 용을 옭아매어서 그를 죽이지 않았는가?
> 내가 뒤틀린 뱀을 파괴하지 않았는가?

일곱 머리 가진 괴물을…[19]

다른 고대 문헌에서는 모트 신이 승리의 공을 바알에게 돌린다.

> 당신이 도망치는 뱀 리탄을 죽였을 때,
> 뒤틀린 뱀을 처치했을 때,
> 일곱 머리 가진 괴물을 [20]

여기 등장하는 도망치는 뱀, 뒤틀린 뱀은 성경에서 악의 세력에 대한 야웨의 종말론적 승리를 선포하는 텍스트에 등장한다. "그날에 여호와께서 그의 견고하고 크고 강한 칼로 날랜[도망치는] 뱀 리워야단 곧 꼬불꼬불한[뒤틀린] 뱀 리워야단을 벌하시며 바다에 있는 용을 죽이시리라"(사 27:1). 태고(창조 때)의 전투를 묘사하는 다른 텍스트에서는 리워야단의 머리들을 언급하는데, 머리의 개수는 명시하지 않는다.

> 주께서 주의 능력으로 바다를 나누시고,
> 물 가운데 용들의 머리를 깨뜨리셨으며,
> 리워야단의 머리를 부수시고,
> 그것을 사막에 사는 자에게 음식물로 주셨으며(시 74:13-14).

---

19 *Baal*, tablet 3, column 3, lines 38-42, in *Stories from Ancient Canaan*, ed. and trans. Michael D. Coogan and Mark S. Smith, 2nd ed. (Louisville: Westminster John Knox, 2015), 120.

20 *Baal*, tablet 5, column 1, lines 1-5, in *Stories from Ancient Canaan*, 139.

더 나아가 욥기 자체도 최소한 하나의 우주론을 포함하고 있는데, 이에 따르면 하나님께서 세상의 기초를 놓으시기 위해 태고의 혼돈을 말끔히 정리하신다(26:5-14).

> 그가 꾸짖으신즉
> 하늘 기둥이 흔들리며 놀라느니라.
> 그는 능력으로 바다를 잔잔하게 하시며,
> 지혜로 라합을 깨뜨리시며,
> 그의 입김으로 하늘을 맑게 하시고,
> 손으로 날렵한 뱀을 무찌르시나니(26:11-13).

이 특정 텍스트에는 리워야단의 이름이 언급되어 있지 않지만, "도망치는 뱀"("날랜 뱀"; 개역개정)이라는 별칭이 욥기와 고대 신화의 관계를 보여주는 확실한 증거다. 따라서 욥의 입을 통해 진술된 창조 기사(때로는 빌닷의 말을 잘못 옮겨놓은 것이라고 여겨지기도 한다)는 욥기가 실제로 "혼돈과의 전쟁"(Chaoskampf) 모티프를 익히 알고 있었다는 것을 보여준다.

욥기에 등장하는 짐승들은 혼돈의 세력들과 어떤 점이 다른가?

그러나 하나님의 두 번째 담화에서 베헤못과 리워야단에 대해 묘사하시는 방식은 하나님께서 세상을 창조하시기 위해 굴복시키셨던 혼돈의 괴물이라는 전형적인 개념과는 적어도 세 가지 점에서 차이를 보인다.

첫째, 베헤못이나 리워야단은 본질적으로 공격적이거나 폭력적인 존재로 묘사되지 않는다. 그들이 실제로 사납고 위험한 존재인 것은 사실이지만, 하나님의 두 번째 담화를 면밀하게 살펴보면 이 괴물들은 누군가가 그들을 포획하거나 제압하려고 할 때만 두려운 존재가 된다는 것을 알 수 있다. 그런 경우에는 그들도 반격할 것이다.

둘째, 베헤못은 하나님의 손으로 창조되었다고 욥기 40:15에 분명히 언급되어 있다. 고대 근동 신화에서 신들은 혼돈의 세력들을 창조하는 것이 아니라 창조를 위해 그들을 정복한다(그들은 우주의 질서를 침해하는 세력이다). 그러나 욥기에서 하나님은 그 짐승들을 창조 질서의 일부로 제시하신다(시 104:26에서 리워야단이 묘사되는 것처럼 말이다).[21]

셋째, 하나님과 베헤못 혹은 리워야단 간에 갈등이 전혀 묘사되어 있지 않다. 물론 하나님은 그들을 정복하실 수 있지만, 텍스트는 그렇게 할 이유가 전혀 없음을 시사한다.[22] 오히려 하나님은 이 짐승들을 자랑스럽게 여기시는 것이 분명하다! 하나님께서 첫 번째 담화에서 들짐승 떼의 억압할 수 없는 야성을 칭송하신 것과 마찬가지로(38:39-39:30), 여기 두 번째 담화에서는 사납고 제어할 수 없는 힘을 지닌 베헤못과 리워야단을 욥에게 자랑하신다. 히브리서 저자가 믿음의 용사들을 회고했던 것처럼(히 11:32)[23] 하나님께서는 리워야단에 대해 "내가 그것의 지체와 그것의 큰 용맹과 늠름한 체구에 대하여 잠잠하지 아니하리라"라고 말

---

21   마찬가지로 창 1:21에서도 하나님께서 "큰 바다 짐승들" 혹은 용들(*tanninim*)을 지으셨다고 말한다.
22   C. L. Seow은 "인간의 실존에 상당히 위험해 보이는 이런 존재들을 굴복시키는 문제에 대해서 아무 말이 없다"라고 지적한다. Seow, *Job 1-21: Interpretation and Commentary, Illuminations* (Grand Rapids: Eerdmans, 2013), 103.
23   "내가 무슨 말을 더 하리요. 기드온, 바락, 삼손, 입다, 다윗 및 사무엘과 선지자들의 일을 말하려면 내게 시간이 부족하리로다"(히 11:32).

씀하신다(41:12). 하나님께서는 자식들의 사진을 보여주면서 그들이 이룬 성과를 자랑하는 부모처럼 행동하신다.²⁴

따라서 두 번째 담화에서 하나님이 베헤못과 리워야단을 소환하신 이유는 욥이 (하나님과는 달리) 혼돈의 세력들을 굴복시킬 수 없으므로 잠잠해야 한다고 말하려는 것이 아니고, 그렇다고 욥 자신이 (그 짐승들처럼) 굴복당할 필요가 있다고 말하려는 것도 아니다.

욥과 짐승들의 유사성

그러나 한 가지 점에서 두 번째 담화에 대한 전통적인 해석이 옳을 수도 있다. 실제로 욥은 짐승들과 비교되고 있는데, 첫 번째 단서는 베헤못에 대한 40:15의 설명이다. "이제 소같이 풀을 먹는 베헤못을 볼지어다. 내가 너를 지은 것 같이 그것도 지었느니라." 이것은 욥기에 기록된 하나님의 발언에서 인간의 창조에 관해 구체적으로 언급하는 유일한 구절이며, 욥과 그 짐승들 사이에 모종의 평행 관계가 있음을 시사한다.

우리는 욥이 앞서 많은 현대 주석가들의 가정과 일치하는 방식으로 자신을 신화 속 혼돈의 세력과 비교했다는 점에 주목할 필요가 있다. 욥은 7:12에서 "내가 바다니이까? 바다 괴물이니이까? 주께서 어찌하

---

24 Seow는 괴물들에 대한 하나님의 "찬사"에 대해 이야기한다(*Job 1-21*, 104). 그리고 Robert Alter는 이렇게 쓴다. "리워야단에 대한 이 강력하고 생생한 전체 묘사에서 우리가 주목할 점은 유일신론을 신봉하는 시인이 전통적으로 질서의 신에 맞서는 적으로 여겨지는 우주적 괴물을, 비록 하나님의 충만한 창조세계 가운데서 탁월하기는 하지만 그러면서도 그 세계의 일부가 되는 두려운 피조물로 변형시켰다는 점이다." Alter, *The Wisdom Books: Job, Proverbs, and Ecclesiastes: A Translation with Commentary* (New York: Norton, 2010), 175.

여 나를 지키시나이까?"라고 하나님께 질문한다.[25] 이 질문은 7:11에서 이제 입을 다물지 않고 자신의 고뇌를 토로하고 괴로움을 호소하겠다는 욥의 주장 바로 뒤에 나오는데, 이것은 특히 그가 자신의 길들지 않은 거친 말 때문에 하나님께서는 혼돈의 괴물처럼 자신도 굴복시키기를 원하신다고 느끼고 있음을 시사한다.[26] 확실히 욥의 친구들은 하나님께서 그렇게 하시기를 바랐을 것이다.

그러나 38:8-11에 따르면 그것은 하나님께서 바다를 다루시는 방법이 아니다. 하나님께서 폭풍우 가운데서 하신 첫 번째 담화에서 혼돈의 물을 가리키는 전통적인 상징인 바다는 정복해야 하는 대적이 아니라, 모태에서 힘차게 터져 나올 때 하나님께서 포대기로 감싸주시는 장난꾸러기 아기로 묘사된다. 그리고 아이들에게 울타리가 필요한 것처럼 바다에도 울타리가 필요하지만 그 장면은 전쟁을 동반한 정복보다는 "미운 두 살"이 된 아이에게 부모가 금지항목을 정해주거나 지나치게 활발한 아이를 보호하기 위해 안전 문을 설치해 주는 것에 가깝다. 이 그림은 적대적인 장면이라기보다는 활기찬 육아의 모습을 보여준다.[27]

이는 하나님과 바다의 관계에만 아니라 하나님과 베헤못/리워야단의 관계(그리고 암시적으로 하나님과 욥의 관계)에도 해당한다. 친구들의 언

---

25 바알 신화에서 여신 아나트가 용을 올가미에 걸었다거나 혹은 묶었다고 주장한 이야기가 여기 반영되어 있다.
26 욥은 이후에 하나님께서 바다와(9:8에서 그것을 밟으셨다고 말한다) 혼돈의 세력을 (9:13에서 그들이 하나님의 진노 아래 굴복할 것이라고 말한다) 어떻게 다루셨는지에 관해 이와 유사한 주장을 펼친다.
27 하나님께서 어떻게 부모와 같이 바다를 보살피시는지에 관해서는 다음을 보라. J. Gerald Janzen, "On the Moral Nature of God's Power: Yahweh and the Sea in Job and Deutero-Isaiah," *CBQ* 56 (1994): 468.

어적, 정서적 공격에 대담하고 용감하게 대응했던 욥의 모습은 복잡다단한 연상작용을 통해 베헤못과 리워야단에 대한 묘사를 떠올린다.[28] 그들과 마찬가지로 욥은 적들의 공격에도 주눅 들지 않았으며, 이것은 올바른 행동이었다.

비교의 핵심은 짐승들의 강력한 입에 대한 묘사에서 찾을 수 있다.[29] 욥기 40:23은 베헤못이 격렬한 요단강 앞에 서서 열린 입으로 밀려들어 오는 강물을 태연하게 마주하는 장면을 묘사하는 반면, 욥은 앞에서 (6:15-21) 그를 찾아와서 위로하려던 친구들의 시도가 마치 처음에는 물이 넘치는 것처럼 보였다가 욥의 고통과 불평 앞에서 금세 마르고 사라져 버리는 간헐천이나 계곡물과 같다고 비유한 바 있다. 베헤못이 요단강물과 맞서 싸울 수 있었던 것처럼 욥이 동료들과 맞서서 끝까지 버틸 수 있었다는 사실은 그가 불과 몇 구절 앞에서(6:12-13) 느꼈던 무력감이 착각이었음을 보여준다. 실제로 욥이 6:12에서 자신을 묘사한 표현("나의 기력이 어찌 돌의 기력이겠느냐 나의 살이 어찌 놋쇠겠느냐")은 40:18에서 하나님께서 베헤못을 묘사하신 표현("그 뼈는 놋관 같고 그 뼈대는 쇠 막대기 같으니")에도 반영되어 있다. 이는 친구들에게 맞서고 있는 욥이 사실은

---

28 William Brown은 이처럼 복잡한 연상작용을 특히 잘 보여준다. Brown, *Wisdom's Wonder: Character, Creation, and Crisis in the Bible's Wisdom Literature* (Grand Rapids: Eerdmans, 2014), 123-24. 또한 다음 자료들도 참조하라. John G. Gammie, "Behemoth and Leviathan: On the Didactic and Theological Significance of Job 40:15-41:26," in *Israelite Wisdom: Theological and Literary Essays in Honor of Samuel Terrien*, ed. John G. Gammie et al. (Missoula, MT: Scholars Press, 1978), 217-321; Samuel E. Balentine, "'What Are Human Beings, That You Make So Much of Them?': Divine Disclosure from the Whirlwind," in *God in the Fray: A Tribute to Walter Brueggemann*, ed. Tod Linafelt and Timothy K. Beal (Minneapolis: Fortress, 1998), 271-74.

29 Balentine, "'What Are Human Beings,'" 273도 이 점을 지적한다.

스스로 생각했던 것보다 강하다는 것을 암시한다.

그러나 "쇠를 지푸라기 같이, 놋을 썩은 나무 같이 여기"는 리워야단 앞에서는 베헤못의 힘도 별것 아니다(41:27[41:19 MT]). 그리고 실제로 욥은 모든 짐승 중에 가장 강력한 리워야단과 같은 존재다. 그래서 41:1에서는 리워야단이 억제할 수 없는 혀를 가진 것으로 묘사되었고, 41:3-4에서는 이 짐승이 공격자 앞에서 자비를 구하거나 묵묵히 동조하시 않는다고 설명한다(덧붙이자면 욥처럼 말이다). 오히려 성경은 열기아 광채, 불꽃과 연기를 뿜어내는 리워야단의 무서운 얼굴(눈, 입, 콧구멍, 숨결)에 대해서 이야기한다.

> 그것[리워야단]이 재채기를 한즉 빛을 발하고,
> 그것의 눈은 새벽의 눈꺼풀 빛 같으며,
> 그것의 입에서는 횃불이 나오고,
> 불꽃이 튀어 나오며,
> 그것의 콧구멍에서는 연기가 나오니,
> 마치 갈대를 태울 때에 솥이 끓는 것과 같구나.
> 그의 입김은 숯불을 지피며,
> 그의 입은 불길을 뿜는구나(41:18-21).

따라서 리워야단은 시내산 신현(theophany)의 살아 숨 쉬는 형태이며, 그의 거친 모습을 통해 산 위에서 나타난 빛나고 영광스러운 하나님의 모습을 반영한다(출 19장).[30] 욥의 친구들은 그의 불같은 말투를 경험했고, 그의 길들지 않은 과격한 말들이 부적절하다고 비판했다. 윌리엄 브라운이 표현했듯이 "욥과 리워야단은 그들의 압도적인 담화로 서로 연결되어 있다."[31]

인간 상태에 대한 다양한 평가

욥의 친구 중 한 사람이 4:17-21에서 욥의 발언에 대해 비판했던 내용은 상당히 신중하게 다룰 필요가 있는데, 엘리바스는 여기서 인간의 상태에 대해 특별히 음울한 그림을 제시한다. 죽을 수밖에 없는 인간 존재를 묘사하기 위해 "에노쉬"(*enôš*, 시 8편에도 등장한다)라는 단어를 사용하면서 엘리바스는 다음과 같이 말한다.

> 사람[*enôš*]이 어찌 하나님보다 의롭겠느냐?
> 사람[*geber*]이 어찌 그 창조하신 이보다 깨끗하겠느냐?
> 하나님은 그의 종이라도 그대로 믿지 아니하시며,
> 그의 천사라도 미련하다 하시나니,
> 하물며 흙 집에 살며 티끌로 터를 삼고,
> 하루살이 앞에서라도 무너질 자이겠느냐?
> 아침과 저녁 사이에 부스러져 가루가 되며,
> 영원히 사라지되 기억하는 자가 없으리라.

---

30 가까이 다가가는 것이 위험하다는 점에서도 평행 관계가 성립한다. "산을 침범하는 자는 반드시 죽임을 당할 것이라"(출 19:12b).
31 Brown, *Wisdom's Wonder*, 124.

장막 줄이 그들에게서 뽑히지 아니하겠느냐?

그들은 지혜가 없이 죽느니라(욥 4:17-21).

엘리바스는 그의 두 번째 발언(15:14-16)과 세 번째 발언(22:1-3)에서 인간의 상태에 관한 음울한 평가를 반복하고, 빌닷은 그의 세 번째 발언(25:4-6)에서 그 내용을 이어간다. 각 발언은 하나님 앞에서 인간의 지위에 대해 거의 동일한 수사학적 질문으로 시작해서 인간이 과연 의롭거나 순수하거나 혹은 하나님께 유용한 존재일 수 있는지 묻는다. 물론 대답은 "아니오"다. 그러니 욥이여, 하나님에게서 너무 많은 것을 기대하지 말게나. 자네는 보잘것없는 존재이니!

이것은 참으로 우울한 장면이며, 시편 8편에서 "사람[enôš, 죽을 수밖에 없는 피조물]이 무엇이기에 주께서 그를 생각하시며, 인자['ādām의 아들]가 무엇이기에 주께서 그를 돌보시나이까?"(8:4[8:5 MT])라고 물으며 인간의 고귀함을 묘사했던 것과는 전혀 다른 그림이다. 시편은 계속해서 인간에게 씌워진 영화와 존귀에 대해, 그리고 하나님께서 그들에게 위임하신 다양한 피조물에 대한 통치에 관해 이야기한다(8:5[8:6 MT]). 종합하자면 시편 8편 텍스트는 인간이 하나님(혹은 신들)보다 많이 뒤떨어지지 않는 참으로 고귀한 지위를 누린다고 말한다.

욥 자신이 (7장에서) 엘리바스에게 답변하면서 시편 8편의 언어를 인용하고 있다는 점이 중요하다. 문제는 욥이 인간 상태에 대한 엘리바스의 부정적인 평가를 내면에서 인정하는 것처럼 보이기 때문에 그가 시편에 호소하는 것이 패러디나 풍자처럼 보인다는 점이다.[32] 욥은 7:17-19에서 "사람"(*'enôs*)이 무엇인지 묻는다.

> 사람['*enôs*]이 무엇이기에 주께서 그를 크게 만드사
> 그에게 마음을 두시고,
> 아침마다 권징하시며,
> 순간마다 단련하시나이까?
> 주께서 내게서 눈을 돌이키지 아니하시며,
> 내가 침을 삼킬 동안도 나를 놓지 아니하시기를
> 어느 때까지 하시리이까?(7:17-19)

그리고 그는 사람을 감찰하시는 하나님이 자신을 표적으로 삼으셨다며 하나님을 비난한다(7:20).[33] 시편 8편과 욥기 7장의 긴밀한 연관성(그리고 욥 4장과 7장에서 인간의 상태에 대해 욥과 엘리바스가 유사한 평가를 내린다는

---

[32] 전통적으로는 욥이 여기서 시편을 패러디한다고 주장해 왔지만, Raymond C. Van Leeuwen은 우리가 반대 방향의 전개를 생각해 볼 필요가 있다고 주장한다. 왜냐하면 시 8편은 인간의 조건에 대한 일반적인 부정적 평가(욥의 불평도 여기에 포함된다)를 벗어나 있기 때문이다. Van Leeuwen, "Psalm 8.5 and Job 7.17-18: A Mistaken Scholarly Commonplace?," in *The World of the Arameans I: Biblical Studies in Honor of Paul-Eugene Dion*, ed. P. M. Michèle Daviau et al., JSOTSup 324 (Sheffield: Sheffield Academic Press, 2001), 205-15. 아마 현명하게도 Seow는 텍스트의 방향성이 모호하다는 점을 인지하고 있는 듯하다. Seow, *Job 1-21*, 41-44.

[33] 엘리바스는 두 번째로 인간 상태에 관한 부정적인 평가를 제시할 때(15:14) 7:17에 나오는 욥의 발언("사람['*enôs*]이 무엇이기에")을 반영한다. 하지만 그 이전에 9:2에서 욥이 빌닷에게 했던 답변("인생['*enôs*]이 어찌 하나님 앞에 의로우랴?")은 4:17에서 엘리바스가 했던 질문을 반향한다. 여기서도 욥은 인간 상태에 대한 엘리바스의 부정적 평가를 수용한 것으로 보인다.

사실)은 하나님 앞에서 인간의 올바른 지위와 역할이라는 문제가 여기서 다루는 중요한 사안 가운데 하나라는 점을 시사한다.[34] 인간은 하나님이 통치하시는 세상에서 그저 하찮고 심지어 비천한 존재인가?(엘리바스), 아니면 무력한 희생자인가?(욥) 아니면 반대로 인간은 하나님께서 위임하신(그리고 인정하신) 고귀한 존엄성과 지위를 소유한 자들인가?(시 8편) 또한 이러한 존엄성이 사람의 말, 특히 하나님께 하는 말에 어떤 영향을 미치는 것일까?[35]

욥기에서 리워야단을 묘사하는 말들에 왕실의 어조가 배여 있다는 점이 흥미롭다. 두 번째 담화의 끝자락에서 하나님께서는 리워야단에 대해 이렇게 묘사하신다. "세상에는 그것과 **비할 것**이 없으니 그것은 두려움이 없는 것으로 지음 받았구나. 그것은 모든 높은 자를 내려다보며 모든 교만한 자들에게 군림하는 왕이니라"(41:33-34[41:25-26 MT]). 여기서 "**비할 것**이 없으니"라는 문구는 "**통치자가 없으니**"를 의미할 수도 있는데, 왜냐하면 "비할 것"이라고 번역된 "모셸"(*mošel*)은 "다스리다"라는 뜻을 지닌 "마샬"(*māšal*)이라는 동사에서 유래한 것으로서 "통치자"

---

[34] Kathryn Shifferdecker는 "인간이 무엇인가?"라는 질문이 욥기를 이해하는 데 중요하다는 점에 동의하지만, 욥기가 이 질문에 뭐라고 대답하는지에 관해 내가 내린 것과는 상당히 다른 결론에 도달한 것으로 보인다. Shifferdecker, *Out of the Whirlwind*, 82. 여기서 그녀는 하나님께서 욥에게 하신 첫 번째 질문(38:2)은 "욥을 제자리에 돌려놓기 위해 고안된" 것이라고 주장한다.

[35] J. Gerald Janzen은 인간이 된다는 것은 어떤 의미인가, 특히 인간의 필멸성과 존엄성 간의 관계는 무엇인가라는 질문이 욥기를 이해하는 데 핵심적이라는 사실을 깨닫는다. "인간이 티끌이기도 하고 고귀한 하나님의 형상이기도 하다는 사실을 동시에 긍정한다는 것은 무슨 의미일까? 이 두 가지 은유가 동시에 유지될 수 있을 것인가?"(Janzen, *Job*, Interpretation [Atlanta: John Knox, 1985], 13). Balentine의 글도 동일한 접근법을 취한다("'What Are Human Beings'").

를 뜻할 수도 있기 때문이다. 여기서 "모셸"은 아마도 중의적인 용법으로 사용되었을 것이다. 어쨌거나 리워야단을 하나님의 피조물 중에서 가장 왕을 닮은 존재로 묘사한 것은 시편 8:3-5을 상기시킬 뿐 아니라 하나님의 형상과 모형으로 창조된 인간에게 땅을 다스리는 소명을 부여하는 창세기 1:26-28의 묘사를 떠올리게 한다.

그러나 하나님의 두 번째 담화 막바지에서 리워야단의 고귀한 지위와 높은 자를 내려다보는 그의 시선 및 교만한 자에 대한 그의 통치를 연관 지었다는 사실(욥 41:33-34[41:25-26 MT])은 같은 발언의 첫 부분(40:6-14)에서 하나님이 욥에게 하신 도전을 해석하는 데 중요한 역할을 한다. 만일 하나님께서 교만한 자들에 대한 리워야단의 통치를 긍정적으로 평가하신다면, 우리는 아마도 하나님께서 욥에게 도전하시기를 교만한 자를 발견하여 그들을 모두 낮추라고 하신 말씀을 재평가할 필요가 있을 것이다(40:10-13).[36] 아마도 이것은 욥을 좌절시키기 위한 것이 아니라, 욥에게 실제로 실행에 옮기라고 주신 도전으로 이해되어야 할 것이다.

욥기 40:10에서 욥에게 하시는 하나님의 도전("너는 위엄과 존귀로 단장하며 영광과 영화를 입을지니라")은 "영화와 존귀"로 관을 쓰게 될(시 8:5)

---

[36] 욥이 낮추려고 했던 "교만한" 자들(40:11)을 가리키는 용어는 "게에"(geʾeh)인 반면, 리워야단 단락에서 사용된 문구는 히브리 성경에서 여기 말고는 오직 한 군데(28:8)서만 더 나오는 "베네 샤하츠"(bənê-šāḥaṣ)인데, 28장의 문맥에 따르면 이것은 야생 동물을 가리키는 것으로 보인다(그래서 JPS Tanakh는 이것을 "교만한 짐승들"이라고 번역한다). 리워야단이 교만한 야생 동물을 다스리는 것처럼 욥은 그의 통치권을 교만한 사람들에게 행사할 것이었다(실제로 욥은 친구들에게 대답하면서 그들의 자존심과 자신감을 한 단계 끌어내렸다. 예컨대 13:2-13을 보라).

인간의 제왕적 지위를 암시한다고 말할 수 있다(두 텍스트에서 하나의 단어가 동일하다). 욥기 40:10에서 사용된 "영광과 영화"(*hôd wəhādār*, "호드 베하다르")와 동일한 단어 쌍이 시편 21:5[21:6 MT]에서는 하나님께서 왕에게 부여하시는 위엄을 묘사하기 위해 사용된다. 그리고 이와 동일한 단어 조합이 여러 다른 시편(시 96:6; 104:1; 111:3)에서 **하나님에 대해** 사용되었다는 사실은 명백하게 "하나님의 형상"(*imago Dei*)이라는 주제를 암시한다.[37] 그리고 실제로 시편 8편과 창세기 1장은 제왕적 능력과 지위라는 관점에서 인간을 하나님과 비교하고 있다. 시편 8편 및 창세기 1장과 동일한 맥락에서 욥에게 하신 하나님의 두 번째 담화에서 제왕 모티프의 핵심은 하나님과의 "닮음"이었다. 따라서 하나님께서 욥에게 40:9에서 "네가 하나님**처럼** 능력이 있느냐, 하나님**처럼** 천둥 소리를 내겠느냐?"라고 하신 말씀―이사야 40장에서 낙심한 유배자들에게 던지신 수사학적 질문과 흡사하다―은 욥을 낙심하게 만드시려는 것이 아니라, 오히려 욥을 압박하여 자신의 수동성을 넘어 제왕적 소명을 수행하도록 독려하시기 위함일 수 있다.[38]

그렇다면 여기서 욥의 수동성에 관해 말하는 것은 무슨 의미일까?

---

[37] NRSV는 "호드 베하다르"(*hôd wəhādār*)라는 문자 조합이 왕과 관련하여 등장할 때는 "찬란함과 장엄함"(splendor and Majesty, 시 21:5)이라고 번역하는 반면, 하나님과 관련하여 이 단어 조합이 등장할 때는 "영예와 장엄함"(honor and majesty, 시 96:6; 104:1; 111:3)이라고 번역한다.

[38] 하나님께서 욥을 향해 서론적 질문을 던지실 때 사용하셨던(38:2; 40:8) "에차"(*ēṣâ*, "생각/조언")와 "미쉬파트"(*mišpāṭ*, "공의")라는 용어는 성경에서 오직 한 군데에만 더 나타난다. 바로 사 40:12-14인데, 하나님께서는 이 텍스트에서 유배자들에게 그들이 하나님의 목적을 이해하느냐고 물었다. 이 부분에 대한 통찰력을 보여준 J. Gerald Janzen에게 감사한다. Janzen, "Job and the Lord of the East Wind," *HBT* 2, no. 1 (2004): 9-10.

오히려 욥은 책 전반에 걸쳐 불같은 발언으로 세 친구의 자존심을 짓밟고 제왕적 무모함을 드러내지 않았는가? 사실 그렇다고 볼 수 있다. 하지만 하나님께서 첫 번째 담화를 통해 우주 만물의 통치에 관한 욥의 오해를 바로잡으신 후에 욥은 입을 다물게 되었다.

하나님의 첫 번째 담화에서 창조에 관해 주는 교훈

여기서 두 담화의 차이점을 분명히 해둘 필요가 있다. 왜냐하면 욥은 42:1-6에서 하나님의 두 담화를 각각 인용하면서 이에 대해 순차적으로 그의 반응을 요약하기 때문이다. 이런 차이점을 염두에 두는 것이 첫 번째 담화에 대한 욥의 초기 반응(40장 첫머리)을 이해하는 데도 도움이 될 것인데, 이것은 후에 욥이 두 번째 담화 이후에 보였던 반응과는 확연히 다르다.

욥기 38-39장에서 하나님께서 욥에게 주신 창조에 관한 기이하고 복잡한 교훈을 전반적으로 다룬 연구를 참조하는 것도 유익할 것이다. 예컨대 창조에 담긴 하나님의 지혜, 그리고 욥에게 그 지혜를 발견하라고 하신 하나님의 도전에 대한 톰 맥리쉬의 통찰에서 얻을 수 있는 교훈이 적지 않다.[39] 아니면 욥기에서 기상학을 다루는 부분에 배치된 하나님

---

39 이것이 McLeish가 그의 책 가운데 욥기를 주제로 한 탁월한 장에 다뤘던 주제다. McLeish, "At the Summit: The Book of Job," in *Faith and Wisdom in Science* (Oxford: Oxford University Press, 2014), 102-48. 생물리학 분야에서 "연성물질"에 중점을 맞추어 연구하는 그리스도인 과학자인 McLeish는 분자 수준에서 브라운 운동을 발견하는 일에 중요한 역할을 했는데, 그는 욥기와 성경 다른 책들을 바탕으로 오늘날 실제로 과학

의 담화에 관한 J. 제럴드 잔젠의 통찰을 따라 폭풍우 가운데 나타나신 하나님의 현존이 그 땅을(그리고 욥의 메마른 삶을) 새롭게 하기 위한 가을비의 도래를 상징한다고 이해할 수도 있다.[40] 우리의 논의를 위해서는 이 담화 가운데 욥의 불평, 특히 세상을 다스리시는 하나님의 지혜(혹은 지혜의 부족)에 관한 그의 항의에 하나님께서 어떻게 응답하셨는지에 집중하는 것으로 충분할 것이다. 이 담화가 대응적 성격을 지녔다는 점은 욥을 향한 하나님의 첫 도전에 이미 암시된다. "무지한 말로 생각[조언]을 어둡게 하는 자가 누구냐?"(38:2) 여기서 "조언"('ēṣâ, "생각"[개역개정])이라는 용어를 우주 만물을 건설하시고 관리하시는 하나님의 설계를 뜻하는 말로 이해한다면, 욥이 그것을 지속적으로 비난하고 있었기 때문에 하나님께서 욥을 교정하려고 하신다는 것은 아주 자연스러운 일이다.[41]

---

[40] 연구를 수행하기 위한 토대를 세우는 데 도움이 되는 강력한 신학을 제안한다. Janzen은 이스라엘과 주변 지역의 연간 기후를 탐구하여 그것을 욥기의 구조와 연결한다. 이 지역의 기후 현상에 관한 데이터를 바탕으로 그는 우기가 일반적으로 6개월간(10월 중순부터 4월 중순까지) 지속되며 그 사이에 덥고 건조한 건기(6월 중순부터 9월 중순까지)가 찾아온다는 점에 주목한다. 그는 프롤로그에 폭풍우에 대한 언급이 있고 책 끝자락에 다시 야웨가 폭풍우를 타고 오신다고 언급하는 점에 착안하여 이것을 두 차례의 계절 "변화"(4월 중순과 9월 중순)와 연결하는데, 이때는 동풍과 서풍이 서로 교차하는 시기이다. 프롤로그에서 발생한 재난들은 우기에서 건기로 바뀌는 시기에 발생했던 반면(프롤로그에 폭풍우와 번개에 대한 언급을 주목하라) 욥이 친구들과 나누는 열매 없는 대화는 건조한 여름에 일어나는데, 이것은 그의 영혼 혹은 마음(nepeš)이 쓰러졌다고 (3:20; 10:1; 21:25) 그가 인정한 사실과도 관련이 있다. 야웨의 담화에 배경이 되는 폭풍우는 두 번째 계절 변화의 징조로서 가을비의 시작을 예고하는 것이고, 따라서 땅과 욥의 생명도 회복될 것으로 기대된다. 자연과 깊이 교감하는 메노파 가정에서 자란 Janzen과 같은 성서학자는 욥기의 기상학적 측면에도 많은 관심을 기울인다. 이 주제에 대한 심도 있는 분석으로는 다음을 참조하라. Janzen, "Job and the Lord of the East Wind," 2-47.

[41] 주석가들은 야웨가 두 담화에서 욥이 제기한 특별한 문제에 대해 답변하시는 다양한 방식을 지적한다. 예컨대 첫 번째 담화에서 빛과 어두움에 관해 언급하신 것은(38:12-13, 19-21) 욥이 자기가 태어난 날과 밤을 저주하려 했던 소망에 대한 응답으로 이해할 수 있다. 혹은 두 번째 담화에서 리워야단을 소개하시면서 이 괴물의 눈과 "새벽의 눈꺼풀"

그러나 하나님께서는 욥이 틀렸다고 대놓고 말씀하시는 것이 아니라, 하나님께서 관여하셨고 지금도 관여하고 계시지만 욥은 알지 못하는 창조 질서의 모든 경이로움을 욥에게 보여주심으로써 욥을 바로 세우신다. 야웨의 첫 질문(38:2)은 욥이 세상에 대한 하나님의 설계를 "어둡게" 하거나 부정하려 시도했던—3장에서 빛을 어두움으로 되돌리려 했던 일을 포함하여—것과는 대조적으로 창조주께서는 세상이 실제로 어떤 것인지 욥에게 밝혀주려는 계획을 가지고 계심을 암시한다.

그렇다면 하나님께서는 첫 번째 담화에서 욥에게 어떤 메시지를 전하려고 하신 것일까? 나는 하나님께서 욥의 신학, 세상이 어떤 곳인지에 대한 그의 전제, 그리고 세상과 하나님 간의 근본적인 관계에 대한 그의 이해를 바로잡고 계신다고 제안한다.

욥은 하나님께서 엄격한 "행위-결과" 도식에 따라 인간의 의로운 행동이나 악행에 대해 (직간접적으로) 적절한 보상이나 처벌을 보장하셔야 한다는 전제하에 세상을 관리하시는 방식에 대해 불만을 토로했다. 이것이 바로 욥의 불평으로 이어진 내적 근거였다. 하나님께서는 욥 자신의 인생을 포함하여 세상을 잘못 관리하고 계신다는 것이다. 왜냐하면 욥은 자신이 저지르지 않은 죄의 결과로 고통당하고 있었기 때문이다.

을 비교하신 것(41:1-34[40:25-41:26 MT])은 분명 욥이 3:8에서 리워야단을 언급하고 3:9에서 그가 태어난 날이 "아침의 눈꺼풀"을 보지 못하기를 소망한다고 말했던 것에 대한 응답으로 이해할 수 있다([개역개정을 포함하여] 여러 번역 성경에서 3:9의 원문에 있는 "눈꺼풀"을 다르게 번역한 이유는 이러한 문학적 암시를 간파하지 못했기 때문일 것이다). Alex Breitkopf, "The Importance of Response in the Interpretation of Job," *Canadian Theological Review* 4, no. 1 (2015): 1-14.

하나님께서 욥에게 창조세계에 대한 자신의 능력이나 통제력을 과시하신다는 (종종 제안되는) 생각과는 달리, 나는 하나님께서 욥에게 창조세계로 말미암은 자신의 **기쁨**을 보여주신다고 주장한다. 하나님이 강하시다는 것은 물론 사실이지만, 그것이 두 담화의 요점은 아니라는 말이다. 오히려 첫 번째 담화에서 창조주께서는 천상계에서 동물계에 이르기까지 창조세계의 풍경 전체를 욥에게 열어 보여주시는데, 하나님은 그가 창조하신 실새의 본질과 그 안에서 하나님의 역할에 대한 욥의 시각을 확장하시기 위해 그렇게 하신 것이었다. 하나님께서는 욥에게 그가 상상했던 것과는 전혀 다른 세계를 보여주신다.

그렇다면 하나님께서 보여주시는 세계는 욥이 상상한 세계와 어떤 점에서 다른가? 무엇보다도 이 세계는 인간의 지식과 관심사를 훌쩍 뛰어넘는다. 하나님은 복잡하고 경외심을 불러일으키는 복잡한 우주를 묘사하실 뿐만 아니라 인간이 범접할 수 없는 창조의 차원들―눈 곳간(38:22)이나 하늘의 별자리(38:31-33)처럼―까지도 들여다보게 해주신다.

첫 번째 담화의 전체 범위는 땅의 기초(38:4-7)에서 바다의 탄생(38:8-11), 떠오르는 태양(38:12-15), 깊이 숨겨진 실재들(스올 및 빛과 어두움의 영역을 포함; 38:16-21)에까지 확장되며, 복잡한 빗물의 순환과정(38:22-30, 34-38)에 대한 설명은 별자리에 대한 언급(38:31-33)으로 잠시 중단되기도 한다. 이어서 하나님은 인간의 거주지 경계 너머에 서식하면서 하나님께만 알려지고 하나님께 기쁨을 주는 다양한 동물에 관해 설명하신다(38:39-39:30).

하나님께서 욥에게 인간 중심적 관심사를 뛰어넘는 현실 풍경을 보여주신다는 측면에서 하나님이 욥으로부터 중심 자리를 빼앗으신다는 말도 어느 정도는 일리가 있다. 하지만 윌리엄 브라운이 지적했듯이 이 새로운 시각은 앞서 인간 사회로부터 느끼는 소외감을 표현했던(19:15) 욥을 위로하는 역할을 하기도 한다.[42]

욥은 사회에서 소외된 사람들을 가리켜 광야에서 추위와 비를 피할 곳을 찾지 못해 벌거벗은 채로 먹을 것을 찾아 헤매는 들나귀에 비유하는 한편(24:5-8), 자신을 가리켜서는 "이리의 형제요 타조의 벗"(30:29)이라고 묘사하는데, 성경에서 이리와 타조는 도시의 황폐함과 슬픔을 상징하는 동물들이다.[43] 욥은 자신의 비천한 처지를 표현하기 위해 이런 비유를 자기비하적으로 사용했다. 그러나 하나님께서 타조와 들나귀를 비롯한 야생 동물을 기뻐하시는 모습을 통해(38:13-18; 39:5-8) 욥은 자신이 고난받고 사회에서 배척당하고 있지만 그럼에도 하나님의 보살핌에서 벗어나지는 않았다는 사실을 깨닫게 된다.

첫 번째 담화에서 묘사된 세상의 두 번째 특징은 하나님께서 창조 세계에 긴밀하게 관여하고 계신다는 것이다. 하나님께서는 창조주로서 땅의 기초를 놓으시고(38:4), 바다에 구름을 입히시고(38:8-9), 새벽에게 명령하시고(38:12), 곳간에 눈을 저장하시고(38:22), 홍수를 위하여

---

[42] William P. Brown, "Job and the 'Comforting' Cosmos," in *Seeking Wisdom's Depths and Torah's Heights: Essays in Honor of Samuel E. Balentine,* ed. Barry R. Huff and Patricia Vesely (Macon, GA: Smyth & Helwys, 2020), 260.

[43] 이리떼는 특히 도시의 폐허를 배회한다고 알려져 있다(사 13:22; 렘 9:11 [9:10 MT]; 10:22; 49:33; 51:37). 이리와 타조는 에돔의 폐허를 배회하는 것으로 나란히 언급되며(사 34:13), 또한 그들은 인간의 애통에 비유되는 섬뜩한 울음소리를 내는 것으로 함께 언급되기도 한다(미 1:8).

물길을 터주시고(38:25), 별자리를 이끌어내시고(38:32), 번개를 부르셔서 그들이 "우리가 여기 있나이다"[hinnēnû]라고 대답하게 하신다. 이것은 하나님께서 아브라함을 부르셨을 때 그가 했던 대답("내가 여기 있나이다"[hinnēni], 창 22:1, 11)의 복수형이다.

하나님은 또한 욥기 38:39-39:38에 등장하는 다양한 야생 동물과 기이한 동물들에 관심을 가지시고 그들의 특이한 습관에 주목하신다. 실제로 하나님은 사자와 까마귀에게 먹이를 주시고(38:39-41), 들나귀를 자유롭게 풀어주셔서 광야를 거처로 삼게 하시고(39:5-6), 말에게 힘을 주시고(39:19), 매와 독수리에게 하늘을 날 수 있는 지혜를 주시면서 그들의 삶에 적극적으로 개입하신다(39:26).[44] 따라서 욥의 비난과는 달리 야웨는 세상을 움직이게 하신 뒤로 더는 그들의 필요를 돌보지 않는 냉담한 창조주, 혹은 "숨어계신 하나님"(Deus absconditus)이 아니시다.

이처럼 하나님이 세상에 관여하시기는 하지만, 이것은 하나님의 일방적인 주권에 관한 전통적인 개념과 일치하지는 않는다. 하나님의 첫 번째 담화가 전달하는 세 번째 요점은 하나님께서 우주를 세밀하게 관리하시지는 않는다는 것이다. 피조물에 대한 하나님의 보살핌은 그들에 대한 시시콜콜한 통제를 의미하지 않는다. 창조주는 확실히 피조물

---

44 하나님께서 동물들을 거론하실 때 이스라엘 주변 세상에서 가장 거칠고 위험한 짐승인 사자를 가장 먼저 언급하셨다는 사실을 지적할 필요가 있다. 하지만 왕을 모든 동물의 주인으로 묘사하는 고대 근동의 전통적인 그림과는 달리(신아시리아 왕국의 왕들이 사자를 사냥하는 장면이 수많은 부조에 묘사되어 있다), 야웨는 야곱에게 사자를 사냥할 수 있냐고 물으시는 것이 아니라 사자의 먹이를 사냥할 수 있느냐고 물으신다(38:39). 아시리아 제국에서 왕을 동물의 주인으로 여겼다는 광범위한 증거를 자세하게 분석한 다음 자료를 참조하라. Michael Dick, "The Neo-Assyrian Royal Lion Hunt and Yahweh's Answer to Job," *JBL* 125, no. 2 (2006): 243-70.

에게 관여하시지만, 그들 스스로 의사를 결정할 수 있도록 상당한 자유를(심지어 거칠고 기발한 그들의 본성을 발휘할 자유까지도) 허용하신다. 그런가 하면 하나님께서 피조물에게 허용하신 자유는 그들의 취약성을 내포한 것이므로 야생 동물의 힘, 존엄성, 아름다움은 생존 투쟁과 죽음이라는 현실과 엮여 있으며 하나님께서는 무조건 그들을 보호하지는 않으신다. 하나님께서는 이러한 세계 묘사를 통해 욥이 전제했던 우주의 엄밀한 "행위-결과" 도식을 바로잡으심으로써 욥에게 암묵적으로 답변하신다. 테렌스 프레타임이 설명한 것처럼 "세상만사가 언제나 기계처럼 질서 있고 일관되게 작동하는 것이 아니며, 그들의 복잡한 주기는 일종의 무작위성, 모호성, 예측 불가능성, 그리고 유희로 특징지어진다."[45]

두 번째 담화가 주어진 이유는 무엇일까?

하나님께서는 첫 번째 담화에서 욥의 신학을 바로잡으려 하셨지만, 그 담화가 목적을 달성했는지는 분명하지 않다. 오히려 욥을 교정하시려던 하나님의 시도가 욥을 두들겨서 복종시키고 입을 다물게 만드신 것은 아닌가 하는 생각이 든다.

하나님께서는 첫 번째 담화를 시작하시면서 욥에게 이렇게 말씀하신다. "너는 대장부(*geber*, 이 단어는 종종 활력이라는 의미를 담고 있다)처럼 허

---

[45] Fretheim, *God and World in the Old Testament: A Relational Theology of Creation* (Nashville: Abingdon, 2005), 239.

리를 묶고 내가 네게 묻는 것을 대답할지니라"(38:3). 그러나 하나님께서 39:30에서 동물계의 억압할 수 없는 야성에 대한 설명을 마치셨을 때 (물론 여기에는 피를 먹는 맹금류에 관한 다소 불쾌하고 섬뜩한 언급도 포함된다) 욥의 반응은 울려 퍼지는 침묵뿐이었다.

그래서 내레이터는 40:1에 내가 "담화 재개 공식"이라고 부르는 문구를 추가한 후에 또 다른 도전을 제기한다. "트집 잡는 자가 전능자와 다투겠느냐? 하나님을 탓하는 자는 **대답할지니라**"(40:2). 욥은 마침내 40:3-5에서 자신의 비천함을 인정할 수밖에 없었다(엘리바스의 관점이 승리한 것이다[46]). 그는 손으로 입을 가리고 **대답하기를 거부한다**.

친구들에게 솔직하고 거친 말을 쏟아내던 무적의 인간 화자는 자신에게 부여된 제왕적 소명에 따라 창조주를 당당하게 대면할 수 있는 활발한 대화 파트너를 진짜로 원하셨던 하나님 때문에 침묵하게 되었다. 하나님께서는 의도치 않게 욥을 압도하신 것으로 보인다.[47]

그래서 하나님은 두 번째 담화를 준비하신다. 두 번째 담화의 첫머리에서 하나님이 욥에게 제기하신 도전은 첫 번째 담화의 시작 부분을 되풀이한 것이었다(40:7). "너는 대장부(*geber*)처럼 허리를 묶고 내가 네게 묻겠으니 내게 **대답할지니라**." 이 지점에서 두 번째 담화의 목적이

---

46 여기서 사람을 비하하는 엘리바스의 발언을 떠올리게 된다. "사람이 어찌 하나님보다 의롭겠느냐, 사람[*geber*]이 어찌 그 창조하신 이보다 깨끗하겠느냐?"(4:17)

47 가끔 학생들에게서도 이런 반응을 경험할 수 있었다. 학생에게 자신의 견해를 명확히 밝혀달라고 요청하거나 그들의 의견에 대한 응답으로서 대안적인 방법을 제시하고서 다시 학생의 답변을 기다렸지만, 학생이 겁을 먹고 대화에 참여하기를 기피하는 경우가 있다. 아마도 내가 그들의 응답을 단순히 무시하지 않고 계속하여 설득할 것이라는 확신이 없었던 것 같다.

분명해지는 듯하다. 하나님께서는 욥의 비굴한 침묵에 만족하지 않으셨다. 하나님께서는 제대로 된 대화 파트너를 원하셨던 것이었다.[48]

그것이 아니라면 우주의 창조주께서 욥에게 개인적으로, 그것도 장황하게 말씀하실 이유가 무엇이겠는가? 하나님께서는 욥이 하나님의 답변을 들을 자격이 있다고 여기신 것인데, 이는 이 담화에 대한 피상적 해석이 제안하는 인간의 무가치함이라는 관념을 뒤집는 것이다.[49] 인간은 너무나 중요한 존재여서, 하나님께서는 적어도 그중 한 명에게 개인적으로 직접 현시하셔서 길게 말씀하실 정도였다.[50] 실제로 하나님은 욥

---

[48] 얼마 전까지도 나는 하나님의 두 번째 담화가 주어진 이유에 대한 나의 제안이 나의 고유한 관점이라 믿고 있었다. 하지만 이런 해석을 발전시켜 가면서 나는 지금까지 항상 깊은 유대감을 느껴왔던 동료 성서학자인 J. Gerald Janzen과 Terence Fretheim의 연구에서 내 제안에 대한 전조들을 발견할 수 있었다. Janzen은 욥이 42:1-6에서 보여준 성숙한 답변은 40:3-5을 대체한 것이라고 주장한다. 왜냐하면 첫 번째 응답에서 욥은 "침묵하기로 결심했"었지만 이제는 (야웨의 뜻에 공감하여) 발언하기로 하였기 때문이다. 이것은 "괄목할 만한 일이었다"(Janzen, *Job*, 248). Fretheim은 이렇게 말한다. "하나님께서는 욥의 첫 반응(40:3-5)이 지나치게 자기비하적이라고 여기셨던 듯하며, 그래서 욥이 보다 직설적이고 덜 자기부정적인 태도로 답변할 때까지 발언을 계속하셨던 것으로 보인다." Fretheim, *God and World in the Old Testament*, 238.

[49] Janzen과 Balentine도 이 점을 지적한다. Janzen, *Job*, 229; Balentine, "'What Are Human Beings,'" 265.

[50] 폭풍우 가운데서 들려온 야웨의 답변과 가을비 사이의 연관관계에 관한 Janzen의 통찰에 따르면("Job and the Lord of the East Wind," 33-35), 욥은 야웨께서 한마디도 발언하시기 전에 이미 비 냄새를 맡았을 것이며, 바로 그 냄새가 이전에는 씁쓸했던 그의 "네페쉬"(*nepeš*)를 본능적인 차원에서 일깨우고 생기를 불어넣었을 것이라고 한다("Job and the Lord of the East Wind," 7). 욥 자신도 다음과 같이 "생각에 잠겨 말한다."
> 나무는 희망이 있나니,
> 찍힐지라도 다시 움이 나서
> 연한 가지가 끊이지 아니하며,
> 그 뿌리가 땅에서 늙고
> 줄기가 흙에서 죽을지라도,
> 물 기운에 움이 돋고
> 가지가 뻗어서 새로 심은 것과 같거니와(14:7-9).

에게 두 번이나 개인적으로 말씀하신다. 그리고 이 두 번째 담화에서 하나님은 (전성기의) 욥처럼 기가 꺾이지 않는 두 마리의 강력한 짐승을 칭송하고 심지어 존대하기까지 하시면서 욥의 길들지 않는 (제왕적인) 야성을 고무하신다.

그리고 욥은 이런 하나님의 의중을 이해한다. 두 번째 담화가 의도했던 효과가 나타난 것이다. 욥은 허리를 동여매고 도전에 나선다.[51] 40장 조반에서 욥은 대답을 거무했지만, 42장이 시작되면서 욥은 하나님의 **두 담화**에 대해 성숙하고 신중한 태도로 답변한다.

하나님의 두 담화에 대한 욥의 마지막 응답

욥은 하나님의 첫 번째 담화의 요지를 제시하기 위해 담화 첫머리에 나오는 하나님의 질문("무지한 말로 생각을 어둡게 하는 자가 누구냐?", 38:2)을 개략적으로 인용한다.

먼저 욥은 "주께서는 못 하실 일이 없사오며 무슨 계획이든지 못 이루실 것이 없는 줄 아오니"(42:2)라고 인정하고서 하나님의 첫 번째 담화의 첫 질문을 약간 수정하여 인용한다.[52] "무지한 말로 이치를 가리는

---

51 Gerhard von Rad는 여기 하나님의 담화에서 중요한 점은 (하나님께서 말씀하신 내용이 아니라) 하나님께서 욥에게 대답하셨다는 사실이라고 제안한다. 욥은 이전에 하나님과의 직접적인 조우를 요구했고(13:22; 14:15; 23:5; 31:35), 마침내 소원을 이루게 되었다. Von Rad, *Wisdom in Israel* (Nashville: Abingdon, 1972), 221-26.

52 히브리 성서 텍스트(MT)의 자음 읽기(Ketiv)는 "주는 아십니다"라는 뜻으로 풀이될 수 있다. 그러나 마소라 학자들은 난외주(Qere)를 통해 이를 수정하는데, 그 결과 "제가 압

자가 누구니이까?"(42:3a) 이어서 욥은 하나님을 대신하여 자신이 던진 질문에 스스로 대답한다. "나는 깨닫지도 못한 일을 말하였고 스스로 알 수도 없고 헤아리기도 어려운 일을 말하였나이다"(42:3b).

욥은 하나님이 변덕스러운 힘으로 혼란을 일으키고 세상을 불의하게 다스리신다고 주장하면서 하나님의 우주 통치에 의문을 품었다. 그러나 이제 욥은 그가 이전에 알지 못했던 하나님의 신비(*niplāʾôt*), 곧 하나님께서 길들일 수 없는 피조물에게 본성을 발휘할 자유를 주시고 창조 세계의 야생성을 흔쾌히 인정하신다는 사실을 이해하게 되었다.[53] 그는 하나님이 우주를 시시콜콜하게 관리하시지 않는다는 것을 깨닫는다. 두 담화의 맥락을 고려하여 해석하자면 이것이 바로 42:3에서 욥이 드렸던 답변에 담긴 의미일 것이다.[54]

그런 다음 욥은 두 번째 담화에 대해서도 그 담화의 첫 부분을 인용하면서 답변을 이어간다. "내가 말하겠사오니 주는 들으시고, 내가 주께 묻겠사오니 주여 내게 알게 하옵소서"(42:4). 많은 주석가들의 견해를 따라 신개정표준역(NRSV)과 신국제역(NIV)은 4절 전체를 하나님께서 이전에 하신 발언에서 인용한 것으로 취급하여 구절 전체를 인용부호로

니다"라는 의미가 된다. 나는 이런 변화가 욥의 답변을 해석하는 데 큰 차이를 가져오는지 확신하지 못하겠다.

[53] 일반적으로 "니플라오트"(*niplāʾôt*)는 이스라엘을 향한 야웨의 놀라운 구원/구속 사역을 묘사하는 데 사용되지만(출 3:30; 15:11; 34:10; 수 3:5; 시 98:1; 106:22; 미 7:15), 이 용어는 하나님의 경이로운 창조 사역을 묘사하기도 한다(욥 5:9; 37:5, 14; 시 136:4; 잠 30:18).

[54] Samuel Balentine이 말했던 것처럼 "욥은 이처럼 창조세계를 조망함으로써 하나님의 뜻은 반대와 도전의 세력을 제거하거나 추방하시는 데 있는 것이 아니며, 하나님께서는 그들도 삶의 얼개에 필수적인 요소들이므로 보존하시고 인도하고자 하신다는 사실을 이해하도록 초청받는다." Balentine, "'What Are Human Beings,'" 267.

묶는다.⁵⁵ 그러나 실제로는 하반절만 하나님의 말씀을 실제로 인용한 것으로, 첫 번째 담화의 시작 부분(38:3)에 처음 언급되고 두 번째 발언의 시작 부분(40:7)에서 반복되는 하나님의 요구를 그대로 재현하고 있다. 하나님께서 욥에게 이처럼 대답하라고 요구하신 것으로 볼 때 4절 상반절에 등장하는 욥의 첫마디는 매우 중요하다. "**내가 말하겠사오니 주는 들으시고**"(42:4a).

마침내 욥은 하나님께서 그에게 도전하신 외도, 곧 창조주께서 실제로 그에게서 대답을 원하신다는 점을 이해하게 되었다. 그래서 욥은 하나님의 첫 번째 담화 이후에 보였던 침묵(40:1에 암시되고 40:3-5에서 역설적으로 **묘사되었던**)을 깨뜨리고 분명한 말로 대답한다. 그러나 욥이 여기까지 오는 데는 하나님의 두 번째 담화(큰 입을 가진 길들일 수 없는 두 마리 짐승에 대한 칭송)가 필요했다.

그렇다면 욥은 야웨의 두 번째 담화에 대하여 실제로 뭐라고 대답하는가? "내가 주께 대하여 귀로 듣기만 하였사오나 이제는 눈으로 주를 뵈옵나이다"(42:5). 욥이 하나님에 대해 이전에 가지고 있었던 (소문에 근거한) 견해를 넘어서기 위해서는 개인적으로 (하나님의 음성을 들음으로써) 야웨의 임재를 체험할 필요가 있었다.⁵⁶ 그러한 체험 이후에 욥은 다음과

---

55 여기서 "내가 말하겠사오니 주는 들으시고"라는 문구는 38:3과 40:7에 나오는 "너는 대장부처럼 허리를 묶고 내가 네게 묻는 것을 대답할지니라"라는 하나님의 담화 개시 발언에 대응하는 것으로 여겨지기도 한다.
56 William Brown은 욥이 하나님을 "본다"라고 말하고 하나님이 실제로 폭풍우 가운데서 그에게 모습을 "보여"주기는 하시지만("신현"), 이러한 나타남/신현의 초점은 하나님께서 욥에게 "말씀"하셨다는 데 있다(그래서 "보는 것"이 새로운 "들음"으로 이어진다)고 지적한다. Brown의 표현을 빌리자면, 욥은 "하나님의 '**현시된 말씀**'(logophany, 적절한 단어를 찾기가 어렵다)"을 받은 것이다. 욥기의 마지막 장들에서는 강렬하게 시각

같이 운명적인 고백을 하게 된다. "그러므로 나는 나 자신을 경멸하며 티끌과 재 가운데에서 회개합니다"(42:6 NRSV).

욥은 무엇을 회개한 것일까?

욥기를 해석하는 데 핵심이 되는 42:6의 의미에 관해 수많은 번역이 제안되었다. 오늘날 유통되는 표준적인 영어 성경(KJV에서 NIV을 거쳐 NRSV에 이르기까지)에 실린 번역은 히브리어 텍스트의 지지를 얻지 못하기 때문에 현대 성서학자 가운데 이 번역에 만족하는 사람은 거의 없다고 보아야 할 것이다.[57]

내가 제안하는 번역은 다음과 같다. "그러므로 나는 뒤로 물러서며 티끌과 재**에 관하여** 위로받습니다."

여기서 전통적인 영어 번역의 근간이 되는 히브리어 단어 세 개를 살펴볼 필요가 있다. 그런데 번역 자체를 넘어 욥의 발언이 내포하는 바에 대해서도 질문이 필요하다. 욥은 무슨 의도로 이런 말을 했을까?

일반적으로 "나는 나 자신을 경멸한다"라고 번역되는 동사 "에므

화된 창조의 광경조차도 "시적 담화"라는 매개를 통해 제시된다. Brown, "Job and the 'Comforting' Cosmos," 252-53.

57 이 구절에 대한 다양한 해석(과 번역) 가능성에 관해 다음을 보라. Dale Patrick, "The Translation of Job XLII, 6," *VT* 26 (1976): 369-71; William Morrow, "Consolation, Rejection, and Repentance in Job 42:6," *JBL* 105 (1986): 211-25; Ellen J. van Wolde, "Job 42,1-6: The Reversal of Job," in *The Book of Job*, ed. W. A. M. Beuken, BETL 114 (Leuven: Leuven University Press, 1994), 223-50.

아스"('em'as, "마아스"[mā'as]에서 유래)는 42:6에서 목적어를 동반하지 않으며(표준 영어 번역본들에서 "나 자신을"은 번역자가 추가한 것이다), 이 동사의 "칼"(Qal) 변화형은 히브리어 텍스트에서 "자신을 경멸하다"라는 의미로 사용된 예가 없다. 욥기의 다른 곳에서 이 동사가 "무언가를 거부하거나 거절하다"라는 의미로 사용된 점을 고려하면(5:17; 8:20; 9:21; 10:3; 19:18; 30:1; 31:13; 34:33; 36:5), 나는 여기서도 이 동사가 "나는 물러섭니다" 혹은 "나는 철회합니다"라는 의미로 사용되었을 것이라고 본다.[58] 그렇다면 욥은 무엇으로부터 물러서거나 철회한다는 뜻일까?

나는 크게 두 가지 가능성이 있다고 본다. 먼저 욥이 하나님의 불의에 대한 고발을 철회한 것일 수 있는데, 그 고발은 우주를 운행하시는 하나님의 방식에 대한 그의 잘못된 전제에 근거한 것이었다.[59] 그러나 욥은 하나님의 첫 번째 담화 이후 침묵에 빠져 더는 대답하기를 거부했는데, 그 거부가 이미 그의 고발과 소송에 대한 철회와 동일시될 수 있다. 그렇다면 42:6에서는 그때의 철회 사실을 (재)진술하는 셈이다.

그것이 아니라면 욥은 하나님의 첫 번째 담화에 대해 답변을 거부

---

[58] 어근 "마아스"(mā'as)의 의미로 또 다른 가능성도 있는데, 그것은 70인역에 반영된 "녹다" 혹은 "사라지다"라는 의미다. William Brown은 그의 초기 번역에서 이런 가능성에 주목했었다. "그리하여 나는 사라지지만, 티끌과 재 위에서 위로받습니다"(Brown, *Wisdom's Wonder*, 126). 그러나 Brown은 후에 이 구절을 번역하는 방법에 관하여 입장을 바꾸었다.

[59] 욥이 42:6 이전에 마지막으로 "에므아스"('em'as)라는 동사를 사용한 사례가 이런 의미에 들어맞는다. 그는 자기 노예 중 한 명이 그에 대하여 불평을 늘어놓을 때 그들의 소송(mišpāṭ)을 한 번도 기각하거나 철회하지('em'as) 않았다고 진술한다. 그러므로 여기서 욥은 자신이 하나님께 제기했던 소송을 철회한다고 말하는 것일 수 있다. 욥의 발언은 법정 용어로 가득하다(9:2-35; 10:2, 6-7, 17; 13:6-12, 17-28; 14:3; 16:8, 19-21; 19:5, 7, 25; 23:6). Michael Brennan Dick, "The Legal Metaphor in Job 31," *CBQ* 41 (1979): 37-50.

함으로써(40:3-5) 하나님께 보였던 부적절하고 수동적인 반응을 철회한 것일 수도 있다. 두 가지 철회 모두 고려할 수 있지만(결국 이 둘은 통합적으로 연결되어 있다), 여기서 두 번째 철회(침묵의 철회)만이 욥기의 내러티브 진행에서 새로운 요소라고 할 수 있다.

42:6에 나오는 두 번째 동사는 "나함"(*nāḥam*)이라는 어근의 "니팔"(Niphal) 변화형으로서 "후회하다", "미안해하다", "마음을 바꾸다"(회개하다), 혹은 "자신을 위로하거나 위로받다" 등을 의미할 수 있다.[60] 표준적인 영어 성경들은 대체로 첫 번째 의미군(후회하다, 미안해하다, 회개하다)을 채택하는 반면, Common English Bible(CEB)은 이러한 추세를 거슬러서 "위로하다"라는 번역을 선택한다. "그러므로 나는 마음을 누그러뜨리고 위로를 발견합니다. 티끌과 재 위에서."

욥기 텍스트에서 "나함"(*nāḥam*) 어근의 "니팔" 변화형이 일관되게 회개가 아닌 위로를 가리키는 데 사용되었다는 사실을 감안할 때(2:11; 7:13; 16:2; 21:34; 29:25; 42:11), 여기서도 "위로"의 의미로 사용되었을 가능성이 높다.[61] 그렇다고 해도 ("티끌과 재"로 끝나는) 이 구절 전체의 요지

---

[60] 여기서 일인칭이 사용된 이유는 모호하며, 이론상으로는 "피엘" 변화형으로 이해할 수도 있다. 하지만 대다수 주석가는 이 동사가 "니팔" 변화형으로 사용되었다고 이해한다. 왜냐하면 피엘형의 의미("위로하다, 위로를 제공하다")라는 의미가 문맥과 어울리지 않기 때문이다.

[61] 나는 욥이 과거의 "티끌과 재"라는 비천한 상태를 후회하고(혹은 태도를 바꾸고) 있다고 생각해 왔었다. 그렇게 되면 여기서 "나는 티끌과 재에 관하여 후회한다"라는 구절은 기본적으로 첫 줄을 되풀이(하고 확장)하는 셈이다. 나는 다음 글에서 이런 해석을 제안했었다. Middleton, "Why the 'Greater Good' Isn't a Defense: Classical Theodicy in Light of the Biblical Genre of Lament," *Koinonia* 9, nos. 1&2 (1997): 98. 하지만 이제는 이 문맥에서 "후회"보다는 "위로"가 더 개연성 있는 의미라고 생각한다. 번역의 결정에 영향을 줄 수 있는 또 다른 요인이 있는데, 성경 다른 곳에서 이 동사가 "후회"를 의미할 때는 대체로 하나님께서 마음을 바꾸시는 상황을 묘사한다는 사실이다.

가 무엇인지는 여전히 열려 있는 사안이다.[62]

결국 우리는 "알"(ʿal)이라는 전치사에 도달하게 되는데, 이 전치사는 "안에"가 아니라 "대하여", "위에"(공간적으로), "관련하여", "위하여", 혹은 "관하여"(욥이 위로받고 위안을 얻는 대상을 가리키는 용도로)를 의미한다. 전치사 "알"이 이러한 의미로 사용된 예는 불과 몇 절 뒤에서 찾아볼 수 있는데, 여기서 욥의 가족과 지인들이 욥의 고난에 **"관해"**(ʿal) 그를 **위로하러** 왔다고 말할 때(42:11) "나함"(nāḥam)이라는 동사와 함께 사용된다. 42:6에서도 "알"의 의미가 42:11에서와 동일할 가능성이 높다.

따라서 나는 여기서 욥이 단순히 자신이 "티끌과 재"에 불과하다는 사실에 관해 "위안"을 얻고 "위로"를 받았다고 말했던 것이라고 생각한다.[63] 다시 말해 욥은 인간 조건의 연약한 본질과 그에 수반하는 모든 고통이 하나님 앞에 선 인간의 고귀한 존엄성 및 중요성과 양립 불가능하지 않다는 점을 받아들이게 되었다는 것이다. 이것은 하나님께서 욥의 불평을 기꺼이 들으시고 그에게 대답하려고 하셨다는 사실을 통해 명백해진다.[64]

---

62 Nicholas Ansell은 42:6을 욥이 티끌과 재에 관해 회개하는 것으로 이해하지만(여기서 위안과 위로는 단지 이차적인 의미에 불과하다), 욥의 변화에 관한 그의 전반적인 이해는 나와 크게 다르지 않다. Ansell, "Fantastic Beasts and Where to Find The(ir Wisdo)m," in *Playing with Leviathan: Interpretation and Reception of Monsters from the Biblical World*, ed. Koert van Bekkum, Jaap Dekker, Henk van de Kamp, and Eric Peels, TBN 21 (Leiden: Brill, 2017), 104.

63 이것은 가장 최근에 William Brown이 제안한 번역과 유사하다. "그러므로 나는 마음을 누그러뜨리고 티끌과 재에 관하여 위로받습니다." Brown, "Job and the 'Comforting' Cosmos," 252.

64 욥이 "티끌과 재"에 관하여 받은 위로는 리워야단의 고귀한 위엄과도 관련이 있을 것이다. 땅 위에 있는(문자적으로 "티끌 위에 서 있는") 그 누구도 리워야단의 통치자/주인일 수는 없겠지만(41:33-34[41:25-26 MT]), 아마도 티끌 위에 서 있는 자 중 오직 한 명,

이런 해석은 히브리 성경에서 "티끌과 재"라는 표현이 등장하는 다른 모든 경우(욥 30:19; 창 18:27)에 근거한다.

욥은 앞서 그의 마지막 담화에서 하나님께서 그를 수렁에 던져 넣으셨고 그는 "띠끌과 재"같이 되었다고 불평한다(30:19). 이같이 부정적인 용례를 고려할 때 욥은 42:6에서 자신의 절망을 넘어 비록 그가 "티끌과 재"에 불과하지만 그럼에도 우주의 창조주께서 그의 말을 심각하게 들으셨다는 사실을 받아들이게 되었던 것 같다.

"티끌과 재"라는 표현은 욥기에서 두 번 사용된 예를 제외하고는 창세기 18:27에서 유일하게 등장한다. 아브라함은 자신을 가리켜 "티끌과 재"라고 묘사하지만, 이 표현은 하나님을 향한 담대함, 심지어는 당돌함과 결합하여 나타난다.

이야기의 배경은 아브라함이 하나님과 벌이는 논쟁인데, 아브라함은 만일 소돔 성에 의인이 살고 있다면 과연 하나님께서 그 성을 멸망시키시는 것이 정의로운지 묻고 있다. 이런 맥락에서 아브라함은 자신이 비록 "티끌과 재"에 불과하지만 그럼에도 하나님의 마음을 바꾸기 위해 담대하게 말하겠다고 하나님께 선언한다. 역설적인 것은 소돔 성의 멸망 가능성을 놓고 하나님을 질책하기까지 했던 아브라함이 정작 자기 아들을 번제로 바치라는 지시를 받고서는 침묵했다는 점이다(22:1-19).

아브라함이 이처럼 "담대하게 말하기"에서 "침묵"으로 노선을 전환한 것은 욥이 반대 방향으로, 다시 말해 "침묵"에서 "말하기"로 (두 번

다시 말해 욥만이 그의 맞수/형상이 될 수 있는 인물일 것이다("모셸"의 이중적 의미에 기반한 언어유희).

이나) 방향을 바꾼 사실과 대비된다. 친구들과 함께 앉아서 7일 동안 아무 말도 하지 않았던 욥은 3:1에서 탄식을 시작한다. 또한 하나님의 첫 번째 담화에 (의도치 않게) 침묵하게 되었던 욥은 결국 대화 거부를 철회하고 이제 대답을 시작한다. 그는 (창 18장의 아브라함과 유사하게) 심지어 "티끌과 재"라도 우주의 통치자이신 하나님께 말할 수 있으며, 또한 대답을 기대할 수 있다는 사실을 깨닫게 되었다.

욥의 회복: 에필로그의 발언과 위로

42:6에 나오는 욥의 답변 직후에 야웨께서 엘리바스에게 말씀하신다. "내가 너와 네 두 친구 '에게' [*'el*] 노하나니 이는 너희가 나를 가리켜 말한 것이 내 종 욥의 말 같이 '옳지' [*nəkônâ*] 못함이니라"(42:7). 대부분의 번역 성경은 이 구절에서 전치사 "엘"(에게)을 "알"(관하여)과 동등한 것으로 취급한다. 이것은 하나님을 변호하면서 욥이 고통받는 이유를 설명하려 했던 친구들의 태도와는 대조적으로 욥이 자기 고통을 솔직하게 발설한 것이 적절한 일이었다는 기본 요점을 잘 전달한다. 욥의 불평은 올바르고 확고한(*nəkônâ*) 발언이었다는 뜻이다.[65] 하지만 우리가 "엘"(*'el*)이라는 전치사를 좀 더 정확하게 번역한다면 요점이 더욱 분명해지는데, 요컨대 친구들이 하나님에 **"관하여"** 말했던 반면, 욥은 실제로 하나님**"께"** 말했다는 것이다. 바로 이것이 하나님께서 바라신 일이었다. 비

---

65   "건설하다", "확립하다"라는 의미를 가진 "쿤"(*kûn*)이라는 동사에서 유래하였다.

록 욥의 발언을 수정하실 필요는 있었지만 말이다.[66]

야웨께서는 욥의 친구들이 했던 말을 비판하시고는 그들에게 말씀하시길 욥에게 가서 그가 기도하는 동안 번제를 드리라고 지시하셨다(42:7-8에서 야웨는 욥을 가리켜 네 차례나 "내 종"이라고 부르신다). "내 종 욥이 너희를 위하여 기도할 것인즉, 내가 그를 기쁘게 받으리니 너희가 우매한 만큼 너희에게 갚지 아니하리라. 이는 너희가 나를 가리켜 말한 것이 내 종 욥의 말 같이 옳지 못함이라"(42:8b).

여기서 중요한 점은 욥이 자신들의 불평거리를 가지고 하나님께 나아가 솔직하게 기도했던 시편 저자들의 모범을 따랐을 뿐 아니라 (시내산에서 금송아지 사건 이후에, 그리고 약속의 땅 경계에서 정탐꾼을 보낸 사건 이후에) 이스라엘을 위하여 중보기도 함으로써 하나님의 진노를 되돌려놓았던 모세의 역할도 감당했다는 사실이다.[67]

그리고 야웨께서는 욥이 친구들을 위해 드린 기도를 받으셨고 (42:9) "욥의 기업을 회복시키셔서" 이전보다 갑절이 되게 하셨는데 (42:10), 구체적인 가축의 숫자까지 밝혀져 있다(42:12).[68] 대인관계에서

---

[66] Seow, *Job 1-21*, 92과 Breitkopf, "Importance of Response," 10-13도 이 점을 지적한다.
[67] 제2장 "하나님의 충성스러운 반대자"에서 모세의 중보기도에 관해 논의한 내용을 참조하라. 야웨는 민 12:7-8, 수 1:2, 왕하 21:8에서 모세를 가리켜 "내 종"이라고 부르시고, 모세는 성경 내 다른 많은 장소에서 야웨의 "종"이라고 불린다.
[68] "기업을 회복시키셨다"라는 문구와 갑절의 회복에 관한 묘사는 욥의 고난과 회복이 이스라엘의 유배 및 귀환과 병행을 이룬다는 사실을 암시하려는 의도를 지니고 있을 것이다. 성경에는 포로 귀환과 관련하여 기업의 회복에 대해 분명하게 언급하는 구절들이 있는가 하면(시 126:1; 렘 30:3, 18; 33:7, 11; 겔 29:14; 39:25; 호 6:11; 욜 3:1; 암 9:14), 이사야서에는 귀환 후에 이스라엘이 받을 갑절의 기업에 대한 언급들도 있다(사 40:12; 61:7). 갑절의 기업에 관한 논의로는 다음을 보라. Middleton, *A New Heaven and a New Earth: Reclaiming Biblical Eschatology* (Grand Rapids: Baker Academic, 2014), 257-58. 『새 하늘과 새 땅』(새물결플러스 역간).

욥은 주기도 하고 받기도 한다. 그는 형제와 자매와 이전에 알던 이들로부터 선물과 위로를 받았으며(42:11), 새로운 자녀—아들 일곱과 딸 셋이 그에게 태어났다—도 얻었다(42:13).[69]

주목할 사실은 여기서 딸들의 이름—여미마, 굿시아, 게렌합북—만 밝힌다는 점이다(42:14). 이 아름다운 이름들은 딸들 자체의 아름다움을 상기시키는데, 에필로그의 내레이터는 그들의 아름다움이 탁월하였다고 보고한다(42:15a).[70] 하지만 그들의 이름이니 이름다움보다 더욱 중요한 것은 욥이 딸들에게도 아들들과 동일하게 유산을 물려주었다는 점인데(42:15b), 이것은 히브리 성경에서 매우 이례적인 일이다.

이 사건은 민수기 27:1-11에서 슬로브핫의 딸들에게 일어났던 일을 넘어서는 것이다. 민수기 텍스트는 슬로브핫의 다섯 딸(욥의 딸들처럼 이름이 밝혀져 있다; 27:2)이 부친의 사망 이후에 모세를 찾아와서, 그들의 아버지에게는 이름을 물려줄 아들이 없으니 자신들에게 유산 상속이 이루어지게 해달라고 요청했던(27:1-4) 사건을 기록하고 있다. 모세는 그들의 요청을 야웨께 전달했고, 야웨는 이에 동의하셨을 뿐 아니라(27:5-7; 36:2), 아들이 없으면 유업을 딸에게 물려주는 것을 이스라엘의 규례로 정하신다(27:8). 그런데 욥은 아들들이 있었음에도 딸들에게 아들과 동등한 유산을 물려주었다는 점에서 민수기의 사례를 훨씬 뛰어넘는다.

이것이 왜 중요할까? 욥이 사회적으로 (계층 사다리의 가장 밑바닥에 던

---

[69] 욥기의 프롤로그에서는 욥에게 많은 종이 있었다고 묘사하는데 에필로그에서는 종에 대해 전혀 언급하지 않는다는 사실에 어떤 의미가 있을까? 이러한 변화를 통찰력 있게 다룬 다음 자료를 보라. Ansell, "Fantastic Beasts and Where to Find The(ir Wisdo)m," 94-95, 99-101.

[70] 이 이름들은 각각 "비둘기", "계수나무", "뒤집힌 뿔"을 의미하는 것으로 보인다.

져서서) 배척당했던 경험, 자신이 당하고 있다고 느낀 불의에 대한 그의 저항, 그리고 야웨께서 고난 중에도 그에게 관심을 보이신다는 사실에 대한 깨달음, 이 모든 일들이 그의 윤리적 감수성을 깊이 자극하여 가부장제하에서 불합리하게 고통받는 자의 편에서 그들을 변호하도록 만들었던 것은 아니었을까?[71]

욥기의 마지막 두 절은 욥의 말년을 요약하면서 그가 140년을 더 살았고 "아들과 손자 사 대를 보았"다고 말하는데(42:16), 이것은 출애굽기 20:5과 34:7에서 야웨께 신실하지 못한 자들이 맞이하게 될 결말로 언급하는 상황과는 정반대의 현실을 욥이 맞이했음을 암시한다. 욥의 죄악이 그의 자손 삼사 대까지 이어진 것이 아니라, 오히려 욥의 축복이 자손들에게 확장된 것이다. "욥이 늙어 나이가 차서 죽었더라"(42:17).[72]

에필로그의 세부 사항을 어떻게 평가하든 간에, 하나님의 두 번째 담화 끝자락에 욥이 하나님께 응답하여 과거의 비굴한 침묵과 야웨에 대한 소송을 철회한 이유는 그가 하나님께서 인간 대화 파트너, 특히 그의 솔직하고 거침없는 발언을 귀하게 보신다는 사실을 깨닫게 되었기 때문임이 분명하다. 또한 욥은 이 일을 통해 합당하게 위로받고 위안을 얻는다. 따라서 욥기를 주의 깊게 읽어보면 우리는 한편으로 하나님께서 폭풍우 가운데서 하신 담화의 의도와 다른 한편으로 산문 에필로그에서 하나님이 욥에게 주신 명시적인 승인 사이에 근본적인 일관성이 존재함을 알 수 있다.

---

71   이 통찰력 있는 해석은 아들 Kevin이 제안한 것이다.
72   이것은 아브라함의 죽음에 관한 기사와 유사한데, 이것은 두 족장 사이의 수많은 유사점 가운데 하나에 불과하다.

따라서 욥기는 두 극단적인 길, 다시 말해 하나님을 명시적으로 축복하는 말(욥이 처음에 했던 적절한 발언)과 하나님을 저주하는 또 하나의 말(욥이 피하고자 했던 어리석은 말) 사이에 제3의 실현 가능한 선택, 요컨대 기도를 통하여 하나님께 직설적으로 도전하는 길도 있다고 제안한다. 이것은 창조주 하나님께서 자신의 형상으로 창조된 사람들에게 원하시고 기대하시는 일이며, 따라서 이것 역시 올바른 말이다.

나는 본 장에서 하나님의 담화나 그 말씀에 대한 욥의 응답이 지니는 의미가 확고하게 결정되리라고 기대하지는 않는다(욥기의 텍스트는 본래 다면적이며 앞으로도 수천 년 동안 주석가들을 괴롭힐 것이 분명하다). 하나님을 가학적인 폭군으로 묘사하면서 그가 욥의 입을 막으려 하신다고 주장하는 전통적인 해석을 유지할 이유도 없다(이것은 욥의 친구들이 취했던 관점을 대변하는 것이므로 "옳지" 않은 해석이다). 반대로 하나님은 욥을 매장하기 위해서 오신 것이 아니라 오히려 그를 칭찬하기 위해 오셨다고 결론 내리는 것이 텍스트의 의미를 훨씬 더 잘 드러내 준다.

제3부

이삭의 결박 이야기를
전통의 굴레에서 풀어주기

제5장

|

아브라함이나 하나님을
비판하는 일이 허용되는가?

나는 "이삭의 결박 이야기"(Aqedah)에 대해 고민한 적이 없다. 대다수 그리스도인과 유대인, 그리고 신학자와 성서학자들처럼 나도 아들을 희생제물로 드리라는 하나님의 명령에 대한 아브라함의 응답을 신실한 순종의 모범으로 받아들였을 뿐이다(대체로 그리스도인은 그의 믿음을, 유대인은 그의 순종을 강조하는 경향이 있지만, 종종 이 둘이 결합하여 나타나기도 한다).

나는 18살 때 자메이카 킹스턴에 있는 모교회에서 창세기 22장을 주제로 주일학교 아이들을 가르쳤던 기억이 아직도 생생하다. 무더운 주일 아침 교회 건물 뒤에 있는 나무 벤치에 앉아서 나는 하나님을 향한 아브라함의 감탄스러운 헌신에 관해 그룹 토론을 진행했다. 아브라함은 친아들의 생명까지 포함하여 지상에서 가치 있는 그 무엇보다도 하나님을 향한 헌신을 우위에 두었다

따라서 이삭의 결박 이야기에 관한 나의 첫 비판적 해석이 그 교회당에서 바로 길 아래 있는 자메이카 신학교에서 (주일학교 교사로 그 이야기를 가르친 지 거의 40년 후에) 발표된 것은 아주 적절해 보인다.[1] 그날 발표

---

1   자메이카 신학교의 설립자를 기념하는 Zenas Gerig 기념 강좌의 일환으로 진행된 교수

이후로 아브라함에 대해 비판적이면서도 창세기 텍스트에 충실한 이삭의 결박 이야기 해석을 발전시켜 왔다. 이 해석을 발전시키면서 나는 아브라함의 하나님께도 신실한 자세를 유지하려고 노력했다.

내가 아브라함의 응답에 대해 의문을 가지게 된 배경

창세기 22장에서 아브라함이 하나님께 보인 반응에 대한 나의 의문은 크게 세 가지 고려 사항으로부터 발전한 것이다.

첫 번째이자 가장 기본적인 고려 사항은 내가 아는 하나님이 결코 신실함의 증거로 다른 사람의 생명을 희생제물로 드리라고 나에게 요구하지 않으시리라는 단순한 믿음이었다. 더욱이 나는 하나님께서 맹목적이고 무비판적인 순종을 가치 있게 여기지도 않으실 것이라 믿었다. 따라서 만일 어떤 목소리가 (그것이 내면의 목소리든지 아니면 귀에 들리는 음성이든지) 하나님의 뜻을 전달한다고 주장하면서 나에게 아들을 희생제물로 바치라고 요구한다면, 나는 반사적으로 그 명령을 따르지는 않을 것이다.

만일 내가 그런 음성을 들었다고 가정한다면 나는 먼저 그 소리의 출처를 궁금해했을 것이고, 특히 이것이 정말로 하나님에게서 온 것인지 의심했을 것이다. 자메이카의 한 신학생이 이삭의 결박 이야기에 관

취임 연설이었다. "How Abraham Lost His Son: Faithful Interpretation of Genesis 22:1-19," Jamaica Theological Seminary, Kingston, Jamaica, September 16, 2012.

한 나의 발표를 듣고 나서 이렇게 말했다. "만일 내가 아들을 바치라는 목소리를 듣는다면 나는 '사탄아, 내 뒤로 물러가라'라고 대답할 것입니다." 나의 처음 반응도 그와 비슷할 것 같다.

그리고 만일 (이것이 하나님으로부터 온 것이 아님을 입증하기 위해) 자료를 조사하고 탐구한 후에도 이 말씀이 진짜로 하나님으로부터 온 것이라고 믿게 되었다면, 나는 그런 지시에 강력하게 반대하고 하나님께서 왜 그런 것을 원하시는지 따져 물을 것이다. 그러고는 아들의 목숨을 살려달라고 애원할 것이다.[2]

창세기 22장의 아브라함을 긍정적으로 바라보는 전통적인 해석을 재고하게 된 두 번째 이유는 성경 안에 부당하거나 불의해 보이는 상황을 아무 소리 없이 묵인하지는 **않는** 의미심장한 선례들이 있기 때문이다. 이러한 선례로는 시편의 탄식 기도, 금송아지 사건 이후 모세가 드린 중보기도, 이스라엘을 대신하여 중보기도 하는 예언자 전통, 욥의 불평 소리 등이 있다.

신약성경에는 예수님께서 배신당하시기 전에 동산에서("이 잔을 내게서 옮기시옵소서"라고 성부께 탄원하시면서; 막 14:36; 눅 22:42), 그리고 십자가상에서("나의 하나님, 나의 하나님, 어찌하여 나를 버리셨나이까?"라고 탄식 시편 구절을 인용하시면서; 마 27:46; 막 15:34) 죽음을 앞두고 기도하시는 장면이 나온다.

---

[2] 성서학자들은 성서를 연구하는 그들 개인의 성향을 좀처럼 밝히지 않으며, 확실히 해석자의 관점을 절대화하려고 하지도 않는다. 하지만 창 22장처럼 의미로 가득한 텍스트에 접근하면서 주관성을 배제하기는 불가능하다는 것이 사실이다. 최선의 길은 이 점을 솔직하게 인정하는 것이다.

이처럼 다양한 방식으로 성경은 개인의 삶이나 광범위한 세상에서 맞닥뜨리는 불의한 상황이나 잘못에 관해 하나님께 직접 자기 생각을 말하고 심지어 하나님께 도전하기까지 하는 규범적인 선례들을 제공한다.

성경에 이처럼 격렬한 기도의 선례가 존재한다는 사실은 아브라함이 어째서 이삭을 위해 중보기도 하지 않았는가 하는 의문을 제기한다. 앞서 언급한 선례들을 고려할 때 우리는 아브라함이 왜 시편 22편 저자처럼 "내 하나님이여! 내 하나님이여! 어찌 나를 버리셨나이까?"라고 울부짖지 않았는지, 그리고 겟세마네 동산에서의 예수님처럼 "이 잔을 내게서 옮기시옵소서"라고 탄원하지 않았는지 의아해할 수밖에 없다.

실제로 이삭의 결박 사건에서 네 장만 앞으로 가면 아브라함이 하나님께 아주 대담하게 도전하는 장면이 나온다. 이것이 내가 이삭의 결박 이야기에 대한 전통적인 해석에 의문을 제기하는 세 번째 이유다.

창세기 18장에는 아브라함과 하나님 사이에 오갔던 기나긴 대화가 나오는데, 여기서 아브라함은 하나님께서 소돔을 멸망시키시는 것이 과연 옳은지 의문을 제기한다. 아브라함이 염려했던 이유는 그의 조카 롯과 가족이 그곳에 살고 있었기 때문이다. 물론 대놓고 이야기하지는 않았지만 말이다. 하나님께서 소돔의 죄악으로 말미암아 그 성을 심판하실 것이라고 예상했던 아브라함은 하나님께서 의인(ṣadiq) 혹은 무고한 자를 악인들과 함께 멸절하시려고 계획하셨다며 하나님을 비난하기에 이른다. 하나님의 공의라고 여겨지는 일에 도전하는 아브라함의 대담함은 놀랍기까지 하다. "주께서 이같이 하사 의인을 악인과 함께 죽이심은 부당하오며 의인과 악인을 같이 하심도 부당하니이다. 세상을 심판하시는 이가 정의를 행하실 것이 아니니이까?"(창 18:25)

모세가 금송아지 사건 이후 이스라엘 백성이 심판을 면할 수 있도록 그들을 대신하여 중보기도 한 것처럼 아브라함은 소돔의 멸망을 애통해하면서 조카와 그의 가족을 위해 중보기도 한다. 창세기 18장에서 아브라함은 성경에서 찾아볼 수 있는 격렬한 기도에 동참하였고 하나님은 그의 기도를 진지하게 받아들이신다. 하나님께서는 모세에게 하셨던 것과 마찬가지로 아브라함이 무고한 열 사람을 위해 도시를 구해달라고 요청한 것까지도 들어주신다. 아브라함이 요청하기를 멈추었을 때 하나님께서는 사자들을 보내셔서 롯과 그의 가족을 구출해 주신다(창 19장).

하지만 아브라함은 하나님께서 그에게 직접 아들을 죽이라고 명령하셨을 때는 이상하게도 침묵한다. 하나님은 아브라함에게 "데려가라, 제발, 네 아들을, 네 외아들을, 네가 사랑하는 이삭을. 그리고 모리아 땅으로 가라. 그리고 거기서 그를, 내가 너에게 말해줄 산들 가운데 하나에서 번제로 바쳐라"라고 말씀하신다(22:2).[3] 그리고 아브라함은 단 한마디의 대답도 하지 않고 다음 날 아침 일찍 운명적인 여행을 떠난다. 이삭의 결박 이야기 전체(열아홉 절)에서 아브라함은 하나님께 단 두 마디만 말한 것으로 기록되어 있는데, 실제로 아들을 제물로 바치라는 명령을 받기 전(22:1)과 나중에 천사가 하늘에서 제사를 막기 위해 그를 부를 때(22:11) 두 번 모두 "힌네니"(*hinnēni*, "보라, 나를")라는 단어 하나만을 말한다. 흔히 이 단어는 "내가 여기 있습니다"라고 번역된다. 하지만 이삭의 결박 이야기 어디에도 아브라함이 하나님과 대화하는 장면은 없다.

---

3 창 22:1-19 텍스트는 주해 상의 필요에 따라 개역개정판을 사용하지 않고 저자의 사역을 우리말로 옮겼다.

창세기 18장과 22장을 대조해 보면 조금 충격을 받을 수도 있다. 아브라함이 이전에 기도할 때 보여준 대담함을 고려할 때 우리는 그가 "주께서 이렇게 하셔서 무고한 자[이삭]를 악인과 함께 죽이시는 것은 부당하며 무고한 자와 악인을 같이 취급하시는 것도 부당합니다. 온 세상의 재판관이 의로운 일을 하셔야 하지 않습니까?"와 같은 반응을 보일 것이라고 예상했을지도 모른다.

아브라함은 왜 과거에 적극적인 항의와 중보기도로 반응하던 대도(18장)를 버리고 후에는 침묵으로 순종했던 것일까?(22장)

창세기 텍스트에서 이 같은 질문이 명시적으로 제기되지는 않았으나, 테렌스 프레타임은 이렇게 제안한다. "창세기의 내레이터는 18장에서 아브라함에게서 하나님께 질문하는 법을 배운 **독자**가 여기서는[22장] 질문을 던져야 하는 당사자라고 말하려는 것일 수도 있다."[4]

하지만 앞서 창세기 22장에 대한 나의 비판적 해석이 처음 제기되었을 때와 마찬가지로 나는 또다시 이삭의 결박 사건에 대해 방대한 자료를 저술한 두 명의 현대 성서학자 존 레벤슨과 월터 모벌리의 입장과 맞닥뜨리게 된다. 레벤슨과 모벌리는 오늘날 이삭의 결박 이야기에 대해 비판적 해석을 제안하는 모든 학자에게 엄중한 경고를 보냈다.

유대교 전통에 깊이 뿌리 내린 레벤슨과 기독교 전통에 속한 모벌리는 각각 신뢰를 바탕으로 한 부끄러움 없는 긍정적인 태도로 이삭의

---

4   Fretheim, "God, Abraham, and the Abuse of Isaac," *WW* 15, no. 1 (1995): 51 (강조는 원저자의 것임). 거의 동일한 문장을 다음 자료에서도 발견할 수 있다. Fretheim, *Abraham: Trials of Family and Faith,* SPOT (Columbia: University of South Carolina Press, 2007), 120.

결박 이야기를 해석하는데, 여기에는 그 이야기가 동시대 신앙 공동체 내의 삶에 미치는 영향력도 포함된다. 그러나 두 사람 모두 텍스트를 단순하고 순진하게 읽지는 않는다. 오히려 이삭의 결박 이야기에 대한 그들의 해석은 텍스트 해석의 복잡한 역사를 바탕으로 후대를 위한 모델 또는 패러다임으로서 아브라함에 관해 풍성한 의미를 지닌 해석을 발전시킨다. 또한 이삭의 결박 이야기에 대한 그들의 해석은 텍스트에 대한 현대의 비평적 독법에 대한 경고의 근거가 되기도 한다.

여기서는 이삭의 결박 이야기에 대해 레벤슨과 모벌리가 제공하는 미묘한 전통적 해석의 핵심을 요약하여 텍스트의 비평적 독법에 대한 경고의 근거를 제공하고자 한다.

레벤슨에 따른 이삭의 결박 이야기의 역사적 배경

이삭의 결박 이야기를 다룬 레벤슨의 대표작은 『사랑하는 아들의 죽음과 부활: 유대교와 기독교에서 아동 제사 의식의 변화』(1993)이다. 이 책은 창세기 22장을 다룬 기념비적인 연구로서 장자를 하나님께 바치는 의식이 이삭의 결박 이야기의 역사적 배경일 가능성이 높다는 레벤슨의 이론을 체계화한 것이다. 그에 따르면 장자를 바치는 의식이 시간의 흐름에 따라 유대교와 기독교 모두에 유효한 "숭고한 종교 패러다임"으로 변화했다고 한다.[5]

---

[5] Jon D. Levenson, *The Death and Resurrection of the Beloved Son: The Transformation of*

다른 성서학자들의 견해를 이어받아 레벤슨은 이스라엘 종교에서 장자 제사의 발전 단계를 셋으로 나눈다. 첫 번째 단계에서는 문자 그대로 장자를 야웨께 드리는 일이 토라의 요구사항으로 이해되었다. 출애굽기 13:2에서 하나님은 이스라엘 백성에게 이렇게 말씀하신다. "이스라엘 자손 중에서 사람이나 짐승을 막론하고 태에서 처음 난 모든 것은 다 거룩히 구별하여 내게 돌리라. 이는 내 것이니라." 이어서 22:29에서는 "네 처음 난 아들들을 내게 줄지며"라고 말씀하신다.[6] 레벤슨은 이삭의 결박 이야기가 이스라엘 종교에서 이 첫 번째 단계에 속하는 것으로 본다. 그렇게 되면 하나님께서 아브라함에게 아들을 번제물로 바치라고 명령하신 일이 고대의 관점에서 문제 될 것이 없어진다.[7]

---

[6] *Child Sacrifice in Judaism and Christianity* (New Haven: Yale University Press, 1993), x. 제의에서의 첫 번째 단계를 보여주는 증거로서 Levenson은 다음 사례들을 언급한다. 미가가 하나님께 정말로 장자를 속죄의 대속물로 원하시느냐고 묻는 장면(미 6:7); 입다가 서원을 지키기 위해 딸을 희생제물로 바치는 장면(삿 11:29-40); 모압 왕이 전쟁에서의 승리를 보증하기 위해 아들을 번제로 바치는 장면(왕하 3:26-27).

[7] Levenson은 이에 근거하여 창 18장(아브라함이 소돔을 멸망시키시는 일에 항의한 일)과 창 22장(아브라함이 자기 아들을 죽이라는 명령에 순종한 일)을 구분한다. 첫 번째 사례가 법정적 맥락(여기서는 윤리 문제를 의미 있게 다룬다)에 속하는 반면, 두 번째 사례는 희생제사의 맥락(여기서는 윤리 문제가 무의미하다)에 속한다는 것이다. 법정적 맥락과 희생제사의 맥락에 관해서는 다음을 참조하라. Levenson, "Abusing Abraham: Traditions, Religious Histories, and Modern Misinterpretations," *Judaism* 47, no. 3 (1998): 272. 또한 *The Jewish Study Bible*, ed. Adele Berlin and Marc Zvi Brettler (New York: Oxford University Press, 2004), 46에 실린 이삭의 결박 이야기에 관한 Levenson의 난외주도 참조하라. 그는 *Death and Resurrection of the Beloved Son*, 129에서 이러한 대조가 "사형을 선고받은 죄인"(창 18장)과 "희생제사의 제물"(창 22장) 간의 대조라고 설명한다. 이어서 그는 창 18장과 22장이 아브라함에게 주어진 서로 다른 시험을 대변하며 아브라함은 두 시험을 모두 통과했다고 주장한다. 첫 번째 시험은 항의함으로써, 두 번째 시험은 아무것도 묻지 않고 순종함으로써 말이다. Levenson은 키에르케고르의 "윤리에 대한 목적론적 중지"에 반대하지만, 그럼에도 그의 관점은 키에르케고르와 분명한 유사점을 가지고 있으며 아마도 우리는 그것을 "윤리에 대한 희생적 유예"라고 부를 수 있을 것이다.

이후에 사람의 맏아들도 대체(substitution)를 통해 구속될 수 있다는 아이디어가 출현했으며, 출애굽기 13:13("네 아들 중 처음 난 모든 자는 대속할지니라"), 출애굽기 34:20("네 아들 중 장자는 다 대속할지며"), 민수기 18:15("처음 태어난 사람은 반드시 대속할 것이요") 등에서 이런 아이디어를 볼 수 있다. 이때 대체물은 짐승(양)이나 속전의 지불, 레위인으로 봉사하기 또는 나실인 서원 등이다.[8] 창세기 22장에서 아브라함을 대신하여 숫양을 대속물로 드린 것은 이스라엘 종교에서 장자가 대체물을 통해 구속될 수 있었던 이 단계를 대변하거나, 혹은 그 단계로 진행하는 과정을 보여줄 수도 있다.

마침내 이스라엘 종교는 지금까지 합법적으로 여겨지던 장자 제사 전통을 전면적으로 거부하기에 이르렀다. 그리하여 야웨는 이스라엘의 행위에 대해 "힌놈의 아들 골짜기에 도벳 사당을 건축하고 그들의 자녀들을 불에 살랐나니 내가 명령하지 아니하였고 내 마음에 생각하지도 아니한 일이니라"(렘 7:31)라고 책망하신다. 예레미야 19:5에도 바알에게 자녀를 바치는 문제와 관련하여 비슷한 진술이 나온다.

이처럼 예레미야서의 진술은 아동 제사가 결코 하나님의 뜻이 아니라고 가정하지만, 레벤슨은 하나님이 에스겔 20:25-26에서 이 고대 의식에 대한 책임을 자신에게 돌리신다고 지적한다. "또 내가 그들에게 선하지 못한 율례와 능히 지키지 못할 규례를 주었고 그들이 장자를 다 화

"The Test," in *Inheriting Abraham: The Legacy of the Patriarch in Judaism, Christianity, and Islam*, LJI [Princeton: Princeton University Press, 2012], 223n58.

8 민수기에서 레위인은 이스라엘의 장자들을 대신하여 하나님이 지명하신 대리인으로 간주된다(3:12-13, 41, 45, 48-50; 8:17-18).

제로 드리는 그 예물로 내가 그들을 더럽혔음은 그들을 멸망하게 하여 나를 여호와인 줄 알게 하려 하였음이라."

역사적 배경을 추적하는 중요한 목적 가운데 하나는 다음과 같다. 현대 독자들은 하나님께서 아브라함에게 하신 것처럼 아들을 번제로 바치라고 요구하실 때 주저하고 망설이겠지만, 레벤슨은 이것이 고대 이스라엘 종교에서는 정당한 요구사항의 일부분이었다는 점을 분명히 하자는 것이다. 이스라엘의 제사 제도에서 번제(ʿōlâ)가 죄의 보상이라는 기능보다는 헌신과 감사를 상징하는 역할을 하였다는 점을 근거로 레벤슨은 하나님께서 아브라함에게 아들을 번제물(ʿōlâ)로 드리라고 요구하신 일이 아브라함의 헌신에 대한 시험이라고 해석한다. 과연 아브라함이 아들보다 하나님을 더 사랑하는가 시험해 보셨다는 뜻이다.[9]

레벤슨은 『사랑하는 아들의 죽음과 부활』에서 유대교와 기독교 내에서 이삭의 결박 이야기가 하나의 전형(paradigm)으로 기능하는 방식을 탐구한다. 여기서 그는 이삭이 기꺼이 희생제물이 되기로 복종했다는 점을 강조하는데, 이것은 창세기 22장에는 언급되지 않았으나 후기 유대교 해석에서 강조하는 요소다. 이처럼 이삭이 기꺼이 자신을 희생제물로 드린 일은 유대교의 순교자 전통과 기독교에서 하나님의 "사랑받는 아들"을 희생제물이 되신 예수로 이해하는 전통에 근거를 제공한다.[10]

---

[9] Levenson, *Death and Resurrection of the Beloved Son*, 137.
[10] Levenson은 이삭의 결박 이야기가 예수의 죽음에 관한 신약성서의 묘사에 근거를 제공한다는 보편적인 해석의 흐름을 따르지만, 이삭의 결박 이야기와 예수의 죽음을 연관 지은 것은 유대교가 그 사건을 순교의 근거로 사용한 데 대한 반응일 가능성도 있다. 초기 기독교 세계에서 문헌상의 증거는 모호하다.

이삭의 결박 이야기를 희생제사와 기도의 근간으로 이해하는 레벤슨과 모벌리

레벤슨은 『사랑하는 아들의 죽음과 부활』이 출간된 지 거의 20년이 지나서 『아브라함의 상속』이라는 책을 냈는데, 여기에는 이삭의 결박 이야기에 관해 그가 가장 최근에 저술한 "시험"("The Test," 2012)이라는 에세이도 실려 있다.[11] 모벌리는 이삭의 결박 이야기를 다룬 수많은 기고문과 단행본의 일부를 저술했는데, 그중 가장 방대한 글은 61페이지에 달하는 "창세기 22장의 아브라함과 하나님"("Abraham and God in Genesis 22," in *The Bible, Theology, and Faith*, 2000)이다.[12] 이 두 글에서 명석한 저자들은 창세기 22장 텍스트를 깊이 살펴보고 유대교 해석사의 다양한 측면을 탐구하면서 오늘날 이삭의 결박 이야기가 의미하는 바에 관해 서로 놀랍도록 유사한 이해에 도달한다.[13]

레벤슨은 창세기 22장을 주해한 후에 이삭의 결박 이야기에 대한 다양한 해석을 일별하는데 먼저 유대교 해석사에서 시작하여 기독교, 이슬람, 그리고 현대 해석도 부분적으로 다룬 후에 이렇게 결론짓는다. 창세기 22장에 나오는 아브라함의 순종은 현대 유대인들에게 하나의 "전형"이 되어서 그들로 하여금 "하나님의 뜻에 대한 자기 복종이라는

---

11 Levenson, "The Test," 66-112 (nn. 219-23).
12 R. W. L. Moberly, "Abraham and God in Genesis 22," in *The Bible, Theology, and Faith: A Study of Abraham and Jesus* (Cambridge: Cambridge University Press, 2000), 71-131.
13 Moberly는 이삭의 결박 이야기를 주제로 최소한 아홉 개의 논문 혹은 단행본의 일부 장들을 저술했으며 다음 저서의 여러 곳에서 결박 이야기에 관한 해석을 전개하고 있다. R. W. L Moberly, *The Old Testament of the Old Testament: Patriarchal Narratives and Mosaic Yahwism*, OBT (Minneapolis: Augsburg Fortress, 1992; repr., Eugene, OR: Wipf & Stock, 2001), 138-45, 188-90.

결박 이야기의 심오한 메시지를 토라의 계명인 '미츠보트'를 준수하는 형태로 재현할 수 있게 해준다."[14] 따라서 이삭의 결박 이야기는 현대 유대인의 할라카(계명) 준수에 있어서 올바른 헌신의 근거와 모범이 된다.

레벤슨은 궁극적으로 토라 준수와 "결박" 이야기의 관계를 구체적으로 기도에 적용한다. 논거의 전개를 위해 그는 먼저 역대기 저자가 솔로몬의 성전 터를 모리아와 동일시한 점에 주목한다(대하 3:1). 구약 가운데 비교적 후대(기원전 4-3세기)에 저술된 역대기의 텍스트가 이삭의 결박 이야기를 "예루살렘 성전의 근간이 되는 전설"로 이해하는 전통의 출발점이다.[15] 이 전설의 결과로 아브라함이 모리아에서 드린 모범적인 제사가 이후에 이스라엘 백성이 성전에서 희생제사를 드릴 때 기억해야 할 헌신의 모델로 여겨졌다. 레벤슨은 타르굼 옹켈로스가 창세기 22:14을 아람어로 의역하면서 아브라함이 모리아의 제단을 단순히 후대 이스라엘 백성이 하나님께 예배할 근거로만 제시하는 것이 아니라, 그가 "과소평가 되어서는 안 될 바로 그 장소에서" **기도**하는 것으로 묘사한다고 지적한다.[16]

이것이 중요한 이유는 제2성전 파괴 이후 탈무드 시대에는 기도가 "제사를 대신할 수 있는 적절한 제물 가운데 하나"로 여겨졌기 때문이

---

14 Levenson, "The Test," 112. Levenson은 67-89에서 창 22장에 대한 전통적인 해석을 제시한 후에 89-99에서는 유대교 해석에 초점을 맞추고, 99-112에서는 기독교, 이슬람, 현대 해석을 간략하게 개괄한다. 그 자신의 결론(112)은 주로 후기 유대교에 이삭의 결박 이야기, 성전 제사, 그리고 기도라는 주제가 어떻게 적용되었는지에 관한 분석에 기초한다(89-91).
15 Levenson, "The Test," 89.
16 Levenson, "The Test," 89.

다.[17] 결국 아브라함을 모델로 한 헌신의 방식은 제사 제도에서 기도로 옮겨졌으며, 레벤슨이 강력하게 표현한 것처럼 기도는 "희생제사를 대신하고 재활성화하는데, 여기서 성전 예배와 마음의 예배에 토대를 제공하는 전형적인 예배가 바로 이삭의 결박 사건이다."[18] 레벤슨이 기고문을 마무리하면서 내가 앞에서 언급했던 것처럼 이삭의 결박 이야기를 토라에 대한 순종에 적용하는 것으로 볼 때 그는 아브라함의 순종을 재현하는 규칙적인 매일 기도 전통(할라카의 요구사항)을 염두에 두고 이를 독자들에게 주지시키고자 했던 것으로 보인다. 아마도 그는 그러한 기도를 토라에 대한 순종의 대표적인 사례로 여겼을지도 모른다.

이런 해석은 월터 모벌리가 이삭의 결박 이야기에서 도출한 요점과 유사하다. 모벌리가 정교하게 제시하는 전통적인 해석은 창세기 22장의 네 가지 핵심 용어(하나님 **경외**, 하나님의 **시험**, 하나님의 **보심**, 하나님의 **축복**)에 대한 탐구를 기반으로 한다.[19] 네 가지 핵심 용어 가운데 두 가지는 출애굽기 20:20에 이미 나타나는데(하나님의 **시험**과 하나님 **경외**), 모벌리는 이 구절이 이스라엘에 대한 하나님의 의도를 이해하는 데 대단히 중요한 역할을 하는 것으로 여긴다.[20]

출애굽기 20:20에 따르면 모세는 백성에게 "두려워하지 말라. 하나

---

17 Levenson, "The Test," 90.
18 Levenson, "The Test," 90-91.
19 Moberly는 "Abraham and God in Genesis 22"라는 논문을 서론(71-80)과 네 개의 핵심 용어("하나님 경외"[80-97], "하나님의 시험"[107-18], "하나님의 보심"[107-18], "하나님의 축복"[118-27])를 다루는 본론으로 구성한다.
20 Moberly는 "이 네 가지 용어 가운데 내러티브의 주된 비중은 처음 두 용어인 '시험'과 '하나님 경외'에 놓여 있다고 지적한다. Moberly, "Abraham and God in Genesis 22," 79.

님이 임하심은 너희를 시험하고 너희로 경외하여 범죄하지 않게 하려 하심이니라"라고 말한다. 시내산 신현과 십계명 제시 바로 다음에 나오는 이 구절은 시험의 목적이 야웨에 대한 이스라엘의 충성과 순종을 증명하고 드러내는 것이라고 제안하는데, 그들의 충성과 순종은 하나님에 대한 올바른 "두려움"으로부터 일어나는 것이다(출 20:20에서 요구하는 "경외"는 일반적인 두려움과는 구별되어야 한다). 모벌리의 견해에 따르면 이사 이 결박 이야기에 나오는 시험은 바로 이런 목적을 지닌 것으로 이해되어야 한다.[21]

레벤슨과 마찬가지로 모벌리도 모리아 땅이 예루살렘 성전 터라는 역대하 3:1의 해석을 인용하면서 이삭의 결박 이야기가 희생제사에 수반되어야 할 올바른 내적 태도를 표현한 것이라고 해석한다. (그는 이것이 "현재 주어진 역대하 텍스트"에서 발견되는 서사의 일부이지만, 그 이야기의 원래 의도는 아닐 것이라는 점을 인정한다.[22]) 그는 특히 번제(*olâ*, 이것이 하나님께서 아브라함에게 구체적으로 요구하신 제사였다)가 레위기 1장의 제사 목록 맨 앞에 자리하고 있으며 출애굽기 29:38-46에 따르면 이스라엘은 매일 두 차례씩 "번제"(*olâ*)를 드리도록(소위 상번제) 요구받았다는 점에 주목한다.[23] 모벌리는 제2성전이 파괴되고 제사가 중단된 후에도 이삭의 결

---

21 Moberly, "Abraham and God in Genesis 22," 81-84.
22 Moberly, "A Specimen Text: Genesis 22," in *Genesis 12-50*, OTG (1992; repr., Sheffield: Sheffield Academic Press, 1995]), 47.
23 Moberly, "Abraham and God in Genesis 22," 112, 117-18. 「레위기 랍바」 2:11은 상번제와 이삭의 결박 사건을 명시적으로 연결한다. "우리 조상 아브라함이 그의 아들 이삭을 결박했을 때 거룩하시고 복되신 그분이 두 마리의 양을 아침과 저녁에 한 마리씩 잡는 제도를 정하셨다." Levenson, *Death and Resurrection of the Beloved Son*, 185.

박 이야기는 하나님께 헌신하기 위한 올바른 내적 태도의 모범을 제공함으로써 유대인에게(또한 그리스도인에게도) 계속 중요한 의미를 전달할 수 있다고 설명한다.[24] 이것은 후대의 유대인들이 "카바나"(혹은 올바른 의도)라고 부르는 개념과 다르지 않으며 오늘날에는 특히 유대인이 "기도서"(Siddur)를 암송할 때 요구되는 **집중력**에도 적용될 수 있다.[25]

레벤슨과 모벌리는 창세기 22장에서 발견할 수 있는 아브라함의 내적 태도가 오늘날 하나님을 향한 헌신에도 적용될 수 있음을 강조한다는 공통 분모를 가지고 있지만, 레벤슨의 해석은 토라 준수에 초점을 맞춘 전형적인 유대교 접근법이라는 특징을 지닌다.

모벌리는 이삭의 결박 이야기를 다룬 최근의 기고문(2009)에서 하나님의 뜻에 대한 이삭의 복종이 신자가 따라야 할 모범이라는 점을 강조하였는데, 이것은 앞서 레벤슨이 『사랑하는 아들의 죽음과 부활』에서 강조했던 사안이다. 이 글에서 모벌리는 "전통적으로 유대인과 그리스도인은 이 이야기를 아브라함과 **이삭**이 하나님께 보여드려야 할 값비싸고 올바른 반응이 무엇인지 제시해 주는 모델로 이해했다"라고 말한다.[26] 그런 다음 모벌리는 클레멘스 토마의 글을 인용하면서 "이삭과 자기를 동일시한다는 것은, 토마가 말한 것처럼 그들의 삶에서 불가해하고, 견딜 수 없고, 모순되는 것처럼 보이는 일들을 순종하는 마음으로 묵

---

24 Moberly, "Abraham and God in Genesis 22," 112-18.

25 Moberly나 Levenson이 이삭의 결박 이야기가 제시하는 메시지를 "카바나"라는 유대교 개념과 명시적으로 연결한 자료를 개인적으로 확인하지는 못했지만, 이런 연결이 그들의 분석에 암시적으로 드러나 있는 것은 사실이다.

26 Moberly, "Genesis 22: Abraham—Model or Monster?," in *The Theology of the Book of Genesis* (Cambridge: Cambridge University Press, 2009), 179 (강조는 덧붙인 것임).

묵히 받아들이고 그것을 성찰하도록 자신에게 동기를 부여한다는 것을 뜻한다"라고 덧붙인다.²⁷ 이러한 강조점은 이삭의 결박 이야기가 지닌 가치에 관한 모벌리의 자서전적 언급과도 일맥상통하는데, 그는 (이 책의 서론에서 밝혔던 것처럼) 이삭 이야기가 자신의 삶에서 바뀔 수 없는 어려운 현실을 받아들이도록 도와주었다고 지적한다.²⁸

이삭의 결박 이야기의 비판적 해석에 대한 레벤슨과 모벌리의 경고

레벤슨과 모벌리는 이삭의 결박 이야기를 규범으로 받아들이는 현대 신학자들 사이에서 가장 현명하고 존경받는 주석가들인데, 두 사람은 이삭의 결박 이야기에 대한 비판적 해석을 제안하는 모든 사람에게 경고를 날린다. 두 사람 모두 이삭의 결박 이야기에 대한 현대 비평의 출발점으로 『학부들의 다툼』(*The Conflict of the Faculties*, 1798)에 나오는 칸트의 유명한 비평을 인용한다.²⁹

---

27 Moberly, "Genesis 22: Abraham—Model or Monster?," 195-96에서 다음 자료를 인용한 것이다. Clemens Thoma, "Observations on the Concept and Early Forms of Akedah-Spirituality," in *Standing before God: Studies on Prayer in Scriptures and in Tradition with Essays in Honor of John M. Oesterreicher,* ed. Asher Finkel and Lawrence Frizzel (New York: Ktav, 1981), 213.

28 R. W. L. Moberly, "Learning to Be a Theologian," in *I (Still) Believe: Leading Bible Scholars Share Their Stories of Faith and Scholarship,* ed. John Byron and Joel N. Lohr (Grand Rapids: Zondervan, 2015), 205.

29 Moberly, "Genesis 22: Abraham—Model or Monster?," 181-82; Levenson, "The Test," 106-8; Kant, *The Conflict of the Faculties* (1798), trans. Mary J. Gregor and Robert Anchor, in *Religion and Rational Theology,* ed. and trans. Allen W. Wood and George Di Giovanni (Cambridge: Cambridge University Press, 1996), 233-327.

우리는 아브라함이 하나님의 명령에 따라 외아들을 도살하고 불태워서 제물로 바치려 했던 희생제사에 관한 신화를 예로 들 수 있다(가엾은 아이는 영문도 모른 채 불을 피울 나무를 직접 나르기까지 했다). 아브라함은 하나님의 것이라고 추정되는 음성에 대답해야만 했다. "제가 저의 착한 아들을 죽여서는 안 된다는 것은 너무나 확실합니다. 하지만 지금 유령처럼 보이는 당신이 하나님이신지 나는 확신할 수 없는데, 설령 이 목소리가 하늘로부터 (눈에 보이게) 울려 퍼져 내려온다고 하더라도 절대 확신할 수 없을 것입니다."[30]

칸트는 자기 아들을 그의 신에게 제물로 바치는 사람의 윤리의식에 의문을 표했는데, 현대의 많은 독자도 이런 종류의 희생을 요구하는 하나님은 어떤 존재인지 의문을 제기할 것이다. 이러한 질문(실제로는 비판)이 현대에 들어와서는 더욱 거세지고 있다. 모벌리가 말하는 것처럼 "칸트의 시대에 미미한 물줄기로 시작되었던 비판이 이제는 급류가 되었다."[31]

모벌리는 이삭의 결박 이야기에 대해 "미심쩍어하는" 해석을 본격적으로 다루거나 반박하는 논문을 네 편 이상 썼으며, 그 외에도 다른 여러 장소에서 이 주제를 다루고 있다.[32] 마찬가지로 레벤슨도 어떤 식으로

---

30   Kant, *Conflict of the Faculties*, 7:63 (p. 283).
31   Moberly, "Genesis 22: Abraham—Model or Monster?," 182.
32   Moberly는 "Genesis 22: Abraham—Model or Monster?" 외에 다른 세 문헌에서도 이삭의 결박 사건에 관해 "미심쩍어하는" 해석을 본격적으로 다루고 있다. "Ancient and Modern Interpretations of Genesis 22," in *The Bible, Theology, and Faith*, 132-61; "Genesis 22 and the Hermeneutics of Suspicion," in *The Bible, Theology, and Faith*, 162-83; "Living

든 하나님이나 아브라함을 비난하는 사람들에 대해 극도로 비판적인 태도를 보인다.[33] 모벌리는 특히 창세기 22장에 묘사된 아브라함이나 아브라함의 하나님에 대해 의심의 눈길을 보내는 현대의 다양한 (유대교와 기독교) 해석자들을 인용한다.[34] 이러한 비판을 회피하려 하는 레벤슨과 모벌리의 시도는 이삭의 결박 이야기에 대해 오로지 두 가지 입장만 가능하다고 가정하는 것 같다. 하나는 아브라함이 자신의 순종에 대해 칭찬받는 것이 마땅하다는 전통적인 해석을 받아들이는 것이고, 다른 하나는 성경 텍스트와 전통의 바깥에 서서 성경의 권위를 거부하는 것이다.[35]

레벤슨과 모벌리가 이삭의 결박 이야기에 대해 "미심쩍어하는" 해석을 공격하면서 제시하는 주장 중 하나는 현대 도덕의 기준으로 하나님이나 아브라함을 판단해서는 안 된다는 것이다. 아브라함은 그가 살았던 구약 시대에 자기 자손(아버지의 대를 잇는다는 점에서 가치가 있었던)에 대해 합법적인 생사여탈권을 가졌으며, 고대 세계에서 하나님은 (심지어 성경에서도) 인간과 동물 모두의 장자에게서 생명을 요구하시는 분으로 이해되었다. 이 중에서 두 번째가 레벤슨이 그의 단행본에서 주장하는 가장 핵심적인 내용이다.

모벌리는 그의 책에서 "이삭을 도구화하거나 비인간화하는 일"(말

Dangerously: Genesis 22 and the Quest for Good Biblical Interpretation," in *The Art of Reading Scripture*, ed. Ellen F. Davis and Richard B. Hays (Grand Rapids: Eerdmans, 2003), 181-97. 그는 또한 "Abraham and God in Genesis 22," 76-78에서도 이 주제를 다룬다.

33　Levenson, "Abusing Abraham," 259-77; Levenson, "The Test," 108.
34　Moberly, "Abraham and God in Genesis 22," 76-77.
35　Moberly, "Abraham and God in Genesis 22," 76-78; Levenson, "The Test," 108.

하자면 아브라함을 시험하는 수단으로 삼는 일)이 근본적으로 아동 학대일 수 있다는 비판에 대해 언급한다.[36] 모벌리는 유대교와 기독교 전통에서 이삭의 결박 이야기를 해석해 온 중요한 선례들을 독자에게 소개하면서 다음과 같이 주장한다. "이 문헌들에서 신자들이 성경 텍스트를 그 어떤 종류의 자녀 학대라도(살인은 말할 것도 없고) 정당화해 주는 근거로 여겼다는 기록을 찾아볼 수 없다는 것은 놀라운 일이다."[37]

하지만 그 문헌들을 충분히 깊이 들여다보지 않았을 수도 있다. 물론 이삭의 결박 이야기가 일반적인 의미에서 아동 학대를 정당화해 주는 도구로 사용되지는 않았을지 모르지만, 문헌 자료를 통해 잘 알려진 유대교 전통인 "키두쉬 하솀"(Kiddush HaShem), 요컨대 순교를 통해 하나님의 이름을 영화롭게 한다는 사상은 명시적으로 이삭의 결박 이야기에 호소하면서 이삭이 자발적으로 죽음에 순종한 일과 아브라함이 아들을 기꺼이 제물로 드리기로 한 일을 모범으로 여긴다. 이처럼 박해의 시대에 이삭의 결박 이야기를 하나의 모범으로 삼는다는 말은 하나님께 헌신하기 위해서는 (이삭처럼) 기꺼이 자기 목숨을 바칠 수 있어야 할 뿐 아니라, 부모가 (아브라함처럼) 하나님의 이름으로 자녀를 죽음에 내어줄 수 있어야 한다는 것을 암시한다. 실제로 유대교 문헌들은 아브라함의 아들 한 명과 수많은 순교자를 비교하기도 하고 이삭이 실제로 죽임을 당하지는 않았다는 사실을 언급하기도 함으로써 후대의 순교자들이 사실은 이삭의 결박 이야기를 지나칠 정도로 실행에 옮긴 것이라는 사실을

---

36 Moberly, "Genesis 22: Abraham—Model or Monster?," 193.
37 Moberly, "Genesis 22: Abraham—Model or Monster?," 195.

암시하기도 한다.

아마도 가장 유명한 사례는 안티오코스 4세 "에피파네스" 치하에서 일곱 아들이 신앙을 위해 순교를 감내하도록 격려했던 어머니의 이야기인데, 마카베오하 7장에 실린 이 이야기를 후대의 랍비들이 다시 소개한다. 마카베오하에서는 어머니의 이름을 밝히지 않지만 후대의 전승에서는 한나로 알려졌다. 「얄쿠트 쉬모니」(Yalkut Shimoni)에 따르면 그 어머니는 순교한 자녀들에게 환상 가운데 이렇게 말한다. "자녀들아, 낙심하지 마라. 왜냐하면 너희는 이 목적을 위하여 창조되었기 때문이다. 이 세상 가운데서 거룩하시고 복되신 그분의 이름을 영화롭게 하려고 말이다. 너희는 가서 아버지 아브라함에게 이렇게 전하라. '자만심으로 마음이 부풀어 오르지 마십시오. 당신은 하나의 제단을 쌓았지만, 나는 일곱 개의 제단을 쌓고 그 위에 일곱 아들을 제물로 바쳤습니다! 그리고 더 있습니다. 당신이 받은 것은 시험에 불과하지만, 나의 제사는 실현되었습니다'라고 말이다."[38]

이 미드라시는 다양한 형태로 발전했기 때문에 유사한 진술이 바빌로니아 탈무드 같은 다른 문헌에서도 발견되는데, 탈무드에서는 이 이야기가 이스라엘이 로마 제국에 저항했던 바르 코크바 반란 때의 일로 전해지고 있다. 여기서 어머니는 이렇게 말한다. "내 아들아, 가서 네 아버지 아브라함에게 말하라. '당신은 [아들] 하나를 제단에 묶었지만, 나

---

[38] 「얄쿠트 쉬모니」 신명기 26장 편에서 인용. 「얄쿠트 쉬모니」는 성경 각 권에 대한 미드라시 아가다를 모아놓은 책이다(신명기를 다룬 §§789-963 단락에서). 번역은 다음을 참조하라. Shalom Spiegel, *The Last Trial: On the Legends and Lore of the Command to Abraham to Offer Isaac as a Sacrifice; The Akedah* (Woodstock, VT: Jewish Lights, 1993 [Heb. orig. 1950; Eng. orig. 1967]), 15.

는 일곱 제단을 묶었습니다'라고 말이다."[39] 또한 「예레미야애가 랍바」에서는 (미리암 바트 탄훔이라는 이름을 가진) 어머니가 아이들에게 위와 비슷한 메시지를 아브라함에게 전하라고 말한다. "당신은 제단 하나를 쌓고 아들을 바치지 않았으나, 나는 제단 일곱을 쌓고 그곳에 내 아들 일곱을 제물로 바쳤습니다."[40]

이삭의 결박 이야기가 패러다임으로 작용한다는 사실은 십자군 전쟁과 중세 기독교 세력에 의한 유대인 학살에서 두드러지게 드러난다. 회당에서 신년절(Rosh Hashanah)에 암송하는 한 전례 기도문에는 십자군에 의한 마인츠의 유대인 학살에 관한 자세한 기억이 담겨 있다. 기록에 따르면 희생자들은 한마음으로 쉐마를 암송한 후 날카로운 칼을 든 사람에게 "이리 와서 홀로 영원히 살아계시는 그분의 영광을 위해 우리의 목을 베어주시오"라고 말했다고 한다.[41] 기도문의 텍스트는 아버지가 아들을, 신랑이 신부를, 어머니가 아기를 "피가 흘러넘칠 때까지" 무수히 희생제물로 바치던 모습을 자세히 묘사한 후에 이렇게 묻는다. "이처럼 하루에 수천, 수백의 희생제물이 **각각 아브라함의 아들 이삭처럼** 바쳐진 일이 언제 있었습니까?"[42]

이삭의 결박 이야기를 희생의 모델로 삼은 유대교 순교자들의 수많은 사례를 언급할 수도 있겠지만(실제로 여러 저자가 기록한 많은 문헌 자료가

---

39 Babylonian Talmud, Gittin 57b. Trans. from Sefaria.org.
40 Lamentations Rabbah 1:50. Trans. Spiegel, *Last Trial*, 15n7. 이것은 애 1:16("이로 말미암아 내가 우니")에 관한 주석이다.
41 Trans. Spiegel, *Last Trial*, 18-19.
42 Trans. Spiegel, *Last Trial*, 19, 20 (강조는 원문의 것임).

존재한다), 위에 소개한 하나의 사건을 언급하는 것으로 충분할 것이다.[43] 또한 속죄일 예배의 전례를 위한 시가에서 우리는 폭동 중에 아버지가 아들을 제의적으로 살해하는 장면을 묘사한 단락을 찾을 수 있다. "그곳에 어떤 경건한 사람이 있었다. 나이 많은 장로였으며 그의 이름은 라베누 사무엘 바르 예히엘이었다. 그에게는 아들 하나가 있었는데, 외모가 출중한 젊은이였다. 그는 아버지와 함께 물속으로 도망쳤고 아버지에게 자기 목을 치라고 하였다. 그러자 아버지는 암소나 비둘기를 도살할 때 부르기에 알맞은 축복문을 낭송했고, 아들은 아멘으로 답했다. 그러자 그들 주위에 서 있던 많은 사람이 큰 소리로 '이스라엘아, 들으라! 주 우리 하나님, 야웨는 한 분이시니라'라고 화답했다."

그런 다음 시가는 청중을 향해 연설을 이어간다. "오, 세계 모든 신민이여, 잘 보십시오! 밧줄에 묶이지도 않은 채로 자신을 드려서 도살당하게 했던 아들의 의지력은 얼마나 비범했던가요? 그토록 광채 나고 준수한 젊은이, **외아들**에게 연민을 품기를 거부했던 아버지의 의지력은 얼마나 비범했던가요?"[44]

샬롬 슈피겔은 순교를 겪은 많은 사람의 태도를 요약하면서 다음과 같이 말한다. "희생자들은 모리아 산에서 보였던 족장들의 모범적인 행동에 끊임없이 눈을 맞추고, 결박 이야기에 등장하는 극적인 인물들의

---

43 Kidush HaShem에 관한 문서 자료로는 다음을 보라. Spiegel, *Last Trial*, 17-27; John H. Spitzer, "Judaism: Jewish Uses of the Akedah—Genesis 22:1-10," in *Interpreting Abraham: Journeys to Moriah*, ed. Bradley Beach and Matthew T. Powell (Minneapolis: Fortress, 2014), 13-21.
44 Quoted in Spitzer, "Judaism," 20 (강조는 원저자의 것임).

모양과 형상으로서 자신들에게 주어진 배역을 연기하기를 갈망했다."[45]

이삭의 결박 이야기의 모형적 성격은 현대(20세기)에 들어와서 일부 시온주의자들이 이스라엘 국가의 건국에 필요한 희생과 관련하여 아브라함의 모범에 호소함으로써 상당히 변질되었다. 실제로 1967년에 발발한 6일 전쟁에서 이삭의 결박 이야기는 이스라엘 영토의 회복을 위해 아버지가 아들들을 전쟁터로 보내는 것을 정당화해 주는 패러다임 혹은 건국 신화 역할을 했다.[46] 이삭의 결박 이야기를 이런 식으로 사용하는 세태에 대한 광범위한 저항의 일환으로 유대인 싱어송라이터인 레너드 코헨은 아들들을 베트남 전쟁에 보내는 미국인 아버지를 비판하기 위해 1969년에 만든 〈이삭 이야기〉라는 노래에서 이삭의 결박 이야기를 모티프로 사용했다.[47]

고대 유대교의 "키두쉬 하솀" 전통과 이를 변형해서 나타난 현대의 사례들은 이삭의 결박 이야기에 대해 "미심쩍어하는" 해석을 경계했던 모벌리의 견해를 비하하려고 의도된 것은 아니지만 확실히 그의 경고를 복잡미묘하게 만든다.

---

45 Spiegel, *Last Trial*, 24.
46 이삭의 결박 이야기에 관한 이런 해석과 그에 대한 현대 유대교의 반발에 관해서는 다음을 보라. "Judaism: Akedah," Jewish Virtual Library, 2013, https://www.jewishvirtuallibrary.org/akedah.
47 Leonard Cohen, vocalist, "The Story of Isaac," recorded October 1968, side 1, track 2 on *Songs from a Room,* Columbia Records, released 1969. 코헨은 기도의 형식을 빌려 이삭의 결박 이야기를 다룬 좀 더 성숙한 (그리고 복잡다단한) 노래를 썼다. 앨범 제목은 "You Want It Darker"이다(recorded April 2015-July 2016, track 1 on *You Want It Darker,* Columbia Records, released 2016). 이 노래는 "카디쉬"(Kaddish)의 언어를 가져오고 독창자가 "힌네니"를 부르는 회당 성가대의 노래를 포함한다. 이 앨범은 코헨이 죽기 불과 19일 전에 발매되었다.

근대 이전에 이삭의 결박 이야기에 대해 의혹을 제기했던 드문 사례

레벤슨과 모벌리가 이삭의 결박 이야기에서 하나님이나 아브라함을 향한 의심은 오로지 성경 외적 관점에서만 제기될 수 있다고 주장했을 때 그들은 뭔가 중요한 사안을 포착했던 것으로 보인다. 왜냐하면 근대 이전에는 그런 의심이 거의 존재하지 않았기 때문이다.

아예 없었던 것은 아니고, 거의 없었다고 말할 수 있을 것이다.

초기 기독교 전통에서 아브라함을 비판했던 드문 사례를 위(僞)헤게시푸스(기원후 4세기 말)의 라틴어 텍스트에서 찾아볼 수 있다. 그는 요세푸스의 『유대 전쟁사』를 각색하거나 자유분방하게 의역하면서 자기 나름의 논평을 첨가했는데, 헤게시푸스(Hegesippus)라는 그의 이름은 요세푸스의 라틴식 표기인 이오시푸스(Iosippus)의 변형일 수도 있다.[48] 이 라틴어 텍스트에서 저자는 요세푸스가 아브라함을 가리켜 하나님의 헌신적인 제사장이라고 묘사한 것에 대해 다음과 같이 논평을 달았다. "나는 그의 헌신을 비난하지는 않지만, 그의 신앙에는 의문을 표한다.…도대체 어떤 인간이 사람을 죽이는 일을 종교적 행위로 여길 수 있으며, 도대체 어떤 제사장이 이런 일을 해낼 수 있겠는가?"[49]

---

[48] 이 라틴어 텍스트는 다양한 이름으로 불리는데, 그중 하나가 "예루살렘 도시의 폐허 위에서"(On the Ruin of the City of Jerusalem)이고, 연대는 기원후 370-375년 경이다. 이 텍스트는 주로 『유대 전쟁사』를 소재로 삼으며, 간혹 『유대 고대사』와 몇몇 다른 저자의 작품에서 인용한 내용도 삽입되어 있다.

[49] Isaac Kalimi, "'Go, I Beg You, Take Your Beloved Son and Slay Him!': The Binding of Isaac in Rabbinic Literature and Thought," *Review of Rabbinic Judaism* 13, no. 1 (2010): 16n49에 실린 번역. 요세푸스는 『유대 고대사』 1.223-24에서 아들을 하나님께 제물로 바치는 제사장으로 아브라함을 묘사한다.

유대인 가운데 비판적인 목소리를 대변하는 인물로는 철학가이자 주석가인 요세프 이븐 카스피(1279/80-1340)가 있다.⁵⁰ 다작가였던 이븐 카스피는(스물한 편의 논문이 현존한다) 13세기 후반 프랑스 남동부 프로방스에서 태어나 14세기까지 살았던 인물이다. 그는 이삭의 결박 이야기의 텍스트에 대한 긍정적인 해석에 그가 완전히 동의하지 않는다는 것을 암시하는 몇 가지 문제를 제기한다.

무엇보다도 그는 아들을 제물로 바치라는 하나님의 처음 명령에 대한 아브라함의 순종과 그 일을 멈추라는 천사의 명령에 대한 순종을 구분한다(후자가 도덕적으로 우월하다). 그는 이삭의 결박 이야기 가운데 "네가 이같이 행하여…하였은즉"(22:16)이라는 구절과 "이는 네가 나의 말을 준행하였음이니라"(22:18)라는 구절 사이에서 이런 구분을 추적한다.⁵¹ 그는 또한 하나님께서 아브라함에게 아들이라는 제물이 "야웨께 바쳐져야" 한다고 구체적으로 말씀하신 적이 절대 없다고 지적한다(이것은 의미심장한 생략이며, 아동 제사를 합법적인 예배와 구분하는 역할을 한다).⁵² 그리고 그는 사흘 간의 여행 동안 "아브라함이 야웨께서 어떻게 그에게 그처럼 가증스러운 일을 행하라고 말씀하실 수 있었는지 진지하게 고민했으며…야웨의 의도를 이해하기 위해 고군분투했"다고 주장한다.⁵³

결국 이븐 카스피는 이삭의 결박 이야기가 아동 제사에 대한 엄중

---

50 Albert van der Heide, "Now I Know": Five Centuries of Aqedah Exegesis, *ASJP* 17 (Cham, Switzerland: Springer, 2017), 231. 이븐 카스피에 관한 Van der Heide의 논의는 231-57쪽에 있다.
51 Ibn Kaspi, *Gevia' Kesef* 14.35; van der Heide, "Now I Know," 240.
52 Ibn Kaspi, *Gevia' Kesef* 14.25; van der Heide, "Now I Know," 238-39, 253.
53 Ibn Kaspi, *Gevia' Kesef* 14.19; van der Heide, "Now I Know," 238, 252.

한 경고라고 생각했다. 그리고 아브라함의 위대함은 아들을 제물로 바치라는 명령에 순종한 데 있는 것이 아니라, 그 일을 멈추라는 천사의 명령에 순종한 데 있다고 주장했다.[54]

비잔틴 시대(기원후 500년경)에 이스라엘 땅에서 작성된 초기 유대 시문학 가운데도 창세기 22장에서 아브라함이 하나님께 응답한 방식을 비판하는 시가 있다.[55]

그런 시 가운데 하나가 샤부오트(칠칠절)를 위한 전례 시편인 "피유트"(piyyut)인데, 여기서 샤부오트는 이스라엘 백성이 시내산에서 토라를 받은 것을 기념하는 절기였다. 엘레아자르 베라비 칼리르가 지었다고 알려진 이 시에서, 창조 이전에 주어진 것으로 알려진(「창세기 랍바」 8:2에서) 토라가 어째서 모세에게만 계시되고 그 이전에는 알려지지 않았는가 하는 문제에 관해 하나님과 토라 간에 토론이 펼쳐진다. 하나님께서는 역사를 돌이켜보시면서, 토라를 계시받을 만한 자격이 있는 것처럼 보이는 다양한 사람들을 토라가 각자의 결함 때문에 거절했던 일을 언급하신다. 그들(하나님과 토라)이 아브라함에게 이르렀을 때 토라는 그가 아들을 제물로 바친 일이 하나님에 의해 받아들여지고 승인되었음을 인정하면서도 이렇게 덧붙인다. "그러나 그는 아버지가 아들에 대해 어떤 자비를 베풀 것으로 기대되는지를 망각했다. 그는 아들을 위해 기도하거나 간청했어야만 한다." 아마 아브라함은 순종하는 것 말고는 다른 선

---

54 The case of Ibn Kaspi is also discussed in Kalimi, "'Go, I Beg You,'" 5, also n. 14.
    이븐 카스피의 사례는 다음에서도 발견된다. Kalimi, "'Go, I Beg You,'" 5, n.14.
55 Kalimi는 아브라함이 이삭을 번제로 바칠 준비가 되어 있었다는 점에 대해 7세기와 그 이후의 "피유트"에서 발견되는 형태의 "어느 정도 유화된 비판들"이 존재했다고 지적하면서 구체적인 출처는 밝히지 않는다. Kalimi, "'Go, I Beg You,'" 13.

택의 여지가 없었겠지만, 시편 103편 말씀이 시사해 주는 기대에 부응하지는 못했다. "아버지가 자식을 긍휼히 여김같이 여호와께서는 자기를 경외하는 자를 긍휼히 여기시나니"(시 103:13). 아브라함은 이삭을 위해 중보기도 하지 않았기 때문에 토라를 받을 자격이 없었다.[56]

카이로 회당의 문서보관소에서 발견된 아람어 시도 엘레아자르 베 라비 칼리르의 "피유트"와 거의 같은 시기에 쓰인 것인데, 여기서도 이삭의 결박 사건에 대해 다음과 같이 묘사한다. "오늘이 바로 그들이 말하는 날이다. 아버지는 긍휼을 보이지 않았고, 아들은 지체하지 않았다." 시의 후반부에서 이삭은 아버지를 향해 망설임을 극복하라고 독려한다. "아들을 불쌍히 여기지 않는 사람이 되십시오. 잔악무도한 사람처럼, 칼을 집어 드십시오. 그리고 저를 죽이시고, 저를 더럽히지 마십시오. 울지 마십시오, 제가 아버지를 지연시키지 않게 해주세요. 저는 아버지에게서 몸을 피하지 않을 것입니다." 이 시에서 "순교에 몸을 던진 이삭"(이것은 유대교 전통에서 흔한 비유가 되었다)에 대해서는 높이 평가하는 반면, 아브라함을 "잔악무도한 사람", 아들을 "긍휼히 여기지 않고" "자비를 베풀지 않는" 아버지로 묘사한 것은 그에 대한 암묵적인 비판을 암시한다.

아론 콜러는 이것이 아브라함을 칭송하는 전통을 풍자하는 과장된 긍정처럼 보인다고 지적한다.[57]

---

56 인용의 출처는 다음과 같다. Aaron Koller, *The Significance of the Akedah for Modern Jewish Thought* (Philadelphia: Jewish Publication Society, 2020), 17. Koller가 인용하는 히브리어 자료에 관해서는 161n57, 196을 보라. 다음 전자문서도 참조하라. Koller, "Abraham Passes the Test of the Akedah but Fails as a Father," TheTorah.com, 2019. https://www.thetorah.com/article/abraham-passes-the-test-of-the-akedah-but-fails-as-a-father

57 Koller, *Significance of the Akedah*, 16(Koller가 인용하는 히브리어 자료에 관해서는

1500년대에 이디시(Yiddish)라는 언어로 쓰인 시는 확실히 좀 더 비판적이다. 시인은 이삭의 결박 사건이 아브라함과 사라에게 가했을 고통을 인정하면서, 그럼에도 많은 사람이 이삭의 결박 사건으로 말미암은 공로가 후대에까지 미치리라는 점을 인정한다고 지적한다(본 장 뒷부분에서 다룰 주제다). 하지만 시인 자신은 다수의 견해와는 정반대 입장을 표명한다. "당신이 진실을 알고자 한다면, 나는 [그렇게 생각하는] 사람들을 높이 평가하지 않습니다. 나는 진정한 유대인으로서 당신에게 맹세합니다. 그들은 지나치게 경건해서 매일매일 또 다른 '결박'을 필요로 할 뿐입니다. 이제 나는 그것을 바꿀 수 없습니다. 어쩔 수 없는 일이지요. 나는 그분의 이름, 복되신 그분께 서둘러서 일을 끝마치시고 속히 우리에게 구속자를 보내주시길 요청할 것입니다. 그리고 그것으로 나는 결론을 내리고 끝을 맺을 것입니다."[58]

따라서 근대 이전에는 이삭의 결박 이야기에 대한 비판이 없었다는 것은 사실이 아니다. 하지만 그런 비판은 예외적인 것으로 여겨졌다. 기독교와 유대교 전통 모두 창세기 22장에서 아브라함이 하나님께 보여드린 헌신을 높이 평가하는 경향을 보여왔다. 고대 혹은 중세의 성경 해석사에서 이삭의 결박 이야기에 등장하는 아브라함이나 하나님에 대해 노골적인 비판을 제기하는 것은 일반적이지 않았다.

그러나 이 문제와 관련하여 우리가 던져야 할 질문은 어째서 근대

161n53, 215을 보라). 이 시가 풍자적이라는 그의 논평은 "Abraham Passes the Test"에서 찾을 수 있다.

58 Koller, "Abraham Passes the Test." 전체 시의 번역본은 아래 문서에서 찾을 수 있다. Jerrod C. Frakes, *Early Yiddish Epic* (Syracuse: Syracuse University Press, 2014), 149-55.

이전에는 이삭의 결박 이야기에 대한 비판이 그렇게 드물었는가 하는 것이다. 물론 이것은 근대 이전의 해석가들이 텍스트 바깥에서 객관적으로 판단을 내리기보다는 텍스트의 사고 세계 안으로 들어가서 성경의 권위 아래 자신을 두었기 때문일 수도 있다. 하지만 다른 이유가 존재할 가능성도 있다.

하나님께 저항하는 것을 죄로 여기는 유대 전통

기원후 처음 3세기 동안 유대 문학에서는 하나님께 항의하거나 의문을 품는 것을 강력하게 금지하는 전통이 발전하기 시작했다(하나님께 의문을 품는 것이 금지된다면 아브라함은 아들을 제물로 바치라는 명령에 저항하지 않았다는 이유로 비난받아서는 안 될 것이다). 이러한 전통은 사실 그보다 더 오래된 고대의 탄식 시편이나 예언자의 중보기도 전통과는 상당히 모순되는 것인데, 도브 바이스가 이 문제를 깊이 있게 탐구한 바 있다.[59]

이처럼 저항을 금지하는 전통은 기원후 3세기의 「시프레 데바림」(Sifre Devarim; 신명기에 대한 미드라시의 일종) 같은 텍스트에서도 발견된다. 이 텍스트는 신명기 32:4을 인용하면서 하나님의 행위는 "모범"이므로

---

59 Dov Weiss, "The Sin of Protesting God in Rabbinic and Patristic Literature," *ASJR* 39, no. 2 (2015): 367-92; Weiss, *Pious Irreverence: Confronting God in Rabbinic Judaism*, Divinations: Rereading Late Ancient Religion (Philadelphia: University of Pennsylvania Press, 2017), chap. 1: "Confrontation as Sin." 이 주제에 관한 Weiss의 연구는 그의 박사학위 논문에 기초한 것이다. Weiss, "Confrontations with God in Late Rabbinic Literature" (PhD diss., University of Chicago, 2011).

그 누구도 비판해서는 안 된다는 점을 강조한다. "그는 반석이시니 그가 하신 일이 완전하고, 그의 모든 길이 정의롭고 진실하고 거짓이 없으신 하나님이시니 공의로우시고 바르시도다."[60]

마찬가지로 「메킬타 데라비 이쉬마엘」에서 랍비 아키바는 욥이 하나님에 대해 한 말을 인용한다. "그는 뜻이 일정하시니 누가 능히 돌이키랴? 그의 마음에 하고자 하시는 것이면 그것을 행하시나니"(욥 23:13). 문맥상 욥은 이 구절을 자신의 불평에 대해 하나님께서 보이신 비타협적인 태도를 비판하는 의미로 사용했지만, 랍비 아키바는 이 구절을 정반대의 의미로, 다시 말해 하나님은 항상 공의로 다스리시기 때문에 하나님께서 하시는 일에 항의할 도덕적 근거가 없다는 의미로 받아들인다.[61]

유사한 맥락에서 「미드라시 탄나임」(신명기에 대한 주석)은 하나님을 비판하는 일이 절대 적절하지 않다는 점을 입증하기 위해 시편 131:1("여호와여, 내 마음이 교만하지 아니하고 내 눈이 오만하지 아니하오며 내가 큰 일과 감당하지 못할 놀라운 일을 하려고 힘쓰지 아니하나이다")과 신명기 18:13("너는 네 하나님 여호와 앞에서 완전하라")을 연결한다.[62]

---

60 Sifre Devarim 307, 신명기 32:4 항목. Sifre Devarim, ed. Louis Finkelstein (New York: Jewish Theological Seminary, 2001), 344을 Weiss가 "Sin of Protesting God," 370에서 인용한다. 영어 번역은 다음을 참조하라. Reuven Hammer, *Sifre: A Tannaitic Commentary on the Book of Deuteronomy*, YJS 24 (New Haven: Yale University Press, 1987). 사실 신 32:4은 하나님께서 일하시는 방식에 의문을 제기하는 일이 왜 부적절한지 설명하기 위해 여러 랍비가 증거 본문으로 소환하는 구절이다.

61 Mekhilta de-Rabbi Ishmael 출애굽기 15:19 항목. *Mekhilta de-Rabbi Ishmael*, ed. Haim Shaul Horovitz and Israel Rabin (Jerusalem: Bamberger and Wahrman, 1960), 112. Weiss, "Sin of Protesting God," 370에 인용됨.

62 Midrash Tannaim 신명기 18:13 항목. *Midrash Tannaim*, ed. David Tzvi Hoffmann

하나님이나 성경에 대한 비판을 금지하는 위와 같은 텍스트들은 모두 탄나임(Tannaim) 시대 말기인 기원후 3세기에 나온 것들이다. "탄나임"이란 기원후 2세기부터 3세기 초엽까지 이스라엘 땅에서 활동했던 초기 랍비 현자들을 가리킨다. 탄나임 시대 현자들의 견해는 대부분 미쉬나(Mishnah)에서 찾아볼 수 있다.

바이스는 유대교에서 하나님께 저항하는 일을 금지하는 전통은 기독교 세계의 그리스/라틴 교부들 사이에서 생겨나기 시작한 유사한 전통과 대체로 결을 같이한다고 지적한다. 유대교와 기독교 세계에서 이처럼 저항을 금지하는 전통은 구약/히브리 성경에 나타나는 하나님에 대한 1세기 이교도 지식인과 영지주의의 비판에 대한 응답으로 시작된 것처럼 보인다. 그러나 이교도와 영지주의의 비판에 대한 초기 기독교의 전형적인 대응은 하나님의 의로우신 성품을 변호하기 위해 텍스트에 대한 문자적 해석에서 풍유적 해석으로 전환하는 것이었다(왜냐하면 문자적 해석으로는 하나님의 의로우신 성품을 변호할 수 없으리라 여겨졌기 때문이다). 하지만 유대교의 대응은 조금 달랐는데, 그들은 불쾌하게 여겨지는 텍스트에서 묘사된 하나님의 행위가 비난을 초월하는 것이라고 주장하거나, 때로는 동일한 텍스트를 창의적으로 재해석하여 하나님께서 일하시는 방식에 대한 그 어떤 비판도 타당하지 않은 것이라고 치부하였다.[63]

바이스는 탄나임 시대 이후 4-5세기의 현자들로 알려진 "아모라

---

[63] (Berlin: Itzkowski, 1908), 110-11. Weiss, "Sin of Protesting God," 375에 인용됨. 항의 금지의 다양한 동기에 대해서는 다음을 보라. Weiss, "Sin of Protesting God," 372-75. Weiss는 항의 금지에 관한 랍비 전통과 교부 전통이 성경에 나오는 욥, 모세, 하박국의 항의를 다루는 방식에 서로 어떤 차이가 있는지 보여주는 다양한 사례들을 제시한다(384-90).

임"(미쉬나의 주석서인 탈무드의 중요한 부분인 "게마라"에서 그들의 견해를 찾아볼 수 있다) 시대와 아모라임 이후 시대(6-8세기)에도 표면상으로 윤리적 문제가 제기될 수 있는 것처럼 보이는 성경 텍스트를 취하여 하나님의 공의에 대한 비판을 금지하는 일에 적극적으로 활용한 사례들이 있음을 보여준다.[64] 실제로 이러한 "저항 금지" 전통은 단순히 저항을 금지하는 차원을 넘어 하나님께서 일하시는 방식을 감히 비판하는 자들에 대한 처벌을 구체적으로 제시하는 데까지 발전하였다. 바이스는 이처럼 극단적인 현상이 바로 그 시기에 아모라임 사이에서 활발하게 발전하고 있었던 유대교의 저항 전통에 대한 반응이었다고 말한다.[65] 따라서 이 시기에는 유대교 내에서 하나님께 대한 저항 혹은 도전의 타당성에 관해 서로 경쟁하는 두 가지 전통이 함께 발전해 온 것이다.

성서 시대 이후 유대교 텍스트에서 하나님을 향한
항의의 타당성을 인정하는 경향

하나님을 향한 항의의 타당성을 인정하는 전통은 구약 정경에서도 발견되는데, 성서 시대 이후로는 제2성전 시대와 랍비 시대에 출현한 다양한 유대교 문헌에서 찾아볼 수 있다. 이 시기에 작성된 일부 문헌은 하나님이 불의하게 행동하시는 것처럼 보이는 일에 관하여 신실한 성도들

---

64   Weiss, "Sin of Protesting God," 377-79.
65   Weiss, "Sin of Protesting God," 379-84.

이 항의하는 것이 정당하다고 인정한다.[66] 알렉산드리아의 필론(BCE 20-CE 40)은 출애굽기 32장과 창세기 18장에서 각각 모세와 아브라함이 대담하게 하나님께 도전한 것에 대해 칭찬한다.[67] 또한 위경 문서인 「바룩2서」와 「에스라4서」(에스드라2서)에서는 성경의 등장인물인 바룩과 에스라가 예루살렘의 멸망에 대해 불평하는데도 하나님의 책망이 뒤따르지 않는다. 「바룩2서」 10장에서 바룩은 예루살렘의 멸망에 대해 탄식하고 11-19장에서는 하나님과 대화하면서 다양한 질문을 제기하는데, 하나님께서는 이에 대해 책망하지 않으시고 응답하신다. 마찬가지로 「에스라4서」 3장에는 예루살렘이 멸망한 지 13년 후에 에스라가 바빌론에서 탄식하는 장면이 나온다. 천사 우리엘이 그에게 답하면서 그의 이해를 교정해 주는데, 이때도 그가 탄식했다는 사실에 대해 책망하지는 않는다.

이후 5세기부터 7세기까지 랍비들은 성경 이야기를 재구성하여 다양한 성경 영웅들이 하나님께 항의의 목소리를 내는 것으로 묘사하는데, 본래의 성경 텍스트에 그런 항의가 언급되어 있지 않은 경우에도 마찬가지였다.

대표적인 예로, 미드라시 텍스트인 「민수기 랍바」에는 모세가 하나님의 말씀에 세 번이나 이의를 제기하는 것으로 묘사되어 있다. 그때마다 하나님께서는 "네가 나를 가르쳤다"라고 대답하신다. 그중 두 번

---

66   더 나가아 랍비 전통은 일반적으로 성경의 다양한 등장인물(족장이든 예언자든 상관없이)의 잘못을 비판하는 일에 아무런 거리낌도 없다.
67   Philo, *Quis rerum divinarum heres sit* 5-28; Weiss, "Sin of Protesting God," 372, nn. 15-16.

째 사례는 (출 20장과 다른 텍스트에 발견되는 것처럼) 하나님께서 그를 미워하는 자의 죄를 아버지로부터 아들에게로 삼사 대까지 이르게 하신다는 말씀에 대해 모세가 답변하기를 악한 자에게 의로운 자녀가 나올 수 있으므로 이것은 옳지 않다고 말하는 장면이다(모세는 데라와 아브라함을 비롯하여 몇 가지 사례를 제시한다). 하나님께서는 모세가 옳다고 말씀하시고 마음을 바꾸신다. "보라, 네가 나를 가르쳤다! 나는 나의 말을 없던 것으로 하고 너의 말을 보존하겠다."[68]

고대 유대교 내에서 하나님을 향한 항의를 금지하는 전통과 정당화하는 전통이 경쟁하고 있으며, 각각의 전통을 따르는 신실한 성도들의 선례가 존재한다는 사실이 이삭의 결박 이야기를 어떻게 해석해야 하는가라는 문제를 더욱 복잡하게 만든다. 그러나 항의를 정당화하는 전통 내에서도 창세기 22장에서 하나님이 아브라함에게 내리신 명령이나 하나님에 대한 아브라함의 응답에 대해 심각하게 문제를 제기한 흔적은 찾아볼 수 없다.

고대 유대교 해석에서 감지되는 불안의 흔적

하지만 흥미로운 점은 이삭의 결박 이야기에 대한 고전적인 유대교 해석 가운데 표면적으로는 아브라함이 하나님의 명령에 모범적으로 응답

---

68 Numbers Rabbah 19:33. 번역은 다음을 참조하라. from Sefaria.org, https://www.sefaria.org/Bamidbar_Rabbah.19.33?lang=bi&with=all&lang2=en.

한 것을 칭송하면서도, 한편으로는 현자들이 텍스트에 대해 불편함을 느꼈다는 뚜렷한 흔적을 남겨놓은 사례들이 적지 않다는 것이다. 이러한 해석들은 유대교 해석사에서 잘 알려졌다는 의미에서 고전적이라고 불리는데, 기독교 전통에 속한 대다수 사람에게는 생소할 수 있다.

고대 유대교 주석가들이 창세기 22장에서 아브라함이나 하나님을 명시적으로 비판하지는 않지만 자세히 살펴보면 그들 중 일부는 이삭의 결박 이야기가 제기하는 공포를 미묘한 방식으로 완화하려고 노력했음을 알 수 있다. 그들은 흔히 "미드라시"라고 알려진 방법을 동원하여 이런 과업을 수행하는데, 미드라시라는 용어는 "찾다" 혹은 "묻다"라는 뜻을 지닌 "다라쉬"라는 히브리어 동사에서 파생한 것이다. 미드라시 해석법은 엄밀한 의미에서의 "주해"(exegesis)는 아니다(유대교에서는 흔히 "페샤트"라고 알려진 해석방법이 주해에 해당한다). 미드라시는 텍스트의 표면 아래를 탐구함으로써 곧바로 명확하게 드러나지 않은 "의미"를 발견하는 작업을 뜻한다(이런 의미는 우리가 주해라고 부르는 작업을 수행하는 사람에게는 드러나지 않을 수도 있다).

미드라시 해석법은 주로 "미드라시"라는 이름을 명시적으로 사용하는 문헌들, 예컨대 "미드라시 랍바"와 같은 주석서에서 찾아볼 수 있다. "미드라시 랍바"는 성경 여러 책에 대한 미드라시 해석 선집을 가리키는데 여기에는 내가 아래에서 인용할 「창세기 랍바」도 포함된다. 이 선집은 이야기, 비유, 전설, 그리고 성경 텍스트에 대한 강론으로 구성되는데, 이들은 흔히 "아가다" 혹은 "미드라시 아가다"로 알려져 있다. "아가다"라는 용어는 "말하다", "이야기하다"를 뜻하는 "나가드"(*nāgad*)라는 히브리어 동사에서 파생되었다.[69] 하지만 모든 "미드라시 아가다"가 "미드라시"라는 이름의 선집에 포함되는 것은 아니며 다양한 유형의 유대교 문헌에 산재해 있다. 여기서 나는 이삭의 결박 이야기에 관한 미드라시 해석을 인용할 때 그것이 공식적인 아가다 선집에 포함되었는지와 무관하게 인용할 것인데, 왜냐하면 미드라시 해석방법이 명시적으로 "**미드라시**"라고 불리는 텍스트의 선집에만 제한되지는 않기 때문이다.[70]

많은 아가다 학자들은 우리가 여기서 발견하는 수많은 창의적인 해석들이 비록 엄밀한 의미에서 주해는 아니지만 그렇다고 단순히 공상적인 해석에 그치는 것은 아니라고 지적하는데, 나는 그들의 지적을 진지하게 받아들인다. 사실 이런 미드라시는 성경 텍스트를 동시대에 적용하여 당대의 사안들과 관련성 있게 만들려 했던 유대교 학자들의 시도였다. 앨런 에이버리-펙이 설명하는 것처럼 "미드라시 문헌은 주해라기보다는 논증이다. 미드라시의 중심에는 성경이 그것을 처음 기록했던 시대가 아니라 다른 시대를 향해 말하고 있다는 이해가 자리 잡고 있다."[71] 또는 아브라함 헤셸의 말처럼 "아가다의 진정한 의미를 발견하기

---

69   내가 여기서 주목하는 "미드라시 아가다"는 "미드라시 할라카"와 대비되는 개념이다. "할라카"는 법정적, 윤리적 교훈을 주로 가리키며 히브리어에서 "걷다"를 뜻하는 "할라크"(*hālak*)라는 동사에서 유래한다. "걷다"라는 표현이 은유적으로는 "살다"를 의미할 수 있는데, 구약/히브리 성경에서 이런 은유를 종종 발견할 수 있으며, 엡 4-5장에 담긴 바울의 윤리적 명령의 핵심을 이룬다. 그러나 많은 현대 번역 성경에서는 "사랑 안에서 걷다", "빛 가운데 걷다"와 같은 문구들을 "사랑 안에서 살다", "빛 안에서 살다" 등으로 옮김으로써 원문의 은유를 모호하게 만들어버린다.

70   말하자면 "미드라시"는 두 가지 서로 (연관되어 있으면서도) 다른 의미를 지닌다는 뜻이다. 이 용어는 성경 해석의 특정 **방식**을 가리킬 수도 있고, 그런 해석의 결과물을 모아놓은 **선집**을 가리킬 수도 있다. 여기서 후자를 가리킬 때는 대문자로 표기하는 것이 일반적이다. Midrash Rabbah, Midrash Tanḥuma처럼 말이다.

71   Alan J. Avery-Peck, "Midrash and Exegesis: Insights from Genesis Rabbah on the Binding

위해서는 각각의 해석을 깊이 들여다보아야 한다. 그러면 당신은 거기서 갈등, 염려, 갈망, 영원의 문제와 당면한 질문, 현자들과 국가 전체를 괴롭혔던 공동체와 개인의 문제를 발견하게 될 것이다."[72]

캐런 윈슬로는 특히 창세기 22장이 유대교 신앙을 옹호하는 "변증"으로서 현자들이 페르시아 시대의 이교도 이웃에게 이스라엘 종교의 창시자가 자신이 섬기는 신을 위해 모든 것을 기꺼이 포기할 수 있었으며, 그의 신은 결국 아동 제사를 요구하지 않았다는 것을 증명하려는 시도였다고 설명한다.[73]

마빈 A. 스위니는 이삭의 결박 이야기가 서로 다른 다양한 역사 시대에 적용될 수 있다고 말한다.

야웨의 신실하심에 대한 비판적 검토는 최근 바빌로니아 포로 경험 및 하나님이 과연 이스라엘의 회복에 열심을 내시는가에 관한 의심을 고려할 때 초기 페르시아 시대의 정황에 특히 적절한 것으로 보인다. 또한 기원후 70년 로마 제국에 의한 제2성전의 파괴, 135년 바르 코크바 반란의 실패, 11세기

---

of Isaac," in *Method Matters: Essays on the Interpretation of the Hebrew Bible in Honor of David L. Petersen*, ed. Joel M. LeMon and Kent Harold Richards, SBLRBS 56 (Atlanta: Society of Biblical Literature, 2009), 443.

[72] Abraham Joshua Heschel, *Heavenly Torah: As Refracted through the Generations*, ed. and trans. Gordon Tucker and Leonard Levin (New York: Continuum, 2007), 7.

[73] Karen Strand Winslow, "Akedah as Apologia: The Function of Genesis 22 for Second Temple Jews," in *Orthodoxy and Orthopraxis: Essays in Tribute to Paul Livermore*, ed. Douglas R. Cullum and J. Richard Middleton (Eugene, OR: Pickwick, 2020), 11-26. Winslow는 창 22장 자체에 이런 변증적 기능이 포함되어 있다고 주장한다. 이것은 창 22장의 저작 시기를 특정 시점으로 규정해야 가능해지는데, 나는 그 연대에 동의할 수 없다. 하지만 후대에 이삭의 결박 이야기에 부여된 용도에 관한 Winslow의 분석은 설득력이 있다.

말 십자군 군대에 의한 라인강 유역 유대인의 학살, 1492년 스페인의 유대인 추방, 17세기 중반 크미엘니츠키 유대인 학살 등 여러 유배 및 도전의 경험과 관련해서도 유효할 것이다.[74]

미드라시 해석방법이 이처럼 본질적으로 주석가의 특별한 정황을 다룬다는 타당한 평가를 전적으로 수용하면서, 나는 이삭의 결박 이야기에 대한 많은 해석이 창세기 22장에서 제기되는 두 가지 근본적인 종교 요리적 질문과 씨름하기 위한 노력으로 이해될 수 있다고 주장한다(아마도 이 질문들은 모든 세대의 해석자들에게 문제로 여겨진다는 점에서 아브라함 헤셸이 말하는 "영원의 문제"에 해당할 것이다). 첫째, 하나님은 왜 자신의 신실한 종에게 끔찍한 일을 요구하셨을까? 둘째, 아브라함은 왜 아들을 위해 항의하거나 중보기도 하지 않았을까?

존 스피처는 이렇게 지적한다. 비록 정통적인 유대교 전통이 아브라함에게 아들을 제물로 바치라고 하신 하나님의 요구가 타당한 것이라고 인정하면서 아브라함의 순종을 규범적인 반응으로 여기기는 하지만, "고대와 현대의 랍비들은 텍스트에 대한 이런 이해를 허용할 수 없었다. 세상을 창조하시고, 사랑하시고, 인도하시고, 가르치시는 하나님이 그같은 일을 요구하신다는 생각 자체에 대해 인간은 존재의 중심으로부터 저항한다."[75]

많은 미드라시가 표면적으로는 하나님을 정당화하거나 아브라함

---

[74] Marvin A. Sweeney, *Tanak: A Theological and Critical Introduction to the Jewish Bible* (Minneapolis: Fortress, 2012), 68.
[75] Spitzer, "Judaism," 8.

을 칭송하는 것으로 보일 수도 있지만, 그러한 해석의 이면에서는 이삭의 결박 이야기에 대한 현자들의 말할 수 없는 고충의 흔적들이 감지된다.[76] 이 고대의 해석가들은 이 이야기에서 감지되는 공백을 메움으로써 하나님이 아브라함에게 가하신 극도의 시험에 정당성을 제공하거나 아브라함의 말 없는 순종에 대한 근거를 제시하려고 시도한다(표면상으로는 시험과 순종 두 가지 모두 비윤리적이지는 않더라도 비이성적인 것처럼 보인다).[77]

이삭의 결박 이야기가 제기하는 공포를 해명하려고 시도하는 접근 방식들

이삭의 결박 이야기에 대한 일부 설명은 끔찍한 시험이라는 문제를 그냥 회피해 버린다.[78] 그중 한 가지는 이삭의 결박 이야기를 예레미야서

---

76   나는 이삭의 결박 이야기에 관한 해석을 다룬 Isaac Kalimi의 광범위한 논문("Go, I Beg You")에 빚을 졌다. 이 논문은 내가 여기서 인용하는 수많은 미드라시에 처음으로 눈을 뜨게 해주었다.

77   Spitzer는 이렇게 말한다. "미드라시는 텍스트 내의 침묵을 메우고 '도대체 왜 하나님께서 아브라함을 시험하셨는가?'라는 명백해 보이는 질문을 던지는 데 도움을 준다." Harold Schulweis도 유사한 지적을 한다. "랍비들의 미드라시에 담긴 반대 의견은…성경 내러티브의 윤리적 공백을 메워줌으로써 성경을 순종적인 관점에서 해석하거나 주권적인 명령자를 향하여 복종적인 자세를 취해야 한다는 부담감에서 신자들을 풀어준다." Schulweis, *Consciences: The Duty to Obey and the Duty to Disobey* (Woodstock, VT: Jewish Lights, 2008), 12. Spitzer, "Judaism," 8-9에 인용됨.

78   나는 이곳에서 진술하는 내용의 초기 형태를 (모세의 중보기도를 다룬 제2장에 대한 요약과 함께) 2018년 11월 18일에 콜로라도주 덴버에서 열린 세계성서학회 연례회의에서 "What Christians Can Learn from Jewish Interpretation of the Aqedah: Reading Genesis 22 with Moses and the Rabbis"라는 제목으로 "유대인의 성서 해석 프로그램 분과위원회"에서 발표했다. 나는 Isaac Kalimi의 저작을 랍비 문헌에 관한 기초 안내서로 활용했기 때문에 학회를 마치고 집으로 돌아오는 길에 덴버 공항에서 그를 직접 만날 수 있어서 기뻤다. 나의 연구와 관련하여 기꺼이 대화 상대가 되어주고 격려해 준 Isaac Kalimi에게 감사

에 등장하는 몇몇 진술들과 연결하는 것인데, 여기서 야웨는 아동 제사가 (당대의 이스라엘 백성이 시행하려는 유혹을 받기는 했지만) 자신이 의도하셨던 것이 절대 아니라고 부인하신다(렘 7:31; 19:5; 32:35). 바빌로니아 탈무드(Ta'anit 4a)는 아동 제사 문제를 거론하는 예레미야 19:5("이는 내가 명령하거나 말하거나 뜻한 바가 아니니라")을 인용하면서 그중 마지막 구절("[내가] 뜻한 바가 아니니라")을 구체적으로 "아브라함의 아들 이삭"에게 적용한다.[79] 랍비들은 예레미야 19:5에 나오는 분명한 진술을 근거로 하나님께서는 아브라함이 이삭을 제물로 바치기를 절대 원하지 않으셨을 것이라고 주장하는 것처럼 보인다. 하지만 하나님께서 그렇게 하라고 말씀하셨다는 분명한 증거가 창세기 22:2에 있다.[80]

하지만 이삭의 결박 이야기를 예레미야 19:5과 연결하는 것이 하나님께서 아브라함에게 아들을 제물로 바치라고 요구하셨다는 점을 아예 부인하기 위한 전술은 아닐 수도 있다. 두 텍스트를 연결한 목적은 이삭의 결박 사건이 단지 시험으로**만** 의도되었다는 점을 강조하기 위해서일 가능성도 있다. 하나님의 의도가 아브라함이 실제로 제사를 진행하는

를 표한다.

[79] Ta'anit 4a의 히브리어 원문과 영어 번역을 대조한 자료는 Sefaria.org에서 찾을 수 있다. https://www.sefaria.org/Taanit.4a?lang=bi. 세 번째 구절은 이삭에게 적용되지만, 첫 번째 구절("내가 명한 바가 아니다")은 아들을 번제로 바친 모압 왕 메사에게 적용되고(왕하 3:27), 두 번째 구절("내가 지시한/말한 바가 아니다")은 딸을 제물로 바친 입다에게 적용된다(삿 11장). Ta'anit 4a은 Isaac Kalimi의 "'Go, I Beg You,'"에도 인용되었다(렘 7:31이 아닌 19:5을 염두에 두고서).

[80] 더 나아가 겔 20:25에는 하나님께서 이스라엘 백성에게 "선하지 못한 율례와 능히 지키지 못할 규례"를 주셨다는 유명한 진술이 나온다. 아마도 이것은 다음 절(20:26)에서 언급하는 아동 제사를 시사하는 듯하다. "그들이 장자를 다 화제로 드리는 그 예물로 내가 그들을 더럽혔음은 그들을 멸망하게 하여 나를 여호와인 줄 알게 하려 하였음이라."

것은 절대 아니었다는 말이다.⁸¹

이 같은 전술의 요지를 드러내는 한 가지 방법은 하나님께서 아브라함에게 아들을 바치라고 강요하신 것이 아니라, 단지 그에게 요청하셨을 뿐이라는 점을 강조하는 것이다. 이런 점을 염두에 두고 바빌로니아 탈무드 산헤드린 89b에서 랍비 시므온 벤 아바는 창세기 22:2에서 하나님이 히브리어 불변화사 "나"(*nā'*, "제발"이라는 의미)를 사용하심으로써 자칫 명령이 될 수도 있었던 발언을 누그러뜨리셔서 단순한 요청("간청의 표현")으로 만드셨고, 아브라함은 이를 거부할 자유가 있었다고 강조한다.⁸² 이것은 하나님께 면죄부를 주는 일이라고 생각될 수도 있을 것이다.⁸³

다른 관점에서 「미드라시 탄후마」(Midrash Tanḥuma, Buber Edition)

---

81 이것은 Sefaria 웹사이트에서 "아브라함의 아들 이삭"이라는 수수께끼 같은 문구에 대해 확장된 영어 번역 부분에서 제공하는 해석이다(탈무드를 번역할 때는 이처럼 확대된 설명을 제공함으로써 원문의 압축적인 진술을 명확하게 해주는 것이 일반적이다).

82 Babylonian Talmud, Sanhedrin 89b. 히브리어 원문과 영어 번역을 대조한 자료는 https://www.sefaria.org에서 찾을 수 있다. 다른 번역으로는 Kalimi, "'Go, I Beg You,'" 5-6을 보라.

83 물론 이것은 명령이 아니라 단지 요청일 뿐이라고 유화시켜 부르는 것일 테지만, 랍비 쉬므온이 이 요청을 표현하는 방식은 마치 상급자의 권력 남용인 것처럼 들리게 만들어버린다. 그는 이 요청의 성격을 설명하기 위해 다음과 같은 비유 혹은 유비를 사용한다. 한 왕이 그의 전사에게 한 번 더 전투에 임하도록 격려하면서, 왕의 대적들이 보기에 과거의 전투들은 아무것도 아닌 것처럼 여기게 만들라고 요청한다는 것이다. "마찬가지로 **거룩하시고 복되신 그분은 또한 아브라함에게 말씀하셨다. 내가 여러 가지 시련으로 너를 시험했지만 너는 그 모든 것을 견뎌냈다. 이제 나를 위하여 이 모든 시련을 굳건히 견뎌내어 다른 사람들이 '첫 번째 시련에는 실체가 없었다'라고 말하지 못하게 하라.**" (Sefaria 사이트에서는 바빌로니아 탈무드의 번역에는 굵은 글자를 사용하고, 이해를 돕기 위해 추가된 부분은 일반 글자로 처리한다.) 아브라함이 하나님을 위하여 겪었던 시험들이 실제로 의미 있는 것이었음을 세상에 보여주기 위해 아브라함에게 "남자답게 행동"하라고 격려하는 말이 내 귀에는 상당히 모욕적으로 들린다.

17:2은 "아브라함의 숫양은 하나님의 6일 창조가 끝나는 첫 번째 안식일 전야, 황혼에 창조되었다"라고 설명한다. 아브라함이 이삭 대신 제물로 바친 숫양이 태초부터 준비되었다는 사실은 하나님께서 아브라함이 그의 아들을 제물로 바치도록 의도하지 않으셨다는 것을 의미한다.[84] 또 다른 예로 고대 유대교 회당의 미술 작품 가운데는 아브라함이 칼을 들어 올리는 순간에 숫양이 (창 22:13이 묘사하는 것처럼 덤불에 뿔이 걸려 있는 것이 아니라) 근처 나무에 묶여 있는 것으로 묘사한 그림도 있다.[85] 유대교의 문학 작품 가운데 숫양이 나무에 묶여 있는 것으로 묘사한 작품이 있는지 알려지지는 않았지만, 이 회당의 미술 작품은 그 숫양이 우연히 나타난 것이 아니라 이삭을 대신할 제물로 하나님께서 의도하셨다는 생각이 유대교 내에 존재했다는 점을 증명해 준다. 그 같은 시각적 조형물은

---

[84] 「미드라시 탄후마」의 표준 인쇄본은 콘스탄티노플의 16세기 사본을 기반으로 하는데, 옥스퍼드 사본을 기반으로 한 대체 판본이 19세기 후반 (Martin Buber의 조부) Solomon Buber에 의해 출간되었다. 여기 인용한 해석은 부버 판에 따른 것이며 번역은 Kalimi, "'Go, I Beg You,'" 5nn16-17에서 가져왔다. 숫양이 창조의 6일 해 질 무렵에 준비되었다는 주장은 「피르케 아보트」 5:6, 「시프레 데바림」 355, 그리고 「피르케 데라비 엘리에제르」 19에서도 발견된다. 창조의 6일 황혼에 창조된 열 가지 물품의 목록은 다음을 보라. van der Heide, "Now I Know," 463-65 ("Appendix II: The Ten Things Created at Dusk").

[85] 결박된 양의 이미지는 두라 에우로포스 회당의 프레스코화(3세기 중반)와 세포리스 회당의 바다 모자이크(5세기 초), 그리고 베이트 알파 회당(6세기 초)에서 발견된다. 이삭의 결박 장면에 등장하는 결박된 어린양을 표현한 기독교 유적은 엘 바가와트 묘지(이집트의 고대 매장지였으나 기독교 세력이 점령함)에 있는 평화의 예배당(4세기 중반)에서 찾아볼 수 있다. 이삭의 결박 장면에 관한 예술적 표현을 다룬 자료로는 다음을 보라. Edward Kessler, "The Sacrifice of Isaac (the Akedah) in Christian and Jewish Tradition: Artistic Representations," in Borders, Boundaries and the Bible, ed. Martin O'Kane, JSOTSup 313 (Sheffield: Sheffield Academic Press, 2002), 74-98. 위의 도서 가운데 Kessler의 기고문을 수정한 판본이 온라인으로 발간되었다. Kessler, "A Response to Marc Bregman," JTR 2, no. 1 (June 2003), http://jtr.shanti.virginia.edu/volume-2-number-1/response-to-marc-bregman/. 위의 두 기사 사이에 상당한 중복이 있지만 동일한 자료는 아니다.

이삭의 결박 사건이 단지 시험이었을 뿐임을 시사한다. 하나님께서는 이삭이 제물로 바쳐지지 않으리라는 점을 시종일관 알고 계셨다는 것이다.[86]

그러나 이삭의 결박 사건에 대하여 하나님께 면죄부를 주는 가장 간단한 방법을 「창세기 랍바」 56:8(랍비 아하의 견해라고 알려져 있다)에서 찾을 수 있다. 어떤 이유로 하나님의 명령이 "그를 번제로 드리라"(22:2)에서 "그 아이에게 네 손을 대지 말라"로 바뀌었는지 질문하자 하나님께서는 자신의 마음이 바뀐 적이 없다고 설명하신다. "내가 너에게 그를 죽이라고 말한 적이 있느냐? 아니다, 나는 너에게 '그를 데리고 올라오라'라고 말했을 뿐이다."[87] 이어서 하나님은 다시 아브라함에게 말씀하신다. "그래, 잘했다. 너는 정말로 그를 데리고 올라왔구나. 이제 그를 데리고 내려가라"(「창세기 랍바」 56:8).[88] 이런 해석은 하나님께서 "알

---

[86] 유대교 내에서 결박된 숫양에 관한 텍스트상의 전통은 알려진 것이 없지만, 초기 기독교 문학에서는 이러한 아이디어를 다루는 전통이 있었던 것으로 보인다. Kessler는 숫양이 나무에 결박되어 있다고 언급하는 4세기 콥트어 성경을 인용한다. Kessler, "Response to Marc Bregman." (Kessler, "Sacrifice of Isaac"에서는 인용하지 않는다.)

[87] 이 미드라시에서 하나님이 아브라함에게 시 89:34("내 입술에서 낸 것은 변하지 아니하리로다")를 인용하시는 것으로 묘사한다는 사실을 고려해 볼 때 여기서 부분적으로라도 "하나님의 불변성"이라는 주제를 다루는 것으로 보인다.

[88] *Genesis Rabbah: The Judaic Commentary to the Book of Genesis—a New American Translation*, vol. 3, *Parashiyyot Thirty-Four through Sixty-Seven on Genesis 8:15-28:9*, trans. Jacob Neusner, BJS 105 (Atlanta: Scholars Press, 1985), 284. 이런 해석은 라시(1040-1105)의 창 22:2 주석, 이븐 에즈라(1089-1164 또는 1093-1167)의 창세기 22:1 주석, 아바르바넬(1437-1508)의 창 22:2, 12 주석으로 이어진다. Lippman Bodoff, "The Real Test of the Akedah: Blind Obedience versus Moral Choice," *Judaism* 42, no. 1 (1993): 71-92; 동일한 제목으로 다음 책에 다시 실렸다. *The Binding of Isaac, Religious Murders, and Kabbalah: Seeds of Jewish Extremism and Alienation?* (Jerusalem: Devora, 2005), 32, 51n16.

라"(ʿālâ)라는 동사의 히필 변화형을 사용하셨을 때 아브라함이 그 의미를 잘못 이해했음을 시사한다. "알라"라는 동사는 올라간다는 뜻이고, 히필 변화형은 사역동사(causative)의 의미를 지니기 때문에 "올라가게 하다", "데리고 올라가다"를 뜻한다. 하나님은 아브라함에게 이삭을 데리고 산으로 올라가라고(아마도 예배를 위해서) 말씀하셨을 뿐인데, 아브라함은 이를 오해하여 그를 제물로 바치라는 의미로 받아들였다는 것이다("알라" 동사의 히필 변화형은 "제물로 바치다"를 뜻할 수도 있다).[89] 이처럼 문제의 소지가 될 수 있는 명령을 완화하는 것은 이삭의 결박 이야기가 제기하는 스캔들을 해결하고 하나님이 잘못하신 것이라는 혐의를 제거하는 또 다른 방법이다.[90]

"이 말씀 후에": 하나님께서 아브라함을 시험하신 이유를 설명하려는 시도들

하나님께서 아브라함이 이런 시험을 통과하게 하신 이유를 설명하기

---

[89] 하지만 이것은 상당히 억지스러운 주장이다. 왜냐하면 "알라"(ʿālâ)의 히필 변화형은 번제를 바치는 장면을 묘사하는 일반적인 방식이며(연기가 "**올라가도록 만든다**"라는 의미에서 사역동사가 사용되었다), 창 22:2에는 동사뿐만 아니라 "번제"를 뜻하는 **명사**도 나오기 때문이다. "네 아들…을 데리고…내가 네게 일러 준 한 산 거기서 그를 번제[ʿōlâ]로 드리라[ʿālâ의 히필 변화형]."

[90] Lisa Brush가 "데바르 토라"(D'var Torah; "토라의 말씀")라는 제목의 신년절 2일차 설교에서 지적한 것처럼, "'그를 죽여라'라는 구절 대신에 '그를 데리고 올라가라'라는 구절에 강조점을 두는 것은 텍스트에 내재하는 까다로운 문제—다시 말해 그 시험이 아브라함과 이삭의 영혼을 황폐하게 만들 가능성이 높아 보인다는 난제—를 해결하기 위해 지푸라기를 붙잡는 랍비 전통"의 대표적 사례다. Brush, "The Akedah/The Binding of Isaac = Genesis 22:1-24."

위해 일부 미드라시는 창세기 22:1의 첫 구절인 "아하르 하데바림 하엘레"에 주목하는데, 이 구절은 문맥상 "이 일들 후에" 다시 말해 "얼마 후에"를 뜻한다(참조. 창 15:1; 39:7; 48:1). 하지만 "다바르"라는 히브리어 단어가 "말"을 의미할 수도 있기 때문에 몇몇 후대 주석가들은 이 구절을 "이 말씀 후에"라고 해석한다. 이는 하나님께서 자신의 종에게 이처럼 가혹한 시험을 받게 하신 이유를 설명하는 어떤 대화가 오갔을 것이라고 가정한 것이다. 여기서 질문은 후대의 유대교 주석가들이 어떤 "말"(dəbārim)을 염두에 두고 있었는가 하는 것이다.

사탄의 말 이후에(바빌로니아 탈무드, 산헤드린 89b)

한 가지 제안은 사탄이 했던 말이 시험으로 이어졌다는 것이다. 랍비 요하난이 (랍비 요세 벤 지므라를 인용하여) 말했다. 이삭이 젖을 뗀 날(창 21:8) 아브라함이 베푼 큰 잔치에 대해 "사탄은 거룩하신 이, 복되신 그분 앞에서 '주께서 백 살에 태의 소산으로 은혜를 베푸신 이 노인이 잔치 동안에 주님 앞에 드린 멧비둘기나 집비둘기가 한 마리도 없습니까?'라고 말했다." 그러자 하나님께서는 아브라함을 변호하기 위해 나서셨다. 그는 아브라함이 연회에서 아들을 축하하고 있었다는 것을 아시면서도 이렇게 말씀하셨다. "내가 그에게 '네 아들을 나에게 바치라'라고 말하면 그는 즉시 아들을 제물로 바칠 것이다." 이것이 창세기 22장의 시험으로 이어진다는 것이다.[91]

---

91 Babylonian Talmud, Sanhedrin 89b. 번역은 Levenson, *Death and Resurrection of the Beloved Son*, 177에서 가져왔다. 다른 번역으로는 Sefaria.org, https://www.sefaria.org/Sanhedrin.89b?lang=bi을 참조하라.

군주 마스테마의 말 이후에(「희년서」 17-18장)

이 시험이 사탄에 의해 촉발되었다는 생각은 이삭의 결박 이야기를 다룬 성경 시대 이후 최초의 유대교 주석인 「희년서」로 거슬러 올라간다.[92] 「희년서」 17-18장(특히 17:15-18:19)에서는 욥기 1장과 역대상 21:1에 나오는 고발자의 역할을 근거로 군주 마스테마가 아브라함이 과연 아들 이삭을 사랑하는 만큼 하나님을 사랑하는지 알아보기 위해 그를 시험하리고 하나님을 부추기는 것으로 묘사한다.

> 하늘에서 아브라함에 관하여 이런 말씀이 임하였다. 그는 그에게 주어진 모든 일에 신실했으며 주님을 사랑했고 모든 고난 가운데서도 신실했다. 그리고 군주 마스테마가 하나님 앞에 와서 말했다. "보십시오. 아브라함은 그의 아들 이삭을 사랑합니다. 그리고 그는 다른 모든 것보다 그를 더 기뻐합니다. 그에게 아들을 제단 위에 번제로 드리라고 말씀해 보십시오. 그러면 주님은 그가 이 일을 할 것인지 보시게 될 것입니다. 그리고 주님이 그에게 행하시는 모든 시험에 그가 신실함을 지키는지 아시게 될 것입니다"(「희년서」 17:15-16).

그러나 하나님께서는 아브라함이 시험을 통과할 능력이 있다는 것을 의심하지 않으셨고 아브라함이 시험을 통과했을 때 "군주 마스테마는 수

---

[92] Walter Moberly는 야웨의 사자의 두 번째 발언(창 22:15-18)이 사실상 이삭의 결박 사건(22:1-14, 19)을 다룬 최초의 주석이라고 주장한다. Moberly, "The Earliest Commentary on the Akedah," *VT* 38, no. 3 (1988): 302-23.

치를 당했다"(「희년서」 18:11-12).⁹³

천사들의 말 이후에(「성서 고대사」 32:1-4)

위(僞)필론의 「성서 고대사」 32:1-4에서는 이삭의 결박 이야기에 앞서 어떤 말들이 있었는가라는 질문을 암시적으로 다루는 다른 해석을 제시한다. 텍스트는 "모든 천사가 그를 질투하였고 예배하는 무리가 그를 부러워했다"라고 말하면서도 실제로는 어떤 문구도 인용하지 않는다.⁹⁴ 이 질투로 인해 하나님은 아브라함을 시험하신다.⁹⁵ 그리고 아브라함이 기꺼이 아들을 제물로 바치러 가려고 하자 하나님께서는 그를 막으시고, 이 일이 그에 대하여 악담하는 자들의 입을 막을 것이라고 말씀하신다(이것은 실제로 천사들이 그를 욕하고 있었음을 시사한다).⁹⁶

이삭의 말 이후에(바빌로니아 탈무드, 산헤드린 89b; 타르굼 위[僞]요나단)

이삭이 이스마엘에게 잘난체한 것이 하나님의 행동을 촉발했다는 해석도 있다. 바빌로니아 탈무드 산헤드린 89b에 그런 해석이 등장하는데,

---

93 O. S. Wintermute, trans., "Jubilees: A New Translation and Introduction," in J. H. Charlesworth, *The Old Testament Pseudepigrapha*, vol. 2, *Expansions of the Old Testament and Legends, Wisdom and Philosophical Literature, Prayers, Psalms, and Odes, Fragments of Lost Judeo-Hellenistic Works*, ABRL (Garden City, NY: Doubleday, 1985), 90-91.

94 여기서 "그를"이 누구를 의미하는지 분명하지 않다. 아브라함을 가리킬 가능성이 가장 크지만, 일부 주석가(예. Kalimi, "'Go, I Beg You,'" 9)는 이삭을 가리킨다고 여기기도 한다(왜냐하면 이 구절이 하나님께서 아브라함과 사라에게 아들을 선물로 주시는 장면 바로 다음에 나오기 때문이다).

95 Pseudo-Philo, *Biblical Antiquities* 32:1-2. Trans. D. J. Harrington, "Pseudo-Philo (First Century A.D.): A New Translation and Introduction," in Charlesworth, *Old Testament Pseudepigrapha* 2:345. 천사들의 질투에 관하여는 다음을 보라. Genesis Rabbah 55:4.

96 Pseudo-Philo, *Biblical Antiquities* 32:4. Trans. Harrington, "Pseudo-Philo," 346.

랍비 레비는 이렇게 말한다. "이스마엘이 이삭에게 말했다. 너는 팔 일 만에 할례를 받았고 나는 열세 살에 할례를 받았으니 계명(미츠보트)을 행하는 일에서 내가 더 위대하다." 말하자면 이스마엘은 자원하여 할례 명령에 복종한 것이지만 이삭은 선택의 여지가 없었다는 것이다. 이에 이삭이 대답한다. "당신은 하나의 기관으로 나를 도발하는 것입니까? 거룩하시고 복되신 그분께서 나에게 '내 앞에서 너 자신을 제물로 드려라'라고 말씀하시면 너는 자신을 제물로 바치겠습니다." 이에 하니님께서 이삭의 말을 받아들이셨고, 그것이 창세기 22:2의 명령으로 이어진다는 것이다.[97]

이런 해석의 또 다른 형태가 창세기 22:1에 대한 타르굼 위요나단의 번역에 등장하는데, 여기서는 이삭과 이스마엘의 논쟁이 누가 아브라함의 정당한 상속자인지에 관한 것이며, 이스마엘은 자신이 장자이니 정당한 상속자라고 주장하고, 이삭은 자신이 사라의 아들이므로 정당한 상속자라고 주장한다. 이에 이스마엘은 그들이 할례받은 나이가 다르다는 점을 들어 누가 더 상속자가 되기에 합당한지 보여주려 했고, 이삭은 이렇게 대답한다. "보세요, 오늘 내가 서른여섯 살이니 만일 거룩하신 분, 복되신 이가 나의 몸 전체를 원하신다면 나는 지체하지 않을 것입니

---

[97] Sefaria 웹사이트에 실린 영어 텍스트에서 탈무드를 직접 번역한 부분은 굵은 글씨체로, 공백을 메우기 위한 보충 설명은 일반 글씨체로 표기한다. "**이스마엘이 이삭에게 말했다. '나는 미츠보트를 수행하는 일에 너보다 위대하다.** 왜냐하면 **너는 팔 일 만에** 너의 지식과 너의 동의 없이 **할례를 받았고 나는 열세 살에** 나의 지식과 나의 동의로 할례를 받았기 때문이다.' 이에 이삭이 이스마엘에게 **대답한다. '당신은 하나의 기관으로 나를 도발하는 것입니까? 거룩하시고 복되신 그분께서 나에게 나 자신을 제물로 바치라고 말씀하시면 나는 자신을 제물로 바치겠습니다.'** 하나님께서 아브라함을 시험하셔서 이삭이 자신의 삶을 바치겠다고 말한 것이 진실함을 확증했다."

다." 이에 타르굼 위요나단은 주님의 말씀(*mêmrā*; '메므라')이 아브라함을 시험했다고 진술한다.[98]

위에 제시한 사례들은 다른 방법으로 그 이유를 설명할 수 없는 시험을 부추긴 원흉일 수도 있는 "말들"에 관한 추론들이다.

"이 일 이후에":
하나님께서 아브라함을 시험하신 이유를 설명하려는 다른 시도들

"아하르 하데바림 하엘레"(*'aḥar haddəbārîm hā'ēlleh*)라는 문구는 "이런 일들 이후에" 혹은 "이런 행위들 이후에"라는 의미로 받아들여질 수도 있다. 그렇다면 어떤 "일" 또는 "행위"가 시험으로 이어질 수 있었을까?

하나님의 축복이 아브라함에게 쏟아진 이후에

랍비 시대 이전에 이미 이런 접근법의 가장 이른 형태가 등장한다. 요세푸스는 『유대 고대사』에서 이 축복이 하나님께서 아브라함을 위하여 행하신 자비로운 행위였다고 말한다. 그는 하나님께서 아브라함 평생에 그에게 베푸신 모든 축복과 혜택을 열거하셨다고 말하는데, 여기에는 창세기 14장에 설명된 것과 같은 군사적, 정치적 이점들도 포함된다(요세푸스가 정치사가였다는 점을 기억할 필요가 있다). 그런 다음 하나님께서는

---

[98] 번역은 다음을 보라. Sefaria.org, https://www.sefaria.org/Targum_Jonathan_on_Genesis.22.1?lang=bi.

아브라함의 "경건"(*thrēskeia*)을 시험하여 이러한 혜택에 대한 그의 헌신적 반응에 드러나는 감사가 진정한 것인지 확인하고자 하셨다.[99]

아브라함이 이삭에 대한 자부심으로 블레셋과 언약을 맺은 이후에

랍비 쉬무엘 벤 메이르(Rashbam, 1080-1160)가 제시한 또 다른 가능성은 아브라함이 이삭에 대한 부적절한 자부심으로 말미암아 블레셋과 맺은 언약이 시험을 촉발했다는 것이다(창 21:32). 창세기 어디에도 이 언약에 문제가 있다거나 이삭에 대한 자부심 때문에 이루어졌다는 언급이 없지만, 랍비 쉬무엘 벤 메이르는 하나님께서 이 언약으로 인해, 특히 아브라함의 마음에 자리 잡고 있던 자만심 때문에 마음이 상하셨다고 묘사한다. 그래서 하나님은 아브라함에게 이렇게 말씀하신다. "내가 네게 준 아들에 대해 네가 자부심을 가지고 그들과 언약을 맺었으니, 이제 가서 그 아이를 번제로 드려라. 그러고 나서 네가 맺은 언약이 어떻게 되는지 보자."[100] 이 기사에서는 시험이 아브라함의 실패로 인해 일어난 것이라고 설명한다.

아브라함이 하나님에 대해 부적절한 생각을 품은 이후에

하지만 「미드라시 탄후마」는 여기서 더 나아간다. 7세기 작품인 이 미드라시는 하나님께서 왜 아브라함에게 그런 명령을 내리셨는지 설명하기

---

99 Josephus, *Jewish Antiquities* 1.223-24; Kalimi, "'Go, I Beg You,'" 9-10.
100 창 22:1에 대한 랍비 쉬무엘 벤 메이르의 주석. 번역은 Kalimi, "'Go, I Beg You,'" 10를 따른다. 세부적인 논의로는 다음을 보라. Martin I. Lockshin, *Rabbi Samuel Ben Meir's Commentary on Genesis: An Annotated Translation*, Jewish Studies (Lewiston, NY: Edwin Mellen, 1989), 96.

위해 이삭의 결박 사건에서 하나님께서는 아브라함을 시험하신 것이 아니라 사실은 그가 하나님의 부당한 대우에 대해 마음에 품었던 생각 때문에 그에게 벌을 주신 것이라고 해석한다. 아니면 엄밀히 말해 벌은 아니더라도 그 죄에 대한 보상(atonement)을 요구하신 것이라고 주장한다. 이 텍스트는 앞서 설명했던 유대교의 저항 금지 전통을 잘 보여주는 하나의 사례다. 이 전통은 하나님에 대해 어떤 의문이라도 품는 것을 금지하고 있다.

「미드라시 탄후마」 텍스트는 다음과 같이 랍비 레비의 말을 인용한다. "아브라함은 한때 하나님의 공의라는 문제를 골똘히 생각하면서, 하나님께서 이 세상에서 자기에게 지나치게 자상하게 대해 주셔서 내세에는 아무런 상급도 받지 못하는 것은 아닌가 하는 의심을 품었다"(이런 생각은 당시 유대교에서 발달했던 세계관에 기초한 것인데, 의인은 이 세상에서 작은 잘못에 대해서도 처벌받음으로써 내세에서의 심각한 처벌로부터 보호받는다는 것이다). 그런데 아브라함은 이 세상에서 오직 축복만 받았으므로 염려가 되었다는 말이다.

하나님에 대한 아브라함의 이런 암묵적인 비판에 대해 하나님께서는 "네가 감히 나의 행동을 판단하였으니 너는 나에게 번제물을 가져와야 한다"라고 대답하신다. 그러고서 다시 말씀하신다. "이제 네가 사랑하는 네 아들, 곧 외아들 이삭을 데리고 모리아 땅으로 가라. 그리고 내가 너에게 보여줄 산들 가운데 하나에서 그를 번제로 바치라."[101]

---

[101] Midrash Tanḥuma, Lekh lekha 10:2. 번역은 다음을 보라. Sefaria.org, https://www.sefaria.org/Midrash_Tanchuma%2C_Lech_Lecha.10 (emphasis original). Weiss는 "Sin of Protesting God," 384에서 이 에피소드를 소개한다.

하지만 이것은 아주 이례적인 텍스트다. 이제까지 유대교 해석 전통에서 이삭의 결박 이야기에 대한 지배적인 접근 방식은 아브라함을 하나님의 신실한 종으로서 칭송하는 것이었다.

아브라함의 말 없는 순종에 동기를 부여하려는 시도

이러한 칭송은 특히 다음 미드라시에서 강조되는데, 여기서는 표면상으로 설명 불가능해 보이는 아브라함의 말 없는 순종에 대해 그럴듯한 이유나 동기를 제공하려고 시도함으로써 이삭의 결박 사건이 제기하는 공포를 해명하고자 한다. 분명히 아브라함은 이 끔찍한 명령(하나님께서 "나"[nā', "제발"]라고 하셨으므로 요청이라고 볼 수도 있다)에 항의했어야 한다. 최소한 아브라함은 소돔을 위해(혹은 롯을 위해) 그랬던 것처럼 중보기도라도 할 수 있지 않았을까? 「성서 고대사」의 저자는 "아브라함은 논쟁하지 않고 즉시 출발했다"라고 기록한다.[102] 도대체 아브라함은 왜 이처럼 즉각적으로 말없이 순종했던 것일까?

후세대를 위해 아버지로서의 연민을 유보했던 아브라함(「창세기 랍바」 56:10)

유대교 전통에서 아브라함의 말 없는 순종에 대해 설명하는 주요한 방식 가운데 하나는 그가 자연적인 부성애를 애써 극복하고 아들을 제물로 바친 이유가 후세대에 임할 혜택을 위해서라는 것이다. 「창세기 랍

---

102 Pseudo-Philo, *Biblical Antiquities* 32:2. 번역은 Harrington, "Pseudo-Philo," 345.

바」56:10에서 랍비 요하난은 아브라함이 시험 후에 하나님께 이렇게 말한다고 설명한다. "제가 주님의 뜻을 행하기 위해 자비심을 극복했습니다. 내 하나님 야웨시여, 이삭의 자손이 범죄하거나 악한 일을 행할 때 바로 이 '결박'[Akeidah]을 기억하시고 그들에게 넘치는 자비를 베풀어 주시옵소서."[103]

물론 이런 동기는 이삭이 생존해 있어야만 유의미해질 수 있다. 만일 아브라함이 실제로 번제를 시행할 작정이었다면, 이 같은 동기가 선제적으로 작동할 수는 없었을 것이다. 왜냐하면 이삭에게는 어떤 후손도 존재하지 않았을 것이기 때문이다. 결과적으로 이 미드라시는 부채로 여겨질 수 있는 것을 자산으로 바꾸어 놓는다. 하나님은 이제 아브라함에게 큰 빚을 지게 된 것이고 그런 의미에서 아브라함의 말 없는 순종은 이후 세대에게 공로로 여겨지게 되었다.[104]

아브라함의 순종이 어떻게 후세대에 공로를 가져다줄 수 있는가?

다른 텍스트들은 위의 동기를 받아들이고 아브라함의 순종 행위가 어떻게 그리고 왜 후세대에 공로를 가져다줄 수 있는지 설명하려 시도한다 (거래 메커니즘이라고 부를 수도 있겠다).[105]

---

103 번역은 다음을 보라. Sefaria.org, https://www.sefaria.org/Bereishit_Rabbah.56.10?lang=bi&with =all&lang2=en.
104 이것은 "조상의 공로"(zaḥut avot)라고 알려진 유명한 교리다. 이것은 출 32:13에서 모세가 금송아지 사건 이후 이스라엘을 향한 자비의 근거로 하나님께서 조상들과 맺으신 언약에 호소하는 것과는 상당히 다르다. 모세의 호소는 조상들의 행위에서 비롯된 그 어떤 공로에 근거한 것이 아니라, 아브라함, 이삭, 야곱의 후손이 땅을 물려받을 것이라는 하나님 자신의 맹세에 근거한 것이다.
105 「창세기 랍바」 56:8은 이 공로를 아브라함의 자발적인 순종과 연결하여 마치 그가 자신

일부 해석은 이삭의 결박 이야기에서 하나님이 **보신다**는 표현이 반복된다는 점에 주목한다("보다" 또는 "돌보다"/"제공하다"라는 뜻을 지닌 "라아"[ra'a] 동사가 창 22:8, 14에 나온다).「메킬타 데라비 이쉬마엘」(출애굽기에 대한 미드라시 할라카)에서는 이삭의 결박 이야기에 등장하는 "하나님께서 보신다"라는 주제를 출애굽기 12:13의 유월절 사건과 연결하는 동시에(여기서는 하나님께서 문설주와 인방에 발린 **피를 보시고** 그 집을 넘어가신다고 말씀하신다), 역대상 21:15에서 다윗의 인구조사 결과와 결부시키기도 한다. 하나님의 사자가 예루살렘을 파괴하려고 하는 순간 하나님께서는 그가 보신 장면 때문에 마음을 돌이키셔서 행하시려던 악을 중단하신다. 이 해석에 따르면 출애굽기와 역대기에서 하나님은 "결박된 이삭의 피"를 보셨기 때문에 뜻을 돌이키신다.[106] 결국 모리아 땅에서 쏟은 이삭의 피가 후에 이스라엘을 향한 하나님의 관용으로 이어진다(또한 역대기는 모리아 땅이 바로 하나님의 사자가 뜻을 돌이킨 장소라고 이해한다).

이런 해석은 이삭이 실제로 (일부분이라도) 피를 쏟았다고 가정하는데, 이는 창세기 22장 텍스트를 넘어서는 것이다. 이와 관련하여 많은 논쟁이 이어졌는데, 한 텍스트에서는 이삭이 4분의 1에 달하는 피를 흘렸

을 희생제물로 드린 것처럼 여긴다. "나는 마치 내가 너에게 자신을 희생제물로 바치라고 말하였고 네가 거절하지 않기라도 했던 것처럼 너에게 공로를 돌린다." 번역은 다음을 보라. Sefaria.org, https://www.sefaria.org/Bereishit_Rabbah.56.8?lang=bi&with=all&lang2=en.

106 번역은 다음을 보라. Levenson, *Death and Resurrection of the Beloved Son*, 180. 다른 번역으로는 Jacob Z. Lauterbach, *Mekhilta de-Rabbi Ishmael*, 2nd ed. (Philadelphia: Jewish Publication Society, 2004), 40을 보라. 이런 해석은 출 12:11-14를 다루는 Pisha 7에서 찾을 수 있다.

다고 주장한다(「메킬타 데라비 쉬므온 바르 요하이」, 산야 6.2).[107] 다른 텍스트는 아브라함이 이삭의 피 4분의 1을 쏟으려 했으나 저지당했다고 주장한다(「미드라시 탄후마」, 바예라 23).[108] 또 다른 텍스트는 실제로 이삭이 피를 쏟은 것이 아니라, 하나님께서 아브라함이 번제로 드린 숫양이 쏟은 피를 이삭이 쏟은 피처럼 여기셨다고 해석한다(「창세기 랍바」 56:9).[109]

다른 텍스트들(바빌로니아 탈무드, 베라코트 62b; 역대상 타르굼 21:15)에서는 역대상 21:15에서 야웨의 사자가 이삭의 피를 본 것이 아니라 그의 유골을 보았다고 주장하는데, 이는 아브라함이 "번제"(*olâ*)를 실제로 진행했다고 가정하는 것이며, 이 또한 창세기 22장 텍스트를 명백히 넘어서는 것이다.[110]

이삭의 유골에 관해 설명하는 문헌이 너무 많아서 여기에 모두 나

---

[107] 「메킬타 데라비 쉬므온 바르 요하이」의 출애굽기 주석에 따르면, 하나님께서는 모세에게 이렇게 말씀하신다. "나는 아브라함의 아들 이삭[의 헌신적인 행동]에 대해 보상을 지급할 만큼 신실하다. 그의 [몸에서] 피가 제단 위로 4분의 1만큼 흘러나왔다." 이어서 하나님은 아브라함의 "큰 힘"으로 말미암아 이집트로부터 구속(redemption)을 가져오실 것이라고 말씀하신다. 번역은 W. David Nelson, *Mekhilta de-Rabbi Shimon bar Yoḥai* (Philadelphia: Jewish Publication Society, 2006), 9 (Sanya 6.2)를 보라.
[108] 「미드라시 탄후마」, Vayera 23에 따르면 "그들이 제단을 쌓은 후에 아브라함은 이삭을 제단 위에 묶고 칼을 손에 들고서 그의 몸에서 4분의 1에 달하는 피가 흘러나오도록 도살하려 했"지만 그렇게 하지 못하도록 제지당했다. 번역은 Samuel A. Berman, Sefaria.org, https://www.sefaria.org/Midrash_Tanchuma%2C_Vayera.23.4?lang=bi&with=all&lang2=en을 참조하라.
[109] 「창세기 랍바」 56:9에서 아브라함은 하나님께 "우주 만물의 주권자시여! 이 숫양의 피가 마치 내 아들 이츠하크의 피인 것처럼 여겨주십시오!"라고 기도한다. Sefaria.org, https://www.sefaria.org/Bereishit_Rabbah.56.9?lang=bi&with=all&lang2=en.
[110] 바빌로니아 탈무드 Berakhot 62b에 대한 번역은 Sefaria.org, https://www.sefaria.org/Berakhot.62b.15?lang=bi&with=all&lang2=en에서 찾을 수 있다. 역대기 타르굼에 관해서는 다음을 보라. J. Staley McIvor, *The Targums of Ruth and Chronicles*, ArBib 19 (Wilmington, DE: Michael Glazier, 1994).

열하는 것은 불가능하다. 한 가지 흥미로운 설명은 바빌로니아 유배에서 귀환한 포로들이 이삭의 유골이 안치된 위치를 파악함으로써 성전 재건을 위한 장소를 결정할 수 있었다는 탈무드의 제안이다.[111] 그렇다고 모든 현자가 이삭이 실제 제물로 바쳐졌다는 주장에 동의한 것은 아니다. 숫양의 이름이 "이삭"이었다고 주장하는 해석도 있고(「미드라시 하가돌」 창세기 22:13), 또 다른 자료에서는 하나님께서 이삭의 유골을 보시고 그것이 마치 제단으로부터 취해진 것처럼 여기신 것이라고 제안한다(예루살렘 탈무드 하기가 2:1, 8a;「미드라시 하가돌」 창세기 22:19).[112]

하나님께서 이삭의 피나 유골을 보셨다는 위와 같은 주장들은 하나같이 이삭의 결박 이야기를 후대의 사건들에 적용하기 위한 시도였다. 처음에는 이삭의 결박 이야기가 예루살렘 성전 제사의 효력을 보증하는 역할을 했고, 이어서 하나님께서 각각 셀레우코스 왕조 시대, 로마 제국 시대, 그리고 기독교 시대의 박해에서 자기 백성을 구원하실 근거를 제공하였다. 이삭의 피가 되었든 아니면 유골이 되었든, 어쨌거나 설명 불가능해 보이는 사건이 근거가 되어 이삭의 결박 사건이 아브라함의 후손들에게까지 공로를 전달해 줄 수 있게 되었다는 것이다.

이삭의 결박 이야기를 해명하려고 시도하는 미드라시 해석의 또 다른 사례들도 있지만 이제까지 제시한 것만으로도 요점을 설명하기에는 충분하리라고 본다. 이 텍스트들을 표면적으로 읽으면 하나님의 의로우

---

111   Zevahim 62a에서 발견할 수 있다. 이 텍스트에 대한 번역은 Sefaria.org, https://www.sefaria.org/Zevachim,62a.5?lang=bi&with=all&lang2=en을 보라.
112   이 자료들은 Kalimi, "'Go, I Beg You,'" 25에서 찾을 수 있다. Speigel, *Last Trial*, 40-43도 보라.

심을 입증하거나 아브라함을 칭송하는 것으로 보일 수도 있지만, 그렇게 해석할 필요성이 제기되었다는 사실 자체가 이삭의 결박 이야기에 대해 현자들이 불편함을 느꼈다는 사실을 암묵적으로 증명해 준다.

그러나 현자들이 느꼈던 불편함은—탄식 시편의 거친 기도, 이스라엘을 향한 하나님의 불의한 행동에 대한 모세의 도전, 자신의 고통에 대해 목소리를 높인 욥의 항의와 비교해 보면—확실히 누그러진 것이다. 사실 창세기 18장에서 아브라함이 소돔에 임할 멸망에 대해 하나님께 도전했던 사례와 비교해 보면 현자들이 느꼈을 불편함은 가벼운 응석 수준이다.

창세기 18장에서 아브라함이 솔직하게 항의의 목소리를 냈다는 사실을 고려할 때 아브라함이 창세기 22장에서는 어찌하여 아들을 제물로 바치라는 하나님의 지시에 항의 한마디 없이 순종하려고 했는지 여전히 의문이다. 다음 장에서는 이삭의 결박 이야기에 대해 저자 나름의 해석을 제시하려고 한다.

제6장

|

이삭의 결박 이야기와
욥기에서 수사학적 신호 읽어내기

지금까지 우리는 창세기 22장에 기록된 그대로의 이삭의 결박 이야기에 불편함을 느끼고 공백을 채우려 시도했던 고대 유대교의 몇몇 해석방법을 살펴보았다. 이제는 아브라함의 시험에 관한 나 자신의 해석을 펼쳐 보고자 한다.

이러한 해석에 앞서 본 장에서는 이삭의 결박 이야기 속에 무언가가 정상적이지 않다는 징후, 특히 아브라함 자신이나 이삭에게 올바르지 않은 모습이 있다는 증거에 주목한다. 창세기 22장에 대한 나의 접근법은 윌리엄 P. 브라운이 "경이로움으로 읽기"라고 묘사한 것과 유사하다. "텍스트 안에 머물면서 그것의 거친 표면을 느껴보고, 어두운 틈새를 들여다보고, 우리를 놀라게 하거나 소름 돋게 만드는 변칙적인 요소들과 심오한 차이를 발견하는 방식이다."[1] 여기에는 텍스트의 표면 아래를 들여다보는 작업이 포함되지만, 그럼에도 나는 텍스트 자체에 충실하고자 한다. 말하자면 나는 (창의적으로 이야기의 틈새를 메우는) 미드라시 방법

---

[1] William P. Brown, *Sacred Sense: Discovering the Wonder of God's Word and World* (Grand Rapids: Eerdmans, 2015), 11.

을 시도하는 것이 아니라, (유대교의 "페샤트" 주석 방법처럼) 텍스트의 문학적, 수사학적 표현을 세밀하게 탐구하는 작업을 할 것이다.

이삭의 결박 이야기를 책임감 있게 해석하는 접근 방식이란?

그런데 여기서 한 가지 까다로운 문제를 제기할 수 있다. 내레이터의 요점이 명시적으로 표현되지 않은 경우에 그가 남긴 텍스트상의 단서로부터 의미를 유추하는 것이 과연 가능한가 하는 점이다. 그리고 등장인물의 태도나 관점에 공감하면서 텍스트의 표면 아래를 들여다보는 일이 가능한가? 이 질문은 특히 이삭의 결박 이야기처럼 그런 세부 사항에 대해 과묵한 내러티브를 다룰 때 적합한 질문이다. 에리히 아우어바흐가 그의 고전적인 연구에서 표현했던 유명한 말처럼, 호메로스의 서사시가 "전적으로 외면화한 묘사들"로 특징지어지는 반면, 히브리 내러티브(특히 창 22장)는 "배경만 가득하다."[2] 전면에 등장하는 것이 거의 없으며 상당한 분량이 독자의 상상력에 맡겨진다는 뜻이다.

존 레벤슨은 아우어바흐의 논지를 따라 "내레이터의 기법은…아브라함의 주관성이라는 사안과 관련해 우리를 어둠 속에 남겨둔다"라는 점을 상기시킨다.[3] 마찬가지로 로버트 알터도 히브리 서사가 "동기, 윤

---

[2] Erich Auerbach, *Mimesis: The Representation of Reality in Western Literature*, trans. Willard R. Trask (Princeton: Princeton University Press, 1953), 22, 12. Auerbach는 히브리 내러티브의 이런 특성을 chap. 1, "Odysseus' Scar," 3-23에서 다룬다. 이삭의 결박 이야기에 관한 그의 논의는 7-12에 있다.

[3] Jon D. Levenson, T*he Death and Resurrection of the Beloved Son: The Transformation of*

리적 성품, 그리고 심리학 문제와 관련하여 어느 정도 의미의 불확실성을 만들어낸다"라고 지적한다.[4]

그러나 등장인물의 정신적, 감정적 상태에 대해 명시적으로 말해주지 않는다고 해서 내레이터가 제공하는 단서를 통해 합리적으로 추론하는 일도 금지되는 것은 아니다. 샤이 헬드가 지적했듯이 그렇게 하는 것은 "성경을 비롯하여 다른 어떤 문헌을 읽을 때도 아주 이상한 방법이 될 수 있다. 이런 종류의 텍스트 실증주의는 텍스트의 미묘한 감정적 풍요로움에 관해 우리 눈을 멀게 만들 수도 있다."[5] 물론 텍스트가 많은 것을 이야기해 주지 않는다면 등장인물이 무엇을 생각하고 느끼는지 우리가 안다고 단정해서 말할 수는 없다. 하지만 창세기 22장에 대한 헬드의 견해는 분명 정곡을 찌른다.

> [창세기 22장] 텍스트가 지니는 힘 가운데 하나는 내레이터가 아브라함의 감정을 우리에게 말해주지 않는다는 점이다. 하지만 이런 침묵의 의미는 아브라함이 아무런 감정도 느끼지 않는다는 것은 아니며, 독자가 족장 아브라함의 내면에 대해 전적으로 불가지론적인 태도를 유지해야 한다는 뜻도 아니다. 오히려 내레이터의 침묵이 우리를 내면으로 초대하여 그 운명적인 오

    Child Sacrifice in Judaism and Christianity (New Haven: Yale University Press, 1993), 131.
4 Robert Alter, *The Art of Biblical Narrative* (New York: Basic Books, 1981), 12.
5 Shai Held, "A Response to My Respondents," *Canadian-American Theological Review* 9, no. 1 (2020): 53. 이 글은 두 권으로 된 그의 저서 *The Heart of Torah*(Philadelphia: Jewish Publication Society, 2017)에서 그가 요셉 이야기를 해석한 방식에 대한 비평에 저자가 다시 답한 것이다. 2019년 11월 24일 캘리포니아주 샌디에고에서 열린 세계성서학회 연례회의 심포지엄에서 발표한 것이다.

르막길에서 아브라함의 마음속에서 소용돌이쳤을 생각과 감정을 마주할 수 있도록 상상의 문을 열어준다.[6]

물론 등장인물의 생각과 감정을 추측하여 밝히는 것이 주석가의 주된 목표는 아니지만, 주해 과정의 여러 지점에서 이런 요소가 개입될 것이다. 아래에서 나는 이삭의 결박 이야기에 대한 해석을 복잡하게 만드는 내레이터의 다양한 수사학적 신호에 초점을 맞출 것인데, 그중 일부가 아브라함의 내면 상태를 보여준다. 이삭의 결박 이야기에 관한 대안적 해석으로 나가는 출발점으로서 이런 신호들의 의미를 살펴보려 한다.

이 장의 마지막에서 이삭의 결박 이야기에 대한 나의 본격적인 해석으로 돌입하기에 앞서 나는 욥기 내에서 욥과 아브라함이라는 두 인물을 연결해 주는 단서들을 살펴볼 것이다. 처음 내가 이삭의 결박에 대한 아브라함의 반응과 시험에 대한 욥의 반응 사이의 관계(아니 대비)에 대해 궁금증을 가지도록 이끌었던 요인이 바로 이러한 주제적, 문맥적 연결고리들이었다. 욥기라는 책은 이삭의 결박 이야기에 대한 의도적인 반응(혹은 비판)일 수 있을까? 만일 그렇다면 그것이 이삭의 결박 기사에

---

[6] Held, "Response to My Respondents," 53. 이어서 Held는 이렇게 논평한다. "예를 들어 창세기 22장은 아브라함이 아들을 제물로 바치기 위해 모리아 산으로 올라갈 때 무엇을 느꼈는지에 대해 아무것도 분명하게 말해주지 않는다. 우리가 상상의 나래를 펼쳐서, 아브라함이 하나님의 명령에 당황하여 어떻게 하나님께서는 아버지에게 아들을 죽이라고 요구하실 수 있는지 놀라고, 하나님께서 어떻게 나에게 하신 약속을 마침내 성취하시고는 이제 와서 그 약속을 되돌리려고 하시는지 혼란스러워하면서, 어쩌면 아들을 제물로 바치지 못할 수도 있겠다는 생각에 두려워 떨고, 아니면 그에 못지않게 아들을 바칠 수도 있다는 생각에 더 두려워하지는 않았을까 고민해 보는 것은 시대착오적인 일일까? 아브라함은 죄책감에 시달리며 사라가 뭐라고 할지 염려하지는 않았을까? 기타 등등"(53).

대한 우리의 해석에 영향을 미칠 수 있을까?

먼저 창세기 22장에 숨겨진 수사학적 장치들에 주목해보자. 여기서는 창세기 내러티브의 대략적인 순서를 따라가면서 관찰을 진행하는데, 첫 절부터 시작하겠다. 이 작업을 위해서는 어느 정도 문자적으로 번역된 텍스트가 필요하다.

창세기 22:1-19의 문자적 번역

1. 이 일들 후에 하나님께서 아브라함을 시험하셨다.

그가 그에게 말씀하셨다. "아브라함아!" 그리고 그가 대답했다. "제가 여기 있습니다." 2. 그가 말씀하셨다. "데려가라, 제발, 네 아들을, 네 외아들을, 네가 사랑하는 이삭을. 그리고 모리아 땅으로 가라. 그리고 거기서 그를, 내가 너에게 말해줄 산들 가운데 하나에서 번제로 바쳐라."

3. 그래서 아브라함은 아침 일찍 일어나서, 나귀에게 안장을 지웠다. 그러고 나서 그는 젊은이 가운데 두 사람과 그의 아들 이삭을 데리고 가서, 번제를 위해 나무를 베었다. 그리고 일어나서 하나님께서 그에게 말씀하신 장소로 갔다.

4. 삼 일째에 아브라함은 눈을 들어 멀리서 그곳을 바라보았다.

5. 그리고 아브라함은 그의 젊은이들에게 말했다. "여기서 나귀와 함께 머무르라. 나와 이 젊은이는 저쪽으로 가서 예배를 드릴 것이고, 우리는 너희에게 돌아올 것이다."

6. 아브라함은 번제를 위한 나무를 취하여 그것을 그의 아들 이삭에

게 지우고, 그의 손에 불과 칼을 들었다.

이렇게 두 사람은 함께 갔다.

7. 이삭이 아버지 아브라함에게 말했고, 그가 말했다 "내 아버지여!" 그러자 그가 대답했다. "내가 여기 있다, 아들아." 그가 말했다. "여기 불과 나무는 있습니다. 그러나 번제를 위한 양은 어디 있습니까?"

8. 아브라함이 말했다. "하나님께서 스스로 번제를 위한 양을 보실/제공하실 것이다, 내 아들."

이렇게 두 사람은 함께 갔다.

9. 하나님께서 그에게 말씀하신 장소에 이르렀을 때, 아브라함은 그곳에 제단을 쌓고 나무를 늘어놓았다. 그는 그의 아들 이삭을 결박했다. 그리고 그를 제단 위에, 그 나무 위에 올려놓았다.

10. 그리고 나서 아브라함이 손을 뻗어서 그의 아들을 죽이기 위해 칼을 집어 들었다.

11. 그러나 야웨의 사자가 하늘에서 그를 불렀다. 그리고 말했다. "아브라함아, 아브라함아!" 그러자 그가 말했다. "제가 여기 있습니다."

12. 그가 말씀하셨다. "네 손을 그 젊은이에게 뻗지 말고, 그에게 아무것도 하지 마라. 왜냐하면 이제 나는 네가 하나님 경외자라는 것을 알게 되었기 때문이다. 네가 네 아들, 네 외아들을 나에게서 아끼지 않았기 때문이다."

13. 그리고 아브라함은 눈을 들어서—저기—뒤에 숫양이 덤불에 뿔이 걸려 있는 것을 보았다. 아브라함은 가서 숫양을 취했고 그의 아들 대신에 그것을 번제로 바쳤다.

14. 그래서 아브라함은 그 장소를 "야웨께서 보신다/제공하신다"라

고 불렀다. 그래서 오늘날까지도 "야웨의 산 위에서 그것이 보여질/제공될 것이다"라고 말해진다.

15. 야웨의 사자는 하늘에서부터 두 번째로 아브라함을 불렀다.

16. 그리고 말했다. "내가 자신을 걸고 맹세한다. 야웨의 말이다. 네가 이 일을 행했기 때문에, 그리고 네 아들, 네 외아들을 아끼지 않았기 때문에,

17. 나는 분명히 너를 축복할 것이고 나는 너의 후손이 하늘의 별들과 바닷가의 모래처럼 되도록 심히 번성하게 해줄 것이다. 그리고 너의 후손은 대적들의 문을 차지할 것이다.

18. 그리고 너의 후손을 통하여 땅 위의 모든 나라가 복을 받을 것이다. 왜냐하면 네가 나의 목소리를 들었기 때문이다."

19. 그리하여 아브라함은 그의 젊은이들에게 돌아왔고, 그들은 일어나서 함께 브엘세바로 갔다. 그리고 아브라함은 브엘세바에 살았다.

야웨에서 하엘로힘(hāʾĕlōhîm)으로의 전환(창 22:1)

창세기 22장에서 뭔가 비상한 일이 일어나고 있다는 점을 시사하는 첫 번째 단서는 아브라함에게 말씀하시는 분이 야웨가 아니라 **하엘로힘**(hāʾĕlōhîm)이라고 묘사한다는 점이다. 창세기에서 이곳을 제외하면 내레이터는 하나님께서 아브라함에게 말씀하시는 장면마다 항상 언약의 이름인 야웨를 사용하여 하나님의 말씀을 제시한다(12:1, 7; 13:14; 15:1, 4, 7;

17:1; 18:13, 17, 20, 26, 33).[7] 이런 점에서 22:1의 도입부는 이례적이다.

내레이터 자신이 소개하는 경우 말고, 앞서 한 번은 하나님께서 아브라함에게 자신을 "야웨"로(15:7), 그리고 다른 곳에서는 "엘 샤다이"(17:1, "전능의 하나님")로 소개하신다. 창세기 17장에서 내레이터는 하나님의 말씀이 재개될 때 먼저 "야웨"라는 이름을 사용하고 이후에는 장 전체에서 계속하여 "엘로힘"(*ĕlōhîm*)이라는 이름을 사용하는데(17:3, 9, 15, 19, 22), 한 장소에서는 아브라함이 "하엘로힘"(*hāʾĕlōhîm*)께 말했다고 언급한다(17:18).[8] 그러나 22:1은 창세기에서 내레이터가 하나님께서 아브라함에게 하시는 말씀을 소개하면서 직접 "엘로힘"이라는 이름을 사용한 유일한 곳이다. 주의 깊은 독자라면 이것이 일상적인 패턴을 벗어난 용례라는 점을 금방 눈치챌 수 있을 것이다.[9] 이 같은 일탈의 목적이 정확히 무엇인지 말할 수는 없겠지만, 그것은 충격적이기도 하고 굳이

---

7   이 용례들은 하나님께서 아브라함에게 말씀하신 여섯 차례의 개별적인 사건에 등장한다 (12장에 두 사건, 13, 15, 17, 18장에 각각 하나의 사건이 등장한다). 창 22장은 하나님께서 아브라함에게 말씀하신 일곱 번째이자 마지막 사건이다.

8   창 17장은 일반적으로 제사장 문서에 속하는 것이라고 여겨지는데, 제사장 문서는 모세에게 이름을 계시해주신 사건 이전에 하나님을 가리켜 야웨라고 부르는 일을 회피하는 경향이 있다. 내레이터가 서론에서 야웨라는 호칭을 사용하고 하나님께서 자신을 "엘 샤다이"(El Shaddai, 17:1)라고 초두에 밝히신 경우 외에 17장은 "엘로힘"(*ĕlōhîm*)이라는 이름을 주로 사용한다.

9   물론 역사적으로 이삭의 결박 이야기 대부분이 (야웨의 사자의 발언을 제외하고) 엘로힘 문서에 속하는 것으로 여겨져 왔다는 점을 고려하면 이것은 자료비평의 문제일 수도 있을 것이다. 이것이 엘로힘 문서라는 견해가 옳든 그르든 간에(오늘날 학자들은 엘로힘 문서의 존재 자체에 회의적인 경향이 있다) 아브라함 이야기를 엮어놓은 편집자가 이곳에 "하엘로힘"을 "야웨"로 바꾸지 않고 남기기로 선택했다는 사실은 변하지 않는다. Thomas Römer는 엘로힘 문서가 존재하지 않았다면 창 20-22장에서 "엘로힘"이라는 호칭이 우세한 이유는 과연 무엇인지 탐구한다. Römer, "Abraham's Righteousness and Sacrifice: How to Understand (and Translate) Genesis 15 and 22," *CV* 54 (2012): 7-9.

말하자면 불길한 느낌을 주는 효과가 있다.

이와 유사하게 "야웨"라는 이름에서 하나님을 가리키는 좀 더 일반적인 호칭으로 전환하는 장면을 창세기 3장의 동산 이야기에서 발견할 수 있다. 동산 장면에서 뱀과 여자는 대화 중에 창조주를 가리켜 "야웨 하나님"(YHWH *ĕlōhîm*)이라고 부르지 않고 단순히 "하나님"(*ĕlōhîm*)이라고만 부른다. 그들은 내레이터가 창세기 2-3장에서 줄곧 사용해 왔던 "언약을 상기시키는" 독특한 이름(YHWH *ĕlōhîm*)을 사용하기를 꺼리는데, 이것은 아마도 여자가 선악을 알게 하는 나무를 알아보지 못하는 결과로 이어지는 거리두기 전술일 것이다.¹⁰

더욱이 창세기 22:1에서 사용된 이름은 단순히 "엘로힘"(*ĕlōhîm*)이 아니라 정관사를 동반한 "하엘로힘"(*hā'ĕlōhîm*)이다. 물론 이것이 별 차이가 아닐 수도 있는데, "엘로힘"은 형태상 복수형이므로 "신들"이라는 의미로 이해될 수도 있지만, 내레이터가 정관사를 동반한 "하엘로힘"이라는 이름을 단수 동사와 함께 사용하였을 뿐만 아니라(22:1, 3, 9), 하나님께서 일인칭 단수 동사를 사용하여 말씀하시고(22:2) 아브라함도 "엘로힘"에 대해 단수 동사를 사용하는 것을 보면(22:8) "엘로힘"은 단수를 의미하는 것으로 보인다. 토마스 뢰머는 전도서와 후기 성경 텍스트에서 일반적으로 사용되는 "하엘로힘"이라는 이름은 "인간들과 멀리 떨어져서 거하는 불가해한 신을 가리키기 위해 사용되었고, 창세기 22장에

---

10 뱀과 여자 사이의 대화에서 나타나는 이러한 수사학적 전환(및 다른 사안들)에 대해서는 다음을 보라. J. Richard Middleton, "Reading Genesis 3 Attentive to Human Evolution: Beyond Concordism and Non-overlapping Magisteria," in *Evolution and the Fall*, ed. William T. Cavanaugh and James K. A. Smith (Grand Rapids: Eerdmans, 2017), 67-97. 『인간의 타락과 진화』(새물결플러스 역간).

서도 마찬가지일 것이다"라고 주장한다.[11] 따라서 뢰머는 "하엘로힘"을 번역할 때 거리감을 전달하기 위해 단순히 "신"이라고 옮기자고 제안한다. 그에 따르면 창세기 22:1은 "이 일들 후에 **신이** 아브라함을 시험했다"라고 번역할 수 있을 것이다.[12]

창세기 22:1, 3, 9에서 내레이터가 하나님을 가리키는 호칭을 "야웨"에서 "하엘로힘"으로 바꾼 이유가 무엇인지 확신 있게 말할 수는 없지만, 나의 직감으로는 이렇게 호칭을 바꿈으로써 이 텍스트가 중요하게 다루는 사안이 무엇인지를 알리는 것으로 보인다. 요컨대 과연 아브라함의 하나님은 이방 나라의 신들과 다를 바 없는 일반적인 신(hā'ĕlōhîm)인가, 아니면 그의 독특한 성품을 아브라함이 알고 있을 것이라고 기대되는 "야웨"라고 알려진 신인가 하는 문제가 쟁점이라는 것이다.[13] 실제로 아브라함에게 이삭을 제물로 바치라고 명령하시는 분은 "하엘로힘"이지만 이 제사는 "야웨"의 이름으로 말하는 "야웨"의 사자 혹은 천사에 의해 중단되며(22:11), 더욱이 "야웨"라는 이름은 이삭이 목숨을 건진 장소와도 연결된다(22:14). 그 장소의 이름인 "야웨께서 보신다/제공하신다"("여호와 이레", 개역개정)에도 그 이름이 사용되었고, 그 장소와 관련된 속담("야웨의 산 위에서 보여질/제공될 것이다")에도 그 이름이

---

11   Römer, "Abraham's Righteousness and Sacrifice," 9.
12   Römer, "Abraham's Righteousness and Sacrifice," 9-10.
13   이전 장에서 살펴보았듯이 모세는 출 33-34장에서 일련의 중보기도 끝에 하나님의 구별되는 성품을 이해하게 되었으며, 결과적으로 금송아지 내러티브는 "야웨"라는 이름의 의미를 계시하는 장면(34:5-7)에서 절정에 도달한다. 나는 아브라함이 야웨의 성품을 알게 되는 일이 이삭의 결박 사건에서 매우 중요한 요소라고 생각하는데, 다음 장에서 이 문제를 다룰 것이다.

사용된다. 이 내러티브에서 하나님의 호칭이 "하엘로힘"에서 다시 "야웨"로 바뀐 것은 아마도 아들을 제물로 바치라는 ["하엘로힘"의] 지시가 "야웨"라고 알려진 신이 정말로 아브라함에게 원하시거나 기대하셨던 일이 아닐 수도 있다고 독자들에게 암시해 주는 신호일 수 있다.[14]

하지만 그런 설명은 우리에게 성가신 질문을 남긴다. 도대체 하나님은 (어떤 이름으로든) 왜 아브라함에게 이 일을 하라고 요구하신 것일까? 다음 장에서 이 질문을 자세히 다룰 것이다.

---

[14] 족장 내러티브를 살펴보면 아브라함 이야기에서 "하엘로힘"이 사용된 세 번의 사례가 있는데 모두 내레이터의 설명에 이 호칭이 등장한다. 첫 번째로 하나님께서 아브라함에게 말씀하실 때(17:18), 그다음으로 하나님께서 아비멜렉에게 말씀하실 때(20:6), 마지막으로 아브라함이 하나님께 기도할 때(20:17) 이 호칭이 등장한다. 말하자면 "하엘로힘"이라는 호칭은 사람이 하나님과 소통하는 상황을 서술할 때 사용되었다는 뜻이다. 아마도 이런 용법은 하나님과 소통하는 사람의 관점을 전달하는 것일 수도 있다.

이것은 아마도 Robert Polzin이 다른 맥락에서 "감추어진 화법"(concealed reported speech)이라고 불렀던 것의 한 예일 수도 있을 것이다. 말하자면 내레이터는 자신의 관점이 아니라 등장인물의 관점을 대변한다는 것이다. Polzin, *Samuel and the Deuteronomist: A Literary Study of the Deuteronomistic History*, part 2, 1 Samuel (Bloomington: Indiana University Press, 1993), 20-21. 위에 열거한 세 가지 상황에서 "하엘로힘"의 사용은 내러티브 등장인물의 관점에서 하나님을 어떻게 이해했는지(Römer의 분석에 따르면 약간은 멀리 계신 분으로) 전달해 주기 위한 방편일 수 있다.

Polzin의 제안이 창 22장에 어떻게 적용될 수 있는가 하는 문제는 아브라함 이후로 나머지 족장 이야기에서 "하엘로힘"이 (한 번을 제외하고는) 사람의 발언에—이삭(27:28), 야곱/이스라엘(31:11; 48:15), 요셉(42:18; 45:8), 그리고 "유다"(44:16)—등장한다는 점을 염두에 두고 살펴보아야 할 것이다. 하나님을 가리키는 이 독특한 방식은 아브라함이 그의 후손들에게 물려주었던 신성(하나님)에 관한 특별한 이해를 나타내는 것일 수 있다. "하엘로힘"의 직접화법 사용에 예외가 되는 사례는 벧엘에서 하나님이 야곱에게 자신을 계시하셨다는 내레이터의 언급이다(35:7). 초기 아브라함 내러티브에서 "하엘로힘"이 등장하는 세 가지 용례처럼 벧엘 사건에서도 이것은 하나님과 소통하는 사람의 관점을 표시하는 것일 수 있다. 물론 이것이 사변에 불과하다는 점은 인정한다.

이삭에 대한 첫 번째 묘사(창 22:2)

그러면 이제 이삭이 2절에서 어떻게 묘사되는지 살펴보자. 아브라함 이야기의 앞뒤를 잘 아는 사람이라면 이삭이 "네 아들, 네…독자 [yəḥidəkā]"라고 불리는 것이 상당히 이상하게 느껴질 수도 있다. 어쨌거나 아브라함에게는 이스마엘과 이삭이라는 두 아들이 있지 않았는가?

일부 번역 성경(예컨대 NJPS)에서는 "예히데카"(yəḥidəkā)를 "네 독자"가 아니라 "네가 아끼는 사람"이라고 옮김으로써 이스마엘이라는 다른 아들이 존재한다는 문제를 해결하려고 한다.[15] 하지만 「창세기 랍바」 55:7에 유명한 미드라시가 나오는데, 여기서는 그 단어가 (어떻게 번역되든 간에) 아브라함에게 혼란을 초래했을 것이라고 가정하고서, 아브라함과 하나님 사이에 오고 간 가상의 대화를 제시한다. 여기서 아브라함은

---

15 이런 번역은 Levenson의 다음 책에서도 찾을 수 있다. *Death and Resurrection of the Beloved Son*, 12, 127, 138, 222, 225. E. A. Speiser는 이 문구를 "네가 사랑하는 자"라고 번역하지만 후에는 그것이 "고유한 자, 하나이자 유일한 [아들]"을 의미한다는 점을 인정한다. Speiser, *Genesis: Introduction, Translation, and Notes*, AB 1 (New York: Doubleday, 1964), 161, 163. 이와 마찬가지로 70인역은 히브리어 "예히데카"(yəḥidəkā, "너의 유일한 자")를 "톤 아가페톤"(*ton agapēton*, "사랑받는 자")이라고 번역하는데, 그 결과 바로 뒤따라오는 "혼 에가페사스"(*hon ēgapēsas*, "네가 사랑했던 자를")이라는 문구가 중복처럼 들린다. 그런데 히브리 성경에서 형용사 "야히드"가 (인칭 접미어의 유무와 상관없이) 등장하는 열두 구절 가운데 명확하게 "편애받는다" 혹은 "사랑받는다"라는 의미로 사용된 사례는 하나도 없다(창 22:2, 12, 16; 삿 11:34; 시 22:20[22:21 MT]; 25:16; 35:17; 68:6[68:7 MT]; 잠 4:3; 렘 6:26; 암 8:10; 슥 12:10). 물론 시편 가운데 두 용례에서는 (시인의 영혼/생명과 관련하여) "야히드"가 종종 이런 취지로(나의 "소중한" 생명) 번역되기는 하지만, 문맥을 살펴보면 이것은 나의 "외로운"/"버려진"/"고독한" 생명을 뜻한다는 것을 짐작할 수 있다.

어떤 아들을 의미하는지 확인하려고 시도한다.

> 하나님이 그에게 말씀하셨다. "부탁하는데—제발—네 아들을 데려가라."
> "어떤 아들요? 저에게는 두 아들이 있습니다." 그가 말씀하셨다. "네 외아들
> 말이다." 그가 대답했다. "이 아이도 그의 어머니가 낳은 유일한 아들이고,
> 저 아이도 그의 어머니가 낳은 유일한 아들입니다." "네가 사랑하는 아들
> 말이다." "사랑에 한계가 있겠습니까?" "이삭 말이다." 그가 말씀하셨다.[16]

이 미드라시가 다소 공상적이기는 하지만, 이 문맥에서 "예히데카"(yəḥidəkā, "네 유일한 자")라는 표현을 사용한 것이 얼마나 생소한지를 밝혀주는 데 도움이 된다. 테렌스 프레타임은 이스마엘이 이미 21장에서 내보내졌기 때문에[17] 여기서 "예히데카"라는 표현은 "그에게 남겨진 '유일한 아들'"을 의미할 수 있다고 해석한다.

그러나 22:2에서 이삭을 가리키는 전체 구절은 "네 아들, 네 외아들, 네가 사랑하는 이삭"이다. 여기서 우리는 창세기 후반부에서 "사랑하다"를 뜻하는 동사 "아헤브"(āhēb)가 사용될 때마다 갈등 상황이 전개된다는 점을 주목할 필요가 있다. 조너선 색스가 이 문제를 다룬 유익한 연구를 남겼다.[18] 창세기 24:67을 제외한 다른 구절에서 이 동사는 일종

16　이 대화가 종종 랍비 슐로모 이츠하키(Rashi)에게 돌려지기는 하지만, 사실 이것은 「창세기 랍바」 55:7에 실린 대화다. Sefaria.org, https://www.sefaria.org/Bereishit_Rabbah.55.7?lang=bi&with=all&lang2=en.
17　Fretheim, "God, Abraham, and the Abuse of Isaac," *WW* 15, no. 1 (1995): 51.
18　Jonathan Sacks는 창세기 전체에서 "사랑하다"(āhēb)라는 동사가 동기 간의 경쟁이라는 맥락에서 사용된 예들을 추적한다. Jonathan Sacks, *Not in God's Name: Confronting*

의 편애를 암시한다.

이삭, 리브가, 에서, 야곱의 이야기에서 "아헤브"(*āhēb*)라는 동사는 리브가를 향한 이삭의 사랑(24:67), 에서에 대한 이삭의 편애와 야곱에 대한 리브가의 편애(25:28), 자신을 속이기 위해 리브가가 준비한 맛있는 음식에 대한 이삭의 사랑(27:4, 9, 14)을 나타내는 데 사용되었다. 야곱과 그의 두 아내 레아와 라헬 이야기에서 "아헤브"는 라헬을 향한 야곱의 사랑(29:18), 특히 레아보다 라헬에게 더 많이 주었던 사랑을 나타내는 데 사용되었으며(29:30), 레아가 간절히 얻고 싶었으나 이미 잃어버린 야곱의 사랑을 묘사하는 데 사용되기도 하였다(29:32). 또한 "아헤브" 동사는 디나의 강간과 세겜 가족의 몰살이라는 끔찍한 사건을 소개하는 데 사용되기도 하였는데, 여기서는 세겜이 디나를 사랑했다고(*āhēb*) 지적한다(34:3). 마지막으로 "아헤브"는 야곱이 여러 아들 중에서 유독 요셉과(37:3-4) 베냐민만을(44:20) 편애했던 상황을 묘사하는 데 사용되면서 이 고도로 역기능적인 가족의 내러티브를 열고 닫는 북엔드 역할을 한다.

창세기에서 "아헤브"라는 동사가 이 구절(22:2)에서 처음 사용되었다는 사실만으로도 우리는 지금 뭔가 이상한 일이 진행 중이라는 것을 알아차려야 하는데, 이는 아브라함과 그의 두 아들(그중 한 명은 이제는 그와 함께 있지 않다)의 관계와 관련이 있을 수도 있다. 하지만 "아헤브" 동사가 이곳에서 처음 사용된 용례와 이후의 (문제시되는) 용례들 사이에 어떤 관계가 있는지가 곧바로 명확하게 드러나지는 않으며, 이를 파악하

Religious Violence (New York: Schocken Books, 2015), 여러 곳.

기 위해서는 이삭의 결박 이야기와 창세기의 나머지 장들을 연결하여 한 호흡으로 읽어봐야 할 것이다. 에후드 벤 즈비가 설득력 있게 주장했 듯이 성경은 한 번만 읽으면 되는 책이 아니라 반복하여 읽고 또 읽어야 만 의미를 파악할 수 있는 책이다.[19]

더 나아가 우리는 이삭에 대한 아브라함의 사랑이 (주석가들이 흔히 가정하는 것처럼) 내레이터에 의해 기정사실로 진술된 것이 아니라 아브라함에게 내리신 하나님의 지시 가운데 일종의 부연적인 묘사로서 제시된다는 점을 주목할 필요가 있다. 우리는 "네[가] 사랑하는"이라는 문구가 수사적으로 "너는 그를 사랑해. 그렇지 않냐?"라는 강력한 의미를 전달하는 것으로 받아들일 수 있다. 그러니 이제 아브라함은 시험에 대한 응답을 통해 그 사랑을 증명해야만 한다. 그렇다면 아브라함의 행동은 그가 과연 이삭을 사랑하는지 아닌지를 밝혀주도록 의도된 것은 아닐까?[20]

이런 질문을 염두에 두고 이삭의 결박 이야기의 여러 지점에서 아브라함이 그의 (남겨진) 아들과 어떤 관계를 맺고 있는지 주목해서 보자.

---

[19] Ehud Ben Zvi, *The Signs of Jonah: Reading and Rereading in Ancient Yehud*, LHBOTS 367 (New York: Sheffield Academic, 2003), 1-14.

[20] 「창세기 랍바」 55:7의 미드라시는 하나님께서 제물로 바쳐질 자의 정체를 단계별로 하나하나 계시하시는 것으로 묘사하면서, 하나님께서는 이를 통해 이삭을 "그[아브라함]의 눈에 훨씬 더 사랑스럽게 만들어주고 그가 했던 모든 말에 대해 보상하"려고 시도하신 것으로 해석한다. Sefaria.org, https://www.sefaria.org/Bereishit_Rabbah.55.7?lang=bi&with=all&lang2=en. 나는 이런 시도가 이삭을 향한 아브라함의 사랑을 불러일으키는 데 도움이 될 수도 있지만, 그 목적은 미드라시가 제시하는 것(말하자면 그를 희생시킴으로써 아브라함이 얻는 보상이 더욱 커지리라는 점)과 다를 수 있을 것이다. 아마도 요지는 아브라함이 이삭을 위해 중보기도 하게 함으로써 그에 대한 자신의 사랑을 보여주게 만들자는 것이었으리라고 생각한다.

이를 위해서는 상상의 나래를 펴고 이야기 안으로 들어가서 아브라함과 이삭의 복잡한 관계를 보여주는 텍스트상의 단서들을 찾아내야 한다.

이삭의 수동성을 감싸고 있는 아브라함의 기계적인 능동성(창 22:3)

이야기에 맨 먼저 등장하는 것은 아브라함의 불길한 침묵과 이삭을 제물로 바치라는 하나님의 명령에 순종하기 위한 아브라함의 거의 기계적인 준비 과정인데, 이 두 가지가 이야기의 초반 분위기를 전달하면서 그와 동시에 아브라함의 복잡한 내면 상태를 암시해 준다. 3절에 따르면 아브라함은 "아침 일찍 일어나서, 나귀에게 안장을 지웠다. 그리고 나서 그는 젊은이 가운데 두 사람과 그의 아들 이삭을 데리고 가서, 번제를 위해 나무를 베었다. 그리고 일어나서 하나님께서 그에게 말씀하신 장소로 갔다."

아브라함은 일찍 **일어났고**, 나귀에게 **안장을 지웠고**, 그의 하인 가운데 두 명과 그의 아들 이삭을 **취했다**. 여기 아브라함의 세 가지 행동을 묘사하는 세 가지 동사가 있고, 이삭이 있다. 그리고는 세 가지 동사가 더 등장한다. 아브라함은 번제를 위한 나무를 **베었고, 일어났고, 갔다**. 많은 영어 번역 성경에서 이 마지막 두 가지 동사를 하나로 묶어버리는 경향이 있는데, 히브리어 텍스트는 명확한 대칭을 염두에 두었다. 이삭을 중심으로 앞뒤에서 각각 세 가지 동사가 아버지의 말 없는 세 가지 행동을 묘사하는 것이다. 아무런 말도 없고 아무런 설명도 없다. 종들에게도, 이삭에게도 말이다. 이렇게 아브라함이 능동적으로 바쁘게 준비하는 동

안 이삭은 수동적으로 머물러 있었기 때문에 그의 행동을 묘사하는 동사는 하나도 없다.[21]

그는 왜 일찍 일어났을까?(창 22:3)

이삭의 수동성과 대비되는 아브라함의 분주한 행동에 대한 묘사에 더하여, 그가 일찍 일어났다는 점도 주목할 필요가 있다. 과연 이것은 아브라함이 그 일에 열정을 가지고 있었다는 뜻일까? 아니면 사라와 마주치고 싶지 않았던 것일까? 사라가 "**어디 가세요?**"라고 물을 수도 있었고, 그가 "**우리 아들을 제물로 바치기 위해 가는 것이오**"라고 대답했다면, 사라는 "**뭐라고요? 당신 미쳤어요?**"라고 따져 물었을 것이다. 어쩌면 아브라함은 누구에게도, 특히 사라에게만큼은 이 일을 설명해야 하는 상황을 만들고 싶지 않았을 것이다(「미드라시 탄후마」에서 이런 상황을 제안한다).[22] 아니면 그는 아직 아무것도 결정하지 않았을 수도 있다. 밤새 잠을 못 잤을 수도 있고, 일단 잠에서 깨어나자, 충격으로 멍한 상태에서 이것은 피할 수 없는 일이라는 생각에 한 발 한 발 내디디며 기계적으로 행동

---

[21] 여기 등장하는 수사학적 구조와 관련하여 다음을 보라. Phyllis Trible, "Genesis 22: The Sacrifice of Sarah," in *"Not In Heaven": Coherence and Complexity in Biblical Narrative*, ed. Jason P. Rosenblatt and Joseph C. Sitterson Jr., ISBL (Bloomington: Indiana University Press, 1991), 174-75, 177.

[22] 「미드라시 탄후마」, Vayera 22:7은 그가 이 일에 대해 이미 사라에게 말했을 것이라고 가정한다. "그는 혼잣말로 이야기하였다. 사라가 마음을 바꿔서 우리가 가는 것을 허락해 주지 않을지도 몰라. 그녀보다 먼저 일어나야지." Sefaria.org, https://www.sefaria.org/Midrash_Tanchuma%2C_Vayera.22.7?lang=bi&with=all&lang2=en.

했을 수도 있다.

아브라함은 왜 직접 나귀에 안장을 지웠을까?(창 22:3)

아브라함은 일찍 일어났을 뿐 아니라 나귀에게 안장을 지우고 나무를 베는 일도 하인들에게 맡기지 않고 직접 했다고 전해진다.「미드라시 탄후마」는 자기 손으로 안장을 지운 예외적인 행동에 대해 이렇게 언급한다. "이 의로운 사람에게는 얼마나 많은 하인과 하녀가 있었겠는가? 그런데도 그는 나귀에게 직접 안장을 지웠다. 이는 하나님의 명령을 이행하려는 그의 열망을 드러낸다."[23]

성경에서 아침 일찍 일어나 나귀에 안장을 지운 것으로 묘사된 인물은 아브라함과 발람 두 사람인데,「창세기 랍바」 55:8에서는 두 사건의 차이를 다음과 설명한다. 나귀에 안장을 지우는 것은 일반적으로 하인에게 맡겨야 하는 일이었다는 점에서 두 사건 모두 등장인물의 일상적이지 않은 심리상태를 증언해 주는 역할을 한다는 것이다. 발람은 이스라엘을 저주하러 가는 길이었기 때문에 그의 행동은 "증오가 자연의 질서를 뒤엎는다"라는 것을 보여준다. 반면에 아브라함은 하나님께 순종하러 가는 길이었기 때문에 그의 행동은 "사랑이 자연의 질서를 뒤집는다"라는 것을 보여준다.[24]

---

23 「미드라시 탄후마」, Vayera 22:4. Sefaria.org, https://www.sefaria.org/Midrash_Tanchuma%2C_Vayera.22.4?lang=bi&with=all&lang2=en.
24 「창세기 랍바」 55:8. 이것은 랍비 쉬므온 벤 요하이(Rashbi)의 번역으로 알려져 있다.

그런데 「창세기 랍바」와 「미드라시 탄후마」의 설명은 아브라함의 행동이 규범적인 성격을 지닌다고 전제하고서 그의 동기에 대해 너무 많은 해석을 부과한다. 내러티브 자체는 그가 **왜** 그런 일을 했는지에 대해 거의 입을 열지 않는다.

아브라함은 왜 여행을 떠나기 전에 나무를 베었을까?

이어서 아브라함은 왜 번제를 위해 나무를 베는 일도 하인들에게 맡기지 않고 자기 손으로 했는가 하는 점도 의문이다. 아브라함이 직접 나귀에 안장을 얹고 나무를 자기 손으로 벤 것은 그의 혼란스러운 심리상태를 보여주는 증거일 수 있다. 아니면 제사를 드린다는 목표에 지나치게 집중한 나머지 전체 과정에 대해 명확한 판단을 내리지 못했던 것일까? 그것 말고도 아브라함이 나무를 왜 **미리** 잘랐는가 하는 의문도 있다. 모리아 땅으로 가는 길이나 제사 현장에 떨어진 마른 나뭇가지들을 모으면 되지 않았을까? 떠나기 전에 나무를 베었던 것은 아브라함 나름의 지연 전술이었을까?[25]

---

[25] Sefaria.org, https://www.sefaria.org/Bereishit_Rabbah.55.8?lang=bi &with=all&lang2=en. 아브라함과 발람은 메소포타미아(아람 나하라임) 출신이라는 공통점도 지니고 있다. 이것은 Jonathan Jacobs의 제안이다. Jonathan Jacobs, "Willing Obedience with Doubts: Abraham at the Binding of Isaac," *VT* 60 (2010): 554.

아브라함의 이상한 작업 순서(창 22:3)

아브라함이 나귀에 안장을 얹고 나무를 베었을 때의 심리상태는 내러티브에서 이 두 사건을 배치하는 순서를 통해서도 유추할 수 있다. 표면적으로는 아브라함이 제사를 준비하는 과정이 체계적인 것처럼 보이지만, 두 번째(안장을 지웠다)와 네 번째(나무를 **베었다**) 동사의 기묘한 순서가 아브라함의 심리상태를 보여준다. 아브라함은 나귀에 안장을 지우고 나서 나무를 베었는데, 일반적으로는 반대 순서로 작업하는 것이 더 논리적이다. 짐승에게 안장을 지워놓고 나무를 자르는 동안 기다리게 만드는 것은 다소 우리의 직관을 거스른다. 나귀는 인내심이 강한 동물이 아니다. 보통 사람이라면 마지막에 나귀에게 안장을 지웠을 것이다. 실제로 CEV 역본은 동사의 순서를 바꾸어서 나귀에게 안장을 얹는 일이 출발 직전에 행해진 것으로 묘사한다. 하지만 히브리어 텍스트에 나오는 행동의 순서는 그렇지 않다. 아마도 아브라함은 스트레스와 감정적 혼란으로 인해 명확하게 판단할 수 없었을 것이다. 그런 상황에서 누가 제대로 된 판단을 내릴 수 있겠는가?[26]

---

26 Jonathan Jacobs는 아브라함의 행동 목록에서 이삭을 데려가는 일이 가장 먼저 등장할 법한데도 실제로는 나귀에게 안장을 지우고 종들을 데려가는 일 다음에 뒤늦게 등장한다고 지적한다. 혹시 아브라함은 끝까지 이삭을 제물로 드리라는 요구가 철회될 수도 있다는 희망을 버리지 않고 이삭을 데려가는 일을 미루고 있었던 것은 아니었을까? Jacobs, "Willing Obedience with Doubts," 553.

아브라함의 침묵과 여행의 분위기(창 22:4)

그런 다음 이야기는 아브라함이 산을 멀리서 바라본 3일 후로 이동한다(22:4). 그 사흘간 무슨 일이 있었는지에 대해서는 아무런 언급이 없다. 짐작건대 그들은 하나님께서 아브라함에게 가라고 명령하신 모리아 땅으로 여행 중이었을 것이다. 누군가 무슨 말이라도 했을까? 3절에서 아브라함이 아무 말도 없이 준비에 매진했던 것으로 볼 때 그들 간의 대화는 언제 멈출지, 무엇을 먹을지, 언제 천막을 걷고 출발할지에 관한 것들로 제한되었으리라고 추측할 수 있다. 물론 지금 무슨 일이 벌어지고 있는지에 대한 자세한 설명은 없었을 것이다. 아브라함은 그 사흘 동안 무슨 생각을 하고 있었을까? 이삭은 무슨 생각을 했을까? 우리에게는 아무 정보도 없다.

리프먼 보도프는 아브라함이 나귀를 타고 하루면 갈 수 있는 70킬로미터의 거리를 3일이나 걸려 이동한 것은 하나님께 시험을 철회하실 기회를 드리기 위함이었다고 주장한다(그는 모리아가 후에 성전이 세워진 장소라고 전제한다; 대하 3:1). 다시 말해 아브라함은 자신의 하나님이 정의롭고 도덕적인지 알아보기 위해 하나님을 시험했다는 말이다.[27] 하지만 모리아 산을 성전산과 동일시한다고 해도 나귀는 한 마리뿐이었기 때문에 나귀를 탄 아브라함도 이삭과 종들의 속도에 맞춰서 이동해야 했을 것

---

[27] Bodoff, "The Real Test of the Akedah: Blind Obedience versus Moral Choice," *Judaism* 42, no. 1 (1993): 71-92; 같은 제목으로 다음 단행본에 재수록되었다. Bodoff, *The Binding of Isaac, Religious Murders, and Kabbalah: Seeds of Jewish Extremism and Alienation?* (Jerusalem: Devora, 2005), 29-58.

이다.

실제로 아브라함에게 번제를 바치기 위해 사흘 길 떨어진 곳으로 가라고 말씀하신 분이 **하나님**이셨다는 사실을 기억할 필요가 있다. 아브라함은 왜 그가 살던 곳(혹은 근처 어딘가)에서 희생제사를 드려서는 안 되었던 것일까? 혹시 하나님께서 의도적으로 아브라함에게 그 명령에 대해서 깊이 생각하고 이삭을 향한 그의 감정을 키워갈 시간을 주시고, 그래서 그가 내리신 명령에 이문을 제기하거나 이삭을 위해 중보기도를 드리기로 결심하기를 바라셨던 것은 아닐까?[28]

아브라함이 종들에게 내린 지시(창 22:5)

모리아 산을 발견한 아브라함은 침묵을 깨고 그의 종들(젊은이들)에게 나귀와 함께 머물라고 지시한 후에 그와 "그 젊은이"(종들을 가리킬 때 사용한 것과 동일한 단어)가 저리로 가서 예배하고 돌아올 것이라고(22:5) 설명한다. 아브라함의 이런 설명이 의미하는 바는 무엇일까?

존 레벤슨은 아브라함이 이삭과 하인들에게 진실을 숨긴 이유가 그들이 그의 결정에 저항하거나(그렇게 되면 아브라함은 희생제사를 강행하려던 결심을 잃을 수도 있었을 것이다) 혹은 이삭이 도망치는 사태를 방지하기 위

---

[28] 이 제안은 Arlyn Drew가 이삭의 결박 이야기를 주제로 작성한 학위논문에 담긴 논평에서 촉발되었다. Arlyn Sunshine Drew, "A Hermeneutic for the Aqedah Test: A Way beyond Jon Levenson's and Terence Fretheim's Models" (PhD diss., Andrews University, 2020), 235–36, 340.

해서였다는(이븐 에즈라의 제안) 해석을 랍비 전통에서 발견할 수 있다고 지적한다. 또 다른 랍비들은 아브라함이 "예배"라는 완곡한 표현을 사용한 이유가 자신의 결정을 노골적으로 대면하지 않기 위해서였다는 의견을 제시한다. 그것 역시 아브라함의 결심을 약화시킬 수 있었기 때문이다.[29]

레벤슨은 또한 14세기에 활동했던 랍비 바흐야 벤 아셰르가 창세기 22:5을 주석한 내용을 인용하는데, 그는 아브라함이 "우리가 너희에게로 돌아오겠다"라고 말한 것은 번제 후에 이삭의 유골을 수습하여 가져오겠다는 의도를 표현한 것이라고 제안한다.[30]

또 다른 랍비 전통에서는 "예배하다"라는 동사("하바"[ḥāwâ]의 히슈타펠 변화형으로, 문자적으로는 "엎드리다", "절하다"를 뜻한다)가 아브라함이 산 위에서 하나님께 명령을 거두어달라고 기도하려 했음을 암시해 준다고 이해한다.[31] 하지만 레벤슨 자신은 "설령 아브라함이 그런 계획을 품고 있었다고 하더라도…그와 이삭이 산에 올라갔을 무렵에는 그 계획을 포기한 것으로 보이는데, 왜냐하면 그들이 그곳에서 엎드려 절했다거나 탄원했다는 징후가 없기 때문"이라고 인정한다.[32] 사실 아브라함은 그들

---

29 Levenson, *Death and Resurrection of the Beloved Son*, 131; and Levenson, "The Test," in *Inheriting Abraham: The Legacy of the Patriarch in Judaism, Christianity, and Islam*, LJI (Princeton: Princeton University Press, 2012), 74-75 (entire chapter 66-112; nn.219-23).

30 Levenson, *Death and Resurrection of the Beloved Son*, 131에 인용됨.

31 Levenson, *Death and Resurrection of the Beloved Son*, 131에 인용됨. Levenson, "The Test," 73. 비록 창 22:5에서 "예배하다"라는 동사는 희생제사와 관련하여 사용된 것이지만(삼상 1:3), 이 동사는 간구하는 자가 엎드리는 모습을 가리킬 수도 있다(창 23:7-9; 대하 20:18; 사 44:17).

32 Levenson, "The Test," 73.

이 산에 도착하자마자 곧바로 제단을 세우고 그의 아들을 제물로 바칠 준비를 했다(22:9).

수동적인 이삭과 대비되는 아브라함의 능동성과 활력(창 22:6, 9-10)

아브라함은 종들에게 자신이 돌아올 때까지 기다리라고 말하지만, 이 시점에서 이삭에게는 아무 말도 하지 않는 것으로 묘사되어 있다. 대신 6절에는 아브라함이 이삭에게 아무 말도 하지 않은 채 활발하게 움직이는 장면이 나온다. "아브라함은 번제를 위한 나무를 취하여 그것을 그의 아들 이삭에게 지우고, 그의 손에 불과 칼을 들었다"(22:6). 문학적 구조는 3절과 비슷한데, 거기서도 수동적인 이삭은 아브라함의 행동들에 둘러싸여 있다. 한 가지 차이점이 있다면 3절에서 이삭은 각각 세 가지 동사로 이루어진 아브라함의 앞뒤 행동들에 둘러싸여 있었던 반면, 이제 한편에서는 아브라함의 두 가지 행동이 하나의 직접목적어를 향하고(아브라함이 "나무"를 취하여 그것을 이삭에게 지운다), 다른 한편에서는 아브라함의 한 가지 행동이 두 개의 직접목적어를 향한다(아브라함이 그의 손에 "불"과 "칼"을 든다). 다시 한번 아브라함의 행동력은 이삭의 수동성과 대비된다. 그리고 다시 한번 그들 사이에 어떤 대화도 오갔다는 기록이 없다.

이야기 뒷부분에서도 이와 유사한 문학적 구조가 중요한 지점에서 다시 나타난다. "하나님께서 그에게 말씀하신 장소에 이르렀을 때, 아브라함은 그곳에 제단을 쌓고 나무를 늘어놓았다. 그는 그의 아들 이삭을 결박했다. 그리고 그를 제단 위에, 그 나무 위에 올려놓았다. 그러고 나서 아브라함이 손을 뻗어서 그의 아들을 죽이기 위해 칼을 집어 들었다"(9-10절).

이 두 절에서는 아브라함이 제단을 **쌓고**, 나무를 **늘어놓고**, 이삭을 **결박하고**, 이삭을 제단 위에 **올려놓고**, 손을 **뻗어** 칼을 **잡았다**고 묘사한다. 3절에서와 마찬가지로 여기서도 이삭은 아브라함의 세 가지 말 없는 행동들에 둘러싸여 있는데, 이것은 대화 없는 아버지와 아들 사이에서 아브라함의 능동성과 이삭의 수동성을 대비시킨 수사학적 효과를 강화한다.[33]

또 한 가지 주목할 점은 6절과 10절 모두 아브라함의 "손"(yād)에 대해 언급한다는 사실이다. 6절에서는 그들이 산으로 향해 나아갈 때 아브라함이 그의 **손에** 불과 칼을 취하였다고 말하는가 하면 10절에서는 그가 **손을** 뻗어서 아들을 죽이기 위해 칼을 집어 들었다고 말한다. "손"이라는 단어가 단순히 문자적 의미로 신체 기관을 가리킬 수도 있지만, 히브리어에서 "야드"(yād)는 종종 "힘"이라는 상징적인 의미를 내포한다 (여기서 상징적 의미가 문자적 의미와 완전히 분리되는 것은 아니다). 이 구절에서 우리는 이삭에 대한 아브라함의 권능, 다시 말해 삶과 죽음을 결정할 수 있는 권리를 분명히 볼 수 있다.

---

33 이것은 이삭을 자발적 희생자로 (그래서 유대교 순교의 패러다임으로) 여겼던 후기 랍비 전통과는 대조적이다.

아버지와 아들의 감동적인 대화(창 22:7-8)

그런데 아브라함이 아들을 앞에 두고 침묵으로 행동하는 두 에피소드 (6절; 9-10절) 사이에서, 그들이 하인들을 두고 떠나온 후에 이삭이 침묵을 깨는 것으로 묘사한다는 사실이 의미심장하다(22:7). 6절 마지막 문구에 따르면, 그 두 사람은 "함께"(*yahdāw*, "야하다브") "갔다"/"걸었다"(*wayyēlekû*, "바엘레쿠"). 그들은 걸으면서 감동적인 대화를 나눈다.[34] 두고두고 기억할 만큼 가슴에 사무치는 순간이다. "내 아버지여!" 이삭이 말했다. 그러자 아브라함은 "힌네니[*Hinnennî*], 내 아들아"라고 말한다. 여기서 "힌네니"는 아브라함이 1절에서 하나님께서 그를 부르셨을 때 했던 대답과 동일하며, 그가 후에 11절에서 야웨의 사자가 하늘에서 그를 부를 때 하게 될 대답과도 동일하다. 이 단어는 그가 준비되어 있음을 잘 보여주는 표현이다. "내가 여기 있습니다. 들을 준비가 되어 있고, 행동할 준비도 되어 있습니다."[35]

이삭은 아브라함의 주의를 환기한 후 그들이 **불**(아브라함이 들고 있던 부싯돌이나 불 항아리)과 **나무**(이삭이 짊어지고 있던)를 가지고 있다고 말

---

34 이삭의 결박 이야기에 담긴 통렬함은 이삭이 아브라함의 아들이라는 사실을 끊임없이 상기시킴으로써 더욱 고조된다. 하나님 혹은 야웨의 사자는 이삭을 가리켜 "네 아들"이라고 세 번이나 언급하고(22:2, 12, 16), 아브라함도 두 번에 걸쳐 이삭을 "내 아들"(22:7, 8)이라고 부른다. 내레이터도 이삭을 가리켜 "그의 아들"이라고 다섯 번이나 언급한다(22:3, 6, 9, 10, 13).

35 아브라함이 하나님께 대답할 때와 그의 아들에게 대답할 때 사용된 단어의 스펠링이 약간 다르다. 하나님께 대답할 때는 "*hinnēnî*"라고 표기되었던 반면 아들에게 대답할 때는 "*hinnennî*"라고 표기되었다. 이것은 히브리어 마소라 텍스트에 나타나는 이 단어의 세 가지 서로 다른 스펠링 가운데 두 가지이고, 나머지 하나는 "*hinĕnî*"이다.

한다. 여기서 이삭은 **칼**에 대한 언급은 생략하는데, 앞서 내레이터는 아브라함이 손에 칼을 들고 있다고 밝히고 있다(6절). 그러고 나서 이삭은 내가 느끼기에 다소 머뭇거리면서 다시 묻는다. "번제로 바칠 양은 어디 있습니까?"(22:7)

불과 나무에 관한 언급에 이어지는 이삭의 질문에 담긴 머뭇거림을 히브리어 텍스트에서는 "그리고 그가 말했다"(*wayyōmer*)라는 동사의 기이한 반복을 통해 전달하는데, 대부분의 영어 번역본에서는 이런 점이 잘 드러나지 않는다. 히브리어 텍스트를 있는 그대로 번역하면 이렇다. "그리고 이삭이 그의 아버지 아브라함에게 말했고, 그가 말했다"(22:7).[36] 마치 말을 시작해 놓고 잠시 머뭇거리면서 말을 더듬다가, 드디어 불편한 말을 쏟아내는 것처럼 느껴진다.[37]

아브라함의 무의식적 실언(Freudian slip)인가 아니면 내레이터가 의도한 모호성인가?(창 22:8)

번제를 위한 양에 관한 이삭의 질문에 대한 아브라함의 답변은 종종 그

---

[36] 만일에 이 텍스트가 "그리고 이삭이 그의 아버지에게 말했다[*yədabbēr*]. 그리고 말했다[*wayyōmer*]"였다면, 이것은 각각 "다바르"와 "아마르"라는 서로 다른 동사의 변화형이기 때문에 대화를 시작하는 방법으로서 그리 눈에 띄지 않았을 것이다. 이러한 대화 시작 공식이 창 19:14과 42:7에서도 발견되는데, 보다 일반적인 사례에서는 두 번째 동사가 "바요메르"(*wayyōmer*)가 아니라 "레모르"(*lēmōr*, *'āmar*의 부정사)이다. 이런 시작 공식은 "그는 ~라고 말하면서 발언을 시작했다"라고 번역될 수 있다. 어쨌거나 "아마르" 동사를 되풀이하는 것은 이례적이다.

[37] 이것은 Arlyn Drew의 제안이다. "Hermeneutic for the Aqedah Test," 89.

의 믿음을 표현한 것으로 받아들여지지만, 사실은 모호한 대답이다. "하나님께서 직접 번제를 위한 양을 보실/제공하실 것이다, 내 아들"(22:8).

과연 아브라함의 대답은 그가 진심으로 하나님께서 양을 제공하실 것이고 그러니 이삭을 제물로 바치라는 명령을 시행하지 않아도 될 것이라 확신했다는 뜻일까? 아니면 확신할 수는 없지만 양이 제공될 것이라는 기대를 품었다는 뜻일까?[38] 아니면 그는 희생자가 되어야만 하는 이삭이 도망치지 못하도록 그를 속이려고 시도했던 것인가?

그런데 이삭에 대한 아브라함의 대답에는 훨씬 더 흥미진진한 모호성이 숨겨져 있다. 만일 "하나님께서 직접 번제를 위한 양을 보실/제공하실 것이다, **내 아들**"이라는 문장에서 "내 아들"이 호격이었다면 문장 첫머리에 나오는 것이 자연스러웠을 것이다. CEV의 번역이 의도한 바가 그런 것이다.

"내 아들아!" 아브라함이 대답했다. "하나님께서 양을 제공해 주실 것이다."

그러나 이런 재배치는 히브리어 텍스트가 의도하는 모호성을 흐릿하게 만들어버린다. 현재 상태의 문장에서 끝에 나오는 "내 아들"은 호격일 수도 있고, "번제를 위한 양"과 **동격**일 수도 있다.[39] 앞서 창세기 22:2에

---

38   다음 장에서는 이런 가능성에 대해서도 살펴볼 것이다. 아브라함이 실제로 이삭을 대체할 동물이 있을 것이라고 믿었다는 증거는 없다.
39   많은 학자가 이 두 가지 가능성을 지적하고 있다. Trible, "Genesis 22," 176; Victor P. Hamilton, *The Book of Genesis: Chapters 18-50*, NICOT (Grand Rapids: Eerdmans, 1995), 110; James L. Crenshaw, *A Whirlpool of Torment: Israelite Traditions of God as an Oppressive Presence*, OBT (Philadelphia: Fortress, 1984), 23; Meir Sternberg, *The Poetics*

서 하나님께서는 동격 관계에 있는 다양한 표현을 나열하시는데 그 정점에 **이삭**이 등장한다("네 아들을, 네 외아들을, 네가 사랑하는 이삭을"). 만일 이런 관계가 8절에도 적용된다면, 결과적으로 "내 아들"은 희생제사를 위한 양과 동일시된다.

인터넷에서 인기를 끌고 있는 맨 마틴의 만화는 히브리어를 구체적으로 언급하지 않으면서도 8절의 모호성을 잘 표현하고 있다.[40] 만화에서 이삭은 아버지에게 "아빠, 제물은 어디 있어요?"라고 묻는다. 아브라함은 "하나님이 주실 거야 이삭." 그러자 이삭은 "잠깐만요. '하나님이 주실 거야, 이삭아!'라고 하셨나요, 아니면 '하나님이 주실 거야 이삭을!'이라고 하셨나요?" 아브라함이 "아들아, 이리 와봐"라고 말하자 이삭은 "아빠가 ['이삭' 앞에] 쉼표를 넣기 전에는 꼼짝도 하지 않을래요"라고 대답한다. 이것은 8절에 나오는 아브라함의 대답에 담긴 모호성을 잘 보여주는 탁월한 예다.

---

of Biblical Narrative: Ideological Literature and the Drama of Reading, Biblical Literature (Bloomington: University of Indiana Press, 1985), 192.

[40] 만화를 여기 실을 수 있도록 허락해 준 저자에게 감사한다. 온라인에서도 확인할 수 있다. "Religious Humor Goes Overboard with Comic Strip," interview by John Longhurst, March 16, 2019, On Faith Canada (blog), http://onfaithcanada.blogspot.com/2019/03/religious-humour-goes-overboard-with.html.

Figure 6.1. God will provide Isaac. Cartoon by Man Martin, *Man Overboard*, http://manmartin.blogspot.com/. [Line: © Man Martin]

8절("하나님께서 직접 번제를 위한 양을 보실/제공하실 것이다, 내 아들")에서 "번제를 위한 양" 바로 다음에 "내 아들"이 이어지는 구문이 두 가지 의미를 전달하는 것이 가능하다는 점을 고려할 때 이러한 모호성이 의도된 것인지 궁금해진다. 만일 의도된 것이라면, 그것은 아브라함의 반응에 담긴 복잡성을 독자에게 전달하기 위해 내레이터가 고안한 신호일 수 있다. 또한 이런 신호는 아브라함의 무의식적 실언이라고 부를 만한 감정 상태를 전달할 수도 있다. 물론 우리는 아브라함의 언어적 반응만 알 수 있을 뿐이고, 그의 실제 의도에 접근할 수는 없다.

랍비 시대의 고전적인 미드라시도 아브라함의 진술에 담긴 모호성을 포착한다.

「창세기 랍바」 56:4에 따르면 아브라함은 두 가지 대안을 염두에 두고 이삭에게 이렇게 설명한다. "'하나님께서 스스로 양을 제공하실 것이다, 내 아들아!' 그렇지 않으면 '번제를 위한 양인 내 아들아.' 그리하여 '그들 두 사람은 함께 갔다.' 한 사람은 도살하기 위해, 다른 한 사람은 도살당하기 위해."[41] 「미드라시 탄후마」는 조금 더 직설적이다. 이삭이 번제를 위한 양에 관해 아버지에게 질문했을 때 아브라함은 이렇게 대답한다. "네가 물었으니 [말하는데], 거룩하시고 복되신 그분이 너를 택하셨다." 그러자 이삭은 이를 받아들이면서, 어머니가 걱정된다는 말만 남긴다. 그런 다음 두 사람은 함께 가서 "한마음이 되어, 한 사람은 도살하고 다른 한 사람은 도살당할 것을 확신한다."[42]

창세기 22장 내레이터는 아브라함의 대답을 모호한 채로 놔두지만, 위의 미드라시 해석들은 미드라시답게 내러티브의 빈틈을 적극적으로 메워준다. 하지만 우리는 텍스트의 모호성을 존중하고 이삭에 대한 답변 속에 담긴 아브라함의 의도나 심리상태를 판단하는 일을 자제할 필요가 있다. (물론 그가 막대한 스트레스를 받았을 것이고, 하나님의 명령에 대해 양가감정을 느꼈으리라는 사실 정도는 예상이 가능하다.) 또한 이삭이 아브라함의 답변에 대해 어떻게 생각했는지도 알 수 없다. 6절 끝에서와 마찬가지로 8절 끝에서도 단지 두 사람이 "함께"(*yaḥdāw*) "갔다"(*wayyēləkû*)라고 말할 뿐이다. 이처럼 6절과 8절 끝자락의 동사들은 아버지와 아들 사이의 감동적이고 애틋하지만 의미가 모호한 대화를 감싸는 인클루지오를 구성한다. 이것이 창세기 22장에서 부자간에 오간 유일한 대화다(사실 이것은

---

41 Genesis Rabbah 56:4. Sefaria.org, https://www.sefaria.org/Bereishit_Rabbah.56.4?lang=bi&with=all&lang2=en.
42 Midrash Tanḥuma, Vayera 23. Sefaria.org, https://www.sefaria.org/Midrash_Tanchuma%2C_Vayera.23.3?lang=bi&with=all&lang2=en. 이삭이 기꺼이 자신을 희생제물로 바쳤다는 주장은 랍비 전통에서 핵심적인 주제가 되었다.

창세기 전체에서 부자간에 오간 유일한 대화다). 둘 사이의 대화 이전과 이후에 두 사람은 "함께"(*yaḥdāw*) "갔다"(*wayyēləkû*).[43]

이삭의 결박 이야기의 처음 열 절에서 내레이터는 아브라함의 긴장, 스트레스, 내적 혼란을 암시하는 일련의 수사적 신호를 능숙하게 전달하면서 적극적인 아버지와 수동적인 아들 사이에 상당한 힘의 차이가 존재한다는 점을 보여주었다. 내레이터는 이야기의 세부 사항을 거의 밝혀주지 않고 많은 부분을 독자의 상상력에 맡기면서 이런 괴업을 수행한다. 물론 우리는 이 내러티브에 내재하는 빈틈을 완전히 메우고서 아브라함이나 이삭의 심리상태를 안다고 주장하는 일은 피해야겠지만, 관심 있는 독자라면 그럼에도 아브라함이 하나님께 드린 답변의 유효성에 대해 궁금해할 수밖에 없을 것이다. 교묘하게 주조된 이 이야기의 수사적 신호들과 고난의 상황에서 드리는 격렬한 기도라는 성경적 배경이 서로 결합하여 다음과 같은 질문을 제기한다. 하나님의 명령에 대한 아브라함의 말 없는 순종은 과연 우리가 본받아야 할 모범적인 사례일까?

아브라함의 여행 동반자들에게 일어난 변화(창 22:19)

하지만 창세기 22장 내에서 아브라함의 응답에 대한 비판적 해석을 지지해 주는 가장 중요한 정보는 이야기 끝부분에 이삭이 등장하지 않는

---

43   전체 구절은 "그들 두 사람이 함께 갔다"(*wayyēləkû šənêhem yaḥdāw*, "바옐레쿠 쉬네헴 야하두")이다.

다는 점이다.⁴⁴ 5절에서 아브라함은 종들에게 자신과 소년이 예배하러 산에 올라갔다가 "**우리가** 너희에게 돌아올 것이다"라고 말한다. 그러나 내레이터는 19절에서 "**아브라함은** 그의 젊은이들에게 돌아왔"다고 말한다. 이삭의 부재가 두드러진다. 아브라함의 아들은 그와 함께 산에서 내려온 것으로 기록되어 있지 않다는 것이다. 그리고 이것은 아주 면밀하게 구성된 내러티브이며, 세부 사항 하나하나가 중요하다.⁴⁵

돌이켜보면 아브라함 이야기가 시작되는 창세기 11:31에서 우리는 아브람의 아비 데라가 아브람과 롯과 사래를 데리고 갈대아 땅으로부터 하란으로 출발했다고 말하는 것을 본다. 거기서도 이야기는 가족이 함께 여행을 떠나는 것으로 시작된다.⁴⁶

그리고 22:6과 8절에서 아브라함과 이삭은 산 위로 "함께"(*yaḥdāw*) "갔다"(*wayyēləkû*).

그러나 이삭의 결박 이야기 마지막 절(22:19)에서 내레이터는 (이삭에 대한 언급은 생략한 채로) 아브라함이 그의 종들에게 돌아왔다고 지적한 후에 **그들**(아브라함과 종들)이 브엘세바를 향해 "함께 갔다"(*wayyēləkû yaḥdāw*)고 말한다. 아브라함은 다른 사람들과 함께 갔으며, 더는 그의 가족, 그의 아들과 함께 가지 않았다.⁴⁷

---

44 고대와 현대를 막론하고 수많은 주석가가 이 점을 지적해왔지만, 그것이 의미하는 바에 대해서는 합의가 이루어지지 않았다.
45 Jon Levenson은 이삭이 아브라함과 함께 귀가하지 않았다는 해석에 중요한 반론을 제기한다. 이 문제는 다음 장에서 다룰 것이다.
46 창 11:31은 그들이 하란으로 "가기 위해"(*lāleket*) 출발했다고 말하는데, 여기서는 "가다"라는 동일한 동사의 부정사가 사용되었다.
47 "함께"(*yaḥdāw*)라는 표현은 창세기 전체에서 22:6, 8, 19 외에 오직 두 번만 더 사용된다. 그리고 두 경우 모두 텍스트는 함께 "살아갈/거할"(*yāšab*) 수 없는 사람들을 언급하

아브라함의 생애는 연속되는 이별로 특징지어진다. 그는 각기 다른 상황에서 롯, 하갈, 이스마엘을 떠나보낸다. 그런 다음 그는 사라 없이 그의 (남아 있는) 아들과 함께 산에 오른다. 다시 그는 (이삭 없이) 그의 종들에게 돌아오고, 그들은 함께 브엘세바로 출발한다. 이삭의 결박 내러티브는 (이삭에 대한 언급 없이) 아브라함의 브엘세바 귀환에 관해서만 진술한 후에 그가 브엘세바에 "살았다"(*yāšab*)라는 단순한(심지어 비극적인) 논평으로 끝을 맺는다. 이삭은 물론 사라에 대한 언급도 없다. 이삭의 결박 내러티브의 막바지에 아브라함의 아들이 사라졌다는 사실은 이 정보가 과연 중요한 것인가, 그리고 그것이 아브라함의 시험과 관련이 있는가 하는 질문을 불러일으킨다. 이 문제에 대해서는 다음 장에서 좀 더 분명하게 밝힐 것이다.

아브라함과 욥의 주제적, 문맥적 연관성

지금까지 이 장에서는 이삭의 결박 이야기에서 독자들에게 아브라함과 하나님, 그리고 아브라함과 이삭 사이에 존재하는 긴장 및 관계의 모호성을 간파하게 해주는 것으로 해석될 수 있는 다양한 수사적 신호에 주목했다. 다음 장에서는 이삭의 결박 이야기에서 하나님에 대한 아브라함의 응답을 영웅시하지 않는 해석에 대한 증거들을 좀 더 심도 있게 살

고 있다(13:6에서는 아브라함과 롯, 36:7에서는 에서와 야곱). 나에게 이 점을 지적해준 Matthew Anstey에게 감사드린다.

펴볼 것이다.

그러나 창세기 22장에서 아브라함이 하나님께 보인 반응에서 문제를 발견한 사람은 나뿐만이 아니다. 욥기가 이삭의 결박 이야기 및 광범위한 아브라함 내러티브와 수많은 주제적, 문맥적 연결고리를 갖고 있다는 것은 흥미로운 일인데, 이는 욥기의 저자가 아브라함 이야기를 소환하여 두 족장(한 명은 이방인이고 다른 한 명은 유대 민족의 조상이다)을 비교(특히 대조)해 보라고 요청한다는 것을 암시한다.

아브라함과 욥은 둘 다 하나님으로부터 시험을 받았다

가장 명백한 연관성부터 살펴보자면, 하나님께서는 아브라함을 시험하시겠다고 명시적으로 말씀하셨는데(창 22:1), 욥기는 전체가 시험이라는 틀에 따라 구성되어 있다. 이것이 바로 고대의 「희년서」 저자가 두 이야기를 병행 관계에 두고 설명한 이유였다. 「희년서」 17-18장에 따르면 군주 마스테마는 욥기의 고발자처럼 아브라함의 신실함을 시험하기 위해 야웨를 부추긴다. 앞에서 나는 「희년서」를 소개하면서 언급하기를, 어떤 학자는 아브라함과 욥이 미드라시 전통에서 빈번하게 연결된다는 사실을 강조하기 위해 "요브라함"(Job + Abraham)이라는 용어를 만들어 내기도 했다고 지적했다.[48]

---

48 Nicholas J. Ellis, "The Reception of the Jobraham Narratives in Jewish Thought," in *Authoritative Texts and Reception History: Aspects and Approaches,* ed. Dan Batovici and Kristin de Troyer, BibInt 151 (Leiden: Brill, 2016), 124-40.

아브라함과 욥은 모두 (그리고 그들만) "티끌과 재"라는 표현을 사용한다.

아브라함과 욥 두 사람 모두 시험을 받는다는 사실에 더하여, 히브리 성경에서 "티끌과 재"라는 문구를 사용하는 인물은 오직 아브라함(창 18:27)과 욥(욥 30:19; 42:6) 두 사람뿐이다. 아브라함은 이삭의 결박 사건 이전에 소돔을 위하여 담대하게 중보기도 하는 장면에서 이 문구를 사용한다. 욥은 이 문구를 두 번 사용하는데, 한 번은 하나님께 불평하는 도중에 자신의 무력감을 묘사하면서(30:9), 또 한 번은 야웨의 두 번째 담화 이후 자신이 느낀 안도감을 표현하면서(42:6) "티끌과 재"라는 표현을 사용한다. 내가 처음 이삭의 결박 이야기와 욥기 간의 관계에 대해 궁금증을 갖게 된 계기가 바로 창세기와 욥기 사이에서 발견되는 이런 텍스트상의 연결고리였다.

아브라함과 욥은 둘 다 하나님을 경외하는 자였다

더 나아가 "하나님을 경외하는 자"(God-fearer)라는 묘사가 두 사람 모두에게 적용된다. 주목할 점은 아브라함이 이삭의 결박이라는 시험을 통과하고 나서 이런 묘사가 그에게 적용되었던 반면(창 22:12), 욥의 경우에는 이미 시험이 시작되는 시점에(욥 1:1, 8; 2:3) 이렇게 불렸다는 사실이다. 히브리 성경에서 하나님/야웨를 경외한다는 사상은 보편적인 것이지만(특히 지혜문학에서), "하나님 경외자"(yərē' 'ĕlōhîm)라는 특정 문구는 드물게 등장한다. 창세기와 욥기를 제외하고는 오로지 전도서 7:18에서

만 등장한다.[49]

따라서 월터 모벌리가 아브라함이 (시험 후에 야웨의 사자가 확인해 준 것처럼) 하나님을 경외하는 자였다는 말의 의미를 분명히 하기 위해 욥기로 눈을 돌린 것은 이해할 수 있는 일이었다. 앞 장에서 나는 모벌리가 이삭의 결박 이야기에서 아브라함이 하나님을 경외했다는 말의 의미를 밝히기 위한 핵심 텍스트로 출애굽기 20:20을 지목했다고 언급했었다. 하지만 모벌리는 욥기의 프롤로그(특히 1:1-2:10)가 이삭의 결박 이야기와 병행을 이루는 두 번째로 중요한 텍스트라고 여겼는데, 그가 제시한 핵심적인 근거가 바로 욥이 아브라함처럼 "하나님 경외자"라고 불렸다는 사실이었다.[50]

욥기에 대한 논의에서 모벌리는 욥의 "진실성"(*tummâ*)에 초점을 맞추면서 이것이 "하나님 경외"와 "밀접하게 연관된 개념"이라고 제안하는데, 그는 욥이 이기심으로 하나님을 섬긴 것은 아닌가 하는 고발자의 질문(2:3)이라는 관점에서 "진실성"의 의미를 해석한다.[51] 그는 욥의 진실성(축복을 염두에 두지 않고 하나님께 바치는 헌신)이 프롤로그에서 욥에게

---

49 마찬가지로 "야웨를 경외하는 자"(*yərē'* YHWH)라는 표현도 드물게 나타나며, 히브리 성경에서 오직 다섯 번 사용된다(시 25:12; 128:1, 4; 잠 14:2; 사 50:10). 이 아홉 번("하나님을 경외하는 자" 네 번과 "야웨를 경외하는 자" 다섯 번)의 경우 "야라"(*yr'*)라는 어근은 마소라 텍스트에서 동사가 아니라 동사적 형용사의 연계형인 것처럼 모음이 찍혀 있다. 그러나 설령 "하나님을 경외하는 자"라는 표현이 구문론상으로 지지받을 수 없다 하더라도(어차피 마소라 텍스트의 모음이 원본은 아니다), 아브라함과 욥이 하나님을 경외했다고 일컬어진다는 사실에는 변함이 없다.

50 Moberly는 "예레 엘로힘"(*yərē' 'ĕlōhîm*)을 "하나님을 경외하는 자"(one who fears God)라고 번역한다. R. W. L. Moberly, "Abraham and God in Genesis 22," in *The Bible, Theology, and Faith: A Study of Abraham and Jesus* (Cambridge: Cambridge University Press, 2000), 84.

51 Moberly, "Abraham and God in Genesis 22," 84.

들이닥친 재앙을 이겨냈다고 지적하면서, 욥이라는 인물이 고난 가운데서도 보상을 요구하지 않고 하나님께 대한 충성심을 변함없이 지켜낸 사람으로서 우리가 본받아야 할 "전형적인 모범"이라고 강조한다.[52]

그러나 모벌리가 전형적인 모범으로 삼는 부분은 욥이 격렬한 탄식의 말을 쏟아내기 **이전**, 다시 말해 욥기의 첫 두 장에서 욥이 고난에 대해 보여준 반응에 국한되어 있다.[53] 욥기의 대부분을 차지하는 시적 대화 부분에서 모벌리 유일하게 인정하는 것은 프롤로그가 "욥기라는 책 전체에서 차지하는 위치에 의해 그 의미가 한정되며, 이후로는 욥이 다르게 말한다"라는 점이다. 하지만 모벌리는 욥이 프롤로그 이후에 탄식으로 나아간다는 사실이 욥기의 첫 장들을 이해하는 데 어떤 차이점을 가져올 수 있는지를 탐구하기보다는 단순히 프롤로그의 지속적인 유효성만을 인정하면서 다음과 같이 결론짓는다. "이야기 자체에는 프롤로그가 요구하는 함의들을 감소시킬 만한 어떤 요인도 없다."[54]

모벌리는 이삭의 결박 이야기에서 아브라함이 보여준 하나님을 향한 진실성과 욥기의 프롤로그 사이에서 (두 인물 모두 불평이나 보상에 대한 기대 없이 자발적으로 하나님께 복종한다는 점에서) 유사성을 발견하는 반면에, 나는 아브라함과 욥이 어떤 면에서 대비되는지가 더 궁금하다. 어쨌거나 욥은 처음에 하나님을 찬양하는 데서 출발하여(1장), 하나님께서 그에게 보내신 재앙을 수동적으로 수용하는 단계를 거쳐(2장), 마지막으

---

52 Moberly, "Abraham and God in Genesis 22," 86–87.
53 "욥 1:1–2:10"은 Moberly의 다음 기고문에서 욥을 다룬 단락의 소제목이었다. "Abraham and God in Genesis 22," 84–88.
54 Moberly, "Abraham and God in Genesis 22," 87.

로는 그가 당하는 고난에 대해 거칠게 항의의 목소리를 내는 자리로 나아갔다(3장 이후). 혹시라도 이것이 욥기가 **하나님을 경외하는 두 가지 서로 다른 방식**을 대비시키려는 의도를 가지고 있음을 시사하는 것이 아닐까? 하나는 (아브라함의) 말 없는 복종을 통해 드러나는 방식이고, 다른 하나는 (욥의) 항의의 목소리와 호환될 수 있는 방식이다.

하지만 다른 가능성도 있다. 욥의 출발점(욥 1:1, 8; 2:3)이 아브라함의 종착점(창 22:12)이었고, 그 지점이 다름 아닌 "하나님 경외"였다는 점을 고려한다면, 여기서 비교의 초점은 욥이 그 지점을 넘어서 한 걸음 더 진보했는가 하는 점이 되어야 하지 않겠는가?[55] 비록 "하나님/야웨 경외"가 지혜문학에서 높이 평가받는 긍정적인 속성이고 욥기 28:28("보라! 주를 경외함이 지혜요 악을 떠남이 명철이니라")에서 지혜와 동일시되기는 하지만, 야웨를 경외하는 것이 지혜/지식의 정점이 아니라 **시작**에 불과하다는 유명한 진술(시 111:10; 잠 1:7; 9:10; 집회서 1:14)을 우리는 어떻게 이해해야 할까? 모벌리조차도 "'하나님을 경외한다는 것'은…포괄적이고 개방적인 개념으로서 그 의미가 문맥에 따라 확장되고 심화할 수 있다"라고 인정한다.[56] 그렇다면 아브라함과 욥 두 인물 모두 성숙한 지혜

---

[55] 욥 28:28은 지혜를 찾는 일의 어려움에 대해 진술하는 막간극의 끝자락에 나오는데, 이 구절은 욥기가 지혜에 관한 이야기로 출발했다는 사실을 독자들에게 상기시키는 역할을 한다(프롤로그에서 욥은 악에서 떠나 하나님을 경외하는 자라고 소개된다). 하지만 이런 막간극이 제기하는 암묵적인 질문은 욥이 목소리를 내어 하나님께 항의한 일도 지혜로 특징지어질 수 있는가 하는 점이다(지혜라면 아마도 또 다른 유의 성숙하고 절제된 지혜일 것이다). 물론 시 111:10과 잠 1:7에서 "시작"(rēšît)이라는 단어는 시간상의 처음(시작)을 의미할 수도 있고, 아니면 집회서 1:14에 사용된 그리스어 "아르케"(archē)처럼 우선순위상의 처음(으뜸)을 의미할 수도 있다. 하지만 잠 9:10에 나오는 "테힐라"(təhillâ)는 사실상 시간상의 "시작"을 의미한다.

[56] Moberly, "Abraham and God in Genesis 22," 80.

를 얻기 위해서는 초기의 다소 미숙한 "하나님 경외"로부터 한 걸음 진보하여, 하나님 경외가 언약 파트너이신 하나님과의 활발한 교감을 저해하는 것이 아니고 오히려 그런 교감을 지지해 주는 그런 위치로 나아가야 하는 것은 아닐까?[57]

아브라함과 욥은 둘 다 (하나님의 명령에 따라) 다른 사람을 위해 중보기도 한다

아브라함과 욥은 둘 다 하나님의 명령에 따라 중보기도를 했다는 점에서도 서로 연결되어 있다. 아브라함은 아비멜렉을 위해(창 20:7, 17), 욥은 친구들을 위해(욥 42:8-9) 중보기도를 했다. 심지어 하나님께서 두 중보기도를 소개하시는 방식도 비슷하다. 하나님께서는 기도가 필요한 사람들에게 말씀하시길, "예언자" 아브라함이, 혹은 "내 종" 욥이 그들을 위하여 기도할 것이며 그가 아브라함과 욥의 기도를 받으실 것이라고 말씀하신다(창 20:7; 욥 42:8).

---

[57] 물론 욥은 이스라엘 사람이 아니기 때문에 엄밀한 의미에서 하나님과 언약 관계를 맺고 있지 않다. 그러나 욥기는 언약적 기대로 충만한 이스라엘의 지혜문학 텍스트이며 따라서 욥의 불평의 바탕에는 언약적 기대가 놓여 있을 가능성도 있다. 다음을 보라. Jamie A. Grant, "'When the Friendship of God Was upon My Tent': Covenant as Essential Background to Lament in the Wisdom Literature," in *Covenant in the Persian Period: From Genesis to Chronicles*, ed. Richard J. Bautch and Gary N. Knoppers (Winona Lake, IN: Eisenbrauns, 2015), 339-55. 더 나아가 J. Gerald Janzen은 족장 내러티브(창 12-50장)와 욥기가 전제하고 있는 하나님과의 관계가 본질상 서로 유사하다는 점을 지적하는데, 이것이 그 텍스트들에서 "샤다이"라는 신명이 두드러지게 사용되는 이유를 설명해 준다. Janzen, "Israel's Default Position before God," in *At the Scent of Water: The Ground of Hope in the Book of Job* (Grand Rapids: Eerdmans, 2009), 15-36.

아브라함과 욥의 이야기 전체에서 각 에피소드가 놓인 자리도 중요할 수 있다. 아브라함은 그가 이전에 소돔을 위하여 중보기도 함으로써 자신이 예언자임을 입증했기 때문에 중보기도 하라는 요청을 받았다. 그런가 하면 욥은 목소리를 높여 하나님께 항의했던 일이 그가 모세처럼 하나님의 "종"임을 증명한 후에 친구들을 위하여 중보기도 하라는 요청을 받았다.

한편 이삭의 결박 이야기도 아브라함이 소돔과 아비멜렉을 위하여 드린 중보기도에 관한 기사 **이후에** 나오는데, 우리는 이때 아브라함이 아들을 제물로 바치라는 하나님의 명령 앞에서 이상하리만큼 침묵한다는(이삭을 위해 중보기도 하지 않는다는) 점을 주시할 필요가 있다. 앞서 욥기에 관한 논의(제4장)에서 제안했듯이 아브라함이 열정적인 발언(18장)에서 후반부의 침묵으로(창 22장) 반전하는 모습이 그와는 정반대 방향을 향하는 욥의 행보를 통해 사람들의 이목을 끌게 된다. 욥은 프롤로그 끝부분에서는 침묵하는 모습을 보이다가(욥 2:13에 암시) 3:1부터는 대담하게 발언하는가 하면, 하나님의 첫 번째 담화 후에는 대답하기를 거절하다가(40:3-5) 두 번째 담화 후에는 그가 받은 위로를 묘사한다(42:6).

하나님은 아브라함과 욥에게 자신의 계획을 드러내신다.

아브라함과 욥 사이의 또 다른 주제적 연결점은 하나님께서 자신의 뜻 혹은 계획을 두 사람 모두에게 드러내신다는 점이다. 실제로 아브라함이 소돔을 위하여 중보기도 했다는 사실을 제외하고 그를 가리켜 예언자라고 부를 수 있는 가능한 이유 가운데 하나는 하나님께서 그 도시에 관한 계획을 그에게 말씀해 주셨고(창 18:17-21), 그것이 아브라함의 중보기도를 촉발했다는 점이다. 예레미야 23:18은 거짓 예언자와 참 예언자를 구체적으로 대조하는데, 오직 참 예언자만 "야웨의 어전회의[sôd]에 참여하여 그의 말을 보고 듣는다"라고 지적한다. 또한 아모스 3:7에 따르면 "주 야웨는 자기의 비밀[sôd]을 그의 종 예언자들에게 보이지 않으시고는 아무것도 행하지 않으신다."

욥의 경우 하나님께서는 처음에 욥에게 그가 우주를 위한 하나님의 계획이나 설계를 "어둡게 만들었다고"(의문을 제기했다고) 책망하시고(38:2), 그다음에는 하늘과 땅의 운행, 그리고 동물의 왕국을 두루 보여 주심으로써 그를 깨우치신다(38-39장). 실제로 아모스 3:7의 "그의 종 예언자들"이라는 구절은 아브라함(창 20:7에서 "예언자"라고 불린다)과 욥(욥 42:7에서 "내 종"이라고 불린다)을 연결해 주는 역할을 한다. (다른 많은 텍스트에서도 "그의 종 예언자"라는 구절이 되풀이된다.)

아브라함과 욥의 자녀들

아브라함과 욥은 자녀와 관련해서도 중요한 주제적 연결고리를 가지고 있다. 욥의 첫 번째 재난에 자녀를 잃는 일이 포함되어 있었던 것처럼(욥 1:18-19), 아브라함은 아들을 잃을 뻔한 위협이 있었다. 욥이 자녀들을 위하여 하나님께 번제를 바쳤던 반면(1:5), 아브라함은 자기 아들을 번제로 바치려고 준비했다.

그러나 이런 (어찌 보면 피상적인) 유사성 너머에 아주 중대한 차이점이 있다. 욥은 "아들과 손자 사 대를 보았"고(42:16) "늙어 나이가 차서"(42:17) 생을 마감했다. 욥은 하나님으로부터 새로운 자녀(일곱 아들과 세 딸)를 얻었을 뿐만 아니라 손자와 증손자를 포함하여 자손들에게 둘러싸여 살아가는 복을 받았다.

아브라함의 마지막에 관한 묘사는 그가 (문자적으로) "나이가 높고 늙어서"(창 25:8; 욥 42:17과 거의 동일하다) 죽었다는 점에서 욥과 비슷하지만, 자녀들의 모습은 임종 자리 어디에도 보이지 않는다. 사라가 죽은 후 아브라함은 그두라와 결혼했고(창 25:1) 그 외에 첩들도 있었던 것처럼 보이며(25:6), 그녀들 모두 아브라함에게 자녀를 낳아주었다고 기록되어 있다(25:2-4, 6). 하지만 아브라함은 그들로 하여금 "자기 아들 이삭을 떠나"(25:6) 멀리 가게 하였는데, 이는 아마도 유산을 두고 분쟁이 발생하지 않게 하기 위함이었을 것이다.[58]

앞서 아브라함은 이스마엘을 하갈과 함께 멀리 떠나보냈고(21:14), 이스마엘은 바란 광야에서 살았다(21:21). 이후에 아브라함은 산에서 내려올 때 이삭과 동행하지 않았고(22:19), 이삭은 네게브의 브엘라해

---

[58] 창 25:6은 엄밀히 말해 아브라함이 첩들의 아들들을 떠나보냈다고 기록하지만, 그의 아내로서 유산 상속에 대해 더 큰 권리를 가지고 있던 그두라의 아들들을 떠나보냈다는 말은 없다. 이러한 긴장을 해소하기 위해 랍비 슐로모 이츠하키(Rashi)는 창 25장의 "첩들"을 단수로 이해하여 그두라를 가리키는 것으로 해석했다. 그는 아마도 그두라가 아브라함의 (아내가 아니라) 첩이라고 말하는 대상 1:32에 영향을 받은 것으로 보인다. 어떤 이들은 창 25장과 대상 1장 사이의 모순을 해결하기 위해 사라가 사망하기 전에는 그두라가 첩이었다가 후에 아브라함의 아내가 되었다고 제안하거나, 혹은 그두라가 하갈의 다른 이름이라고 제안하기도 한다. 그러나 이런 시도들이 창 25장에 나오는 복수 명사 "첩들"이 제기하는 문제를 해결해 주지는 않는다.

로이에서 살았던 반면(24:62) 아브라함은 브엘세바로 돌아갔다(22:19). 아브라함과 욥의 차이점은 이처럼 자녀와의 관계에서 더욱 극명하게 드러난다.

창세기 22장과 욥기에 등장하는 이름들

아브라함과 욥 사이에서 마지막으로 발견할 수 있는 사소하면서도 흥미로운 텍스트 간 연결고리가 있다. 이삭의 결박 이야기에 바로 이어지는 족보(창 22:20-24)에서 발견되는 아브라함의 조카 중 세 사람의 이름(우스, 부스, 게셋)이 욥기에도 등장한다는 사실이다. 우스(창 22:21)는 욥이 살았던 땅의 이름으로 등장하고(욥 1:1), 부스(창 22:21)는 욥기 32:2에서 이방 족속의 이름으로("부스 사람") 등장한다. 그리고 **게셋**(창 22:22)의 복수형인 **카스딤**("갈대아인")은 욥의 종들을 죽이고 낙타를 빼앗아 간 자들로 등장한다(욥 1:17). 그리고 당연한 말이지만 아브라함은 "우르 카스딤"("갈대아인의 우르") 출신이다(창 11:31). 아브라함과 욥에게 관련된 이름들이 서로 연결되는 현상이 조금은 의아하게 여겨지기도 하는데, 이것은 아마도 이 두 족장의 이야기를 연결하여 읽어야 한다는 점을 알려주기 위해 욥기의 저자가 독자들에게 남긴 단서일 수도 있다.

이삭의 결박 사건에 대한 욥기의 응답

이러한 텍스트 간 연관성을 통해 나는 욥기를 아브라함에 대한 주석으로 받아들일 수 있는지, 그래서 욥의 저자가 창세기 22장에서 아브라함이 보여준 불길한 **침묵**과 욥이 하나님을 향해 쏟아놓은 **격렬한 말들**(욥기의 마지막에 가서 하나님의 승인을 얻은)을 의도적으로 병치해 놓은 것은 아닌지 궁금해졌다. 욥기는 어떤 의미에서 아브라함에 대한 응답이라고 해석될 수 있을까?

나의 직감은 주디 클리츠너의 『성경 내의 전복적 속편들』(*Subversive Sequels in the Bible*)이라는 책을 읽으면서 확고해졌다. 서문 가운데 아브라함과 욥에 관해 언급하는 짧은 단락에서 저자는 "전복적 속편"(subversive sequel)이라는 개념을 설명하기 위해 내가 아브라함과 욥기 사이에 존재한다고 주장했던 텍스트 간 연결고리 거의 전부를 지적했다.[59]

아브라함과 욥을 비교하는 연구 프로젝트를 사람들에게 설명하면서 클리츠너의 책을 여러 차례 추천받았었는데, 마침내 책을 집어 들고 (이삭의 결박 이야기와 욥기의 연관성을 발견한 사람이 나 혼자는 아니라는 사실에) 기뻐하면서도 (그녀가 나의 천둥을 훔쳐 갔다는 사실에) 실망하기도 했다.[60] 하지만 클리츠너의 분석을 꼼꼼히 읽어본 후에는 나 자신이 욥기와 이

---

[59] Klitsner, *Subversive Sequels in the Bible: How Biblical Stories Mine and Undermine Each Other* (London: Maggid Books, 2001), xvii-xxxiii. 창 22장에 나오는 인물과 지명이 욥기에서 반복된다는 사실을 처음 알게 해준 것은 Klitsner였다.

[60] 이삭의 결박 이야기와 욥기 사이의 연관성에 대한 나의 분석을 인내심 있게 들어주고 나에게 Klitsner를 읽어보라거 거듭 제안해준 하다르 연구소의 Elie Kaunfer에게 감사드린다.

삭의 결박 이야기를 클리츠너보다 훨씬 더 길고 자세하게 탐구하게 될 것임을 깨닫게 되었다. 더욱 중요한 점은 욥기에 대한 나의 해석이 (특히 폭풍우 가운데 임한 야웨의 담화와 욥의 응답과 관련하여) 클리츠너의 분석과는 상당히 다르다는 사실이다.[61] 따라서 욥기가 어떻게 이삭의 결박 이야기에 대한 "전복적 속편"이 될 수 있는지에 대한 나의 이해가 클리츠너의 접근법을 복제한 것은 아니라고 말할 수 있다.

욥기와 이삭의 결박 이야기의 관계에서 내가 본능적으로 얻게 되는 직관은 이런 것이다. 욥이 하나님께 소리 높여 불평하는 일이 창세기 22장에서 아브라함이 이삭을 대신하여 항의하지 않은 일에 대한 암묵적인 비판으로 작용한다는 것이다. 따라서 욥기는 끔찍한 상황에 직면했을 때 "침묵의 순종"을 대신할 수 있는 대안적 반응 모델을 보여준다고 하겠다.[62]

이 책의 저술 작업을 시작하면서 나는 아브라함에 대한 욥의 암묵적인 비판이 욥기의 저자가 창세기 22장에서 하나님이 아브라함을 승인하셨다는 관점에 동의하지 않음을 의미하는 것인지 궁금해졌다. 욥기의

---

[61] 둘 사이의 차이는 특히 Klitsner가 이삭의 결박 이야기와 욥기 사이의 관계를 다룬 책의 일부를 확장한 최근의(2015) 온라인 기사에서 분명하게 드러나는데, 여기서 그녀는 욥기가 이삭의 결박 이야기와 어떻게 상호작용 하는지를 더욱 자세하게 제시한다. Klitsner, "The Book of Job and Its Paradoxical Relationship with the Akedah," TheTorah.com, http://thetorah.com/the-book-of-job-and-its-paradoxical-relationship-with-the-akedah/.

[62] Walter Moberly는 욥과 아브라함에 관해 논의하는 가운데 다음과 같이 지적한다. "하나님에 대한 경외가 진정으로 무엇을 의미하는지 보여주기 위해 고안된 이야기에서 아브라함의 모범적인 하나님 경외가 욥에 비해 덜 순수한 것으로 여겨진다면 그것은 놀라운 일일 것이다"(Moberly, "Abraham and God in Genesis 22," 92). 그의 말에 이렇게 대답할 수 있을 것 같다. "성경은 놀라움으로 가득하다!"

저자는 야웨의 사자가 설명한 내용에 동의하지 않는 것일까? 그렇게 되면 욥기와 이삭의 결박 이야기의 관점이 서로 충돌하는 셈이다. 하지만 창세기 22장을 보다 광범위한 아브라함 내러티브의 맥락에 비추어 깊이 살펴본 결과 나는 이삭의 결박 이야기의 요점(야웨의 사자의 승인을 포함하여)을 내가 잘못 이해하고 있을지도 모른다는 생각이 들었다.

다음 장에서는 욥기와 창세기 22장이 하나님을 향한 항의의 타당성에 대해 근본적으로 일치할 가능성을 탐구해 볼 것이다. 사실은 이삭의 결박 이야기 자체도 아브라함의 침묵을 하나의 모범으로 칭송하기보다는 하나님께서도 적극적인 대화 파트너를 고대하신다는 점을 인정하는 것으로 해석될 수 있다.

제7장

—

아브라함은 시험을 통과했는가?

이삭의 결박 이야기에 대해 불편함을 호소하는 현대 주석가들은 성경 텍스트가 명백하게 가르친다고 사람들이 가정하는 것, 다시 말해 아브라함이야말로 하나님께 대한 신실함의 긍정적인 모델이라는 주장에 항의하면서 자신들은 의심의 해석학을 적용하여 텍스트의 흐름과는 어긋나게 성경을 해석한다고 믿고 있다. 하지만 이번 장에서는 창세기 22장에 나타나는 아브라함의 반응에 대한 나 자신의 회의론을 주로 내면적, 성경-내적 증거에 따라 설명하려고 한다. 달리 말해 나는 이데올로기 비평이 아니라 주해(exegesis)를 염두에 두고 있다는 것이다.

혹은 유대교 용어로 표현하자면 나는 "미드라시" 해석과는 대조되는 "페샤트" 해석을 제시하려고 한다.

나는 존 레벤슨과 월터 모벌리가 (각각 유대교와 기독교 관점에서) 이삭의 결박 이야기를 의심의 눈으로 읽는 것에 대해 경고한 내용을 심각하게 받아들인다.[1] 나는 특히 그러한 해석이 단순히 고대 텍스트들과는 대비되는 해석자의 현대적 가정이나 편견에 기반한 자의적이고 외적인 비

---

1   Levenson과 Moberly의 경고에 대한 제5장의 논의를 보라.

평으로 수렴하는 경향을 보인다는 그들의 주장도 잘 알고 있다. 이런 중요한 경고에 대한 응답으로 나는 어떻게 성경 자체가 아브라함에 대한 비판을 낳을 수 있는지 보여주고자 한다.

이 목표를 달성하기 위해 나는 이삭의 결박 이야기가 선행하는 아브라함 내러티브에서 어떤 역할을 하는지 살펴본 후 아브라함에게 시험이 주어진 이유에 대해 일반적으로 가정하는 것과는 다른 가능성을 제안하려고 한다. 이사이 곁박 이야기를 전후 문맥에 비추어 읽어보면서 나는 아브라함이 보였던 반응이 최선의 것은 아니었다는 결론에 도달하게 된다. 이런 결론을 뒷받침하기 위해 나는 모리아 사건이 아브라함의 가족, 특히 이삭에게 미친 영향에 대해 다룰 것이다. 여기서 제기되는 질문은 아브라함이 그의 가족을 온전하게 유지하면서 그와 동시에 하나님께 대해 신실함을 지킬 수 있었는가 하는 것이다.

그러고 나서 야웨의 사자가 했던 두 차례의 발언이 갖는 의미를 살펴볼 것인데, 그 발언들은 일반적으로 하나님께 대한 아브라함의 응답이 정당하다고 인정되었으며 아브라함이 시험을 우수한 성적으로 통과했음을 의미한다고 여겨졌지만, 여기서는 그 발언들에 대한 대안적인 해석을 제안할 것이다. 이번 장은 성경을 해석하는 작업에서 전통에 주어진 안내자 역할의 본질이 무엇인지, 그리고 새로운 해석이 언제 그리고 어떻게 정당성을 가지고 전통에 도전할 수 있는지 성찰해 보는 것으로 마무리될 것이다.

약속의 아들에 관한 내러티브 흐름

먼저 이삭의 결박 이야기가 광범위한 아브라함 내러티브에서 차지하는 위치가 어디며 어떤 기능을 하는지 살펴보는 것에서부터 시작할 필요가 있다.

아브라함 내러티브를 해석하는 일반적인 방법 가운데 하나는 **약속, 지연, 성취**라는 내러티브 흐름을 따라가는 것인데, 특히 아브라함의 후손에 관한 약속을 비중 있게 다루어야 한다. 왜냐하면 그들을 통해 아브라함의 혈통이 지속될 것이고, 모든 나라가 그들을 통하여 그들 자신과 서로를 축복하게 될 것이기 때문이다.

내러티브의 흐름은 약속을 담고 있는 다양한 표현(창 12:2; 13:16; 15:5; 17:4-6)에서 시작하여 사라의 불임(11:30에서 처음 언급), 하갈을 통해 후계자를 얻으려는 시도(16장), 후계자는 사래/사라를 통해 나올 것이라는 하나님의 분명한 진술(17:15-16), 그 일이 조만간 일어날 것이라는 예언(18:9-10, 14), 그리고 마지막으로 이삭의 출생(21:1-7)으로 이어진다.

아브라함 이야기의 내러티브 흐름은 이삭의 결박 사건 **이전**인 21장에서 절정에 이른다. J. Gerald Janzen이 21장에 관해 지적한 것처럼 "11:30과 12:1-3에서 시작된 내러티브는 이제 복합적인 결말에 도달한다."[2] 그의 이런 지적은 22:1-19의 이야기가 왜 필요한지에 대한 의문을

---

2 Janzen, *Abraham and All the Families of the Earth: A Commentary on the Book of Genesis 12-50* (Grand Rapids: Eerdmans, 1993), 71. Jean Louis Ska는 이 점을 더욱 강조한다. "편견을 가지지 않은 독자라면 텍스트의 이야기 흐름이 창세기 21장에서 결론에 이르렀다고

제기한다. 아브라함 내러티브 전체에서 이삭의 결박 이야기에 주어진 역할은 정확히 무엇인가?[3]

전통적인 해석은 아브라함이 미래의 축복을 가져다줄 약속의 아이를 기꺼이 포기할 수 있는지 시험받고 있다는 것이다. 달리 표현하자면 이것은 아브라함이 하나님께 전심으로 헌신하는지, 그래서 이 헌신을 지상의 모든 가치 있는 것들보다(심지어 후손에 대한 하나님의 약속보다) 우위에 두는지에 대한 시험이라는 것이다.

여기서 우리는 아브라함의 인생에서 평행을 이루는 두 번의 소명을 비교할 수 있다. 이 두 소명은 "레크 레카"(lek ləkā, "떠나라")라는 반복된 명령을 포함하는데(12:1; 22:2) 이 히브리어 문구는 "너 스스로 가라" 정도로 번역할 수 있다.[4] 12:1에서 아브라함은 하나님으로부터 그의 고향

확신하게 될 것이다. 독자들에게 창세기 22장에서 일어나는 극적인 사건의 전환을 예고하고 대비하게 해주는 요소는 아무것도 없다." Ska, "Genesis 22: What Questions Should We Ask the Text?," *Bib* 94, no. 2 (2013): 266.

[3] Fretheim은 이렇게 묻는다. "아브라함은 단순히 이야기의 무대에서 퇴장할 수는 없을까? 실제적으로는 그런 것처럼 보이지만 말이다." Fretheim, "God, Abraham, and the Abuse of Isaac," *WW* 15, no. 1 (1995): 51.

[4] "레크 레카"(lek ləkā)라는 문구의 첫 번째 단어는 명령형("가라")인 반면, 두 번째 단어인 "레카"는 라틴어 문법에서 흔히 "심성적 여격"(ethical dative)이라고 부르는 형태다. 이러한 문법 형태는 동사 뒤에 오며, 종종 "~을 위하여"를 의미하는 전치사 "레"(lə)와 인칭대명사를 대신하는 접미어(이 경우에는 "너"를 의미하는 "카"[kā])가 결합하여 만들어지는데, 이런 문법 형태의 의미와 기능에 대해서는 많은 논쟁이 있다. 자세한 논의를 위해서는 다음을 보라. Jacobus A. Naudé, "Dative: Biblical Hebrew," in *Encyclopedia of Hebrew Language and Linguistics*, vol. 1, A-F, ed. Geoffrey Khan (Leiden: Brill, 2013), 655-58(심성적 여격에 관해서는 656-58). 이 문법 형태는 종종 번역되지 않고 남겨지지만, Naudé의 분석에 따르면 "레크 레카"는 "너 스스로 가라"(Go yourself)로 번역될 수 있다. 이삭의 결박 이야기 내 다른 곳에서도 심성적 여격이 사용되었다. 예를 들어 창 22:5에서 아브라함이 종들에게 나귀와 함께 "머무르라"(šəbû-lākem)라고 했던 표현에도 심성적 여격이 사용되었으며, 이 경우에도 "너희 스스로 머무르라"라고 번역될 수 있다. 그리고 창 22:8에서 아브라함은 이삭에게 하나님께서 번제를 위한 양을 "스스로"(lô) 보

과 가족을 떠나라는 부름을 받았고, 22:2에서는 아들을 제물로 바치라는 부름을 받는다. 첫 번째 부름은 과거와의 단절을, 두 번째 부름은 미래의 포기를 요구한 것이다.[5]

물론 이런 해석은 얼핏 보기에 그럴듯한 면이 있다. 출애굽기와 민수기에 기록된 것처럼 이스라엘 백성이 광야에서 시험을 받았을 때 그들에게 주어진 시험은 하나님께 대한 그들의 신뢰를 증명하는 일이었다. 여기서 **증명한다**는 것은 잠재성을 끌어내어 실현한다는, 다시 말해 "현실 세계에서 입증해 보여준다"라는 의미를 지닌다. 물론 잠재력이라는 것은 분명히 거기에 존재하지만, 발현되지는 않고 숨겨져 있을 뿐이

---

[5] 실/제공하실 것이라고 말한다(물론 여기서 동사는 명령형은 아니다). 이 점은 다른 저자들에 의해서도 종종 지적된다. 예를 들어 다음을 보라. Gerhard von Rad, *Genesis: A Commentary*, rev. ed., trans. John H. Marks (Philadelphia: Westminster, 1972), 239; Fretheim, "God, Abraham, and the Abuse of Isaac," 51; Phyllis Trible, "Genesis 22: The Sacrifice of Sarah," in *"Not in Heaven": Coherence and Complexity in Biblical Narrative*, ed. Jason P. Rosenblatt and Joseph C. Sitterson Jr., ISBL (Bloomington: Indiana University Press, 1991), 173. 창 12:1과 22:2을 이렇게 연결하는 전통은 랍비 시대까지 거슬러 올라갈 수 있는데, 랍비 전통에서는 창 12:1-3과 22:1-19을 아브라함이 치렀던 열 가지 시험 중 두 가지로 보았다. 열 가지 시험/시련에 관한 전통은 탈무드(특히 미쉬나)의 「피르케 아보트」 5:3(비록 텍스트에서 열 가지가 무엇인지 구체적으로 명시하지는 않지만)에서 발견된다. 탈무드 이전에는 「희년서」 17:17과 19:3에서 아브라함의 열 가지 시련에 대해 언급한다(하지만 열 가지를 모두 나열하지는 않는다). 따라서 후대의 전통이 나머지를 채웠고 일반적으로 창세기 내의 에피소드들(자료마다 항목이 동일하지는 않다)과 경외 문서의 이야기들을 결합한 다양한 목록이 발견된다. 예를 들어 「피르케 데라비 엘리에제르」 26-31장, 「아보트 데라비 나탄」 33a과 36d, 「미드라시 테힐림」 시 18:31 항목, 그리고 미쉬나 아보트 5:3에 대한 마이모니데스(Rambam)의 주석을 보라. 마이모니데스는 열 가지 시련 모두를 창세기에서 끌어낸 보기 드문 해석가다(고향을 떠나라는 것이 첫 번째 시련이고, 이삭을 제물로 바치는 것이 마지막 시련이다). 이들 문헌에 대해서는 다음을 참조하라. Albert van der Heide, *"Now I Know": Five Centuries of Aqedah Exegesis*, ASJP 17 (Cham, Switzerland: Springer, 2017), 459-62 ("Appendix I: Abraham's Ten Trials").

다. 그래서 시험이라는 혹독한 상황이 시험받는 자로 하여금 당당히 일어나 자신의 진가를 발휘할 수 있게 해주는 것이다.

그렇다면 아브라함은 과연 하나님께 헌신하기 위해서라면 자기 아들과 자신의 미래까지도 기꺼이 포기할 수 있는지 시험받고 있는 것일까?

전통적 해석이 지닌 문제점

이런 해석의 첫 번째 문제는 윤리적인 것이다. 아브라함이 여기서 증명해야 하는 하나님에 대한 헌신은 **자기 아들을 기꺼이 죽이는 일**을 포함한다. 그렇다면 어떻게 이것이 하나님께 대한 헌신의 모델이 될 수 있겠는가? 우리가 이 텍스트의 특수한 사례로부터 전심으로 하나님께 순종하는 일의 필요성에 관한 일반적인 공리를 도출해 낼 수 있어야만 이 이야기가 모델로서 작동할 수 있다. 그리고 여기서 도출되는 공리는 창세기 22장에 굳이 근거할 필요 없이 성경 어디에서라도 명백한 것이어야 한다.

마찬가지로 이삭의 결박 이야기에 대한 기독교의 모형론적 해석(제단에 바쳐진 "이삭"이 죽임당하신 하나님의 "독생자" 예수를 가리킨다는 해석)은 유비 관계의 중대한 흠결로 인하여 흔들릴 수밖에 없다. 하나님께서 우리의 구원을 위해 아들을 제공하시는 행위(정통 삼위일체 신학에서는 이를 하나님의 **자기 비움**이라고 부른다)와 아브라함이 이삭을 기꺼이 희생시키는 행위 사이에는 명백한 유비 관계가 성립하지 않는다. 왜냐하면 아브라함은 어떤 윤리적인 기준으로 보아도 이삭에 대해 정당한 절대 권력을 가지고 있지 않기 때문이다.[6] 아브라함은 하나님께 **자신을 희생제사로** 드리도록 요구받은 것이 아니라, **다른** 누군가를 제물로 바치도록 요구받은 것이었다. 이 둘은 상당히 다른 사안이다.[7]

이삭의 결박 이야기에 대한 전통적 해석의 두 번째 문제는 이런 시험이 왜 필요한지가 불분명하다는 점이다. 아브라함 내러티브는 아브라함이 이삭에게 특별한 애착을 가지고 있었다는 증거를 전혀 제시하지 않는다. 그래서 이삭을 포기하는 것이 하나님에 대한 그의 헌신을 증명해 주는 지표가 되기 어렵다는 것이다.

아브라함은 오히려 **이스마엘**에게 집착하는 것처럼 보이는데, 17장과 21장에서 이 점이 매우 명확하게 드러난다. 하나님께서 아브라함에게 언약이 이스마엘을 통해서가 아니라 이삭을 통해 성취될 것이라고 말씀하시자 아브라함은 하나님께 이스마엘을 잊지 말아 달라고 간청한

---

6 나는 특정 신약성경 텍스트(예. 요 3:16)가 이러한 유비 관계에 호소할 수 있다는 점에 이의를 제기하려는 것이 아니다. 나의 요점은 우리가 이삭의 결박 사건에 대한 이런 미드라시 방식의 신약성경 해석으로부터 거슬러 올라가 그것이 창세기 텍스트에서 전달하는 원래 의미를 추론할 수는 없다는 것이다. 특히 예수가 실제로 희생된 것과는 달리 이삭은 실제로 희생되지 않았다는 점에서 유비 관계는 더욱 불완전해진다.

7 Moberly는 다음 글에 실린 "아브라함의 자기희생"에 대한 논평에서 이러한 비유사점(non-analogy)에 대한 언급을 회피한다. "Abraham and God in Genesis 22," in *The Bible, Theology, and Faith: A Study of Abraham and Jesus* (Cambridge: Cambridge University Press, 2000), 118. 아브라함의 "자기희생 행위"에 관한 Lenenson의 유사한 지적은 다음을 보라. The Test," in *Inheriting Abraham: The Legacy of the Patriarch in Judaism, Christianity, and Islam*, LJI (Princeton: Princeton University Press, 2012), 69. 그러나 아브라함은 (문자적으로) 자기를 희생한 것은 아니었다. Levenson은 텍스트가 속한 고대 세계에서 이삭은 내재적 가치를 지닌 독립적 인격체로 여겨지지 않았을 것이며, 단지 아버지의 혈통을 이어가는 수단이었을 뿐이라고 애써 주장한다. 아버지는 아들에 대해 합법적인 생살여탈권을 행사했을 것이라는 뜻이다.

다. 그는 "오, 이스마엘이 주님 앞에서 살게 해주소서"(17:18)라고 외친다. 그리고 사라가 그에게 하갈과 이스마엘을 멀리 떠나보내 달라고 요청했을 때 "그의 아들로 말미암아 아브라함이 몹시 괴로워했다"(21:11)라고 내레이터는 전해준다.[8] 이 두 가지 사건에서 우리는 하나님께서 아브라함에게 이삭을 바치라고 말씀하셨을 때 그가 보였던 반응과는 상당히 다른 모습을 감지할 수 있다.[9]

실제로 창세기 20장에 기록된 이야기를 보면 아브라함은 이스마엘에게 너무 집착한 나머지 그를 대신할 약속의 아들에 대해서는 전혀 신경을 쓰지 않는 것처럼 보인다.

---

[8] 오히려 이삭에게 애착을 보였던 것은 사라였다(참조. 창 21:10). Trible은 "Genesis 22," 187-89에서 이 점을 강력하게 주장한다. 이 같은 "사라와 아브라함 간의 결정적인 부모로서의 차이"(187)로 인해 Trible은 이삭의 결박 사건이 아브라함보다는 사라에 대한 시험으로서 더 의미가 있었을 것이라고 주장한다. 많은 해석자들이 가정하듯이 만일 그 시험이 "이삭에 대한 아브라함의 사랑"과 "하나님에 대한 그의 사랑"의 강도를 비교하는 것이라면 그렇게 볼 수도 있다는 것이다.

[9] 게다가 하갈과 이스마엘의 임박한 죽음에 대해 보인 반응과 아브라함이 이삭의 임박한 죽음에 대해 보인 반응 사이에도 중요한 차이점이 있다. 하갈은 아들의 죽음을 차마 볼 수 없어서 "소리 내어" 울었던 반면(창 21:16), 아브라함은 냉정하게 침묵한다. 이러한 차이는 하갈과 이스마엘의 추방 기사와 이삭의 결박 이야기 사이에 존재하는 수많은 유사점을 고려할 때 더욱 두드러진다. 먼저, 추방과 희생제사에 대한 지시는 모두 하나님께서 아브라함에게 주신 것이었다(21:12-13; 22:1-2). 두 이야기에서 아브라함은 "아침에 일찍 일어나"(21:14; 22:3) 움직인다. 두 이야기에서 이스마엘의 죽음과 이삭의 죽음은 모두 야웨의 사자가 개입함으로써 방지되었다(21:17; 22:11-12). 두 이야기 모두 미래의 축복에 대한 선포가 뒤따른다(21:18; 22:16-17). 두 이야기에서 아들의 구원은 부모가 이전에는 보이지 않았던 무언가를 보는 일과 연관된다. 하갈은 우물을 보았고, 아브라함은 숫양을 보았다(21:19; 22:13). 따라서 우리는 다음과 같은 질문을 던질 수 있다. 아브라함은 왜 하갈처럼 슬픔 가운데 부르짖지 못했을까? 야웨의 사자는 "하갈아, 무슨 일이냐?"(21:17) 하고 물었고, 그 반응의 결과 이스마엘은 목숨을 구할 수 있었다. 그러나 이삭의 경우에는 야웨의 사자가 아브라함이 번제를 끝까지 치르지 못하도록 막아야만 했다(22:11-12).

우리는 창세기 12장에서 아브라함이 이집트에서 사라를 누이라고 속였고, 결과적으로 파라오가 그녀를 후궁들의 처소로 데려갔던 일을 기억한다. 그런데 20장에 가면 아브라함이 이번에는 그랄 땅에서 똑같은 일을 반복하였고 그랄 왕 아비멜렉이 그녀를 후궁의 처소로 데려간다. 여기서 우리는 20장의 사건이 하나님께서 언약의 상속자가 사라에게서 태어날 것이라고 선포하신(17:16) **후에**, 게다가 이 일이 조만간 일어날 것이라고(아마도 내년에) 예언하신(17:21; 18:10, 14) **후에** 일어난 일이라는 점에 주목할 필요가 있다. 그런데 아브라함은 이런 사실을 알면서도 두 번째로 사라를 누이로 속이는 일을 감행했으며, 그녀를(그리고 그녀에게서 태어날 것이라고 약속된 상속자를) 잃을 수도 있다는 사실에 신경 쓰지 않았다. 실제로 그녀는 그 당시에 이미 태중에 아이를 가진 상태였을 수도 있다.

아브라함이 이삭에게 애착을 가지고 있었는지가 전혀 명확하지 않다는 점을 고려해 보면, 아브라함은 22장에서 그에게 남겨진 아들에 대한 **그의 사랑을 증명할** 기회가 주어졌다고 여길 수도 있지 않을까? 어쨌거나 22:2에서 하나님이 아브라함에게 내리신 지시에는 다음과 같은 묘사가 포함되어 있다. "네 아들을, 네 외아들을, **네가 사랑하는** 이삭을." 어쩌면 이삭에 대한 아브라함의 **사랑**이 시험의 대상일 수도 있다. 이전 장에서 언급했듯이 "네가 사랑하는"이라는 문구는 사실에 대한 선언적 진술이 아니라, 아브라함에게 이삭을 사랑해야 한다고 **제안하거나** 아니면 이삭을 향한 사랑을 **불러일으키는** 수사적 효과를 노린 표현일 수 있다. "너는 그를 사랑해. 그렇지 않냐?"라는 의미로 말이다.

하지만 아브라함은 그의 사랑을 어떻게 증명할 수 있을 것인가? 나는 아브라함이 이삭을 제물로 바치라는 하나님의 명령에 맞서 목소리를 내고 항의함으로써 그에 대한 사랑을 증명할 수 있었으리라고 제안한다. 실제로 아들 이삭을 위하여 목소리를 내는 행동이 아들에 대한 아버지의 미숙한 사랑을 확장하고 심화할 수도 있다(시험은 종종 수면 아래 감추어져 있던 잠재성에 불과하던 것을 끌어올려 현실로 만들어준다).

여기서 중요한 사실은 이야기의 후반부인 창세기 22:12과 16절에서 야웨이 사자가 "네 아들을, 네 외아들을"이라고 불렀음 때 "네가 사랑하는"이라는 문구는 **생략되었다는** 점이다. 이 구절들은 아브라함이 "네 아들, 네 외아들을 아끼지 않았"다는 사실이 곧 하나님을 경외하고 (22:12) 하나님의 말씀에 순종했다는(22:16) 증거라고 확인해 준다. 그러나 방금 아브라함이 이삭을 제물로 바치려고 했었다는 점을 고려하면 하나님을 경외하고 순종하는 일이 곧바로 이삭에 대한 사랑으로 연결될 수 **없다**는 점은 당연해 보인다. 그런 이유에서 "네가 사랑하는"이라는 문구가 여기서는 생략된 것이다.[10]

그러므로 이제 우리는 야웨께서 사자의 입을 통해서 다음과 같이 말씀하신 의도가 무엇인지 다시 생각해 볼 필요가 있다. "이제 나는 네

---

10   Jon Levenson은 여기서 야웨의 사자가 발언하면서 "네가 사랑하는"이라는 문구를 생략한 이유에 대해 "그 모든 시험이 증명하고자 하는 유일한 요점은 아브라함의 순종이 절대적이고 비타협적임을 증명하는 것"이고 이 순종이 "이삭에 대한 그의 사랑을 완전히 압도했기 때문"이라고 제안한다. Levenson, *The Death and Resurrection of the Beloved Son: The Transformation of Child Sacrifice in Judaism and Christianity* (New Haven: Yale University Press, 1993), 137. 나는 아브라함의 순종이 이삭에 대한 그의 사랑을 압도했다는 말에는 동의할 수도 있지만, 그가 이삭을 사랑했다는 증거는 어디서도 찾아볼 수 없다. 그리고 나는 모든 "절대적이고 비타협적인" 종교적 헌신에 대해 약간은 의구심을 가지고 있다.

가 하나님 경외자라는 것을 알게 되었다. 왜냐하면 네가 네 아들, 네 외아들을 나에게서 아끼지 않았기 때문이다"(22:12).[11] 이러한 진술은 시험을 통해 무엇을 **발견했는지** 묘사할 뿐이며, 이것이 시험의 **목적**이라고 말하는 것은 논리적 오류다. 특히 우리가 다른 목적이 있다고 믿을 만한 이유가 있는 경우에는 말이다.[12]

시험이 끝난 후에 교수가 학생에게 "자네는 C 학점 짜리 학생이군!"이라고 말할 수 있다. 하지만 그렇다고 해서 그것이 시험의 목적이었다고 말할 수는 없다. 교수는 학생이 더 노력해서 A 학점을 받기를 바랐을 것이다.

---

11 창 22:12에 대한 나의 번역에서 "왜냐하면"이라는 표현을 사용한 이유는 아브라함이 아들을 번제로 바치려 했던 시도가 하나님에 대한 그의 경외심을 보여 주는 것이라고 해석한 결과다. 하지만 "이제 나는 네가 하나님 경외자라는 것을 알게 되었다"라는 구절과 "네가 네 아들, 네 외아들을 나에게서 아끼지 않았다"라는 구절을 연결해 주는 유일한 연결고리인 "베"(wa)라는 다기능 접속사를 번역하는 방식이 이처럼 원인과 결과로 이해하는 것만은 아니다. 이 접속사가 "그리고", "그러나", "이제", "그 결과", "왜냐하면" 등 다양한 번역 가능성을 가지고 있다는 점을 고려하여 Tikva Frymer-Kensky는 이것을 "그러나"로 번역한다. 그렇게 함으로써 진정한 하나님 경외와 이삭을 제물로 바치려는 시도 사이의 대조를 암시하는 것이다. "진실로 나는 네가 하나님을 경외하는 줄 안다. **그러나** 이제 너는 네 아들, 네 독자를 내게 아끼지 아니하였다." 이렇게 그녀는 이삭을 희생시키려 했던 아브라함의 시도가 그의 하나님 경외를 손상시킨 것으로 이해한다. Frymer-Kensky, "Akeda: A View from the Bible," in *Beginning Anew: A Woman's Companion to the High Holy Days*, ed. Gail Twersky Reimer and Judith A. Kates (New York: Touchstone, 1997), 112. 하나님을 경외하는 일과 아들을 희생시키려 했던 아브라함의 의지를 대비시킨 Frymer-Kensky의 관점은 출애굽 이야기에 등장하는 산파들의 입장과 일치한다. 이집트 왕이 산파들에게 갓 태어난 히브리 남자아이들을 죽이라고 명령했을 때 "산파들이 하나님을 두려워하여 애굽 왕의 명령을 어기고 남자 아기들을 살렸다"(출 1:17). 여기서 아브라함은 아이들을 살린 히브리 산파들과 암묵적으로 대비된다.

12 Moberly는 야웨의 사자가 시험의 결과를 진술한 것이라는 점을 인정하면서도 이어서 (아무런 논증도 없이) 그것이 곧 시험의 **목적**이기도 했다고 가정해 버린다. "아마도 그 결과가 애초에 시험의 일차적인 목적이기도 했을 것이다." Moberly, "A Specimen Text: Genesis 22," in *Genesis 12-50*, OTG (Sheffield: Sheffield Academic Press, 1995), 40.

설령 아브라함이 하나님을 경외하여 아들을 포기하려 했던 일을 야웨의 사자가 승인한 것으로 여긴다고 해도(하나님에 대한 순종이 노골적인 불순종보다는 바람직하다는 점에서 모종의 가치를 가질 **수는 있을** 것이다), 그것이 곧 아브라함의 침묵에 대한 구체적인 승인이라고 볼 수는 없는데, 내가 이 책 전체에서 주장했듯이 그런 침묵은 성경에서 말하는 규범적인 기도의 유형과는 반대되는 것이다.

이런 점을 염두에 두고 나는 아브라함이 받은 시험은 하나님의 명령에 맹목적으로 순종하는지가 아니라(이것은 하나님께서 기대하시는 바가 아니다), **하나님의 성품을 올바로 분별하는지**에 관한 것이었다고 제안한다. 나는 그가 하나님을 향한 **신뢰**에 대해 시험을 받은 것이라는 점에는 동의한다. 하지만 진정한 신뢰는 하늘에서 들려오는 목소리가 요구하는 것이면 무엇이라도 하겠다는 맹목적인 믿음과는 동일하지 않다. 오히려 하나님에 대한 신뢰는 하나님이 어떤 분이신지에 대한 지식과 분별력을 요구한다.[13]

---

13 아브라함은 하나님께서 후손과 땅에 대해 그에게 하신 약속을 통해 하나님의 성품이 어떠한지 알고 있었을 것이다. 실제로 그는 이런 약속을 근거로 이삭을 위해 중보기도 하면서, 하나님께 스스로 하신 약속에 대해 책임 지시라고 요청할 수도 있었을 것이다. 이것이 바로 모세가 금송아지 사건 이후 이스라엘 백성을 위하여 중재할 때 했던 일이었다. 그는 하나님께 이렇게 간청한다. "주의 종 아브라함과 이삭과 이스라엘을 기억하소서. 주께서 그들을 위하여 주를 가리켜 맹세하여 이르시기를 '내가 너희의 자손을 하늘의 별처럼 많게 하고 내가 허락한 이 온 땅을 너희의 자손에게 주어 영원한 기업이 되게 하리라' 하셨나이다"(출 32:13). 그 결과는 다음과 같았다. "여호와께서 뜻을 돌이키사 말씀하신 화를 그 백성에게 내리지 아니하시니라"(32:14). 원칙적으로 아브라함이라고 해서 이런 약속들에 호소하지 못할 이유는 없었다. 그 약속들은 처음 창 12:2-3에서 이미 분명하게 진술되었고, 15:5, 7에서는 언약의 맹세로서 다시 언급되었다.

아브라함이 하나님의 성품을 분별해 가는 내러티브 흐름

여기서 우리는 아브라함 이야기에서 후손에 대한 약속(창 21장에서 이삭의 출생으로 정점을 이룬다)이라는 내러티브 흐름 외에 또 하나의 내러티브 흐름을 발견할 수 있다는 점에 주목할 필요가 있다. 그것은 다름 아니라 아브라함과 하나님의 관계가 성장해 가는 과정이다.

이것은 대단히 중요한 내러티브 흐름인데, 왜냐하면 아브라함의 이야기는 새로운 관계의 시작(genesis)에 관한 것이기 때문이다. 이 관계는 성경에서 이방 민족의 신들과 엄격하게 구별되는 "하나님"과 그 하나님에 대해 아무런 사전 지식도 가지고 있지 않았던 한 "사람" 사이의 관계이며, 창세기 15장과 17장에서 언약을 통해 공식화되었다.[14]

유대교 전통에는 아브라함이 가나안 땅으로 이주하기 전에 어떻게 유일신론자가 되었는지 묘사하는 이야기로 가득하다. 여기에는 그가 부친의 작업장에서 우상들을 깨부순 이야기, 유일하신 참하나님을 경배하는 문제를 두고 바빌로니아에서 니므롯에게 맞섰다는 또 다른 이야기도 포함된다.[15] 이런 이야기들은 여호수아 24:2에 나오는 "옛적에 너희의 조상들 곧 아브라함의 아버지, 나홀의 아버지 데라가 강 저쪽에 거주하여 다른 신들을 섬겼으나"라는 구절을 출발점으로 삼았을 가능성이 높

---

14   "언약"이라는 용어는 창 15:18과 17:2에서 구체적으로 언급된다. 전통적으로 창 15장과 17장은 동일한 언약의 서로 다른 형태라고 여겨지는데, 첫 번째 형태는 야웨 문서 저자에 의해, 두 번째 형태는 제사장 문서 저자에 의해 서술된 것이라고 본다. 내러티브의 전개라는 관점에서 이 둘은 하나님께서 아브라함과 맺으시는 언약의 두 단계로 이해될 수 있다.

15   「창세기 랍바」 38:13.

다. 하지만 창세기 내러티브 자체는 아브라함이 처음부터 유일신론자였다고 가정하지 않으며, 그가 야웨의 성품을 온전히 이해하고 있었다고는 더더욱 가정하지 않는다. 후에 이집트에서의 노예 생활로 말미암아 변질되었던 이스라엘 백성처럼 아브라함도 그의 태도나 행동 양식, 심지어 성품에서도 상당한 수준의 개선 과정을 거쳐야 했을 것이다.

그러면 이제 창세기에서 아브라함과 하나님 사이의 관계가 발전하는 과정을 살펴보자. 창세기 12장과 22장 사이에서 하나님이 아브라함에게 하신 다양한 말씀을 단서로 삼아(22:18 이후에는 하나님께서 아브라함에게 말씀하신 기록이 없다), 우리는 아브라함이 다양한 상황에서 하나님께 보였던 언어적 반응에 기복이 있음을 확인할 수 있는데,[16] 이러한 반응들은 하나님과 인간의 관계에서 친밀감과 신뢰의 수준에도 오르고 내리는 변화가 있음을 보여준다.

하나님께서는 아브라함에게 창세기 12장(1-3, 7절)에서 두 차례, 그리고 13장(14-17절)에서 한 차례 말씀하시지만, 아브라함이 처음 대답한 것은 창세기 15장에서였다.[17] 여기서 하나님은 아브라함에게 여러 번 말씀하시는데, 처음에는 상속자에 대한 약속과 관련하여(15:1, 4-5), 다

---

[16] 이삭의 결박 이야기가 하나님과 아브라함 사이에 오간 대화에 대한 마지막 기록이라는 사실은 종종 하나님께서 아브라함에 대해 충분히 흡족해하셨고 그래서 이야기가 완결에 이르렀음을 의미하는 것으로 받아들여졌다. 그러나 반대로 하나님께서 아브라함에게 다시 말씀하시지 않은 이유가 창 22장에서 시험에 대한 아브라함의 반응이 적절하지 못했고, 하나님께서는 아브라함과 더 이상 함께 하실 수 있는 일이 없다고 생각하셨기 때문일 수도 있다.

[17] 창 13:4은 아브람이 처음 제단을 쌓았던 곳으로 돌아와서 "여호와의 이름을 불렀"다고 지적하는데, 여기서 그가 하나님께 직접 말씀드렸다는 의미일 수도 있지만, 그가 무슨 말을 했는지는 기록되지 않았다. 그리고 14:22-23에서 아브람은 소돔 왕에게 자신이 야웨께 맹세한 내용의 요지를 알려주지만, 그 맹세에 대한 내러티브 기록은 존재하지 않는다.

음에는 땅에 대한 약속과 관련하여(15:7, 13-16, 18-20) 말씀하신다. 아브라함은 두 경우 모두 질문으로 응답하면서 그가 품은 의심을 솔직하게 표현하였고(15:2-3, 8), 이에 하나님은 그의 질문들을 진지하게 받아들이시고 적절하게 대답하심으로써 그의 믿음을 강화하신다.

하나님께서 아브라함의 염려에 기꺼이 응답하고자 하신다는 사실이 15장 전체에 걸쳐 분명하게 나타난다. 실제로 15:5 중간에 하나님께서 말씀을 재개하셨다는 내러티브 진술은 하나님께서 한때 아브라함의 응답을 기다리셨으나 아무런 대답도 없었음을 시사해 주는 단서 역할을 한다. "그를 이끌고 밖으로 나가 이르시되 '하늘을 우러러 뭇별을 셀 수 있나 보라.' [응답 없음] 또 그에게 이르시되 '네 자손이 이와 같으리라'"(15:5).

하나님은 창세기 17장에서 언약과 할례(17:1-2, 3b-14), 그리고 사라를 통한 이삭의 출생(17:15-16, 19-21)에 관해 자세하게 말씀하신다. 이 모든 대화 중에 아브라함은 딱 한 번 발언하는데, 그 내용은 이스마엘을 잊지 말아 달라는 요청이었다(17:18). 이에 대해 하나님께서는 그가 원하는 대로 이스마엘을 잊지 않겠다고 말씀하시면서도 이삭에 대한 약속을 재확인하신다(17:19-21). 창세기 15:5에서와 마찬가지로 하나님께서는 17:9-14에서 말씀하신 후에 아브라함의 응답을 기다리셨고 아무런 대답이 없자 다시 17:15에서 발언을 재개하신 것일 수 있다("하나님이 또 아브라함에게 이르시되").

창세기 18장 첫머리에는 세 "사람"이 아브라함과 사라를 방문했을 때 야웨(세 사람 가운데 두드러지는 한 명)께서 사라의 출산에 관하여 하신 말씀이 기록되어 있다(18:10, 13-14, 15b). 아브라함이 하나님께 무슨 말을 했는지는 기록되어 있지 않으나, 사라는 자신이 웃었다는 사실을 부인하기 위해 한 차례 발언한다(18:15a). 이에 대해 하나님께서는 "아니라, 네가 웃었느니라"(18:15b)라고 대답하신다.

그런 다음 창세기 18장에서 아브라함과 하나님 사이에 기나긴 대화가 이어진다. 하나님께서는 소돔에 대한 자신의 계획을 밝히시고(18:20-21), 아브라함은 하나님께서 옳은 일을 하셔야 하는 것이 아니냐며 하나님께 담대히게 대들고(18:23-25), 이에 하나님께서는 의인 50명이 있으면 그 도시를 진멸하지 않으시겠다고 동의하신다(18:26). 이후에도 아브라함은 숫자를 낮춰가면서 다섯 번 더 말하고(18:27-28a, 29a, 30a, 31a, 32a) 그때마다 하나님께서 동의하신다(18:28b, 29b, 30b, 31b, 32b).[18]

마지막으로 창세기 22장에서는 하나님께서 이야기 초반에 두 번(22:1a, 2), 그리고 야웨의 사자를 통하여 하늘에서 두 번 더 말씀하신다(22:11-12, 15-18). 이 모든 대화에서 아브라함은 오로지 한 단어만 두 번에 걸쳐 입에 올린다. "힌네니"(*Hinnēni*, "내가 여기 있나이다", 혹은 "보소서"; 창 22:1b, 11b).[19]

---

[18] 창 18장과 22장 사이에는 아브라함이 하나님께 말씀드렸던 것으로 여겨지는 몇몇 사건이 있지만, 실제 어떤 발언을 했는지 기록되어 있지는 않다. 20:17에서는 아브라함이 아비멜렉을 위해서 기도했다고 전해지며, 21:11에서는 이스마엘을 내보내는 일로 인해 상심했다고 기록되어 있다. 21:12-13에 하나님께서 아브라함에게 응답하신 말씀이 기록된 것으로 보아 아브라함은 이스마엘로 인한 염려를 하나님께 아뢰었다고 생각할 수도 있는데, 어쨌거나 기록된 내용은 없는 것으로 보아 아브라함은 실제 말로 근심을 표현하지 않았는데 하나님께서 아브라함의 내적 고뇌에 응답하신 것일 수도 있다.

[19] Paul Borgman은 나의 분석과 유사하게 아브라함 이야기에 관한 그의 주해를 아브라함에 대한 하나님의 7차에 걸친 방문으로 구성해서 정리하는데, 모든 방문은 다소간 시험의 성격을 지닌다. Borgman, *Genesis: The Story We Haven't Heard* (Downers Grove, IL: InterVarsity, 2001), chaps. 3-6. Borgman은 하나님과의 대화 가운데 특히 창 15장과 18장에서 점차 담대해지는 아브라함의 모습을 통찰력 있게 다루는데, 일곱 번째 방문(창 22

아브라함이 알아가고 있는 이 하나님은 어떤 본성을 지니신 분이신가? 야웨와 아브라함 사이에 오간 모든 대화에서 야웨는 자기 종의 말에 귀를 기울이고 그 종이 아뢰는 필요를 해결하려고 노력하시는 하나님으로 묘사된다. 그런가 하면 아브라함의 조카 롯을 구출하신 사건에서는 그가 구체적으로 아뢰지 않은 필요까지 채워주신다(창 19장).

따라서 이런 "관계 중심적" 내러티브 흐름을 이해하는 한 가지 방식은, 아브라함이 자신을 하란에서 불러내신 하나님의 본성과 성품을 이해하는 과정을 그 흐름 속에서 발견하는 것이다.[20]

그리고 하나님의 성품에 대한 아브라함의 이해가 성장하고 있는지 (혹은 쇠퇴하고 있는지) 보여주는 징표는, 그가 후대의 시편 저자나 예언자들처럼 목소리를 내어서 자신의 필요를 분명히 밝히고 다른 사람들을 위해 중재하려는 의지를 얼마나 보여주는가 하는 점이다.[21]

장)에 대한 그의 전통적인 해석은 나의 것과는 상당히 다르다.

[20] Ellen Davis는 이삭의 결박 이야기에 관한 자신의 통찰한 성찰을 다음 글에서 잘 보여준다. Ellen Davis, "'Take Your Son': The Binding of Isaac," in *Getting Involved with God: Rediscovering the Old Testament* (Cambridge: Cowley, 2001), 50-64. 그녀의 성찰에서 핵심이 되는 질문은 우리가 (그리고 아브라함이) 이 텍스트에서 어떤 하나님에 대해 논하는가 하는 것이다. "우리는 우리가 어떤 성품의 하나님을 염두에 두어야 하는지 이해할 필요가 있다"(52). "우리는 이 이야기가 하나님에 대해 무엇을 말해주는지 질문해야 한다"(58). 실제로 이 이야기는 우리에게 "이스라엘의 하나님에 관해 근본적인 무언가"를 말해준다(61). Davis는 결론적으로 이삭의 결박 이야기가 우리에게 "하나님의 자기 개방성"(God's vulnerability; 62쪽에 두 번 반복됨)을 드러낸다고 말하는데, 그녀가 이 표현을 통해 의미하는 바는 우선 하나님께서 아브라함의 신실함을 확인해야 할 필요성을 느끼신다는 의미에서의 취약성이고(62), 궁극적으로는 그리스도의 죽음 안에서 드러난 하나님의 "극한의 자기 개방성"(63)이다. 유려하게 쓰인 글이기는 하지만, Davis의 논지는 이삭의 결박 이야기에 대한 전통적인 해석에 도전하지는 않는다. 아브라함과 우리가 이삭의 결박 이야기로부터 무엇을 배워야 하는가에 대한 나 자신의 관점은 다른 방향을 가리킨다.

[21] Leonard Sweet는 하나님께서 순종보다 관계를(설령 논쟁적인 관계라 하더라도) 원하

창세기 18장: 아브라함에게 주어진 배움의 기회

이러한 접근법은 하나님께서 창세기 18장에서 아브라함에게 중보기도를 통하여 하나님의 자비에 대해 더 배우고 그의 자녀들과 식솔들에게 야웨의 길을 가르칠 기회를 굳이 주신 이유를 설명해 준다. 여기서 잠시 멈춰 서서 창세기 18장에서 무슨 일이 일어나고 있는지, 그리고 이 에피소드가 어떻게 창세기 22장의 배경을 설정해 주는지 이해할 필요가 있다.[22]

창세기 18장에서는 세 "사람"이 아브라함의 장막을 방문하여 사라에게 아들이 생길 것이라고 예언한다. 두 "사람"(나중에 야웨의 사자로 밝혀진다)은 소돔으로 떠나고 세 번째 "사람"은 아브라함에게 뭔가를 말해주려고 남는데, 그는 결국 야웨 자신이셨던 것으로 드러난다.

야웨께서 스스로에게 물으신다. "내가 하려는 것을 아브라함에게 숨기겠느냐?"(18:17) 이 말은 그에게 들려온 소돔에 관한 부르짖음을 염두에 두신 것이었다. 야웨는 아브라함에게 그 사실을 알리심으로써 "그로 그 자식과 권속에게 명하여 여호와의 도를 지켜 의와 공도[ṣədāqâ ûmišhpāṭ]를 행하게 하려" 하셨다(18:19).

---

[22] 여기서 우리는 이 두 에피소드가 유대교의 토라 낭독 주기에서 "바예라"(창 18:1-22:24)라고 불리는 하나의 "파라샤"(Parasha/lectionary)에 속해 있다는 사실을 지적할 필요가 있다. "바예라"("그가 나타나시니라"; 18:1)라는 이름은 이 단락의 첫 번째 단어에서 가져온 것이다.

신다고 제안하면서 이런 주장을 이삭의 결박 이야기에도 적용한다. Sweet, *Out of the Question ... into the Mystery: Getting Lost in the Godlife Relationship* (Colorado Springs: Waterbrook, 2004), 37-48 (notes 217-20), 49-61 (notes 220-23).

하나님께서는 아브라함에게 소돔에서 들려온 부르짖음이 심판을 요구하는 것인지("과연 내게 들린 부르짖음과 같은지 그렇지 않은지", 18:21) 살펴보려 내려가겠다고 말씀하시면서 아브라함의 대답을 기다리신다(18:22).[23] 그런데 아브라함은 소돔의 상황을 살펴보려고 가신다는 하나님의 말씀을 과대 해석하여 하나님께서 이미 (그의 조카 롯이 살고 있는) 그 도시를 멸망시키기로 작정하셨다는 의미로 받아들인다.[24] 의심의 여지 없이 이것은 한편으로 소돔의 (좋지 않은) 평판 때문이었겠지만(이미 13:10과 14:21-24에서 암시되고 있다), 다른 한편으로는 하나님의 성품 및 하나님의 의와 공의의 본질에 대한 아브라함의 선입견 때문이었을 것이다.

하지만 주목할 점은 이것이 바로 하나님께서 소돔에 대한 그의 의

---

[23] 많은 주석가들은 히브리어 마소라 텍스트(MT)의 창 18:22("그 사람들이 거기서 떠나 소돔으로 향하여 가고 아브라함은 여호와 앞에 그대로 섰더니")가 랍비들이 지적한 18개의 "서기관들의 수정"(*tiqqune sopherim*) 가운데 하나라고 제안한다. 만일 이것이 사실이라면 텍스트는 본래 야웨께서 아브라함 앞에 서서 계셨다고 기록되어 있었을 것이다. 이 같은 "본래의" 독법은 종종 주석가들에 의해 야웨께서 자신을 아브라함의 처분에 맡기시는 겸손의 자세를 의미하는 것으로 이해되는데, 이것은 랍비 전통에서 결코 수용될 수 없는 관점이었고 그 결과 수정이 이루어졌다고 추측할 수 있다. 그러나 Tim Hegg는 그 어떤 히브리어 사본이나 고대 역본도 이 같은 "본래의" 독법에 대한 텍스트상의 증거를 전혀 제공하지 않는다는 점을 보여주었다. 창 18:22이 18개의 "티쿠네 소페림" 중 하나라는 랍비들의 주장이 기원후 5세기 말에서 7세기 이전에는 발견되지 않는다는 사실에 근거하여 Hegg는 이 구절에 "서기관들의 수정"이 가해졌다는 생각은 텍스트상의 근거가 아니라 신학적 배경을 가진 것이며, 기독교와의 논쟁(셰키나와 성육신에 관련된)에서 비롯되었다고 주장한다. 자세한 내용은 다음을 보라. Hegg, "Genesis 18:22 & the Tiqqune Sopherim: Textual, Midrashic, and for What Purpose?" 2016년 11월 20일 샌안토니오에서 열린 세계성서학회 마소라 연구 프로그램 분과위원회에서 발표된 논문. https://tr-pdf.s3-us-west-2.amazonaws.com/articles/gen18-22%E2%80%93tiqqune-soferim.pdf.
[24] 아브라함의 판단 착오에 관한 명쾌한 분석은 다음을 보라. Nathan MacDonald, "Listening to Abraham—Listening to Yhwh: Divine Justice and Mercy in Genesis 18:16-33," *CBQ* 66 (2004): 25-43.

도를 드러내심으로써 아브라함에게 가르치시기를 원하셨던 내용이라는 사실이다. 하나님께서는 아브라함이 그의 자녀들과 집안 식구들에게 "야웨의 길"을 가르침으로써 그들이 "의와 공의"를 행할 수 있도록 만들어주기를 원하셨다. 이를 위해서 아브라함 **자신**이 먼저 하나님의 의로운 길에 대해 가르침을 받아야만 했다.[25]

아브라함에 대한 하나님의 응답을 통해 드러나는 것은 무엇인가?

아브라함은 실제로 소돔을 위해 간절하게 중재하고 의로운/무고한 자를 악인과 함께 멸망시키려는 부당한 계획을 세우신 하나님께 이의를 제기한다(18:23-25). 그는 자신의 표현대로 "티끌과 재"(18:27)에 불과한 존재인데도 하나님께 도전한다. 아브라함은 처음에 의인 오십 명을 위해 도시를 구원해 달라고 요청했다가 결국 마지막 제안으로 열 명까지 줄였는데, 이처럼 아브라함은 하나님의 자비하심이 어디까지인지 시험하였고 하나님은 모든 요청에 응하셨다(18:23-33).

전통적인 해석과는 달리 이 텍스트에서는 어떠한 흥정이나 거래도 이루어지지 않는다. 흥정이란 본래 두 사람이 양쪽 끝에서 시작하여 중간에서 합의를 보는 것이기 때문이다. 그런데 창세기 18장은 다른 그림

---

25 하나님께서 아브라함이 배우고 그의 자녀와 식솔들에게 가르치기를 원하셨던 "야웨의 길"은 야웨께서 모세에게 백성이 송아지를 만듦으로써 "내가 그들에게 명한 길을 떠났다"라고 말씀하시는 출 32:8에 비추어서 해석할 수 있는데, 이 길은 그들이 마땅히 따랐어야 할 윤리적인 길을 가리킨다. 이것은 또한 모세가 하나님께 "주의 길을 내게 보이소서"(출 33:13)라고 요청했던 말에 비추어서 해석할 수도 있다.

을 보여준다. 아브라함이 먼저 50을 제안하고 하나님께서는 좋다고 하신다. 그러자 아브라함이 45명은 어떠냐고 묻고, 하나님은 괜찮다고 하신다. 아브라함이 40을 제안하고 하나님이 동의하신다. 아브라함이 "가격"의 낙폭을 5가 아니라 10으로 하여 30을 제안하는데 이때도 하나님께서는 그렇게 하자고 하신다. 그러자 아브라함은 20을 제안한다. 하나님은 그렇게 하자고 하셨고, 아브라함이 다시 말한다. "이제 마지막 제안을 하겠습니다. 열 명은 어떻습니까" 하나님께서 말씀하신다. "열 명도 괜찮다."

여기서 던져야 할 질문은 이런 것이다. 하나님께서는 이 "교환"을 통해 아브라함에게 "야웨의 길"에 대해 무엇을 가르치려 하셨던 것일까? 만일 이것이 중고차 매매였다면 나는 판매자가 차를 헐값에 팔아치우고 싶었던 것이라고 생각했을 것이다. 여기서 하나님은 어떤 종류의 의와 공의를 보여주시는 것일까? 아마 그것은 자비로 가득 찬 의와 공의일 것이다. 존 레벤슨이 표현한 것처럼 "우리는 아브라함이 선택받은 백성에게 그가 섬기는 하나님의 성품인 은혜와 자비의 길을 가르치도록 명받았다고 결론지어야 할 것이다."[26] 이 장면에서 야웨는 마치 소돔(과 롯)을 구원하실 명분을 찾고 계시는 것처럼 보인다.[27]

---

[26] Levenson, *Inheriting Abraham*, 62. 야웨의 "길"이 자비로 특징지어진다는 나의 해석은 창 18장에 대한 문맥적 해석에 근거하지만, Levenson은 히브리 성경과 메소포타미아 문헌에서 "체다카 우미슈파트"("의와 공의")라는 단어 쌍에 대한 Moshe Weinfeld의 연구에 기초하여 야웨의 길이 "친절과 자비의 행위"를 의미한다고 결론짓는다(Levenson, *Inheriting Abraham*, 62, 219n33). Nathan MacDonald 역시 Weinfeld의 연구를 인용하면서("Listening to Abraham—Listening to Yhwh," 37) 야웨의 "길"이 "용서와 자비"의 길이라고 제안한다(40).

[27] MacDonald, "Listening to Abraham—Listening to Yhwh"는 이 점과 관련하여 특히 유용

예레미야에게 하신 야웨의 명령도 이런 맥락에서 이해할 수 있을 것이다. 5:1에서 하나님은 예언자에게 이렇게 말씀하신다.

> 너희는 예루살렘 거리로 빨리 다니며,
> 그 넓은 거리에서 찾아보고 알라.
> 너희가 만일 정의를 행하며 진리를 구하는 자를
> 한 사람이라도 찾으면,
> 내가 이 성읍을 용서하리라.

이 말씀은 하나님께서 단 한 명의 의인을 위해서라도 악한 도시를 진멸하려 하셨던 계획을 돌이키실 수 있음을 암시한다. 그런데 아브라함이 열 명에서 멈추었다는 것은 그가 아직 하나님의 자비가 얼마나 깊은지 완전히 이해하지 못했음을 보여준다.[28] 그는 하나님께서 그에게 가르치시려던 것을 아직 깨우치지 못했다. 그런데도 하나님께서는 그의 사자를 보내셔서 롯과 그의 가족을 구해 주시는데(창 19장), 이것은 아브라함이 감히 요청할 생각도 하지 못한 일이었다.

구출 작전이 시작되었는데도 롯이 계속 소돔에서 머뭇거리자, "그 사람들이 롯의 손과 그 아내의 손과 두 딸의 손을 잡아 인도하여 성 밖에 두"었는데 이는 "여호와께서 그에게 자비를 더하"셨기 때문이었다(창

---

28 이는 아브라함이 왜 10명 이하로 내려갈 수 없었는지를 설명하는 주석가들의 문헌에 반하는 내용인데, 그들은 종종 유대교 전통에서 종교의식을 진행하기 위해 필요한 최소한의 성인 숫자(*minyan*)가 열 명이라는 점을 언급하기도 한다.

19:16). 야웨의 사자들이 롯에게 산으로 도망하라고 지시했을 때 그는 그렇게까지 멀리 갈 수 없다고 말하면서 (그들의 인자와 자비[hesed]에 호소하여) 외곽 마을로 피신할 테니 그를 위해 그 마을을 남겨달라고 요청한다(19:18-20). 이에 야웨의 사자들은 아무 말 없이 동의한다(19:21). 롯은 아주 작은 수를 위해 그 마을을 지켜달라고 요구한 것인데, 이는 아브라함이 하지 못했던 일이었다. 그리고 그의 요청은 즉시 받아들여졌다.[29]

아브라함은 무엇을 배웠는가?

그렇다면 아브라함은 왜 하나님께 롯과 그의 가족을 위해 소돔을 진멸하시지 말아 달라고 단순히 요청하지 않은 것일까? 추측일 뿐이지만 아마도 그는 너무 많은 것을 요구하는 것에 대해 죄책감을 느끼며 다소 위축되었을 수도 있다. 우리는 그의 두 번째, 네 번째, 여섯 번째 요청에서 그가 위축되었다는 징조를 볼 수 있는데, 그는 자신이 "티끌과 재"에 불과하다고 지적하면서 하나님께 노하지 마시기를 간청한다. 하나님께서

---

[29] 하나님의 자비가 얼마나 두드러지는 요소인지는 소돔 이야기가 나중에 벧후 3장에서 어떻게 재사용되는지를 통해 증명된다. Ryan Juza는 수많은 텍스트 간 암시에 주목하면서 벧후 3장이 유대 묵시문학을 통해 정제된 홍수 이야기와 함께 소돔 이야기를 활용하여 종말(eschaton)의 심판과 자비를 함께 다루고 있음을 설득력 있게 보여주었다. Juza, "Echoes of Sodom and Gomorrah on the Day of the Lord: Intertextuality and Tradition in 2 Peter 3:7-13," *BBR* 24 (2014): 227-45. 마지막 날에 나타날 "조롱하는 자들"(벧후 3:3)에 대한 베드로의 언급은 다가올 불의 심판에 대한 롯의 경고가 농담이라고 생각했던 그의 예비 사위들(창 19:14)을 암시하는 반면 하나님께서는 "아무도 멸망하지 아니하"기 원하시며 오래 참으신다는 개념(벧후 3:9)은 롯과 그의 가족이 구출될 것을 암시한다(더욱이 벧후 2:6-9은 이미 롯의 구출에 대해 명시적으로 언급했었다).

는 어떤 진노의 기미도 보이시지 않았는데도 말이다. 그는 아마도 조카 가족의 구원과 같이 지나치게 개인적인 문제를 요청하기가 어렵다고 느꼈을 수 있다(대화 중에 이 문제를 거론하지 않은 이유도 그것 때문이었을 것이다). 아마도 그는 하나님이 **그렇게까지** 자비로우신 분이라고는 생각하지 못했을 것이다.

이처럼 아브라함은 창세기 18장에서 하나님과의 대화가 끝나갈 때도 하나님께서 그에게 가르치시고자 하신 바가 무엇인지 제대로 깨닫지 **못한다**. 롯과 그의 가족이 구원받았음에도 불구하고 말이다.

그들이 구출되었다는 사실을 아브라함이 알고 있었는지도 분명하지 않다. 내레이터는 이에 대해 우리에게 말해주지 않는다. 우리가 알고 있는 것은 소돔이 멸망한 후에 평원에서 피어오르는 연기를 아브라함이 멀리서 바라보았다는 사실뿐이다(창 19:27-28). 아브라함은 연기를 보고서 아마도 가슴이 철렁 내려앉았을 것이다.

창세기 22장에서 치러지는 시험의 내용은 무엇인가?

따라서 우리는 아브라함 내러티브 전체를 관통하는 다음과 같은 질문을 던져볼 수 있을 것이다. 아브라함은 어떻게 자신이 알아가고 있는 이 하나님을 이방 민족의 신들과 구별할 수 있을 것인가? 이런 종류의 분별력은 아브라함이 "그 자식과 권속에게 명하여 여호와의 도를 지켜 의와 공도를 행하게" 하기 위해 필요한 것이다(18:19).

아브라함이 12장에서 자신을 부르시고 이후로 25년에 걸쳐 그에게 나타나셨던 하나님의 성품에 대해 혼란스러워하고 있었다는 한 가지 증거를 그가 그랄 왕 아비멜렉에게 사라를 누이라고 속인 이유를 설명해 주는 장면에서 찾을 수 있다. 아브라함은 아비멜렉에게 이렇게 말한다. "하나님이 나를 내 아버지의 집을 떠나 두루 다니게 하실 때에 내가 아내에게 말하기를 '이후로 우리의 가는 곳마다 그대는 나를 그대의 오라비라 하라. 이것이 그대가 내게 베풀 은혜라' 하였었노라"(20:13).

많은 성경 독자가 알고 있는 것처럼 히브리어로 "하나님"을 뜻하는 단어인 "엘로힘"(*ĕlōhîm*)은 복수형이다. 이 단어를 "하나님"(God)으로 이해해야 할지 아니면 "신들"(gods)로 이해해야 할지는 문맥과 문법(문장 구성)에 따라 달라진다. 문법적으로 이 두 용례를 구별하는 방법 가운데 하나는 "엘로힘"을 수식하는 동사가 단수형인지 복수형인지 확인하는 것이다.[30]

사무엘상 4:7-8에서 블레셋 사람들은 이스라엘 하나님의 성품에 대해 매우 혼란스러워하는 것으로 묘사되는데, 그래서 그들은 먼저 7절에서는 "엘로힘"을 단수 동사와 함께 사용하고("**신**[*ĕlōhîm*]이 진영에 이르렀도다"), 이어서 8절에서는 복수 동사 및 복수 대명사와 함께 사용한다("누가 우리를 이 능한 **신들**[*ĕlōhîm*]의 손에서 건지리요? **그들은** 광야에서 여러 가지 재앙으로 애굽인들을 친 **신들**[*ĕlōhîm*]이니라").[31]

---

30   Wilhelm Gesenius, *Gesenius' Hebrew Grammar*, ed. Emil Kautzsch, trans. Arthur Ernest Cowley, 2nd ed. (Oxford: Clarendon, 1910), §145 ("문장의 구성 요소, 특히 주어와 서술어 간의 성과 수의 일치").

31   창 20:13과 삼상 4:7-8의 많은 번역본은 동사를 단수로 해석할지 아니면 복수로 해석할지를 결정할 때 히브리어 원문을 따르기보다는 번역자의 기대에 따라(예컨대 아브라함은 유일신론자이고 블레셋인들은 다신론자라는 전제하에) 번역한다. 그리하여 거의 모

사무엘상 4장에서 혼란스러워하던 블레셋 사람들처럼 아브라함도 아비멜렉과의 대화에서 "엘로힘"이라는 주어와 함께 "두루 다니게 하신다"라는 동사의 복수형을 사용한다(20:13). 그렇다면 이삭의 결박 사건 직전에 나오는 이 에피소드는 아브라함이 여전히 "엘로힘"이 한 분 하나님이신지 아니면 여러 신인지 분명하게 알지 못했음을 시사하는 것일까?

아마도 아브라함은 이교도 왕이 다신교를 신봉했으리라고 추정하고서 자신의 발언에서 하나님에 관한 표현을 그에게 맞춰주었을 가능성도 있다(하지만 이것은 불필요한 일이었는데, 이미 20:3-7에서 하나님은 아비멜렉에게 자신을 드러내셨기 때문이다).[32] 하지만 설령 아브라함이 하나님의 단일성에 관해 혼란스러워하지 않았다고 하더라도 그가 이스라엘의 "야웨" 하나님과 이방 신들을 구별하기 위해서는 더 깊은 안내가 필요했으리라고 생각하는 것이 자연스럽다.

아브라함이 22:2에서 아들을 제물로 바치라는 명령을 받았다는 사실에 비추어 볼 때 우리는 아브라함이 하나님의 성품에 관해 어느 정도

---

[32] 든 영어 번역본은 창 20:13에서 아브라함이 하나님께 단수로 말하고 있는 것으로 번역하는 반면, 삼상 4:7에서 블레셋 사람들의 진술을 단수("하나님", 혹은 "한 신")로 번역할지 아니면 복수("신들")로 번역할지에 관해서는 합의를 이루지 못했다.
동기가 무엇이었든 간에 참하나님의 본성에 대해 얼버무리는 아브라함의 태도는 선택받은 민족의 조상이라는 그의 명성에 문제가 될 수 있다. 그는 왜 이방인 앞에서 자신이 섬기는 하나님에 대해 좀 더 솔직할 수 없었을까? 다른 성서 텍스트들에서 이스라엘 백성은 종종 그들이 섬기는 야웨의 본성을 다른 민족들에게 전달하기 위해 그가 "하늘의 하나님"이시라고 선포하는데, 이것은 그분의 보편성과 우주적 통치를 표현하는 말이다. 아브라함도 훗날 그의 종에게 이삭의 아내를 찾아오라는 임무를 부여할 때 이 표현을 사용한다(창 24:3, 7). 히브리어든 아람어든 주로 후대의 성경 본문에 나타나는 이 칭호의 용례에 대해서는 다음 성경 구절들을 보라. 대하 36:23; 스 1:2; 5:11, 12; 6:9, 10; 7:12, 21, 23; 느 1:4, 5; 2:4, 20; 시 136:26; 단 2:18, 19, 37, 44; 욘 1:9.

의 분별력을 소유하고 있었는가 하는 문제를 좀 더 비중 있게 다룰 필요가 있다. 아브라함의 하나님은 메소포타미아나 가나안의 이방 신들 가운데 하나에 불과한 존재로서 충성의 상징으로 아동 제사를 요구하는 분일까?[33] 아니면 그분은 전혀 다른 성품을 지니신 하나님으로서 그의 자녀들에게 자비와 사랑을 베푸시고 의인을 위해서라면 소돔을 향한 심판마저도 기꺼이 미루시는 분이실까?[34] 이것이 바로 아브라함이 창세기 18장에서 배워야 했던 것이었고, 그의 후손에게 물려주어야 하는 지식이었다. 하지만 아브라함은 그러지 못했고, 이렇게 그 교훈은 아브라함 자신에 의해 단절되었다.

그리하여 이제 아브라함 내러티브의 절정을 이루는 마지막 에피소드에서 하나님께서는 아브라함에게 하나님과의 관계를 배우고 발전시킬 수 있는 또 한 번의 기회를 주신다. 하지만 하나님께서도 이번에는 판을 키우신다. 위험부담이 커졌다는 뜻이다. 이번에는 멸망당할 사람이 그의 조카와 소돔 사람이 아니라 아브라함의 **친아들**이다. 그리고 이번

---

[33] 이러한 질문은 이삭의 결박 사건과 이스라엘의 사고방식이 인신 제사에서 동물 제사로 전환되는 현상 간의 잠정적 상관관계에 대한 Jon Levenson의 주장과 어느 정도 중첩된다. Levenson은 텍스트가 이러한 전환을 시사할 수는 있지만 그렇다고 해서 이러한 전환에 대해 **가르치려는** 의도는 없다고 생각한다(*Death and Resurrection of the Beloved Son*, 113-14). 그러나 나의 질문은 텍스트 이면의 재구성된 역사에서 유래하거나 그것에 의존하는 것이 아니라, 텍스트 자체의 내러티브 세계와 관련된 것이다.

[34] 아브라함 이야기 이전에도 하나님은 인간의 죄악에 대해 자비롭게 대응하시는 분으로(또는 적어도 심판을 자제하시는 분으로) 드러난다. 그래서 하나님은 최초의 부부를 위하여 가죽옷을 만드시고(창 3:21) 가인에게는 보호의 증표를 주시며(4:15) 바벨의 주민들도 단지 흩어버리시고 그들의 언어를 혼잡하게 하실 뿐이었다(11:1-9). 바벨이 메소포타미아에 위치해 있고(10:10-12) 아브라함의 가족이 같은 지역 출신이라는 전승을 고려할 때(11:27-32), 창세기의 내러티브 세계에서 아브라함이 하나님께서 죄에 대하여 보이시는 자비와 절제를 알고 있지 않았을까 궁금해진다.

에는 그 일을 행하게 될 주체가 하나님이 아니시다. **아브라함**이 그 일을 **자기 손으로** 해야만 했다. 만일 아브라함이 목소리를 내어 하나님의 자비에 호소해야 하는 상황이 있었다면 바로 이 상황이었을 것이다. 아브라함은 이 시험에서 하나님의 명령에 항의하고 아들의 생명을 위해 중재할 기회가 있었다. 만일 그렇게 했다면 그는 그가 하는 발언의 **내용**과 그가 발언한다는 **사실 자체**로 하나님의 성품과 일하시는 방식에 대한 자신의 견해를 분명하게 밝힐 수 있었을 것이다. 또한 그것은 이삭을 향한 그의 사랑을 입증해 주었을 것이며, 그것은 하나님께 대한 그의 헌신을 방해하는 요소가 아니라 긍정적인 일로 받아들여졌을 것이다.

하지만 아브라함은 목소리를 내지 않고 침묵했다.

아브라함이 창세기 18장에서는 그의 중보기도 막바지에 입을 다물게 되었던 반면(그는 필요 이상으로 대화를 일찍 중단함으로써 하나님의 자비가 얼마나 풍성한지 온전히 파악하지 못했다), 이곳 창세기 22장에서는 아예 대화를 시작조차 하지 않고 그저 침묵할 뿐이다. 그리고 이 침묵은 많은 것을 말해준다. 아브라함의 침묵은 수많은 단어를 동원한 발언만큼이나 분명하게 하나님[의 성품]에 대한 그의 견해를 분명하게 말해준다. 나는 아브라함의 침묵이 하나님을 우리가 감히 이의를 제기할 수도 없는 준엄한 감독관으로 치부하는 행위라고 주장한다.[35] 만일 아브라함이 하나님에 관해 그렇게 배웠다면 우리는 그가 이삭에게 무엇을 물려주었을지 궁금해하지 않을 수 없다.

---

35   아브라함의 사고방식은 하나님의 뜻에 반대하거나 항의하는 일이 허용되지 않는다는 (39:9[39:10 MT]) 가정하에 침묵을 지켰던 (39:1-2[39:2-3 MT]) 시편 39편 저자와 비슷했을 것이다. 이 시편에 대한 제1장의 논의를 참조하라.

이삭은 무엇을 배웠을까?

이전 장에서 나는 이삭이 아브라함과 함께 산에서 내려왔다는 기록이 없다는 점을 지적했었다. 실제로 아브라함 내러티브 가운데 창세기 22장 이후로는 아브라함과 이삭이 다시 만났다거나 서로 대화했다는 증거가 전혀 없다. 그러나 존 레벤슨은 이런 사고방식에 동의하지 않으며 단지 성경 내러티브가 22장 이후로 아브라함과 이삭 간의 대화나 만남을 언급하지 않는다고 해서 그런 일이 없었다는 의미는 아니라고 지적한다. 왜냐하면 그들은 22장 이전에도 서로에게 말을 거는 것으로 묘사되지는 않기 때문이다.[36]

그의 주장에도 일리가 있다는 점은 인정한다. 하지만 내가 생각하는 요점은 다르다. 그들은 단순히 서로 말을 주고받지 않은 것이 아니라 모리아 산 사건 이후 분명히 서로 떨어져서 살고 있었다는 것이다. 따라서 아브라함이 이삭의 신부를 찾기 위해 종을 보냈을 때 아브라함 자신은 이삭과 개인적으로 연락할 수 없었다. 성경 텍스트는 아브라함의 종이 리브가를 이삭에게 데려왔을 때 이삭은 그 땅의 최남단 네게브에 있는 브엘라해로이에 살고 있었다고 말한다(창 24:62; 25:11). 하지만 아브라함은 브엘세바에 살고 있었다(22:19).[37] 이것은 이삭의 결박 사건 이후 두 사람이 서로 관계를 이어가지 않았다는 생각에 힘을 실어준다. 그리고 누가 이 점에 대해 이삭을 비난할 수 있겠는가? 어떤 아들이 자신을

---

36 Levenson, "The Test," 85–86.
37 브엘세바는 네게브 북부에 위치해 있다. 브엘라해로이의 정확한 위치는 알려져 있지 않으나 브엘세바와 다른 곳이라는 점은 분명하다.

신에게 제물로 바치려 했던 아버지를 따라 집으로 돌아가겠는가?

그러나 레벤슨은 이삭이 아브라함과 함께 산에서 돌아오지 않았다는 주장에 대해 또 다른 반론을 제기한다. 그는 이 이야기의 주제가 아브라함에 대한 시험이기 때문에 이야기 끝에 이삭에 대한 언급이 없는 것이라고 주장한다. 이 이야기는 아브라함으로 시작해서 아브라함으로 끝나는 것이 당연하다는 뜻이다. 이삭은 이야기의 "초점이 아니며 그의 귀환을 특별히 언급할 이유가 없다"라는 것이다.[38] 그러니 이야기의 시작 부분에 나왔던 동사가 마지막에 중대한 변화와 함께 다시 등장한다는 사실 때문에 설명이 복잡해진다. 아브라함이 처음 여정을 떠났을 때 나귀에 안장을 지우고 두 종과 이삭을 데리고 가서 나무를 벤 다음 하나님께서 알려주신 장소로 "일어나서 갔다"라고 기록되어 있다(22:3). 아브라함은 홀로 여행한 것이 아니었고 이삭과 종들이 동행했지만 여기서 "일어나서(qûm) 갔다(hālak)"라는 동사는 단수형으로 표기되어 있다. 여기서 단수형 동사의 사용은 아브라함이 주요 관심사라는 레벤슨의 주장을 뒷받침한다. 하지만 아브라함이 산에서 그의 종들에게 돌아온 후에는 (이삭에 대한 아무런 언급도 없이) **"그들이 일어나서"** 브엘세바로 **"갔다"** 라고 기록되어 있다.(22:19) 여기에는 분명히 종들은 포함되는 반면 이삭은 포함되지 않는다.[39]

---

38 Levenson, "The Test," 87.
39 「창세기 랍바」 56:11에서는 이삭의 결박 이야기 마지막 부분에서 이삭의 부재가 두드러진다는 점을 지적하면서 그 이유를 다음과 같이 제시한다. "아브라함은 그의 종들에게 돌아왔다(창 22:19). 그러면 이삭은 어디 있을까? 랍비 베레키야가 [바빌로니아 탈무드에 등장하는] 그곳 랍비의 말을 인용하여 말한다. 그(아브라함)는 그를 [노아의 아들] 셈에게 보내서 토라를 공부하게 했다." Sefaria.org, https://www.sefaria.org/Bereishit_Rabba

텍스트는 마치 이삭이 아버지와 함께 돌아오지 않았다는 점을 의도적으로 부각하려는 것처럼 보인다. 아버지와 아들의 다음 만남은 아브라함의 장례 때였던 것으로 보이는데(25:9), 그때는 화해하기에는 너무 늦어버린 시점이다.[40]

흩어지고 깨어진 가족

그렇다면 사라는 어떻게 되었을까? 사라는 창세기 22장 첫 부분에 등장하지 않을 뿐 아니라[41] 22장 이후 아브라함의 나머지 생애를 다루는 기사에도 등장하지 않는다. 사라가 다시 언급되는 것은 헤브론 땅에서 그녀가 죽었다는 소식을 알릴 때인데, 그곳은 그녀가 계속 살아온 동네였다(23:2).[42] 아브라함은 (아마도 브엘세바에서) 헤브론으로 이동하여 그녀

---

h.56.11?lang=bi&with=all&lang2=en.

40 이삭의 부재에 대한 또 다른 해석을 여러 텍스트 중에서도 「얄쿠트 레우베니」에서 발견할 수 있는데, 요컨대 이삭이 "아브라함에게 입은 상처를 치유 받기 위해" 3년간 에덴동산(낙원)으로 옮겨졌다는 것이다. 그의 상처가 심리적인 트라우마였는지 아니면 칼에 의한 자상이었는지는 불분명하다. (3년이라는 시간은 모리아 사건으로부터 아내를 찾을 때까지의 기간이라고 생각된다.) 이 텍스트는 다음 책에 인용되어 있다. Shalom Spiegel, *The Last Trial: On the Legends and Lore of the Command to Abraham to Offer Isaac as a Sacrifice; The Akedah* (Woodstock, VT: Jewish Lights, 1993 [Heb. orig. 1950; Eng. orig. 1967]), 6.

41 Trible은 이야기에 사라가 등장하지 않는 것이 그녀를 소외시키는 가부장적 편견 때문이라고 해석한다. Trible, "Genesis 22," 182-92.

42 이삭의 결박 사건(창 22장) 바로 다음 에피소드가 사라의 죽음에 관한 것이라는 점에서(창 23장) 여러 미드라시는 사라가 아브라함이 그녀의 아들을 산에서 제물로 바치기 위해 데려갔다는 이야기를 듣고 죽음을 맞이했다고 설명한다. 예컨대 「창세기 랍바」 58:5을 보라. 번역은 다음 자료에서 찾을 수 있다. Levenson, *Death and Resurrection of the*

를 장사한다. 적어도 창세기의 지리적 언급에 따르면 두 사람이 함께 살았던 것으로 보이지는 않는다.[43] 아브라함이 이삭을 제물로 바치려 했던 사건이 원인이 되어 마음이 떠난 것이었을까?

아니면 그들은 이미 창세기 22장 이전부터 떨어져 살았고, 그래서 이삭의 결박 이야기 첫 부분에 사라가 언급되지 않은 것이었을까? 어쨌거나 아브라함이 블레셋 왕에게 아내 사라를 누이라고 속이려 했던 그랄을 떠나 이동한 곳은 브엘세바였다(이 이름은 아브라함이 그곳으로 이주한 이후에 붙여진 이름이었다; 21:31). 이곳은 또한 하갈이 이스마엘과 함께 아브라함의 가정에서 쫓겨난 후에 살았던 곳이었다(21:14). 그렇다면 아브라함이 브엘세바로 간 이유가 하갈 때문이었을까? 그들은 그곳에서 함께 살았던 것일까? 사라는 그랄에서 브엘세바로 이동하는 아브라함과 동행했을까, 아니면 그 시점에 그들이 전에 함께 살았던 헤브론으로 혼자 돌아갔던 것이었을까?[44]

이런 질문에 명확하게 답하기는 어렵다. 하지만 우리가 보고 있는 것은 결손 가정이 분명하다. 이삭은 브엘라해로이에 살고 있고, 사라는 적어도 창세기 22장 이후로는 헤브론 땅에 살고 있으며, 이스마엘은 바

Beloved Son, 133.

[43] NJPS Tanakh와 NAB(개정판)은 창 23:2에서 "왔다" 혹은 "갔다"라고 번역해야 하는 동사(*bô*)를 [장례를] "진행했다"라고 번역함으로써 아브라함이 사라를 매장하러 브엘세바에서 헤브론까지 여행했다는 사실을 모호하게 만든다. 이는 문법적으로 불가능한 번역은 아니나, 해당 문맥의 지리적 정보를 무시한 것이다.

[44] 창 21장과 22장에서 브엘세바라는 지명이 지니는 중요성에 관한 흥미로운 논의 중에 Mark Brett는 이렇게 논평한다. "이러한 지리적 아이러니는 그냥 지나치기에는 너무나 중대하다." Brett, *Genesis: Procreation and the Politics of Identity*, OTR (London: Routledge, 2000), 76.

란 광야에 살고 있고(21:20-21), 하갈과 아브라함은 브엘세바에 (함께인지 따로인지는 불분명하지만) 살고 있다.[45]

이것은 창세기 22장을 주석하는 학자들이 자주 거론하는 주제는 아닙니다.[46] 하지만 이런 사건들이 텍스트가 담고 있는 미묘한 의미를 파악하는 데는 중요한 역할을 한다. 아브라함의 가정생활은 아무리 좋게 말해도 엉망진창이었고, 모리아 사건 이후로는 이 역기능 가족의 모든 구성원이 흩어져 있었다. 하지만 이것이 과연 하나님께서 원하시는 일이었을까? 하나님을 향한 신실한 믿음이 이런 결과를 낳는 것일까?

그래서 만일 아브라함이 그의 자녀와 식솔들에게 하나님이 명하신 의와 공의의 길을 가르치려 했었던 것이라면, 우리는 이삭이 과연 창세기 22장에 기록된 모리아 산 사건에서 무엇을 배웠을지 질문해 볼 필요가 있다.

산 위에서 소년과 단둘이

아브라함이 산에서 홀로 내려왔고 이후로 그가 이삭을 다시 만났다는 기록이 없다는 사실로 인해 나는 다음과 같은 질문을 던지게 된다. 아브

---

[45] 사라의 죽음 이후 아브라함의 가정생활은 새로운 국면을 맞이한다. 그는 그두라를 새로운 아내로 취하여 여섯 아들을 낳았고(25:1-2), 첩들에게서도 자녀를 낳았다고 전해진다(25:6).
[46] Mark Brett는 예외적인데 그의 연구는 창세기 내러티브가 페르시아 시대 이스라엘의 정치적 정체성에 대한 암묵적(체제전복적) 비판을 담고 있는 것으로 이해하는 데 초점을 맞추고 있다. Brett, *Genesis*, 72-76.

라함이 이전에 소돔을 위해 하나님께 간청했던 것처럼 이삭을 위해 하나님께 맞서거나 그의 목숨을 위해 기도하지도 않고 그저 묵묵히 그를 제물로 바치려 했다는 사실이 이삭에게 너무나 큰 충격을 주어서 그를 아버지로부터 멀어지게 만든 것은 아니었을까?[47]

이삭이 사흘 동안 아버지와 함께 거의 침묵을 지키면서 여행하고 있는 모습을 상상해 보자. 그리고 그들이 함께 산에 오를 때 나누었을 침울하고 결론 없는 내화를 상상해 보자. 산에 노작한 아브라함은 그가 세겜, 벧엘, 헤브론 등에서 그랬던 것처럼 제단을 쌓는다. 하지만 이번에는 상황이 조금 다르다. 그는 제단 위에 나무를 펼쳐 놓은 후에 이삭을 "결박한다"(*āqad*). 여기 사용된 "아카드"라는 동사는 히브리 성경에서 유일하게 이곳에서만 사용된 단어이며, 이 사건 자체도 구약성경에서 유례가 없는 예외적인 일이었다. 이 이야기를 가리키는 "아케다"(*Aqedah*, "결박")라는 유대식 명칭도 이 동사에서 유래한 것이다.

아브라함이 이삭을 도살할 양처럼 결박한 다음 (22:9) 칼을 집어 들었을 때 이삭은 어떤 기분이었을까?[48] 여기서 칼을 가리키는 데 사용된 "마아켈레트"(*ma'ăkelet*)라는 단어는 (적어도 후기 히브리어에서는) 일반적

47　Fretheim도 이를 의아하게 생각하면서("God, Abraham, and the Abuse of Isaac," 53) "이삭은 자신이 겪은 트라우마로부터 결코 벗어날 수 없었을 것이다"(57)라고 결론 내린다.
48　레위기에는 번제로 바칠 짐승을 묶으라는 지침이 없다(레 1:3-17; 6:8-13[6:1-6 MT]). 아브라함은 이삭이 저항하거나 도망치지 못하게 하려고 그를 결박했을 가능성이 있다. 그렇게 하지 않았다면 아브라함은 제사를 완료하지 못했을 것이다.「창세기 랍바」 56:8은 이삭이 자신을 묶어달라고 요청했다고 제안한다. 그가 몸부림치거나 움찔하게 되면 흠 있는 제물이 될 수도 있다고 생각했기 때문이었다. "아버지, 저는 아직 젊습니다. 칼에 대한 두려움으로 몸이 떨려서 아버지께 문제를 만들고 저를 죽인 것이 무효가 되어 아버지께서 제물을 바치지 않은 것이 될까 두렵습니다. 차라리 저를 단단히 묶어주세요." Sefaria.org, https://www.sefaria.org/Bereishit_Rabbah.56.8?lang=bi&with=all&lang2=en.

인 칼이 아니라 푸줏간에서 사용하는 칼을 뜻하는 단어다. 그리고 소년은 아브라함이 "손을 뻗어서 그의 아들을 죽이기 위해 칼을 집어 들"려(22:10) 하는 모습을 지켜보면서 거기 누워 있다.[49]

아브라함의 행동은 하늘에서 들려오는 "아브라함! 아브라함!"이라는 단호한 음성에 의해 제지당하고 말았다(22:11). 야웨의 사자는 필사적으로 그를 막으려는 듯이 그의 이름을 반복해서 불렀던 것이었다. 그렇게 해서 이삭은 목숨을 구하게 되었다. 적어도 그가 알기에는 아버지 때문이 아니라(아버지는 그를 죽이려 했었다), 아브라함의 행동을 제지한 야웨의 사자 덕분에 말이다. 야웨의 사자는 아브라함이 소년에게 손을 뻗지 못하게 막았고, "그에게 아무것도 하지 마라"고 지시한다(22:12).[50]

내 생각에 만일 이삭이 하나님의 자비에 관해 뭔가 배운 점이 있다면, 그것은 아마 아버지 아브라함의 손을 막아준 천사의 개입을 통해서였다고 해도 과언이 아닐 것이다. 그런데 만일 이삭이 애초에 아버지에게 자신을 제물로 바치라고 명령하신 분이 하나님이셨다는 사실을 알게 된다면, 그는 하나님의 자비심이 순수하고 꾸밈없는 것이라고 느끼지는 못했을 것이다. 나는 적어도 이삭이 하나님의 성품에 대해 혼란스러워했을 수밖에 없다고 생각한다.

49　"그가 칼을 집어 들었다"라는 동일한 표현이 구약성경 다른 곳에서 한 번 더 발견되는데 (삿 19:29), 그 구절은 레위인이 첩을 토막 내려 하는 장면을 묘사한다.
50　실제로 야웨의 사자는 아브라함을 막는 일에 지나치게 몰두한 나머지 그의 말에는 문법적 결함이 나타난다. 그는 "네 손을 그 젊은이에게 뻗지 말라"(22:12)는 명령에서 "네 손"이라는 말 앞에 나와야 할 직접 목적격 조사("에트")를 생략한다. 이 조사는 히브리 시문학에서는 종종 생략되지만, 일반적으로 산문에서는 생략하지 않는다. 창 22:12은 이삭의 결박 이야기 전체에서 이 조사가 있어야 할 곳에서 생략된 유일한 경우다.

만일 창세기 22장에서 아브라함이 하나님의 명령에 대해 보여준 반응이 이삭에게 부정적인 영향을 미쳤다면, 우리는 어떻게 아브라함의 반응을 모범적인 것으로 여길 수 있을 것인가? 과연 아들에게 트라우마를 남기거나 자기로부터 멀어지게 만들지 않으면서 하나님께 신실함을 보일 수 있는 다른 대안적인 방법이 있지 않았을까?

창세기 22장 이후 아버지와 아들 간의 축복

뒤에 가서 우리는 아브라함이 자신의 모든 소유를 이삭에게 물려주었다는 사실을 아브라함의 종과(24:36) 족보 내레이터의 입을 통해(25:5) 듣게 된다(아마도 산 위에서 벌어진 사건에 대한 보상이었을 가능성이 있다). 하지만 중요한 점은 아브라함이 이삭을 **축복하지**는 않았다는 사실이다. 이것은 두 사람이 22장 이후로 만난 적이 없어서 물리적으로 불가능한 일이기도 했다. 그 대신 아브라함이 죽은 후에 **하나님께서** 이삭을 축복하셨다고 기록되어 있다(25:11).[51] 아브라함이 하지 못한 일을 하나님께서 대신 만회해 주신 것이다. 하지만 완전히 만회된 것일까? 아버지와 멀어지고, 그로 말미암아 아버지로부터 직접 축복받지 못했다는 사실이 이삭에게 어떤 영향을 미쳤을까?

---

[51] 아브라함이 아니라 하나님께서 이삭을 축복하셨다는 사실은 「민수기 랍바」 11:2에도 언급되어 있다. 하지만 거기서는 그 이유를 다음과 같이 설명한다. "아브라함은 순수하고 단순한 신앙으로 이 일을 하나님께 맡겨드렸다." Samuel Rapaport, *The Sacred Books and Early Literature of the East*, vol. 4, *Medieval Hebrew, the Midrash, the Kabbalah* (New York: Parke, Austin, and Lipscomb, 1917), 115.

혹시 아버지에게 직접 축복받지 못했다는 사실 때문에 이삭은 후에 죽음을 앞두고 장자 에서에게 축복하는 일에 과도하게 집중했던 것은 아니었을까?(27:4; 참조. 22:7, 10) 그는 자기 아들에게만큼은 제대로 축복을 하고 싶어서 필사적으로 노력했지만 결국 실패하고 만다. 우리가 잘 아는 것처럼 야곱이 속임수로 형 에서 대신 축복을 받아버렸다(27:19, 23, 29). 그리고 에서와 이삭 부자는 장자에게 빌어줄 축복이 남아 있지 않다는 사실로 인해 마음이 착잡하다(27:33-38).

창세기 22장 이후의 역기능 가정

어쩌면 너무나 명백한 일일 수도 있지만, 나는 이삭의 가정이 역기능을 겪을 수밖에 없었던 이유가 산 위에서 일어났던 일에 대한 트라우마 때문은 아닌지 의심스럽다. 이삭과 리브가는 각각 자식을 편애하고(25:28), 야곱은 어머니의 조언에 따라 아버지를 속여서 형의 축복을 가로챈다(27:5-29). 에서가 야곱을 죽이려 하자 야곱은 목숨을 부지하기 위해 도망친다(27:41-45).[52] 이어서 야곱이 두 명의 아내와 두 명의 첩에게서 얻은 자녀들도 심각하게 역기능적이어서 어린 요셉은 형들 앞에서 자신이 그들을 지배하는 꿈을 꾸었다고 자랑하고(37:5-8), 형들은 그를

---

[52] Bruce Waltke가 지적한 것처럼 "가족 간의 갈등은 이제 가장[이삭]의 축복을 차지하기 위한 다툼으로 전면화된다. 질투와 속임수, 권력다툼으로 망가진 가족으로 말미암아 미래에 대한 약속이 무위로 돌아갈 위기에 처했다." Waltke with Cathi J. Fredricks, *Genesis: A Commentary* (Grand Rapids: Zondervan, 2001), 373.『창세기 주석』(새물결플러스 역간).

죽이려고 계획했다가(37:18-20), 그를 노예로 팔아버린 후에(37:23-28), 아버지를 속여서 그가 죽었다고 믿게 만든다(37:31-35). 물론 하나님께서는 그것까지도 선으로 바꾸셨지만(적어도 요셉은 그렇게 말한다; 50:20), 그렇다고 해서 요셉 형제들의 비윤리적이고 파괴적인 행동들이나 요셉의 교만하고 자랑하기 좋아했던 어린 시절의 모습이 정당화되는 것은 아니다. 이것은 아브라함의 후손이 야웨의 도를 배워가는(18:19) 모습과는 너무나 거리가 먼데, 그렇다면 아브라함의 후손들 내에서 뭔가가 단단히 고장 났음이 분명하다. 현대 히브리 시인 하임 구리(Hain Guri)가 표현했던 것처럼, 이삭의 후손들은 "가슴에 칼을 품고 태어난다."[53]

창세기의 빛바랜 등장인물 이삭

하지만 모리아 사건의 가장 큰 영향 가운데 하나는 창세기 내러티브 자체의 구성을 바꾸었다는 점이다. 성경 독자들은 이스라엘의 세 조상인 아브라함, 이삭, 야곱에게 약속이 주어졌다는 사실을 잘 알고 있다. 이 세 족장의 이름은 성경 어디에서나 반복해서 나타난다.[54] 그러나 창세

---

[53] Guri는 이렇게 표현한다. "기록된 것처럼 이삭은 제물로 바쳐지지 않았다. / 그는 오랜 세월 살아남았고, / 눈이 어두워질 때까지 모든 좋은 것을 보았다. / 그러나 그는 바로 그 시간을 후손들에게 물려주었다. / 그리하여 그들은 태어난다. / 가슴에 칼을 품은 채로." Guri, "Yerushah" ["Heritage"], in *Shoshanat Ruḥot* (Bnei Brak, Israel: Hakibbutz Hameuchad, 1960), 83. 다음 글에 인용되었다. Glenda Abramson, "The Reinterpretation of the Akedah in Modern Hebrew Poetry," *Journal of Jewish Studies* 41, no. 1 (1990): 108.

[54] 세 족장의 이름을 언급한 예로는 다음 구절들을 들 수 있다. 창 50:24; 출 2:24; 3:6, 15; 4:5; 6:3, 8; 32:13; 33:1; 레 26:42; 민 32:11; 신 1:8; 6:10; 9:5; 29:13; 30:20; 34:4; 왕하

기는 원역사(창 1-11장) 이후로 아브라함 이야기(12-25장), 야곱 이야기(25-35장), 그리고 요셉 이야기(37-50장)로 구성되며, 각 이야기는 주인공의 아버지를 언급하는 것으로 시작한다. 그런데 이에 필적할 만한 이삭 이야기는 존재하지 않는다.

아브라함, 야곱, 요셉 이야기의 도입부는 모두 "톨레도트"(*tôlǝdôt*)라는 용어를 사용하는데, 이것은 "낳다"라는 뜻을 지닌 히브리어 동사 "얄라드"(*yālad*)에서 파생된 단어로서 전통적으로 "세대들"("족보", 개역개정)이라고 번역된다. 여기서 "세대들"("족보")이라는 용어는 이름이 거론되는 인물에게서 출현한 가문을 뜻한다. 그래서 아브라함 이야기는 "데라의 족보(*tôlǝdôt*)는 이러하니라"라는 말로 시작하고(11:27), 야곱 이야기는 "이삭의 족보(*tôlǝdôt*)는 이러하니라"라는 말로 시작한다(25:19). 그리고 요셉 이야기는 "야곱의 족보(*tôlǝdôt*)는 이러하니라"라는 말로 시작한다(37:2).

하지만 "아브라함의 족보는 이러하니라"라는 제목은 찾아볼 수가 없다.

창세기에서 이삭의 이야기라고 할 수 있는 분량은 겨우 한 장(26장)뿐인데, 여기서 하나님은 이삭이 이주하는 곳에서 매번 새로운 우물을 팔 수 있도록 그를 축복하셨고, 그래서 그는 물과 재산을 얻고 블레셋 사람들과 평화로운 관계를 맺으며 살아갈 수 있었다. 마치 하나님께서는 이삭이 산 위에서 겪었던 일에 대해 과분한 은혜로 위로하시는 것처럼 보인다.

13:23; 렘 33:26; 마 22:32; 행 3:13; 7:32.

그러나 26장을 제외하면 이삭은 아브라함 이야기나 야곱 이야기에서 조연으로만 등장한다. 야곱 이야기에서도 이삭은 야곱을 축복한 사건(27:1-28:9)과 그의 죽음에 관한 보도(35:27-29) 사이에는 등장하지 않으며, 이 두 사건 사이에도 다른 등장인물에 의해 이름이 언급되기는 하지만 등장인물로서의 이삭은 독자들의 시선에서 아예 사라져 버린다. 그는 약속 내러티브를 진전시키는 데 있어서 중요한 의미를 지니는 행동을 전혀 하지 않는다. 실제로 이삭은 창세기에서 상당히 빛바래고 흐릿하며 돋보이지 않는 등장인물이다.[55] 그가 겪어온 일을 생각할 때 이것은 어찌 보면 당연한 결과일지도 모른다.

야곱이 이삭의 하나님에 대해 배운 점

창세기 22장에 기록된 사건에서 이삭이 무엇을 배웠는지 시사해 주는 가장 흥미로운 정보 하나를 창세기 31장에서 찾을 수 있다. 야곱이 삼촌 라반과 언약을 맺기에 앞서 나눴던 대화에서 그는 삼촌 라반의 악행에도 불구하고 조상들의 하나님이 자신을 지켜주셨다는 사실을 확인한다. 그가 여기서 말한 하나님은 어떤 하나님이신가? 야곱의 표현대로 그는 "아브라함의 하나님 곧 이삭이 '경외하는 이'[pāḥad, '두려움']"이시다

---

[55] Elizabeth Boase도 이삭의 존재감이 미미하다는 점을 인식한다. Boase, "Life in the Shadows: The Role and Function of Isaac in Genesis—Synchronic and Diachronic Readings," *VT* 51, no. 3 (2001): 312-35. 그녀는 이삭을 가리켜 "그림자처럼 흐릿하고 불분명하며 종속적인"(312) 동시에 "수동적인"(315, 322) 인물이라고 묘사한다.

(31:42). 그러고 나서 야곱과 라반이 언약의 맹세를 했을 때 야곱은 "그의 아버지 이삭이 경외하는 이[*paḥad*]를 가리켜 맹세" 했다(31:53).⁵⁶

이 "**두려움**"이 바로 이삭이 의도적으로든 그렇지 않은 하나님의 성품과 관련하여 야곱에게 물려준 내용이다.⁵⁷ 또한 창세기 22장의 문맥을 살펴보면 이 이야기에 등장하는 "두려움"이라는 용어가 긍정적인 의미로 사용되지 않았다는 것을 알 수 있다.⁵⁸ 아브라함이 이삭에게 남겨준 유산은 하나님이 우리가 두려워해야 할 대상이라는 인식이었다.

---

56 여기서 야곱이 "두려움"을 가리키기 위해 사용한 히브리어 단어는 "이르아"(*yir'â*)가 아니라 "파하드"(*pāḥad*)였다. William Albright가 처음 제안했던 견해에 따르면, "파하드"라는 단어는 "넓적다리, 엉덩이, 허벅지"를 뜻하는 셈어 계열의 동족어에서 유래한 것이므로 "친족"으로 번역해야 한다(Albright, *From the Stone Age to Christianity: Monotheism and the Historical Process*, 2nd ed. [Garden City, NY: Doubleday, 1957], 348n71). 물론 이런 제안을 지지하는 학자들도 있지만, 이런 용례에 대한 증거가 희박할 뿐만 아니라, "파하드"라는 단어는 히브리 성경 전체에서 "두려움"을 뜻하는 대표적인 두 단어 가운데 하나로서 창 31장의 문맥에도 잘 들어맞는다. Albright의 제안에 대한 반론으로는 다음을 보라. Delbert R. Hillers, "Paḥad Yiṣḥāq," *JBL* 91 (1972): 90-92.
57 야곱의 시각에서 들려주는 이삭 이야기는 Frederick Buechner의 강렬한 소설을 참조하라. Buechner, *The Son of Laughter* (San Francisco: HarperCollins, 1993). 소설 전체에 걸쳐 야곱은 아버지의 하나님을 가리켜 "두려움"이라고 부른다.
58 "이르아"(*yir'â*)와 "파하드"(*pāḥad*) 둘 다 하나님/야웨에 대한 두려움을 가리키는 거의 동일한 의미로 사용되지만, 많은 용례에서 "파하드"는 명백히 "공포"나 "전율"을 뜻한다. David J. A. Clines는 "이르아"(*yir'â*)와 "파하드"(*pāḥad*)의 "본래적 의미"(denotation)가 (종종 암묵적으로 죽음에 대해) "두려워하는 감정" 그 자체라고 주장한다. 이 두려움이 하나님을 대상으로 할 때 이 감정은 경외심이나 존경심, 혹은 특정한 윤리적, 제의적 행동으로 이어질 수 있다. 그러나 이것들은 "두려움"이라는 용어가 특정 문맥에서 내포하게 되는 "함축적 의미"(connotation)일 뿐이다. "이르아"와 "파하드" 모두 단지 두려워하는 상태를 의미할 뿐이다. 그것이 하나님을 향한 것이라도 말이다. Clines, "'The Fear of the Lord Is Wisdom' (Job 28:28): A Semantic and Contextual Study," in *Job 28: Cognition in Context*, ed. Ellen van Wolde, BibInt 64 (Leiden: Brill, 2003), 57-92. 결국 창 31장의 문맥에 긍정적인 방향에서의 "함축적 의미"(connotation)가 있는지는 의심스럽다.

야웨의 사자는 하나님에 대한 아브라함의 반응이 정당하다고 인정했는가?

나는 이삭의 결박 이야기를 초기 아브라함 서사와 시험 이후에 벌어진 사태라는 맥락에 비추어 주의 깊게 읽을 때 과연 무엇이 시험의 대상이었으며 아브라함의 반응이 최선이었는지에 대해 재해석의 필요성이 제기되리라는 점을 보여주려고 노력하였다. 하지만 이런 재해석은 전통적으로 아브라함의 응답을 긍정적으로 평가하는 것으로 받아들여져 왔던 천사의 두 발언과는 정면으로 충돌하는 것처럼 보인다. 하나님을 대신하여 발언하는 야웨의 사자는 아브라함의 의심 없는 순종이 정당하다고 인정하지 않았는가?[59]

표면적으로는 그렇게 읽힐 수도 있으나, 일단 아브라함에 대해 의혹을 제기할 수도 있다고 인정하게 되면 우리는 비판적 관점에서 천사의 두 발언을 다르게 해석하는 것이 가능해진다. 나는 야웨의 사자가 했던 첫 번째 발언(창 22:11-12)과 관련하여 이미 이런 작업을 시작했었다. 앞서 나는 야웨의 사자가 "이제 나는 네가 하나님 경외자라는 것을 알게 되었다. 왜냐하면 네가 네 아들, 네 외아들을 나에게서 아끼지 않았기 때문이다"(22:12)라고 했던 발언과 관련하여, 시험을 통해 밝혀진 것이 반

---

59 신약성경에서도 아브라함이 이삭을 제물로 바치려 했던 시도를 정당화하는 것으로 보인다. 히 11:17-19에서 아브라함은 부활에 대한 믿음으로 (다시 말해 하나님께서 이삭을 다시 일으키실 것이라고 믿었다는 이유로) 칭찬받는데, 아브라함이 아들을 제물로 바치는 일을 감행했던 이유가 그 믿음 때문이었다는 것이다. 부활에 관한 교리가 명시적으로 제시된 것이 포로기 이후였다는 점은 거론하지 않더라도, 여기서는 히 11:32을 지적하는 것으로 충분할 것이다. 이 구절은 입다를 믿음의 영웅으로 열거하고 있는데, 이는 삿 11장에서 그를 부정적인 인물로 묘사하는 것과는 대조적이다. 입다를 믿음의 영웅으로 추앙하는 것은 명백히 성경 텍스트 자체가 아니라 성경 외적 전승에 기반한 것이다.

드시 시험의 **목적**(무엇을 위한 시험인가)을 드러내는 것은 아니라는 점을 지적했었다. 마찬가지로 아브라함과 아들의 관계에 대한 설명에서 "네가 사랑하는 이"라는 문구가 생략된 것도 아브라함의 행동이 최선은 아니었다는 부정적인 평가를 담고 있는 것으로 해석될 수 있다. 아브라함은 하나님께 대한 신실함을 지키는 동시에 아들에 대한 사랑도 표현할 수는 없었을까?

야웨의 사자가 두 번째 발언(22:16)에서도 이삭에 관해 설명하면서 "네가 사랑하는 이"라는 문구를 생략했다는 점에 비추어 우리는 그 발언 (22:15-18)의 다른 측면들도 아브라함의 행동을 완전히 긍정하지는 않는 것으로 해석할 수 있을 것이다.

아브라함의 행동으로 인해 과거에 하셨던 축복의 약속을 지키시겠다고 맹세하시는 하나님

예를 들어 우리는 야웨께서 과거에 아브라함에게 하셨던 약속(창 22:17-18a)을 지키시겠다고 맹세하신 일(22:16a)의 의미를 다시 생각해 볼 필요가 있다. 야웨께서는 이렇게 말씀하신다.

내가 자신을 걸고 맹세한다. 야웨의 말이다. **네가 이 일을 행했기 때문에, 그리고 네 아들, 네 외아들을 아끼지 않았기 때문에**, 나는 분명히 너를 축복할 것이고 나는 너의 후손이 하늘의 별들과 바닷가의 모래처럼 되도록 심히 번성하게 해줄 것이다. 그리고 너의 후손은 대적들의 문을 차지할 것이다. 그리고 너의 후손을 통하여 땅 위의 모든 나라가 복을 받을 것이다. **왜냐하면 네가 나의 목소리를 들었기 때문이다**(창 22:16-18).

이러한 맹세(창세기에서 좀처럼 발견할 수 없는 요소)는 아브라함의 행동에 근거한 것으로 보이며, 22:16b과 18b(위의 인용문에서 굵은 글자로 표시되어 있음)에 그런 점이 명시되어 있다. 야웨께서 맹세하신 구체적인 이유는 아브라함이 아들을 아끼지 않았기 때문이며 이것이 "네가 이 일을 행했기 때문에"(22:16b)라는 일반적인 진술의 요점을 설명한다. 조금 뒤에는 "왜냐하면 네가 나의 목소리를 들었기 때문이다"(22:18b)라는 일반적인 진술로 돌아올 것이다.

월터 모벌리는 하나님께서 처음 아브라함을 축복하시고 그의 자손을 번성하게 하셔서 땅의 모든 족속이 그로 말미암아 서로를 축복하게 하시겠다고 약속하셨을 때, 이러한 일들 가운데 어떤 것도 아브라함의 행동과 구체적으로 연결되지 않았다는 점을 강조한다. 축복의 약속들은 원래 무조건적으로 주어졌었다.[60] 마찬가지로 존 레벤슨은 창세기 22장 이전까지 하나님께서 아브라함에게 주신 약속들은 "오직 은혜와 관련된 사안들"이었다고 지적한다.[61]

그러나 이삭의 결박 이야기 가운데 야웨의 사자가 두 번째로 했던 발언 가운데 하나님께서 과거에 하셨던 약속을 지키시겠다고 맹세하시는 장면에 대해 모벌리는 이 약속이 이제는 아브라함의 행동과 결부된

---

60 Moberly, "Abraham and God in Genesis 22," 119.
61 Levenson, "The Test," 84.

다는 의미로 받아들인다. "오직 이곳에서만은 하나님의 축복이 어떤 방식으로든 아브라함의 순종에 달려 있다." 결론적으로 그는 다음과 같은 질문을 던진다. "그렇다면 야웨의 사자가 했던 발언은 축복에 관한 기존의 약속과 어떤 관계인가?"[62]

모벌리는 아브라함이 축복의 수혜자로 인정된 것이 그의 순종 때문은 아니라고 확언한다. 왜냐하면 축복은 그가 순종하기 전에 이미 약속되었기 때문이다. 하지만 그는 "어떤 의미에서 축복의 근거가 변경되었다"라고 주장한다.[63] 그는 다소 역설적인 이런 주장을 다음과 같이 설명한다. "아브라함의 순종이 하나님의 약속 안으로 통합되었다."[64] 나는 솔직히 이런 주장을 어떻게 이해해야 하는지 확실히 말하기 어렵다는 점을 인정할 수밖에 없다. "통합"되었다는 말은 무엇을 의미하는가? 어떤 의미에서 통합되었다는 말인가?

모벌리는 이삭의 결박 사건을 다룬 이전 글에서도 다음과 같이 역설적인 지적을 했었다. "과거에는 오로지 야웨의 의지와 목적에 근거했던 약속이 이제는 야웨의 의지**와** 아브라함의 순종 **모두**에 근거하도록 변모했다."[65]

레벤슨은 이것을 좀 더 대범하게 공식화한다. 그는 하나님께서 은혜로 아브라함을 부르신 것이 단지 자의적인 선택이었다는 생각을 피하려고 하는 유서 깊은 유대교 해석 전통을 따라 아브라함은 창세기 22장

62　Moberly, "Abraham and God in Genesis 22," 119.
63　Moberly, "Abraham and God in Genesis 22," 119.
64　Moberly, "Abraham and God in Genesis 22," 120.
65　R. W. L. Moberly, "The Earliest Commentary on the Akedah," *VT* 38, no. 3 (1988): 320 (entire article 302–23).

에서 보여주었던 순종으로 말미암아 "그가 총애하는 유일한 아들에게 달린 특별한 약속을 받을 자격을 어느 정도 갖추게 되었다"라고 단언한다. 결과적으로 "이삭의 결박 사건은 이제 아브라함 언약의 근거가 되었다." 다르게 표현하자면 "아브라함 언약은 이제 이삭의 결박 사건으로 말미암은 결과가 되었다."[66]

표현하는 방식에는 차이가 있을지 모르나 모벌리와 레벤슨이 두 가지 점에 동의한다는 것은 분명하다. 첫째, 그들은 아브라함의 순종을 긍정적으로 받아들이며, 축복을 그의 순종과 연결하는 일 다시 말해 축복을 그의 행동에 따르는 결과로 여기는 일이 곧 아브라함의 정당성에 대한 하나님의 승인을 의미한다고 여긴다. 둘째, 그들은 축복을 아브라함의 행동에 연결하는 것이 창세기 내러티브에서 전례가 없는 새로운 일이라고 이해한다.

그러나 두 가지 주장 모두에 대해 이의를 제기할 수 있다.

두 번째 사안부터 살펴보자면, 창세기 22장에서 조건부 약속이 처음 등장하는 것은 아니다. 창세기 18장에서 이미 조건적인 약속이 제시되는데, 거기서 야웨는 아브라함이 약속의 성취를 **가져오기 위해** 그의 자녀와 식솔들에게 "야웨의 길", 곧 의와 공의를 가르치길 원하셨다. 야웨께서 이렇게 말씀하신다.

내가 그로 그 자식과 권속에게 명하여 여호와의 도를 지켜 의와 공도를 행하게 하려고 그를 택하였나니 **이는 나 여호와가 아브라함에게 대하여 말한**

---

66 Levenson, "The Test," 84.

일을 이루려 함이니라(18:19).

바로 앞 구절에서는 그 약속들을 다음과 같이 구체적으로 명시한다. "아브라함은 강대한 나라가 되고 천하 만민은 그로 말미암아 복을 받게 될 것이 아니냐?"(18:18)

이것은 이삭의 결박 사건 이전에도 아브라함은 "야웨의 길", 다시 말해 의와 공의라는 야웨의 규범적 기준을 체현하고 전달해야 할 책임이 있었다는 것을 의미한다. 더 나아가 이것은 이삭의 결박 사건 이전에 하나님께서는 아브라함이 이 "길"을 체현하고 전달하는 일이 하나님께서 만민을 위해 의도하신 축복의 실현에 영향을 미치게 하셨다는 것을 의미한다.[67]

실제로 하나님께서 아브라함에게 소돔에 관한 계획을 알리신 이유는 바로 아브라함이 야웨의 "길"을 배워서 그것을 몸소 실천하고 전달하도록 하기 위함이었다. 그것은 가르침을 위한 시간이었지만 아브라함은 하나님께서 18장에서 가르치시고자 의도하신 것을 제대로 배우지

---

[67] 창 18장 이전에도 아브라함 내러티브의 맨 처음부터 하나님께서는 아브라함(그 당시에는 아브람)에게 "너는 복이 되라!"(12:2b)라는 명령을 내리신다. 대부분의 현대 번역은 이 명령형을 목적 진술("네가 복이 되도록")로 보는데, 이것이 문법적으로는 가능하지만, Martin Buber와 그를 따르는 Everett Fox 등과 같이 이 "전례 없는 명령"을 문자적으로 받아들이는 것이 옳을지도 모른다. Buber, *On the Bible: Eighteen Studies,* ed. Nahum N. Glazier (New York: Schocken Books, 1982; repr., Syracuse University Press, 2000), 86-87("The Election of Israel: A Biblical Inquiry," 80-92); Everett Fox, *The Five Books of Moses, The Schocken Bible* (New York: Schocken Books, 1995). 만일 Buber와 Fox를 따라 12:2b를 명령형으로 번역한다면 12:3의 약속들("너를 축복하는 자에게는 내가 복을 내리고 너를 저주하는 자에게는 내가 저주하리니 땅의 모든 족속이 너로 말미암아 복을 얻을 것이라")은 문법적으로 그 명령의 목적을 설명하는 구문이 되며, 결과적으로 아브라함의 순종이 가져올 결과를 지시하게 된다.

못했다.

    그는 창세기 22장에서 적어도 하나님께서 번제를 중단시키실 때까지는 하나님께서 의도하신 바를 깨닫지 못했다. 그래서 나는 다음과 같은 의문을 가지게 된다. 이삭의 결박 사건에서 분명하게 드러난 아브라함의 온전치 못한 반응으로는 약속들이 유지될 수 **없었기** 때문에 야웨께서는 **자신의 맹세를 통해** 약속들을 지키셔야 했었다고 생각하는 것이 타당하지 않을까? 말하자면 야웨의 맹세는 아브라함의 행동이 정당하다는 인정이 아니라 그의 행동에 나타난 부족함을 보완하려는 의도로 행해진 조치였다는 것이다.[68]

    따라서 나는 창세기 22:16-18에서 하나님의 약속과 아브라함의 행동 사이의 관계에 변화가 있다는 모벌리와 레벤슨의 견해에 동의하지만, 그 변화는 그들의 주장과는 정반대 방향, 다시 말해 조건부 약속(18장)에서 무조건적 약속(22장)으로의 변화라고 생각한다.

    창세기 18장과 22장 사이에서 일어난 이 같은 변화는 제2장에서 논의한 금송아지 사건의 여파로 나타난 변화와 유사하다. 처음에는 하나님의 변함없는 사랑(ḥesed)이 "[하나님을] 사랑하고 [하나님의] 계명을 지키는 자"를 위한 것이었던 반면(출 20:6), 이후에 하나님께서는 모세에게 그의 사랑이 이스라엘의 우상숭배에도 불구하고 계속될 것이며 그 사랑이 명백히 용서와 연결되어 있다는 점을 드러내신다(34:7).[69] 금송아

---

68 "야웨께서 너희 조상들에게 맹세하신 약속"(아마도 창 22장에서)을 언급하는 신 9:5에서 약속의 성취(이스라엘이 그 땅을 차지하게 되는 일)는 그들의 신실함과 결부되어 있지 않다는 점을 주목하라. "네가 가서 그 땅을 차지함은 네 공의로 말미암음도 아니며 네 마음이 정직함으로 말미암음도 아니요."

69 이러한 전환을 다른 곳에서도 발견할 수 있다. 신 10:16에서 하나님은 이스라엘 백성에

지 사건과 아브라함 이야기의 차이점은 이제 언약 파트너의 결핍을 보상하시는 하나님의 방편이 금송아지 사건에서처럼 모세와 같은 사람을 틈새에 세우시는 것이 아니라는 점이다. 이제는 하나님께서 직접 틈새로 들어가신다. 이것은 이사야 59:16에서 보여주는 그림과 유사한데, 야웨께서는 "사람이 없음을 보시며 중재자가 없음을 이상히 여기셨으므로 자기 팔로 스스로 구원을 베푸시며 자기의 공의를 스스로 의지하"신다.

따라서 나는 창세기 22:16의 맹세가 아브라함의 연약함으로 인해 하나님의 목적이 좌절되지는 않을 것이라는 하나님의 맹세 혹은 약속을 의미한다고 제안한다. 더 나아가 그것은 아브라함을 향한 하나님의 은혜를 인치는 증표로서 개인적으로 아브라함에게 하신 약속들이 진실로 열매를 맺을 것임을 재차 확인시켜 준다. 하나님은 언제나 신실하시다. 우리가 그렇지 못할 때도 말이다.[70]

게 마음에 할례를 받으라고 명령하셨으나 그들은 이 명령을 지킬 수 없다는 점이 명백해지고 그 결과 유배당하게 되자 하나님께서는 그들을 유배 상태에서 다시 데려와 토라를 준수할 수 있도록 그들의 마음에 할례를 행하시겠다고 약속하신다(신 30:5-6). 유배로 이어진 불순종 이후에 행해지는 마음의 할례는 겔 36:26-27에 약속된 "부드러운 마음"(heart of flesh) 및 렘 31:31-33에서 이스라엘의 마음에 토라를 새기겠다는 "새 언약"의 약속과 궤를 같이한다.

[70] 아브라함의 신실함이 과연 천하 만민 혹은 자기 가족에게 복을 가져다주는 야웨의 "길"을 따르는 일에 모범이 되는가에 관한 평가는 서로 엇갈린다. 그리고 그가 과연 하나님께서 의도하신 바를 자녀들에게 제대로 물려주었는지도 의문이다. 창세기에 등장하는 족장들의 행동이 과연 하나님의 축복을 진전시켰는지에 대한 논의는 다음을 보라. Middleton, "The Call of Abraham and the Missio Dei: Reframing the Purpose of Israel's Election in Genesis 12:1-3," in *Orthodoxy and Orthopraxis: Essays in Tribute to Paul Livermore*, ed. Douglas R. Cullum and J. Richard Middleton (Eugene, OR: Pickwick, 2020), 60-62.

천하 만민을 위한 축복과 아브라함의 순종

지금까지 창세기 22:16에서 야웨가 맹세의 근거로 밝히신 두 가지 요소가 무엇을 의미하는지에 대해 가능한 해석을 펼쳐보았다. (그 근거가 일반적으로는 "네가 이같이 행하여"라는 문구로 표현되었고 구체적으로는 "네 아들, 네 독자도 아끼지 아니하였은즉"이라는 문구로 표현되었다.) 하지만 야웨의 사자는 또 다른 일반적인 진술로 결론을 내린다. "이는 네가 나의 말을 준행하였음이라"(22:18b). 일견 이 결론적 진술은 "네가 이 일을 행했기 때문에"와 동일하며 맹세 전체에 적용된다고 생각할 수도 있다. 그러나 이 진술을 따로 분리하여 천하 만민을 위한 축복이 되리라는 마지막 약속에 구체적으로 적용된다고 보는 것이 더 타당하다.[71]

이것은 단순히 그 진술이 천하 만민의 축복에 대한 약속 바로 뒤에 나오기 때문만은 아니며, 창세기 22장 이전에 약속이 표현되던 방식과 이곳에서의 재진술 사이에 일어난 변화에 의해서도 암시된다. 하나님의 약속이 이삭의 결박 사건 이전에는 "땅의 모든 족속"/"천하 만민"이 **아브라함으로 말미암아** 다른 민족을 축복한다는 관점에서 진술되었다(12:3; 18:18). 그러나 이제 여기서 처음으로 축복이 아브라함의 후손과 연결된다. "**네 씨로 말미암아** 천하 만민이 복을 받으리니"(22:18a).

다시 말해 이제 약속이 성취되기 위해서는 아브라함에게 자손이 있어야 한다는 뜻이다. 그는 제사를 중단하고 이삭을 살려두라는 천사의

---

71 제5장에서 논의했던 것처럼 이것은 Ibn Kaspi의 견해다. Ibn Kaspi, *Gevia' Kesef* 14.35. Van der Heide, "Now I Know," 240도 참조하라.

명령에 순종해야 했다. 이것이 바로 야웨의 사자가 이삭을 살려두는 일과 그 약속을 연결하는 이유다. "네 씨로 말미암아 천하 만민이 복을 받으리니 **이는 네가 나의 말을 준행하였음이니라**." 간단히 말해 만일 아브라함이 야웨의 사자가 하늘에서 그에게 명령했을 때 그 말을 듣고 제사를 중단하지 않았다면 천하 만민이 복을 받을 근거가 되는 아브라함의 후손은 존재할 수 없었을 것이다.

아브라함은 하나님께서 다른 제물을 마련해 주실 것이라고 믿었을까?

하지만 창세기 22장에서 아브라함이 하나님께 보인 반응이 과연 모범적이었는가라는 질문과 관련하여 또 한 가지 고려 사항이 있다. 이전 장에서 나는 아브라함이 자신의 종들에게 자신과 아이가 돌아올 것이라고 했던 말(22:5)이나, 제물로 바칠 짐승이 왜 없느냐는 이삭의 질문에 대한 아브라함의 답변(22:8)과 관련하여 레벤슨이 제시했던 가능한 의미들을 언급했었다. 나는 두 경우 모두 아브라함의 의도가 무엇이었는지, 그는 과연 아들을 제물로 바치는 일을 끝까지 밀고 나갈 계획이었는지 그렇지 않은지가 불분명하다고 주장했었다.

아브라함의 첫 번째 답변과 관련하여, "나와 이 젊은이는 저쪽으로 가서 예배를 드릴 것이고, 우리는 너희에게 돌아올 것이다"(22:5)라는 답변의 한 가지 가능한 의미는 아브라함이 자기 아들을 위하여 하나님께 제사를 중단해달라고 요청하는 중보기도를 드리려고 계획했다는 것이다("예배"는 기도를 포함할 수 있다). 그러나 레벤슨도 인정하는 것처럼 아

브라함이 실제로 이렇게 했다는 증거는 없다.[72]

두 번째 답변과 관련하여 중요한 질문은 아브라함이 이삭에게 "하나님께서 직접 번제를 위한 양을 보실/제공하실 것이다, 내 아들"(22:8)이라고 한 말이 무슨 의미인가 하는 것이다. 아브라함은 정말로 자신이 하는 말을 믿었을까?[73] 만일 아브라함이 자신이 했던 말을 정말로 믿고 있었다면 그는 산에 도착했을 때 아들을 대신할 짐승을 찾았을 것이다. 그러나 아브라함이 그런 동물이 준비되었는지 확인해 보았다는 언급조차 없다. 오히려 그는 도착하여 제단을 쌓고 그 위에 나무를 펼쳐 놓은 후에 곧바로 이삭을 결박하고 제단 위에 올려놓았다(22:9).[74]

아브라함은 제사에 너무나 열중한 나머지 야웨의 사자가 그의 이름을 두 번씩이나 불러야만 했다("아브라함아, 아브라함아"). 반복하여 부른 이유는 아브라함의 주의를 환기하기 위해서였을 가능성이 크다. 야웨의 사자가 아브라함에게 제사를 진행하지 말라고 지시한 후에야("네 손을 그 젊은이에게 뻗지 말고, 그에게 아무것도 하지 마라"; 22:12) 아브라함은 비로소 "눈을 들어서 [하나님께서 실제로 준비하신] 숫양이 덤불에 뿔이 걸려 있는 것을" 볼 수 있었다(22:13). 마치 그제야 비로소 이삭을 대체할 제물이 혹시 있을 수도 있겠다는 생각이 그에게 떠오르기라도 했다는 듯

---

72 Levenson, "The Test," 73.
73 여기서는 "내 아들"이 "번제를 위한 양"과 동일시될 수 있다는 의미론적 모호성은 논외로 하고(이전 장에서 자세히 다루었다), 일단 그가 자신이 했던 발언을 있는 그대로 의도했다고 가정하자.
74 다음 절("아브라함이 손을 뻗어서 그의 아들을 죽이기 위해 칼을 집어 들었다")은 문학적으로 이야기의 전개를 늦추고 독자를 긴장시키는 역할을 한다. 이것은 또한 아브라함 자신도 이 대목에서 속도를 늦추고 이 불가피한 일을 최대한 미루고 있었음을 암시하는 것일 수도 있다.

이 말이다.

내레이터가 숫양의 위치와 상황에 관해 제공하는 세부 정보에 중요한 의미가 있다. 아브라함이 마침내 바라보았던 것은 "뒤에 숫양이 덤불에 뿔이 걸려 있는"(22:13) 모습이었다. 여기서 잘 알려진 텍스트상의 문제가 상황을 해석하는 데 영향을 미칠 수 있다. 나의 번역에서 "뒤에"라는 단어는 히브리어 "아하르"(*aḥar*, 대부분의 MT 사본에서 발견됨)를 번역한 것이지만, 다른 텍스트 전승에서는 "에하드"(*eḥad*, 시각적으로 유사한 마지막 자음을 필사자가 혼동한 것일 수 있다)라는 단어가 대신 사용된다. 결과적으로 "뒤에 있는 숫양"이 아니라 "숫양 하나"가 된다.[75] 하지만 모벌리가 이미 지적했듯이 여기서 "하나"라는 단어가 등장하는 것은 중복의 성격을 지닌다.[76] 내 생각에는 필사자가 "에하드"를 "아하르"로 바꾸기보다는 "아하르"를 "에하드"로 잘못 고쳤을 가능성이 더 높을 듯하다.[77] 따

---

[75] 이런 독법은 마소라 텍스트의 여러 사본과 사마리아 오경, 그리고 그리스어 70인역과 시리아어 페시타 역본에서 찾아볼 수 있다. 이런 전통을 따르는 현대 영역본으로는 CEB, CEV, HCSB, NAB, NLT, NJB, NJPS를 들 수 있다. 이와는 대조적으로 "뒤에"(*'aḥar* "아하르")라는 독법을 지지하는 역본으로는 KJV, RSV, ASV, ESV, NET, NASB 등이 있다. REB는 "아브라함은 주위를 두리번거리다가 덤불 속에 숫양 한 마리가 뿔이 걸려 있는 것을 보았다"라고 번역함으로써 결정을 유보한다.

[76] Moberly, "Abraham and God in Genesis 22," 108n55.

[77] 게다가 텍스트를 "아하르"로 읽는다고 하더라도 여러 다른 번역이 가능하다. 이 단어는 장소를 나타내는 전치사("뒤에")로 사용되기도 하고 시간을 나타내는 전치사/부사("이후에")로 사용되기도 한다. 심지어 문장 내에서 뒤에 이어지는 단어인 "네에하즈"(*neʾeḥaz*, "걸려 있다")와 연결하여 읽을 수도 있는데, 이 경우에는 "걸린 후에"라는 뜻이 되어 아브라함이 "숫양이 덤불에 걸린 후에" 그것을 보았다는 의미가 된다. 지금까지 가장 보편적인 랍비 해석은 "아하르"가 시간을 나타내는 것으로("그 후에") 이해하는 것이다. 그렇게 되면 아브라함이 숫양을 본 후에 그것이 덤불에 걸렸다는 뜻이 된다(말하자면 완벽하게 시간을 맞추어 일어난 기적이라는 것이다). 이런 가능성에 관해 다음을 보라. Van der Heide, "Now I Know," 474 ("Appendix V: After Caught").

라서 아브라함은 그가 바라보던 방향에서는 숫양을 발견할 수 없었다는 뜻이다. 숫양은 그의 뒤에 있었고 그것을 보기 위해서는 돌아서야 했을 것이다.[78]

"아하르"나 "에하드" 중 어느 쪽이 되었든 텍스트는 숫양이 덤불에 뿔이 걸려 있었다는 사실을 알려준다. 문제는 숫양이 얼마나 오랫동안 그곳에 있었느냐 하는 것이다.

그곳에서는 무슨 일이 일어나고 있었던 것일까?[79] "숫양"이라고 번역된 히브리어 단어는 수컷 염소나 양을 가리키는데, 구부러진 뿔(쇼파르를 만드는 재료)이 충분히 자라서 덤불에 걸리려면 충분히 자란 성체여야 했을 것이다. 테스토스테론이라는 남성 호르몬으로 가득한 커다란 성체 숫양은 뿔을 감고 있는 덤불에서 빠져나오려고 발버둥 치면서 엄청난 소란을 피웠을 것이 분명하다. 아브라함이 처음 도착했을 때 아무런 소리도 듣지 못했다는 (그래서 소리의 근원을 찾아서 주변을 둘러보지 않았다는) 사실은 숫양이 이미 몸부림을 멈췄다는 뜻이다. 다시 말해 숫양은 아브라함이 도착하기 훨씬 이전에 (하나님께서 마련하신 대체물로) 덤불에 걸려

---

[78] "아하르"가 시간이 아닌 장소나 위치를 나타내는 것으로 해석해야 한다는 견해의 근거는 13절의 문장 전체가 아브라함이 "보았던" 것과 관련이 있다는 사실이다. 구체적으로는 그가 보았던 대상과 공간적 위치를 가리키는 용어가 짝을 이루고 있다. "아브라함은 눈을 들어서―저기―뒤에 숫양이 덤불에 뿔이 걸려 있는 것을 보았다." 여기서는 4절의 일부 표현을 반복하고 있는데, 4절 역시 보는 대상과 공간적 위치를 가리키는 용어를 짝지어준다. "삼 일째에 아브라함은 눈을 들어 멀리서 그곳을 바라보았다." 두 구절 모두 아브라함의 시야(visual field)에 초점을 맞추고 있다. Arlyn Sunshine Drew가 이 점을 지적했다. Arlyn Sunshine Drew, "A Hermeneutic for the Aqedah Test: A Way beyond Jon Levenson's and Terence Fretheim's Models" (PhD diss., Andrews University, 2020), 130n231.

[79] 나의 해석은 다음 논문의 제안에 빚을 지고 있다. Arlyn Sunshine Drew, "Hermeneutic for the Aqedah Test," 130n233.

지쳐 있었다는 것이다. 이처럼 이삭을 대신하기 위해 사전에 준비된 제물은 하나님께서 그를 향해 (그리고 이삭을 향해) 품으신 자비심이 어떠한지를 증명해 준다.[80] 그런데 만일 그 숫양이 정말로 그곳에 계속 있었던 것이라면(아브라함이 주장했던 대로 하나님께서 "보셨"거나 "제공하신" 것이라면), 아브라함은 확실히 그것을 놓치고 말았다. 그는 아들을 대신할 제물을 찾아보기는 했던 것일까?

아브라함이 숫양을 발견한 일이 예상치 못했던 상황이었다는 점은 내러티브의 초반에서 사용된 구절을 중대한 변화와 함께 반복한다는 사실을 통해 드러난다. 창세기 22:4에서 아브라함은 목적지를 확인하기 위해 지평선을 훑어본다. "삼 일째에 아브라함은 눈을 들어 멀리서 그곳을 바라보았다." 하지만 22:13에서는 같은 구절을 되풀이하면서 "힌네"("보라" 혹은 "저기에")라는 단어를 추가함으로써 그가 본 것에 대한 아브라함의 놀라움을 표현한다. "아브라함은 눈을 들어서 ─ 저기[*hinnēh*] ─ 뒤에 숫양이 덤불에 뿔이 걸려 있는 것을 보았다."[81] 그가 22:4에서 보기를 기대했던 것과 그가 22:13에서 보리라고 기대하지 못

---

80 하나님께서 섭리 가운데 미리 숫양을 준비해 놓으셨다는 이런 해석은 (제5장에서 인용했던) 밧줄로 나무에 결박된 숫양을 시각적으로 묘사한 유대 전승을 통해 더욱 강화된다. 이것은 숫양이 우연히 덤불에 뿔이 걸린 경우보다 훨씬 더 단단히 매여 있는 모습을 보여준다. 또한 앞서 제5장에서 논의했듯이 이러한 회화적 표현들은 숫양이 창조의 여섯째 날 황혼(첫 안식일 직전)에 창조되었다는 생각과도 연결될 수 있다. 말하자면 숫양은 아브라함이 모리아 산에 도착하기 훨씬 전에 이미 준비되어 있었다는 것이다.

81 Adele Berlin은 히브리어에서 "힌네"(*hinnēh*)라는 단어가 종종 지각동사("보다"와 같은)를 뒤따라 나오면서 "내레이터의 지각과는 구별되는 등장인물의 지각"을 나타낸다고 지적한다. Berlin, *Poetics and Interpretation of Biblical Narrative*, BLS 9 (Winona Lake, IN: Eisenbrauns, 1994), 62.

했던 것이 극명하게 대조된다.[82]

그리고 만일 숫양이 (최근에야 덤불에 걸려서) 여전히 풀려나기 위해 발버둥 치고 있었다고 생각한다면, 이는 아브라함이 아들을 번제로 바치는 일에 과도하게 몰입하여 숫양이 발버둥 치는 소음에 대해 귀를 차단했다는 뜻이다. 어느 경우든 아브라함은 하나님께서 대체물을 마련해 주셨는지 살펴볼 생각조차 하지 않았다. 그렇다면 아브라함은 자신이 이삭에게 했던 말을 실제로는 믿지 않았다는 뜻이 된다. "하나님께서 직접 번제를 위한 양을 보실/제공하실 것이다"(22:8). 이 이야기에서 아브라함을 긍정적으로 평가하기가 점점 더 어려워지는 것 같다.

아브라함을 너무 가혹하게 비판하지는 말자

이삭의 결박 이야기에서 아브라함이 하나님께 보였던 반응을 비판적으로 해석하면서도 나는 우리가 이 족장을 너무 가혹하게 판단하지는 말

---

82 이삭의 결박 이야기 앞부분에 나오는 구절이 중대한 변화나 변형을 동반하여 다시 반복되는 사례가 내러티브 내에서 세 차례 더 발견된다. 앞서 보았던 것처럼 22:12, 16에서는 22:2에 나왔던 "네 아들, 네 외아들"이라는 표현을 반복하면서 "네가 사랑하는"이라는 문구를 생략했었는데, 아마도 아브라함이 이삭을 제물로 바치려고 시도함으로써 그가 아들을 사랑하지 않음을 드러냈다고 여겼던 것 같다. 우리는 또한 22:19이 22:3의 "일어나서…갔다"라는 표현을 (아브라함과 종들을 주어로 삼아) 복수 형태로 반복함으로써 이삭이 그 자리에 없었음을 암시한다는 것도 살펴보았다. 그리고 앞에서는 언급하지 않은 것인데, 이처럼 변화를 동반하는 반복의 마지막 사례는 22:6과 22:9에 사용된 "놓다"라는 동사와 관련된다. 여기에는 비극적이고 아이러니한 전환이 발생하는데, 6절에서 (번제에 쓸) 나무를 이삭에게 **얹어주었**("놓았")던 아브라함이 9절에서는 이삭을 나무 위에 **올려놓았**("놓았")다. 이삭이 바로 번제물이었다.

자고 제안한다. 나는 그가 하나님의 성품을 분별하는 시험을 우수한 성적으로 통과했다고 생각하지는 않지만, 적어도 그는 불순종하면서 하나님으로부터 돌아서지는 않았다.[83] 어쨌거나 아브라함은 진심으로 자신이 이해한 방식으로 하나님께 순종하려고 최선을 다했다. 비록 그의 이해가 부적절했을지라도 말이다.

아브라함이 아들을 제물로 바치라는 하나님의 요구에 대해 보였을 법한 반응들에 순위를 매긴다면, 나는 이삭을 위하여 항의하고 중보기도 하는 것을 최우선 순위에 놓을 것이다. 아브라함은 그런 항의/중보기도를 통해 그가 하나님의 성품에 대한 깊은 분별력을 갖고 있었음을 증명해 보일 수 있었을 것이다. 야웨 하나님이 자비롭고 긍휼이 풍성한 분이심을 그가 깨달았다는 것이다. 또한 하나님이 자비로우시다는 깨달음이 그를 기도로 이끌었을 것이고, 그런 기도를 통해 (내가 믿기로는) 하나님께서 아브라함에게 하셨던 요구를 철회하셨을 것이며, 그렇게 그의 깨달음 혹은 직관이 확인되었을 것이다. 한편으로 그런 항의와 중보기도는 이삭을 향한 그의 사랑을 증명해 보였을 것이고 그 결과 부자간의 미약한 유대관계가 강화되었을지도 모른다.

하지만 아브라함은 아들을 위해 목소리를 내지 않았다.

최적의 반응보다는 조금 못한 수준의 반응은 하나님께서 아들을 대신할 제물을 마련해 주시리라는 진실한 믿음일 것이다. 말하자면 비록 아브라함은 (담대한 기도를 장려하는 성경의 전반적인 분위기와는 반대로) 침묵

---

83 Fretheim은 만일 아브라함이 불순종하고 "하나님께 '아니오'라고 말했"다면 어떤 결과가 초래되었을지 질문해 본다. Fretheim, "God, Abraham, and the Abuse of Isaac," 52, 56.

을 지키기는 했지만, 그러면서도 아들을 대신할 제물을 여행 도중에 어딘가에서 혹은 산 위에서 발견할 것이라는 확신을 가지고 있었을 수도 있다. 하지만 아브라함은 제사를 드릴 장소에 도착했을 때 하나님께서 대체물을 마련해 주셨는지 확인하기 위해 주위를 한 번도 둘러보지 않았다. 그는 그저 아들을 결박하여 제단 위에 올려놓았을 뿐이다. 그는 야웨의 사자가 제사를 중단시킨 **후에야** 주위를 둘러보았다.

그럼에도 결국 주위를 둘러보았다는 사실은 그에게 유리한 점으로 받아들여질 수 있다. 아브라함은 단순히 주위를 둘러보았다는 사실 때문만이 아니라 특히 **자신의 결단으로** 숫양을 "그의 아들 대신에 번제로"(22:13) 드렸다는 점에서 칭찬받아야 할 것이다. 이것은 사실 하나님께서 구체적으로 명령하신 일은 아니었다.[84] 어떤 점에서는 그의 행동이 너무 보잘것없고 많이 늦은 것 같다는 생각도 든다. 하지만 그의 행동은 하나님께서 아들을 제물로 바치기를 원치 않으신다는 사실을 마침내 그가 이해했음을 의미한다는 점에서 아무것도 하지 않는 것보다는 훨씬 낫다고 하겠다. 그가 이러한 이해에 도달했다는 증거는 아브라함이 그 장소의 이름을 "여호와 이레"(야웨께서 보신다/제공하신다)라고 지었다는 사실이다.[85]

---

[84] Nahum M. Sarna도 이런 점을 지적한다. "이삭 대신 숫양을 제물로 바친 일은 하나님이 지정하신 행위가 아니라 아브라함이 주도적으로 수행했던 자발적 행동이었다." Sarna, *Genesis: The Traditional Hebrew Text with New JPS Translation*, JPS Torah Commentary (Philadelphia: Jewish Publication Society, 1989), 392.

[85] 아브라함이 마침내 하나님의 자비를 깨닫게 되었음을 보여주는 추가적인 증거를 그가 이삭의 아내를 구하기 위해 보냈던 종의 발언에서 유추해 볼 수 있다. "나의 주인 아브라함의 하나님 여호와를 찬송하나이다. 나의 주인에게 주의 사랑과 성실을 그치지 아니하셨사오며 여호와께서 길에서 나를 인도하사 내 주인의 동생 집에 이르게 하셨나이

나는 아브라함이 창세기 22장에서 시험에 통과하지 못했다고 생각하는 쪽으로 마음이 기우는 것이 사실이다. 그의 말 없는 순종은 그가 하나님의 자비로우신 성품을 (야웨의 사자가 제사를 중단시킬 때까지도) 분별하지 못했음을 드러낸다. 그는 또한 아들을 위해 중보기도 함으로써 그에 대한 사랑을 보여주지도 못했다.

그러나 아브라함은 마침내 하나님께서 그가 아들을 제물로 바치기를 원치 않으신다는 것을 이해하게 **되었다**. 아브라함이 숫양을 제물로 바친 일을 너그러운 교수가 재시험을 치를 기회를 주는 경우와 비교해 보자. 그렇다면 그는 하나님의 성품을 분별하는 시험을 **아슬아슬하게** 통과했다고 말할 수 있을까? 아니면 그런 평가는 너무 관대한 것일까?

나는 월터 모벌리나 존 레벤슨이 이삭의 결박 이야기에 대한 나의 해석에 만족할 것이라는 환상은 전혀 가지고 있지 않다. 그렇지만 나는 아브라함을 끔찍한 아동 학대자라고 비난하거나 아브라함에게 이런 시험을 부과한 하나님을 독단적이고 비윤리적인 존재라고 비방하지 않으며, 이삭의 결박 이야기가 오늘날이나 과거 세계에서 아동 학대를 정당화하는 경향을 보인다고 주장하지도 않는다(이런 것들이 두 학자가 우려했던 사안들이었다).

또한 나는 이삭의 결박 사건에서 아브라함이 보인 반응에 대해 그를 칭송하는 오랜 해석의 역사를 비하하려는 의도도 없다. 사실은 나도 그런 해석 전통을 존중한다. 이 책 3부의 제목을 "이삭의 결박 이야기를

다"(24:27). 아브라함이 아들 이삭에게는 야웨의 길을 가르치지 못했을지라도 집안의 다른 식솔들에게는 아들을 제물로 바치는 일을 막아주신 하나님의 자비에 대한 그의 깨달음을 전해주었을지도 모른다.

전통의 굴레에서 풀어주기"라고 정한 것도 전통을 모욕하려는 의도가 아니었다. 성경을 해석하면서 전통의 도움 없이 텍스트에 접근할 수 있는 사람은 아무도 없다. 모든 독자는 과거의 해석들과 전제들에 의존하여 자신의 견해를 형성하게 되며, 나 역시 마찬가지다. 내가 수많은 다른 거장들의 어깨 위에 서지 않고서 이삭의 결박 이야기에 대한 대안적 해석을 제시하는 일은 불가능했을 것이다. 그런 거장들은 이미 그 텍스트의 의미와 씨름해 왔고 나는 그들의 씨름을 존중한다.

물론 여기서 이삭의 결박 이야기에 대한 과거의 해석 전통이 텍스트에 대해 새롭고 신선한 해석을 제안하는 일을 막는 굴레처럼 작용해야만 하는가에 대해서는 질문해 볼 필요가 있는데 나는 그래서는 안 된다고 생각한다. 모든 해석 전통은 특정한 역사적 맥락과 해석자들의 전제 및 관심사에 의존할 수밖에 없기 때문이다. 그래서 나는 전통적인 해석의 굴레로부터 이삭의 결박 이야기를 **풀어주려고** 시도했다.

그러나 나는 이삭의 결박 이야기에 대한 새로운 해석, 특히 아브라함에 대해 비판적인 모든 해석은 단순한 해석자의 개인적 편견이 아니라 문맥에 맞는 신중한 주해에 근거해야 한다는 월터 모벌리의 주장에 전적으로 동의한다.[86] 나는 이 점에 대해 그에게 동의할 뿐만 아니라 내

---

[86] 이것은 Moberly가 여러 차례에 걸쳐서 강조했던 주제다. 특히 다음을 보라. Moberly, "Genesis 22 and the Hermeneutics of Suspicion," in *The Bible, Theology, and Faith: A Study of Abraham and Jesus* (Cambridge: Cambridge University Press, 2000), 162-83. 그는 이렇게 진술한다. "엄밀하고, 상세하고, 설득력 있는 주해가 바탕이 되어야만 정당하게 대안적인 주장을 펼칠 수 있다"(174). 대안적 해석을 대담하게 제시하기 위해서는 "그에 상응하는 엄밀함과 설득력을 겸비한 주해 능력을 갖추어야 한다"(175). 대안적 해석은 "설득력 있는 주해"와 "주석학적 근거"를 요구하며(176), "텍스트에 대한 오독이라는 논증적인 비판을 견뎌낼 수 있어야 한다"(174).

가 이 책에서 시도하는 것이 바로 그처럼 신중한 해석이다. 또한 여기서 나는 벤 바그바그(Ben Bag Bag)라는 정겨운 이름을 가진 히브리 현자가 미쉬나에서 성경에 관해 남긴 고전적인 조언을 따르고 있다. "뒤집고 [다시] 뒤집어라. 모든 것이 그 안에 있느니라. 그리고 안을 들여다보아라. 그리고 그 안에서 머리가 세고 늙어가라. 그리고 그것에서 떠나지 마라. 너에게 그보다 더 나은 몫은 없느니라."[87]

내가 이런 시도를 하는 이유는 고대의 텍스트를 새로운 각도에서 바라보고 새로운 질문들을 제기하며 신선하게 마주 대할 때 그 의미가 더욱 분명하게 드러날 뿐만 아니라 유대인과 그리스도인들이 이 텍스트를 통해 만나기를 기대하는 하나님에 대한 우리의 경험을 새롭게 해줄 수 있다고 믿기 때문이다.[88]

아브라함 이야기의 새로운 결말을 상상하기

나는 아브라함이 (하나님의 명령에 대해) 항의하고 (아들을 위해) 중보기도

---

[87] Rabbi Ben Bag Bag, Pirqe Avot 5:22. Sefaria.org, https://www.sefaria.org/Pirkei_Avot.5.22?lang=bi&with=all&lang2=en.

[88] Ellen Davis는 그리스도인과 유대인 모두를 위한 성경 주해의 중요성을 강조한다. 그러한 주해는 "교회와 회당의 지속적인 생명력을 위해 필요하다. 왜냐하면 그들의 정체성, 그리고 공통의 이야기와 언어를 가진 공동체로서 그들의 실존 자체가 이 텍스트들을 오늘 우리의 삶에 관한, 그리고 삶을 향한 메시지로 되풀이하여 듣는 경험에 달렸기 때문이다. 물론 그러한 경험이 예측 불가능한 것이기는 하지만, 그것은 신앙 공동체의 구성원들이 대를 이어 규칙적으로 주해를 실천하는가에 달려 있다." Davis, *Opening Israel's Scriptures* (Oxford: Oxford University Press, 2019), 1.

하는 것이 더욱 탁월한 선택이었을 것이라고 주장한다. 그렇게 했다면 아브라함은 하나님의 자비로운 성품에 대한 이해를 과시하면서 더 깊은 분별력을 얻게 되었을 것이고, 그에게 남은 유일한 아들에 대한 사랑을 증명하고 심화하는 유익한 결과를 가져왔을 것이다.[89]

만일 이삭이 아버지가 자신을 위해 하나님께 간청했을 때 하나님께서 그의 간구에 긍정적으로 응답하시는 모습을 목격할 수 있었다면 이삭은 어떻게 되었을까? 그는 아브라함과 함께 산에서 내려왔을까? 아들 야곱에게 "두려움"이 아니라 하나님의 다른 성품을 이야기해 줄 수 있었을까?

그리고 창세기 내러티브에서 이스마엘의 족보(25:12-18)와 야곱 이야기(25:19 이하) 사이에 "아브라함의 족보(tôlĕdôt)는 이러하니라"로 시작하는, 이삭의 삶에 초점을 맞춘 하나의 이야기 단위가 존재하지 않았을까?

모든 일이 그렇게 되어버린 지금에 와서는 그저 상상만 할 수 있을 뿐이다.

---

[89] 나는 많은 독자들이 내가 본서에서 펼친 주해에도 불구하고 내가 제시한 대안적 해석에 거부감을 가질 수 있다는 점을 알고 있다. 따라서 나는 이삭의 결박 이야기에 대한 나의 비판적 해석을 전통적이고 경건한 해석을 대체하는 유일한 선택지로 여기기보다는 하나의 설득력 있는 대안 가운데 하나로 받아들여 주길 기대한다. 그런 의미에서 이삭의 결박 이야기에 대한 나의 탐구가 이 규범적인 텍스트의 의미가 어느 정도는 개방되어 있으며 여러 다른 방향으로 전개될 수 있다는 제안으로 받아들여지길 바란다. 아브라함이 하나님께 보인 반응을 모범적인 것으로 여기는 전통적인 해석은 아마도 창 22:11-12과 15-18절에 나오는 야웨의 사자의 발언에서, 그리고 특히 해석의 역사로부터 아마도 부정확하게 도출된 결론일 뿐이며, 아브라함 내러티브 전체의 문맥과 격렬한 기도에 대한 성경의 관점에서 바라보았을 때 텍스트 자체는 아브라함의 반응이 정당했는지에 관해 질문할 수 있는 대안적인 해석을 요구한다.

결론

거칠고 강인한 탄식의 영성

나는 창세기 22장에서 아브라함이 침묵했다는 사실이 과연 중요한가라는 질문으로 이 책을 시작했다. 이것은 단순히 이삭의 결박 사건을 어떻게 해석하는가의 문제가 아니며 근본적으로 우리의 영성과 윤리에 영향을 미치는 신학적 질문이다.

전 세계의 많은 교회에서 신자들이 모든 재난을 하나님의 뜻으로 받아들여야 한다는 관점을 수용하는 것은 너무나 흔한 일이었고, 많은 사람들은 그들이 말없이 고난을 이겨내야 할 뿐만 아니라 심지어 그 재난 가운데 하나님의 역할이 있음을 인정해야 한다고 생각해 왔다. 하지만 아브라함이 창세기 22장에서 보여준 것처럼 하나님의 뜻에 절대적으로 순복하는 자세는 성경적 신앙의 전형적인 모습이 아니다.

많은 신앙 전통에서 하나님께 이의를 제기하지 않고 순복하는 자세를 영성의 척도로 삼았던 것과는 대조적으로 구약 히브리 성경과 심지어 신약성경도 기도할 때 하나님을 향해 진솔한 태도를 보이는 것을 규범으로 삼아왔다. 그리고 이런 진솔함이 때로는 격렬한 항의로 이어지기도 한다.

나는 개인적인 탄식 기도의 경험을 통해 어려움을 당했을 때 하나님에 대한 믿음을 지키기 위해서라도 침묵하지 **않는** 것이 중요하다는 사실을 배웠다. 따라서 **탄식**은 야곱이 얍복강 나루터에서 허벅지 뼈가 탈골되고서도 축복을 얻어내기 전에는 절대 포기하지 않고 밤새 하나님과 씨름했던 시각적 장면을 소리로서 재현한 것이라고(vocal analogy) 말할 수 있다.¹ 다르게 표현하자면, 나는 옛 스승 중 한 분이신 칼 시어벨트 (Cal Seerveld) 교수의 조언을 따르기로 했는데, 그분이 저술한 성경 묵상집의 제목은 "하나님을 붙잡고 끌어당기라"(Take Hold of God and Pull)였다.² 시어벨트 자신도 그의 책 서문에서 얍복강 가의 야곱 이야기를 언급한다.³

탄식 기도에 대한 관심이 증가하는 현상

그러나 창세기 22장이 증언하는 아브라함의 침묵에 관한 질문은 탄식 기도의 가치에 관한 질문과 함께 나의 개인적인 경험을 뛰어넘는 중대한 문제다. 최근 들어 탄식 기도에 대한 관심이 급증하고 있는데, 이는 이 주제에 관한 학술서적들과 깨어진 세상 속에서 신앙을 지키며 살아

---

1   창 32:24-31 내러티브는 야곱이 밤새 한 사람과 씨름했다고 말하는 반면, 예언자 호세아는 그가 하나님이셨고(호 12:3) 천사였다고(12:4) 진술한다. 후에 야곱은 그 장소의 이름을 브니엘("하나님의 얼굴")이라고 지으면서 그가 하나님을 직접 보았다고 말한다 (창 32:30). 종종 우리는 탄식의 기도를 통해 하나님과 씨름하는 일을 끝마친 후에야 우리가 하나님을 만나서 씨름했다는 사실을 깨닫게 된다.
2   Calvin Seerveld, *Take Hold of God and Pull* (Palos Heights, IL: Trinity Pennyasheet Press, 1966; repr., Carlisle, UK: Paternoster, 1999).
3   Seerveld, *Take Hold of God and Pull*, xiii.

가는 방법에 관한 고민을 담은 수많은 대중 서적을 통해 분명히 확인할 수 있다. 시어벨트의 저서는 탄식 기도라는 주제를 다룬 대중 서적의 초기 사례로 볼 수 있는데, 이 책은 베트남 전쟁, 민권 운동, 케네디 대통령과 맬컴 X의 암살 같은 다양한 사건들이 얽혀 있는 복잡한 시대적 상황 속에서 탄생했다.[4] 『하나님을 붙잡고 끌어당기라』라는 책에서는 탄식이라는 주제가 암시적으로만 표현되었던 반면, 이후에 시어벨트는 탄식 시편을 번역하거나 회중 찬양을 위해 음악에 가사를 붙이는 작업을 통해 탄식의 가치를 보다 더 구체적으로 제시하고 있다.[5]

탄식 기도를 다룬 최근의 작품으로는 다음과 같은 책들이 있다(지금 내 책꽂이에 꽂혀있는 책들만 소개한다). 『하나님께 아니라고 말하기』(*Saying No to God*, 2019), 『탄식 중에 기뻐하기』(*Rejoicing in Lament*, 2015), 『예언자적 탄식』(*Prophetic Lament*, 2015), 『기독교적 탄식으로서의 시편』(*The Psalms as Christian Lament*, 2014), 『하나님과 논쟁하기』(*Arguing with God*, 2013), 『하나님과 함께 아파하기』(*Hurting with God*, 2012), 『탄식의 노래』(*Lyrics of Lament*, 2010), 『탄식을 불러일으키기』(*Evoking Lament*, 2009), 『진리를 무릅쓰고: 탄식 기도를 통해 세상을 재구성하기』(*Risking Truth: Reshaping the World through Prayers of Lament*, 2008), 『라헬의 외침: 탄식의 기도와 희망의 부활』(*Rachel's Cry: Prayer of Lament and Rebirth of Hope*, 2007), 『탄식: 설교단, 회중석, 공론장에서 실천을 회복하기』(*Lament: Reclaiming Practices in Pulpit,*

---

4 Seerveld는 이 책이 나오게 된 배경을 설명한다. Seerveld, *Take Hold of God and Pull*, xi.
5 Calvin Seerveld, *Voicing God's Psalms,* Calvin Institute of Christian Worship Liturgical Studies (Grand Rapids: Eerdmans, 2005). 찬송 CD가 포함되어 있다. 이 책에 수록된 탄식 시편은 다음과 같다. 시 3; 5; 13; 22; 25; 39; 42-43; 86; 139편.

Pew, and Public Square, 2005).⁶

위에서 소개한 책들은 극히 일부에 불과하다. 그리고 여기에는 이 주제를 다룬 수많은 기사와 블로그 게시물은 포함되지 않았으며, 이런 자료들의 홍수는 좀처럼 멈출 기미를 보이지 않는다. 심지어 "토드, 토드, 어찌하여 나를 버리셨나이까?"라는 제목으로 탄식에 대해 다룬 시트콤 〈심슨 가족〉 에피소드도 있다.⁷

---

6   Matthew J. Korpman, *Saying No to God: A Radical Approach to Reading the Bible Faithfully* (Orange, CA: Quoir, 2019); J. Todd Billings, *Rejoicing in Lament: Wrestling with Incurable Cancer and Life in Christ* (Grand Rapids: Brazos, 2015); Soon-Chan Rah, *Prophetic Lament: A Call for Justice in Troubled Times* (Downers Grove, IL: InterVarsity, 2015); Bruce K. Waltke, James M. Houston, and Erika Moore, *The Psalms as Christian Lament: A Historical Commentary* (Grand Rapids: Eerdmans, 2014); Bernd Janowski, *Arguing with God: A Theological Anthropology of the Psalms*, trans. Armin Siedlecki (Louisville: Westminster John Knox, 2013); Glen Pemberton, *Hurting with God: Learning to Lament with the Psalms* (Abilene, TX: Abilene Christian University Press, 2012); Nancy C. Lee, *Lyrics of Lament: From Tragedy to Transformation* (Minneapolis: Fortress, 2010); Eva Harasta and Brian Brock, eds., *Evoking Lament: A Theological Discussion* (New York: T&T Clark, 2009); Scott A. Ellington, *Risking Truth: Reshaping the World through Prayers of Lament* (Eugene, OR: Pickwick, 2008); Kathleen D. Billman and Daniel L. Migliore, *Rachel's Cry: Prayer of Lament and Rebirth of Hope* (Cleveland, OH: Pilgrim Press, 1999; repr., Eugene, OR: Wipf & Stock, 2007); Sally A. Brown and Patrick K. Miller, eds., *Lament: Reclaiming Practices in Pulpit, Pew, and Public Square* (Louisville: Westminster John Knox, 2005).

7   *The Simpsons*, season 31, episode 9, "Todd, Todd, Why Hast Thou Forsaken Me?," directed by Chris Clements, written by Tim Long and Miranda Thompson, aired December 1, 2019, on Fox, https://www.fox.com/the-simpsons. "토드"는 심슨의 옆집에 사는 그리스도인이다. 이 자료를 소개해 준 Nate Stenberg에게 감사한다.

탄식의 상실이 가져온 값비싼 대가

탄식에 대해 이토록 뜨거운 관심을 보이는 이유가 무엇일까? 나는 일반적인 원인과 구체적인 원인을 제시하고자 한다. 먼저 일반적인 원인은 교회와 서구 문화에서 탄식이 사라지고 나서 생겨난 공백을 메워줄 필요성 때문이다. 사실 기독교 전통은 지난 수 세기 동안 탄식을 무시하고 억압함으로써 스스로 해를 자초했다. 그러나 고통과 상처로 가득한 세상의 현실은 우리가 더는 무시할 수 없는 방식으로 우리 삶을 침범하고 있으며, 이러한 현실을 진솔하게 표현하기 위해 간절히 부르짖을 필요성이 제기되고 있다.[8]

캐슬린 빌먼과 다니엘 밀리오리는 『라헬의 외침』이라는 책에서 아우구스티누스, 루터, 칼뱅, 바르트와 같은 신학자들의 글에서 탄식하는 일을 대하는 태도를 살펴봄으로써 기독교 신학 전통과 탄식 기도의 복잡한 관계를 탁월하게 설명해 준다.[9]

---

8   코로나19 팬데믹을 다룬 두 권의 책에서는 탄식(불평과 탄원)을 적절한 대응으로 제시하고 있다. N. T. Wright, *God and the Pandemic: A Christian Reflection on the Coronavirus and Its Aftermath* (Grand Rapids: Zondervan, 2020); Walter Brueggemann, *Virus as a Summons to Faith: Biblical Reflections in a Time of Loss, Grief, and Uncertainty* (Eugene, OR: Cascade, 2020). "다수 세계"(majority world; "비서구권")가 탄식과 코로나19 팬데믹을 바라보는 관점에 대해서는 다음을 보라. Federico G. Villanueva, "Lament during a Pandemic," Langham Publishing (blog), May 29, 2020, https://langhamliterature.org/blog/lament-during-pandemic?

9   Billman and Migliore, *Rachel's Cry*, 46-74. 이 장은 Jürgen Moltmann의 신학과 해방신학에서 나타나는 탄식에 대한 긍정적인 전환을 소개하면서 끝맺는다. 탄식에 대한 아우구스티누스와 Karl Barth의 복잡한 관계가 Harasta와 Brock의 *Evoking Lament*에서 다루어지는데, Barth에 대해서는 4-5장(60-98), 아우구스티누스에 대해서는 11장(183-203)에서 설명한다.

유대교 전통은 탄식에 대해 훨씬 더 개방적인 경향이 있었지만, 나는 본서 제5장에서 랍비 시대에 발전했던 모순적인 경향, 다시 말해 하나님을 향한 항의를 타당하게 여기고 긍정하는 흐름과 이를 죄악시하여 차단하려 하는 흐름이 공존한다는 점을 지적했었다.

하지만 기원후 기독교와 유대교 전통이 시작되기 훨씬 이전부터 탄식이라는 주제가 고대 이스라엘 사회에서 문제시되기 시작했다. 윌리엄 S. 모로(William S. Morrow)는 『하나님께 대한 항변: 성경 전통의 실종』(*Protest against God: The Eclipse of a Biblical Tradition*)이라는 책에서 바빌로니아 유배 이후, 다시 말해 제2성전 시대에 탄식 기도가 쇠퇴하는 과정을 추적한다.[10] 모로는 이 같은 탄식의 실종이 하나님에 대한 이해 및 하나님과 세상의 관계에 대한 이해의 변화와 관련이 있다고 주장하는데, 이러한 이해의 변화는 기원전 5세기에 구체화하기 시작하여 기원후 시대까지 이어져 왔다고 한다.[11] 이스라엘의 하나님은 점점 더 범우주적으로 강

---

[10] Morrow, *Protest against God: The Eclipse of a Biblical Tradition*, Hebrew Bible Monographs 4 (Sheffield: Sheffield Phoenix, 2006); Morrow, "Violence and Transcendence in the Development of Biblical Religion," *Bulletin of the Canadian Society of Biblical Studies* 66 (2006/2007): 1-21. 이것은 2006년 5월 28일 캐나다 토론토 요크 대학교에서 열린 캐나다성서학회에서 Morrow가 행한 학회장 취임 연설이었다. (https://www.academia.edu/7682452/Violence_and_Transcendence_in_the_Development_of_Biblical_Religion). 탄식의 실종에 관한 이러한 주장은 Morrow에게서만 찾아볼 수 있는 것은 아니다. 일찍이 Claus Westermann이 *Praise and Lament in the Psalms*, trans. Keith R. Crim and Richard N. Soulen from the 1965 German ed.(Atlanta: John Knox, 1981), 201-13에서 이런 주장을 제기했으며, 많은 성서학자들이 그를 뒤따르고 있다.

[11] Morrow는 이러한 탄식의 실종이 신약성경의 특징이기도 하다고 지적한다(*Protest against God,* 211). 비록 나도 탄식이 구약성경에서보다는 신약성경에서 덜 두드러져 보인다는 점은 인정하지만, 앞서 제1장에서도 언급했듯이 탄식의 전통은 청원과 간구에 관한 많은 신약성경 텍스트뿐만 아니라 고난주간 내러티브의 토대를 이루고 있다. 그러나 이 주제는 예수의 죽음이 이삭의 결박 이야기를 모델로 한 것인가에 대한 질문과 마찬가지로 별

력하고 초월적인 존재이자 평범한 인간의 관심사를 뛰어넘어 계시는 분으로 여겨지면서 그런 하나님께 탄식하는 일이 부적절하게 여겨졌을 뿐만 아니라, 하나님의 절대적 공의라는 개념은 이스라엘이 당하는 고통이 심판의 결과이며 따라서 정당하다는 생각으로 이어졌다.[12] 아마도 이러한 변화가 포로 시대 이후로 참회 기도가 급부상한 이유를 설명해 주는 듯한데, 이 시기에는 기도가 하나님께 대한 항의가 아니라 주로 죄의 자백과 용서를 간구하는 일로 여겨졌다(느 9장에서처럼 말이다).[13]

모로는 이러한 신학적 변화의 기저에 있는 원인을 추측하면서 신명기 신학의 상벌 사상 및 바빌로니아 유수를 이스라엘의 죄에 대한 심판으로 여겼던 예언 문학 같은 성경적 주제들을 지적한다.[14] 그는 또한 페

도의 문서로 다루어져야 할 사안이다.

[12] Morrow는 그의 책 제5장 "하나님을 향한 항의에 대한 포로기의 비판"(*Protest against God*, 106-28)에서 이런 경향을 탐구하는데, 그는 이것을 예레미야애가, 이사야 40-55장, 신명기 역사서(여호수아-열왕기)와 연결하여 설명한다. 이 주제에 대한 요약으로는 다음을 보라. Morrow, *Protest against God*, 136-38.

[13] 탄식 기도에서 참회 기도로의 전환에 대해서는 다음을 보라. Morrow, *Protest against God*, 161-67. Morrow는 포로기 이후까지도 존속했던 탄식의 형태들을 논하는데, 여기에는 외경, 위경, 사해 문서 등이 포함되며 개인적 요소와 공동체적 요소를 혼합하는 경향을 보인다. 정경의 탄식 시편들과는 달리 경외 문서의 탄식 시편들은 육체적 고통이나 죽음에 대한 불평을 담고 있지 않으며(초점이 주로 "원수들"과 "용서의 필요성"에 맞추어져 있다), 전례적으로 사용하기 위한 모음집이라기보다는 서사적 맥락의 일부로 전승되는 경우가 많다. 그리고 하나님을 향한 항의라는 모티프는 뒷전으로 밀려나 버린다. 경외 문서에 나타난 탄식 시편에 대해서는 다음을 보라. Morrow, "Prayers for Individuals in Extra-Biblical Second Temple Literature," in *Protest against God*, 178-200; Morrow, "Violence and Transcendence," 9.

[14] 탄식의 쇠퇴를 불러온 것은 신명기 신학의 행위-결과 도식 자체가 아니라 그 도식에 대한 비타협적 해석이라고 주장할 수도 있다. 이런 해석은 모든 고난의 원인을 결국 하나님께 대한 불순종에서 찾는다. 그리고 예언자적 관점에서는 유배를 이스라엘이 언약에 불순종한 데 대한 심판으로 해석했지만, 제2장에서 살펴보았던 것처럼 다양한 예언서 텍스트에 탄식의 기도들이 포함되어 있고, Morrow도 이 점은 인정한다.

르시아의 지배하에 있던 이스라엘의 지정학적 상황을 지적하는데, 페르시아 제국의 영향력은 아시리아와 바빌로니아를 능가했다. 우리는 조로아스터교에서 발견되는 범우주적이고 초월적인 신성이라는 페르시아적 개념도 이 같은 지정학적 영향력을 뒷받침했으리라고 본다. 이처럼 새로운 정치적, 종교적 상황이 이스라엘 성경의 특정 신학적 경향과 맞물려 하나님은 저 멀리 떨어져 계시고 역사를 완전히 통제하시는 분이라고 여기는 관점으로 이어졌으며, 결과적으로 탄식 시편이나 다른 성경 텍스트에서 하나님과의 내적 친밀감을 드러낸 표현들은 극복해야 할 도전의 대상이 되었다.[15]

---

[15] Morrow(*Protest against God*, 134)는 욥기 자체가 제2성전기인 페르시아 시대의 정황에서 유래했다고 주장하는데 나는 이에 전적으로 동의한다. 욥기의 다양한 관점들에 대한 분석을 통해 Morrow는 욥의 친구들, 지혜에 관한 막간극(28장), 그리고 엘리후라는 등장인물이 하나님께 대한 항변을 금지하는 그 시대의 신학적 전환을 반영한다고 주장한다. 야웨의 담화에 대한 그의 견해는 더욱 모호한데, 그는 야웨의 담화가 욥의 견해와 반대자들의 견해 가운데 일부 측면을 공격함으로써 욥의 탄식의 정당성 문제를 미해결의 과제로 남겨둔다고 제안한다. 욥기에 관한 Morrow의 논의는 다음을 보라. *Protest against God*, chap. 6, "Protest against God in the Axial Age"(129-46). 나는 Morrow의 분석 대부분에 동의하지만, 야웨의 담화 및 욥의 답변에 대한 나름의 주해를 통해 나는 욥기가 포로기 이후의 신학적 전환에 대한 **비판**으로서 기능하며, 탄식의 전통이 쇠락해 가던 시대에 그 가치와 중요성을 재차 강조한다고 여기게 되었다. 이처럼 욥기가 늦은 연대(페르시아 시대)에 작성되었다고 보는 관점은 욥기가 성경에서 가장 오래된 책은 아니더라도 상당히 오래된 책 가운데 하나라는 통념에 반하는 것인데, 나의 학생 가운데 상당수가 출석하는 교회나 인터넷에서 그런 통념을 접했다고 한다. 내가 느끼기에 이러한 초기 연대설은 욥기의 서사적 배경이 아브라함 시대의 문화적 맥락과 유사하다는 점에 근거하는 것 같다. 그러나 이 책이 후기에 저술되었음을 보여주는 여러 증거를 고려할 때 그처럼 이른 연대 설정은 절대로 유지될 수 없다. 본서에서 욥기를 다루는 두 장에서 연대 문제를 명시적으로 다루지 않았으니 언젠가는 이 주제에 대한 후속 글을 써야 할지도 모르겠다.

월터 브루그만의 영향

우리 시대에 탄식에 대한 진지한 관심이 부활하게 된 두 번째 (구체적인) 원인은 성서학자 월터 브루그만의 공헌이었다. 브루그만은 구약을 주제로 한 많은 저서에서 현대 신앙 공동체를 향한 신학적, 윤리적 주장들을 제기하였는데, 그는 다양한 신학 전통에 속한 북미 교회의 목회자와 신학생들이 다시 진지하게 구약을 연구하고 설교하도록 돌이키게 만드는 과업을 거의 혼자 힘으로 이끌어 왔다. 브루그만은 교회의 건강에 필수적인 요소인 탄식을 회복해야 한다고 부르짖었는데, 이를 통해 그는 서구 교회에 적지 않은 영향력을 행사했다.

1970년대부터 브루그만은 시편과 예언서를 다룬 다수의 저술에서 성경적 신앙의 주요한 측면으로서 탄식의 중요성에 대해 발언하기 시작했다. 초기 연구인 "상처에서 기쁨으로, 죽음에서 생명으로"("From Hurt to Joy, from Death to Life", 1974)라는 에세이에서 그는 "탄식이 견고한 신앙을 증언한다"라고 주장하는데, 이스라엘 백성이 그들의 고통을 진솔하게 표현하고 하나님과 소통하는 관계를 발전시켜 가는 방편이 곧 탄식이라는 것이다.[16] 그다음으로는 "정형화된 슬픔"("The Formfulness of Grief", 1977) 같은 에세이가 뒤를 잇는다. 이 글에서 그는 탄식 시편의 전형적인 요소들과 탄식에 이르는 과정에 대한 엘리자베스 퀴블러 로스의 분석에

---

16   Brueggemann, "From Hurt to Joy, from Death to Life," *Int* 28 (1974): 3-19. 다음 책에 재수록되었다. Brueggemann, "From Hurt to Joy, from Death to Life," in *The Psalms and the Life of Faith,* ed. Patrick D. Miller (Minneapolis: Augsburg Fortress, 1995), 67-83. 여기서는 나중에 출간된 *Psalms and the Life of Faith,* 68에서 인용했다.

등장하는 주요 요소들 사이의 관계를 탐구하는데, 이 모든 과정은 교회가 삶과 예배를 위해 탄식의 중요성을 인식하고 회복하는 데 도움을 주려는 목적으로 수행되었다.[17]

그다음으로 『예언자적 상상력』(*The Prophetic Imagination*, 1978)이라는 단행본이 출간되었다. 여기서 브루그만은 예언자의 임무 가운데 중요한 측면이 불의를 폭로하고 고통을 의식의 표면으로 끌어 올림으로써(그는 이것을 "감성의 포용"[embrace of pathos]이라고 부른다) 현상 유지에 도전하는 것이며, 이에 더하여 이처럼 고통을 진솔하게 대면함으로써 일어나는 쇄신("경이감의 발현")이 동반되어야 한다고 주장한다.[18] 그로부터 1년 후에 출간된 논문에서 그는 구약성경 전체에서 중요한 사회적 의미를 지니는 두 가지 궤적에 관해 이야기하는데, 그중 하나는 모세-예언자 전통과 관련된 "고통의 포용"(embrace of pain)이다(이것은 『예언자적 상상력』에서 "감정의 포용"이라고 불렸던 것과 대동소이하다).[19]

그로부터 얼마 지나지 않아 브루그만은 "시편과 신앙의 삶: 기능

---

17 Brueggemann, "The Formfulness of Grief," *Int* 31 (1977): 263-75. 다음 책에 재수록되었다. Brueggemann, "The Formfulness of Grief," in Miller, *Psalms and the Life of Faith*, 84-97.

18 Brueggemann, *The Prophetic Imagination* (Philadelphia: Fortress, 1978), chap. 3: "Prophetic Criticism and the Embrace of Pathos"; chap. 4: "Prophetic Energizing and the Emergence of Amazement." 이 중요한 책의 개정판이 2001년과 2008년에 출간되었다.

19 Brueggemann, "Trajectories in Old Testament Literature and the Sociology of Ancient Israel," *JBL* 98 (1979): 161-85. Brueggemann은 후에 이러한 분석을 확장하여 학술지에 2부로 나누어 싣는다. "A Shape for Old Testament Theology, I: Structure Legitimation," *CBQ* 47 (1985): 28-46; "A Shape for Old Testament Theology, II: Embrace of Pain," *CBQ* 47 (1985): 395-415. 2부로 이루어진 이 논문은 다음 저서의 1, 2장으로 동일한 제목을 달고 다시 출간된다. Brueggemann, *Old Testament Theology: Essays on Structure, Theme, and Text*, ed. Patrick D. Miller (Minneapolis: Fortress, 1992).

적 모형론에 대한 제안"("Psalms and the Life of Faith: A Suggested Typology of Function", 1980)이라는 제목의 에세이에서 탄식의 중요성을 다루었으며, 이어서 그가 시편을 주제로 저술한 책 가운데 첫 번째인 『시편의 메시지』(*The Message of the Psalms: A Theological Commentary*, 1984)라는 주석서를 발표한다.[20] 이 에세이와 주석서에서 브루그만은 탄식 시편을 "방향 상실"(disorientation)의 대표적인 사례로 들고 있는데, 이러한 "방향 상실"은 이스라엘이 진술한 호소를 통해 그들의 고통을 하나님께 가져갈 때에야 가능해질 수 있는 "새로운 방향 설정"의 토대가 된다. 여기서 우리는 시편과 예언서에 대한 브루그만의 연구에서 범주들이 하나로 수렴하는 것을 발견할 수 있다.[21]

하지만 우리 시대에 탄식이 실종되어 버린 사태에 관심을 보이는 독자들의 이목을 끌었던 것은 무엇보다도 1986년에 작성한 "탄식의 상실이 가져온 값비싼 대가"("The Costly Loss of Lament")라는 에세이다.[22] 여

---

20 Brueggemann, *The Message of the Psalms: A Theological Commentary*, Augsburg Old Testament Studies (Minneapolis: Augsburg, 1984), esp. "Psalms of Disorientation," 51-121; Brueggemann, "Psalms and the Life of Faith: A Suggested Typology of Function," *JSOT* 17 (1980): 3-32 (동일한 제목의 저서 *Psalms and the Life of Faith*의 제1장[3-32]으로 재인쇄). 이 논문에 대해 John Goldingay가 답글을 썼다. Goldingay, "The Dynamic Cycle of Praise and Prayer in the Psalms," *JSOT* 20 (1981): 85-90; 그리고 이에 대해 Brueggemann이 다시 답한다. "Response to John Goldingay's 'The Dynamic Cycle of Praise and Prayer,'" *JSOT* 22 (1982): 141-42.

21 Brueggemann은 "Psalms and the Life of Faith: A Suggested Typology of Function"에서 "방향 재설정"(reorientation)이라는 범주를 사용하는데, 이것이 *Message of the Psalms*에서는 "새로운 방향 설정"(new orientation)이라고 표현된다.

22 Brueggemann, "The Costly Loss of Lament," *JSOT* 36 (1986): 57-71 (*Psalms and the Life of Faith*, 98-111 제5장에 같은 제목으로 재수록). 이 논문에 대한 답변으로 탄식의 실종에 대응하는 참된 찬양의 상실이라는 문제를 다룬 글이 출현했다. Rolf Jacobson, "The Costly Loss of Praise," *ThTo* 57, no. 3 (2000): 375-85.

기서 브루그만은 탄식 기도의 실종이 인간의 정체성과 사회 정의 문제에 미치는 부정적인 심리적, 사회학적 결과에 대해 논의하였다. 그는 탄식 기도의 회복이 건강한 자아 발달에 공헌할 수 있으며, 이는 불의에 저항하고 보다 더 광범위한 공동체에서 인류의 번영을 위해 헌신하는 일에 필요하다고 주장한다.

이후로도 브루그만은 탄식에 관한 글을 계속 써왔는데, 그의 많은 에세이 중에 2003년에 발표된 "큰 목소리로 탄식하기 위한 필수 조건"("Necessary Conditions of a Good Loud Lament")이라는 장문의 개론적인 글이 있다.[23] 브루그만은 성서 연구, 목회적 돌봄, 그리고 교회 생활 전반에서 탄식으로 관심이 전환되는 과정을 추적하는 것으로 글을 시작하여, 우리 사회가 전체주의적 이데올로기에 깊이 빠져 있어서 현대 사회에서 탄식이 진정으로 뿌리내리기가 대단히 어려울 것이라는 경고로 끝을 맺는다. 그리고 에세이의 본론은 주로 우리 시대에 탄식을 진지하게 실천하는 데 필요한 열 가지 "신학적 전제 조건"을 다룬다.

여기서 탄식의 중요성에 대한 브루그만의 모든 주장을 되풀이할 생각은 없다. 그보다는 개인의 삶뿐만 아니라 오늘날 공동체 신앙의 쇄신과 관련하여 탄식이 가장 큰 가치를 발휘한다고 생각되는 부분을 강조하고자 한다.

---

23 Brueggemann, "Necessary Conditions of a Good Loud Lament," *HBT* 25 (2003): 19-49.

저항과 복종의 변증법

시편이나 성경의 다른 부분에서 발견되는 탄식 기도는 하나님께서 인간과의 관계에서 진솔한 태도를 반기신다는 신학적 주장을 내포하고 있다. 다시 말해 성경의 하나님은 "대담함/당돌함"(*chutzpah*, "후츠파")을 지닌 대화 파트너를 원하신다는 것이다.[24]

그런데 이 같은 진솔함 혹은 "후츠파"(대담함/당돌함)는 신뢰 혹은 복종과 대척점에 놓인 것이 아니다. 예를 들어 두 갈래로 나뉜 예레미야와 하박국의 기도를 생각해 보자. 예레미야의 경우 그는 먼저 하나님의 참되심을 긍정한다. "여호와여, 내가 주와 변론할 때에는 주께서 의로우시니이다"(렘 12:1a). 이어서 그는 이러한 확언을 불평으로 보충한다. "그러나 내가 주께 질문하옵나니, 악한 자의 길이 형통하며 반역한 자가 다 평안함은 무슨 까닭이니이까?"(12:1b) 마찬가지로 하박국도 먼저 "주께서는 눈이 정결하시므로 악을 차마 보지 못하시며 패역을 차마 보지 못하시거늘"이라고 고백하고서(합 1:13a), 곧바로 다음과 같이 당돌한 질문을 던진다. "어찌하여 거짓된 자들을 방관하시며 악인이 자기보다 의로운 사람을 삼키는데도 잠잠하시나이까?"(1:13b)

---

24   Belden C. Lane은 "하늘을 향한 담대함"이라는 유대 전통에 대한 기독교적 이해를 탐구한다. Belden C. Lane, "Hutzpa K'lapei Shamaya: A Christian Response to the Jewish Tradition of Arguing with God," *JES* 23 (1986): 567-86. Lane은 "거의 오만함에 가까울 정도의 담대한 믿음"이 "시내산 위의 희박한 공기 속에 특히 널리 퍼져 있었다"(567)라고 표현한다. 이는 "하늘을 향한 담대함"(*Hutzpa K'lapei Shamaya*, "후츠파 클라페이 샤마야")이라는 태도를 전형적으로 보여주는 인물인 모세에 관하여 본서 제2장에서 논의한 내용과 잘 맞아떨어진다.

이 두 예언자는 먼저 하나님에 대해 진실이라고 믿어지는 바를 인정하고(이는 탄식 시편에서 신뢰의 고백에 해당한다), 이어서 질문의 형태로 불평을 이어간다(이 또한 탄식 시편의 전형적인 특징이다). 두 경우 모두 신뢰의 고백이 불평과 대조되지 않으며, 오히려 신뢰의 고백이 바로 불평의 근거가 된다.[25]

그런가 하면 시편 22편에서 보는 것처럼 곧바로 불평으로 시작할 수도 있다. "내 하나님이여, 내 하나님이여, 어찌 나를 버리셨나이까?"(시 22:1a) 마찬가지로 예레미야 20:7-18의 기도도 고발로 시작한다. "여호와여, 주께서 나를 권유[유혹]하시므로 내가 그 권유를[유혹을] 받았사오며, 주께서 나보다 강하사 이기셨으므로 내가 조롱거리가 되니, 사람마다 종일토록 나를 조롱하나이다"(20:7). 위의 두 기도에서 하나님에 대한 긍정적인 신뢰의 진술은 후반부에(시 22편에서는 22:3-5, 9-10절, 특히 22-31절[MT 22:4-6, 10-11, 23-32]에, 렘 20장에서는 20:11-13에) 나온다.

이와는 대조적으로 시편 88편은 거의 끊임없이 불평에 초점을 맞추고 있으며 시인이 당하는 고통에 하나님이 개인적으로 연루되어 있음을 시사한다. "주께서 나를 깊은 웅덩이와 어둡고 음침한 곳에 두셨사오며"(시 88:6[88:7 MT]). "주께서 두렵게 하실 때에 당황하였나이다. 주의

---

25 Brueggemann은 (모세, 창 18장의 아브라함, 그리고 욥의 기도와 같은) 그러한 기도들이 "비대칭적 파트너 간의 상호성"을 증명한다고 주장한다. 이러한 상호성이 하나님의 일방적인 절대주의와 인간의 제약 없는 자율성을 매개해 주는 대안이 된다는 것이다. Brueggemann, "Concluding Reflections," in *Shaking Heaven and Earth: Essays in Honor of Walter Brueggemann and Charles B. Cousar*, ed. Christine Roy Yoder et al. (Louisville: Westminster John Knox, 2005), 159.

진노가 내게 넘치고 주의 두려움이 나를 끊었나이다"(88:15b-16[16b-17 MT]). 그러나 "내 구원의 하나님이여!"(88:1[88:2 MT])라는 문구 외에는 하나님을 향한 신뢰를 보여주는 확언이 전혀 없는 상황이지만, 이 거친 기도가 하나님께 드려진다는 사실 자체가 시인이 하나님에 대해 암묵적인 신뢰를 가지고 있음을 보여주는 증거가 된다.[26]

하나님을 향한 인간의 절박한 행동으로 드러나는 이 꾸밈없는 영성이 가장 잘 드러나는 대목은 예수께서 자신의 죽음을 두고 숙고하시는 장면이다(눅 22:42). 그분은 저항과 순종, 당돌함과 신뢰라는 상반된 태도를 번갈아 보이시면서도 아무런 모순을 느끼지 않으신다. 그래서 "아버지여…이 잔을 내게서 옮기시옵소서"(저항/당돌함)라고 간구하시면서도 "내 원대로 마시옵고 아버지의 원대로 되기를 원하나이다"(순종/신뢰)라고 확언하실 수 있었던 것이었다.

탄식과 건강한 자아 발달

하나님을 향한 탄식과 담대함(때로는 저항)이 순종의 대안으로서가 아니

---

[26] 성서 시대 이후 탄식의 노래 가운데서 특히 가슴 아픈 사례는 이츠하크 바르 샬롬(Isaac bar Shalom)의 전례시 "피유팀"(*piyyutim*)에서 찾아볼 수 있다. 그는 이 시에서 기원후 1147년 독일의 제2차 십자군 전쟁 당시 자행되었던 유대인 학살을 하나님께서 침묵하며 외면하셨다고 고발한다. "벙어리 가운데 당신 같은 이 없으니, 우리를 괴롭히는 자들 앞에서 침묵하며 잠잠히 계시네." 전체 시에 대한 분석은 다음을 보라. Jakob J. Petuchowski, *Theology and Poetry: Studies in the Medieval Piyyut*, Littman Library of Jewish Civilization (London: Routledge & Kegan Paul, 1978), 71-83.

라 순종에 더하여 나름의 가치를 지닌다는 점이 D. W. 위니코트 박사와 다른 학자들이 주창한 성격 발달 이론을 통해 설명될 수 있는데 일반적으로 이것은 "대상관계이론"(Object-Relations Theory)이라고 알려져 있다. 이 이론에 따르면 어린아이의 건강한 자아 발달은 아이가 먼저 어머니와 신체적 접촉을 통한 친밀감 속에서 유대를 형성할 때 일어난다. 이는 자아 외부의 진정한 타자에게 순종하거나 자신을 맡기는 대표적인 형태이며, 그런 이유에서 "대상-관계"(Object-Relations) 이론이라고 불리는 것이다. 이러한 유대감 없이는 아이가 신뢰하는 법을 배우지 못하며, 신뢰는 일반적인 건강한 관계에, 그리고 특히 신앙생활에 필수적이다.

그러나 위니코트는 건강한 자아 발달을 위해서는 자신을 맡기는 일과 함께 엄마에 대한 아이의 주도권 경험, 그리고 이에 대한 엄마의 반응도 필요하다고 지적한다. 그녀는 아이의 "전능성" 경험이라는 은유를 사용하는데, 이것은 과장된 표현일 수 있으나 요점을 잘 전달한다. 위니코트는 이렇게 언급한다. "진정한 자아는 유아의 '전능성 표현들'(omnipotent expressions)을 엄마가 실현해 줌으로써 유아의 연약한 자아에 주어지는 힘을 통해 생명을 얻기 시작한다."[27] 엄마가 항상 주도하고 아이는 단순히 순응하기만 한다면 그 아이는 강한 자아가 아니라 "거짓 자아"(false self)를 형성하게 되고, 이는 훗날 성장한 후 삶에서 다양한 종류의 이데올로기나 종교적 원칙주의를 강요하는 타인의 조종에 취약해지도록 만든다.

---

27 Winnicott, *The Maturational Processes and the Facilitating Environment: Studies in the Theory of Emotional Development* (Madison, WI: International Universities Press, 1965), 145.

월터 브루그만은 위니코트의 통찰을 신앙생활에 적용하여 다음과 같이 지적한다. "신자는 탄식과 함께 하나님 앞에서 주도권을 행사할 수 있으며, 이를 통해 책임감 있는 신앙에 필수적인 '자아 강도'(ego-strength)를 하나님과의 관계 속에서 발전시켜 나갈 수 있다. 그러나 탄식을 시작할 능력이 없을 때 우리에게 남은 것이라고는 찬양과 송영밖에 없다. 하나님은 전능하시고 언제나 찬양을 받기에 합당하신 분이시다. 그리고 신자인 우리는 아무것도 아닌 존재다."[28] 그는 이렇게 덧붙인다. "탄식이 사라지고 없을 때 우리에게 남겨진 유일한 선택지는 강압적인 순종의 종교뿐이다."[29]

그의 말은 탄식이 윤리에 미치는 영향과 관련해 중요한 문제를 제기한다. 브루그만의 통찰에 따르면 우리가 탄식 기도에 참여하는 일이 자아 정체성을 강화하여 타인에게 쉽게 조종당하거나 이데올로기의 희생양이 되지 않도록 막아준다는 것이다. 또한 그는 탄식 기도를 예언자적 비판과 연결함으로써 불의를 지적하고 우리 시대가 (사회 간에 혹은 사회 내에서) 폭력을 영속화하는 이데올로기에 다양한 방식으로 얽매여 있다는 사실을 폭로하게 해준다.

---

28 Brueggemann, "Costly Loss of Lament," 103.
29 Brueggemann, "Costly Loss of Lament," 104.

탄식과 하나님의 성품에 대한 분별력

여기서 나는 브루그만보다 한 걸음 더 나아가 탄식이 단순히 정체성의 강화를 통해서만 아니라, 일반적으로 탄식에 동반되는 하나님의 연민에 대한 분별을 통해서도 윤리와 연결된다고 제안하고자 한다. 이것이 바로 탄식이 내포한 **신학적** 중요성이다.

탄식의 동기 가운데 중요한 부분은 우리의 삶에서 미르지 않고 끊어오르는 고통이겠지만, 이에 더하여 탄식의 전제가 되는 하나님과 우리 사이의 관계, 말하자면 우리에게 그 같은 기도를 적극 권장하시는 하나님의 성품에 대한 깨달음도 탄식의 동기가 된다. 시편이나 성경의 다른 책에서 발견되는 탄식의 기도들이 신뢰의 고백을 명시적으로 포함하든 포함하지 않든, 그런 기도들은 **암묵적으로** 하나님에 대한 신뢰에 **의존한다**. 아동 학대범의 자녀는 대개 방 한구석에 움츠린 채로 부모의 행동에 항의하거나 부모에게 다르게 행동해 달라고 요구하지 못한다. 자녀가 부모에게 비판의 말을 솔직하게 쏟아내기 위해서는 부모에 대해 상당한 수준의 신뢰가 필요하다. 그 비판이 분노로 표출되든 아니면 그저 떨리는 음성으로 표현되는 말이다. 따라서 탄식을 가능하게 해주는 필수적인 요건은 거칠고 대담한 진솔함까지도 기대하시고 환영하시는 하나님의 성품을 분별하는 일이다. 이러한 분별력이 우리에게 담대하게 기도할 수 있는 동기를 부여한다.

페미니스트 신학자 신시아 릭비(Cynthia Rigby)는 시편 22편을 다룬 에세이에서 우주의 초월적 창조주이신 "당신"에게 우리 목소리가 전달될 수 있다는 가능성이 기도자에게 담대함을 준다고 지적한다.[30] 그녀는 바로 이것이 시편 22편 저자가 간구와 불평에서 찬양으로(22:21b부터) 전환할 수 있게 해준 원동력이었을 것이라고 가정한다. 시편 저자가 실제로 자신의 고난에서 풀려나지는 못했지만 그럼에도 그는 하나님께서 그의 부르짖음을 들으셨다는 확신을 얻었다.

일부 페미니스트 신학자가 초월적인 신이 아니라 오직 내재적인 신만이 억압받는 여성에게 도움이 될 수 있다고 주장하는 데 반해, 신시아 릭비는 아프리카계 미국인 및 필리핀 여성들의 사례를 인용하면서 비록 하나님이 억압적인 상황에서 명백한 해방을 가져다주지는 않았으나 바로 그 하나님이 해방을 가져다줄 **수 있다는** 사실을 그녀들이 깨달았기 때문에 초월적이고 강력한 하나님을 신뢰할 수 있음을 보여주었다. 그들은 억압의 상황 바깥에 계시는 그들이 믿는 초월적인 하나님께 간구와 불평으로 호소할 수 있었다. 실제로 이 하나님은 자신과 씨름하는 독립적인 주체들을 환영하신다. 그리하여 릭비는 "자신이 믿는 하나님을 비난하거나 신뢰하는 일에 거리낌이 없는" 사람들은 어려운 상황 속에서도 "살아갈 힘을 끌어모을 수 있는 것처럼 보인다"라고 지적한다.[31] 우주의 창조주께서 고통과 궁핍을 토로하는 기도를 받아주신다는(심지어 환영하신다는) 사실이 궁극적으로 희망을 낳고 그와 더불어 인류 공동체 안에서 창조적으로 살아갈 에너지를 만들어낸다.

30　Rigby, "Someone to Blame, Someone to Trust: Divine Power and the Self-Recovery of the Oppressed," in *Power, Powerlessness and the Divine: New Inquiries in Bible and Theology*, ed. Cynthia L. Rigby (Atlanta: Scholars Press, 1997), 79-102.
31　Rigby, "Someone to Blame, Someone to Trust," 86.

이것은 탄식의 **근거**나 **동기**를 제공하는 하나님에 대한 이해를 넘어 탄식의 경험 자체에서 무언가를 **배울** 수 있음을 시사한다. 내 경우가 그러했다. 나의 탄식은 하나님의 성품에 대한 새로운 분별로 이어졌다. 앞서 언급했던 개인적인 흑암의 시기에 탄식 기도를 처음 경험했던 이후로 수년이 지나 나는 기독교 전례로 구성된 일주일간의 공동체 학술 연구에 참여했는데, 이 모임의 아침과 저녁 기도에 탄식 시편이 포함되어 있었다. 그 당시 나는 단식힐 만힌 상횡이 이니었고 그 시편들의 구체저인 불평에 공감할 수는 없었지만, 시편 저자가 자신의 고난에 대해 하나님께 탄원하는 목소리를 규칙적으로 듣는 경험은 하나님의 세심함과 자비에 대한 깊은 감사를 불러일으켰다.[32]

탄식과 윤리적 변화

아브라함 헤셸(Abraham Heschel)은 과거 우리의 안일했던 모습을 산산이 부숴버리는 하나님의 새로운 계시 가능성에 관해 이야기한다. 그는 하나님에 관해 다음과 같이 상상력이 풍부한 묘사를 제공한다. "전율이 우리의 사지를 붙잡고, 신경은 자극을 받아 현악기처럼 떨리고, 우리의 전 존재가 흔들리기 시작한다. 그러나 그때 우리의 내면 가장 깊은 곳에서

---

32 나는 골로새 포럼(The Colossian Forum)이 2013년과 2014년 여름에 다양한 기독교 전례를 경험하게 해준 데 대해 감사를 드린다. 그러한 경험들은 학제간 연구 프로젝트를 시작하는 계기가 되었으며 그 결과로 다음 책이 출간되었다. William T. Cavanaugh and James K. A. Smith, ed., *Evolution and the Fall* (Grand Rapids: Eerdmans, 2017). 『인간의 타락과 진화』(새물결플러스 역간).

터져 나오는 외침이 주변 세상을 가득 채운다. 마치 거대한 산이 갑자기 우리 앞을 막아서는 듯한 느낌! 그분이 바로 **하나님**이시다."³³

아브라함 헤셸의 묘사와 비교하자면 하나님에 대한 나의 경험은 훨씬 더 평범하고 길들어 있다. 나는 고압 전류가 만들어내는 불꽃 같은 통찰력이 아니라 흑암의 고난을 통해 하나님의 임재를 경험했다. 이러한 분별은 점진적이었으며 때때로 주춤거리기도 하는 탄식의 기도를 통해 이루어졌다. 그럼에도 불구하고 나는 헤셸이 "영감은 지나가지만 영감 받았다는 사실은 절대로 사라지지 않는다"라고 지적했을 때 그것이 나의 경험에서 입증되고 있음을 발견했다.³⁴

탄식의 지속적인 영향 중 하나는 윤리적 감수성이다. 탄식을 실천하는 일은 우리의 자아의식을 강화할 뿐만 아니라(브루그만의 요점) 타인의 고통에 공감할 수 있도록 우리의 마음을 열어준다. 출애굽기 23:9에서 이스라엘 백성에게 다음과 같은 명령이 주어진다. "너는 이방 나그네를 압제하지 말라. 너희가 애굽 땅에서 나그네 되었었은즉 나그네의 사정을 아느니라." 레위기 19:34도 이와 비슷하다. "너희와 함께 있는 거류민을 너희 중에서 낳은 자 같이 여기며 자기 같이 사랑하라. 너희도 애굽 땅에서 거류민이 되었었느니라." 한마디로 고통의 경험을 공유할 때

---

33 Abraham Joshua Heschel, *Man Is Not Alone: A Philosophy of Religion* (New York: Farrar, Straus & Giroux, 1951), 78.
34 Heschel, *Man Is Not Alone*, 78. 물론 하나님에 대한 최초의 경험이 지속적인 관계로 이어진다는 보장은 없다. 복음서에 나오는 씨뿌리는 사람의 비유(또는 땅의 비유)가 이 점을 충분히 설명해 준다(마13:1-23; 막 4:1-20; 눅 8:4-15). 씨앗이 떨어진 네 종류의 토양 가운데 오직 하나의 토양만 좋은 열매를 맺는다. 최초로 은혜를 경험한 사람은 그 경험을 가꾸고 보살펴야만 한다. 바울이 빌 2:12에서 표현한 것처럼 "두렵고 떨림으로 너희 구원을 이루"어야 한다.

결론 447

윤리적으로 긍정적인 결과가 뒤따른다는 논리다.[35]

그러나 이러한 결과가 반드시 나타나는 것은 아니다. 고통의 경험이 실제로 타인의 고통에 대한 연민으로 이어질 수도 있지만, 고통이 우리를 타인으로부터 단절시킬 수도 있다. 때로는 고통의 경험이 우리의 활력을 고갈시키고 타인에게 우리 자신의 많은 것을 내어줄 수 있는 능력을 감퇴시킬 수도 있다. 어떤 경우에는 우리가 당하는 고통에 특권을 부여하고 자신이 피해자라는 생각을 고취한 결과 다른 사람들로부터 자신을 보호하기 위해 벽을 쌓을 수도 있다. 이것은 특히 정체성이 종종 "우리 대 그들"이라는 대립적인 범주로 규정되는 우리 시대에 중요한 이슈로 대두되고 있다. 부족주의는 인류 역사 전반에 걸쳐 대부분의 문화권에서 해로운 특징으로 여겨져 왔는데, 특히 우리 시대에는 타인을 악마화하는 정체성의 대립이 만연해 있다.[36]

우리 시대의 부족주의는 소셜 미디어가 제공하는 연결성으로 인해 더욱 심화하는데, 이는 시스템에 내장된 알고리즘이 사람들을 주로 그들과 비슷한 생각을 하는 사람들과 연결해 주기 때문이다. 그 생각이 옳든 그르든 관계없이 말이다. 인터넷을 통해 자신과 비슷한 영적 여정을

---

[35] 신 10:18-19은 한 걸음 더 나아가 이방인 혹은 나그네(gēr, "게르")를 사랑해야 하는 근거를 야웨의 성품과 행동에 둔다. "나그네를 사랑하여 그에게 떡과 옷을 주시나니, 너희는 나그네를 사랑하라. 전에 너희도 애굽 땅에서 나그네 되었음이니라."

[36] "게르"(이방인)를 사랑하라는 토라의 가르침에 대한 Shai Held의 통찰력 있는 논의는, 고통이 우리를 타인에 대한 공감으로 이끌어야 하지만, 동시에 그것이 특권의식으로 이어질 수도 있다는 점을 솔직하게 인정한다. 이와 관련하여 Held가 유대교 회당의 토라 낭독 주기에서 "미슈파팀"(Mishpatim; 출 21:1-24:18)이라고 불리는 "파라샤"(lectionary)에 관해 작성한 묵상 글을 참조하라. "Turning Memory into Empathy: The Torah's Ethical Charge," in *The Heart of Torah* (Philadelphia: Jewish Publication Society, 2017), 1:176.

따르는 사람들을 발견할 수 있는가 하면, 백인 우월주의자, 이슬람 성전(聖戰)주의자, 그리고 피해의식에 사로잡힌 사람들끼리 뭉치는 일도 그만큼 쉬워졌다.[37]

사실 고통 자체가 필연적으로 공감을 불러일으키는 것은 아니다. 내가 믿기로 그러한 공감은 하나님의 긍휼에 대한 분별을 통해 생겨나는 것인데, 하나님의 긍휼은 우리의 탄식을 지지하고 환영하며, 우리가 탄식에 참여할 때 본모습을 드러낸다.

따라서 탄식은 우리가 자신의 고통이나 세상의 고통에 직면하여 양방향의 극단에 빠지지 않도록, 다시 말해 윤리적 마비와 절망에 빠지거나 혹은 우리의 고통을 신랄한 분노와 타인을 향한 폭력으로 표출하지 않도록 막아줄 잠재력을 지니고 있다.[38] 이처럼 탄식은 윤리적 변화라는 여정의 출발점이 될 수 있다.

---

[37] 부족주의로 이어질 수 있는 경험과 그 신학적 토대를 포함하여 부족주의에 대한 심도 있는 분석에 관해서는 다음을 보라. J. Richard Middleton, "The Challenge of the Kingdom," in *A New Heaven and a New Earth: Reclaiming Biblical Eschatology* (Grand Rapids: Baker Academic, 2014), 263-82; and Middleton, "Created in the Image of a Violent God?," in *The Liberating Image: The Imago Dei in Genesis 1* (Grand Rapids: Brazos, 2005), 235-69.

[38] 하나님께서 가인에게 하신 경고에서도 이러한 양극단의 가능성이 분명하게 드러난다. 가인이 동생을 살해하기 전에 하나님께서는 "네가 분하여 함은 어찌 됨이며 안색이 변함은 어찌 됨이냐?"(창 4:6)라고 물으셨다. Brian Walsh와 나는 Bruce Cockburn의 노래 가사에 나타나는 마비와 폭력이라는 극단적인 모습을 탐구하면서 그것을 우리가 분노를 다루는 다양한 방식과 연결해 보았다. 〈개빈의 장작더미〉(Gavin's Woodpile)라는 노래에서 Cockburn은 오염된 강물에 중독되어 죽어가는 원주민들을 보면서 "무기력한 분노가 내 머리에 불을 지르는 것 같다"라고 묘사하며, "이 모든 것 앞에서 나는 마비된다"라고 인정한다. 하지만 〈열대의 달〉(Tropic Moon)이라는 노래에서 Cockburn은 불의한 정권을 무너뜨리려 하는 혁명가들을 묘사하면서 이렇게 설명한다. "이 사람들의 마음속 분노에, 그들이 장차 임할 왕국이라고 부르는 바람의 씨앗이 있네." Middleton and Walsh, "Theology at the Rim of a Broken Wheel: Bruce Cockburn and Christian Faith in a Postmodern World," *Grail* 9, no. 2 (June 1993): 15-39.

아브라함이 놓친 기회

아브라함의 침묵이 그토록 비극적인 이유가 바로 그것이다. 이삭의 결박 이야기는 족장 아브라함이 탄식할 기회를 붙잡지 못했다는 사실을 증언한다. 그래서 본서는 아브라함의 탄식 대신에 아브라함을 위한 나의 탄식, 아브라함의 깊은 침묵에 대해 하나님과 씨름하는 나의 탄식을 담고 있다.

하지만 나는 계속 묻지 않을 수 없다. 만일 아브라함이 침묵하지 않았다면 어떻게 되었을까? 그가 하나님의 자비하심을 너무 확신한 나머지 하나님께 맞서 논쟁하고 도전하면서 아들을 위해 중재했다면 어떻게 되었을까? 아니면 아브라함이 하나님의 자비하심을 확신하지는 못했지만 그럼에도 위험을 무릅쓰고 탄식했다면 어떻게 되었을까? 아마도 그는 욥의 불평을 들어주시고 그의 의로움을 인정하시면서 결국 그에게 위안을 가져다주셨던 바로 그 하나님의 긍휼하심을 깨닫게 되었을지도 모른다.

그러나 아브라함이 탄식하지 못했음에도 하나님은 은혜로우셔서 아브라함에 대해 신의를 지키셨으며, 이 분열된 가정을 통해 계속 일하심으로써 결국 세상에 구원을 가져다주셨다.

그리고 아브라함의 하나님은 오늘날에도 여전히 성도들의 탄식을 기다리신다.

참고문헌

Abramson, Glenda. "The Reinterpretation of the Akedah in Modern Hebrew Poetry." *Journal of Jewish Studies* 41. no. 1 (1990): 101-14.

Albright, William. *From the Stone Age to Christianity: Monotheism and the Historical Process.* 2nd ed. Garden City, NY: Doubleday, 1957.

Alter, Robert. *The Art of Biblical Narrative.* New York: Basic Books, 1981.

_____. *The Wisdom Books: Job, Proverbs, and Ecclesiastes: A Translation with Commentary.* New York: Norton, 2010.

Anderson, Bernhard W. and Stephen Bishop. *Out of the Depths: The Psalms Speak to Us Today.* 3rd ed. 1983; repr., Philadelphia: Westminster, 2000.

Anglican Book of Common Prayer. New York: Church Publishing, 1979.

Ansell, Nicholas. "Fantastic Beasts and Where to Find The(ir Wisdo)m." in *Playing with Leviathan: Interpretation and Reception of Monsters from the Biblical World.* ed. Koert van Bekkum, Jaap Dekker, Henk van de Kamp, and Eric Peels. TBN 21. Leiden: Brill, 2017.

Auerbach, Erich. *Mimesis: The Representation of Reality in Western Literature.* trans. Willard R. Trask. Princeton: Princeton University Press, 1953.

Augustine. *Confessions and Enchiridion.* trans. and ed. Albert C. Outler. Philadelphia: Westminster, 1955.

Avery-Peck, Alan J. "Midrash and Exegesis: Insights from Genesis Rabbah on the Binding of Isaac." in *Method Matters: Essays on the Interpretation of the Hebrew Bible in Honor of David L. Petersen.* ed. Joel M. LeMon and Kent Harold

Richards. SBLRBS 56. Atlanta: Society of Biblical Literature, 2009.

Baal. tablet 3, column 3, lines 38-42, in *Stories from Ancient Canaan,* ed. and trans. Michael D. Coogan and Mark S. Smith. 2nd ed. Louisville: Westminster John Knox, 2015.

Baldwin, "Miserable but Not Monochrome: The Distinctive Characteristics and Perspectives of Job's Three Comforters." *Them* 43, no. 3 (2018): 359-75.

Balentine, Samuel E. *Prayer in the Hebrew Bible: The Drama of Divine-Human Dialogue.* OBT. Minneapolis: Augsburg Fortress, 1993.

_____. "'What Are Human Beings, That You Make So Much of Them?': Divine Disclosure from the Whirlwind." in *God in the Fray: A Tribute to Walter Brueggemann.* ed. Tod Linafelt and Timothy K. Beal. Minneapolis: Fortress, 1998.

_____. "The Prophet as Intercessor." *JBL* 103, no. 2 (1984): 161-73.

_____. "Jeremiah, Prophet of Prayer." *RevExp* 78 (1981): 331-44.

Ben Zvi, Ehud. *The Signs of Jonah: Reading and Rereading in Ancient Yehud.* LHBOTS 367. New York: Sheffield Academic, 2003.

Berlin, Adele. *Poetics and Interpretation of Biblical Narrative.* BLS 9. Winona Lake, IN: Eisenbrauns, 1994.

Bertman, Martin A. "The Hebrew Encounter with Evil." *Apeiron* 9, no. 1 (1975): 43-47.

Billings, J. Todd. *Rejoicing in Lament: Wrestling with Incurable Cancer and Life in Christ.* Grand Rapids: Brazos, 2015.

Billman, Kathleen D. and Daniel L. Migliore. *Rachel's Cry: Prayer of Lament and Rebirth of Hope.* Cleveland, OH: Pilgrim Press, 1999; repr., Eugene, OR: Wipf & Stock, 2007.

Bimson, John J. "Fierce Beasts and Free Processes: A Proposed Reading of God's Speeches in the Book of Job." in *Wisdom, Science and the Scriptures: Essays in Honour of Ernest Lucas.* ed. Stephen Finamore and John Weaver. Eugene, OR: Pickwick, 2014.

Blumenthal, David. *Facing the Abusing God: A Theology of Protest.* Louisville: Westminster John Knox, 1993.

Boase, Elizabeth. "Life in the Shadows: The Role and Function of Isaac in Genesis—Synchronic and Diachronic Readings." *VT* 51, no. 3 (2001): 312-35.

Bochart, Samuel. *Hierozoïcon, sive, bipartitum opus de animalibus Sacrae Scripturae.* 2 vols. London: n.p., 1663.

Bodoff, Lippman. *The Binding of Isaac, Religious Murders, and Kabbalah: Seeds of Jewish Extremism and Alienation?* Jerusalem: Devora, 2005.

_____. "The Real Test of the Akedah: Blind Obedience versus Moral Choice." *Judaism* 42, no. 1 (1993): 71-92

Borgman, Paul. *Genesis: The Story We Haven't Heard.* Downers Grove, IL: InterVarsity, 2001.

Breitkopf, Alex. "The Importance of Response in the Interpretation of Job." *Canadian Theological Review* 4, no. 1 (2015): 1-14.

Brett, Mark. *Genesis: Procreation and the Politics of Identity.* OTR. London: Routledge, 2000.

Brown, Sally A. and Patrick K. Miller. eds. *Lament: Reclaiming Practices in Pulpit, Pew, and Public Square.* Louisville: Westminster John Knox, 2005.

Brown, William P. "Job and the 'Comforting' Cosmos," in *Seeking Wisdom's Depths and Torah's Heights: Essays in Honor of Samuel E. Balentine.* ed. Barry R. Huff and Patricia Vesely. Macon, GA: Smyth & Helwys, 2020.

Brueggemann, Walter. *The Prophetic Imagination.* Philadelphia: Fortress, 1978.

_____. *The Message of the Psalms: A Theological Commentary,* Augsburg Old Testament Studies. Minneapolis: Augsburg, 1984.

_____. *Old Testament Theology: Essays on Structure, Theme, and Text.* ed. Patrick D. Miller. Minneapolis: Fortress, 1992.

_____. *Wisdom's Wonder: Character, Creation, and Crisis in the Bible's Wisdom Literature.* Grand Rapids: Eerdmans, 2014.

_____. *Sacred Sense: Discovering the Wonder of God's Word and World.* Grand Rapids:

Eerdmans, 2015.

_____. *Virus as a Summons to Faith: Biblical Reflections in a Time of Loss, Grief, and Uncertainty*. Eugene, OR: Cascade, 2020.

_____. "A Shape for Old Testament Theology, I: Structure Legitimation." *CBQ* 47 (1985): 28-46.

_____. "A Shape for Old Testament Theology, II: Embrace of Pain." *CBQ* 47 (1985): 395-415.

_____. "Concluding Reflections." in *Shaking Heaven and Earth: Essays in Honor of Walter Brueggemann and Charles B. Cousar*. ed. Christine Roy Yoder et al. Louisville: Westminster John Knox, 2005.

_____. "From Hurt to Joy, from Death to Life." in *The Psalms and the Life of Faith*. ed. Patrick D. Miller. Minneapolis: Augsburg Fortress, 1995.

_____. "Necessary Conditions of a Good Loud Lament." *HBT* 25 (2003): 19-49.

_____. "Psalms and the Life of Faith: A Suggested Typology of Function." *JSOT* 17 (1980): 3-32.

_____. "Response to John Goldingay's 'The Dynamic Cycle of Praise and Prayer.'" *JSOT* 22 (1982): 141-42.

_____. "The Costly Loss of Lament." *JSOT* 36 (1986): 57-71.

_____. "The Formfulness of Grief." *Int* 31 (1977): 263-75.

_____. "Trajectories in Old Testament Literature and the Sociology of Ancient Israel." *JBL* 98 (1979): 161-85.

Buber, Martin. *On the Bible: Eighteen Studies*. ed. Nahum N. Glazier. New York: Schocken Books, 1982; repr., Syracuse University Press, 2000.

Buechner, Frederick. *The Son of Laughter*. San Francisco: HarperCollins, 1993.

Calvin, John. *Sermons from Job*. trans. Leroy Nixon. Grand Rapids: Eerdmans, 1952.

Chavel, Simeon. "The Face of God and the Etiquette of Eye-Contact: Visitation, Pilgrimage, and Prophetic Vision in Ancient Israelite and Early Jewish Imagination." *JSQ* 19 (2012): 1-55.

Clines, David J. A. *Job 1-20*. Word Biblical Commentary 17. Dallas: Word Books, 1989.

_____. "'The Fear of the Lord Is Wisdom' (Job 28:28): A Semantic and Contextual Study." in *Job 28: Cognition in Context*. ed. Ellen van Wolde. BibInt 64. Leiden: Brill, 2003.

Coats, George W. "The King's Loyal Opposition: Obedience and Authority in Exodus 32-34." in *Canon and Authority: Essays in Old Testament Religion and Theology*. ed. Burke O. Long and George W. Coats. Philadelphia: Fortress, 1977.

Crenshaw, James L. *A Whirlpool of Torment: Israelite Traditions of God as an Oppressive Presence*. OBT. Philadelphia: Fortress, 1984.

_____. *Reading Job: A Literary and Theological Commentary*. Macon, GA: Smyth & Helwys, 2011.

_____. "When Form and Content Clash: The Theology of Job 38:1-40:5." in *Creation in the Biblical Traditions*. ed. Richard J. Clifford and John J. Collins. CBQMS 24. Washington, DC: Catholic Biblical Association of America, 1992.

Cross, Frank Moore. *Canaanite Myth and Hebrew Epic: Essays in the History of the Religion of Israel*. Cambridge, MA: Harvard University Press, 1973.

Davis, Ellen. "'Take Your Son': The Binding of Isaac." in *Getting Involved with God: Rediscovering the Old Testament*. Cambridge: Cowley, 2001.

Davis, Ellen. *Opening Israel's Scriptures*. Oxford: Oxford University Press, 2019.

Day, Chuck. "The Lord's Prayer: A Hebrew Reconstruction Based on Hebrew Prayers Found in the Synagogue." *Conspectus* 17 (2009): 27-37.

Day, John. *God's Conflict with the Dragon and the Sea: Echoes of a Canaanite Myth in the Old Testament*. UCOP 35. Cambridge: Cambridge University Press, 1985.

Dick, Michael Brennan. "The Legal Metaphor in Job 31." *CBQ* 41 (1979): 37-50.

_____. "The Neo-Assyrian Royal Lion Hunt and Yahweh's Answer to Job." *JBL* 125, no. 2 (2006): 243-70.

Dostoevsky, Fyodor. *The Brothers Karamazov: A Novel in Four Parts with Epilogue.* trans. Richard Pevear and Larissa Volokhonsky. New York: Farrar, Straus & Giroux, 1990.

Drew, Arlyn Sunshine. "A Hermeneutic for the Aqedah Test: A Way beyond Jon Levenson's and Terence Fretheim's Models." PhD diss., Andrews University, 2020.

Eisenman, Robert H. and Michael Wise. *The Dead Sea Scrolls Uncovered: The First Complete Translation and Interpretation of 50 Key Documents Withheld for over 35 Years.* New York: Penguin, 1992.

Eklund, Rebekah Ann. *Jesus Wept: The Significance of Jesus' Laments in the New Testament.* LNTS 515. London: Bloomsbury T&T Clark, 2015.

Ellington, Scott A. *Risking Truth: Reshaping the World through Prayers of Lament.* Eugene, OR: Pickwick, 2008.

Ellis, Nicholas J. "The Reception of the Jobraham Narratives in Jewish Thought." in *Authoritative Texts and Reception History: Aspects and Approaches.* ed. Dan Batovici and Kristin de Troyer, BibInt 151. Leiden: Brill, 2016.

Erickson, Amy. "Resistance and Surrender: The Self in Job 19." *JBHT* 1, no. 2 (2011): 1-32.

Fishbane, Michael. "Jer IV 23-26 and Job III 3-13: A Recovered Use of the Creation Pattern." *VT* 21 (1971): 151-67.

Fox, Everett. *The Five Books of Moses, The Schocken Bible.* New York: Schocken Books, 1995.

Frakes, Jerrod C. *Early Yiddish Epic.* Syracuse: Syracuse University Press, 2014.

Fretheim, Terence. *God and World in the Old Testament: A Relational Theology of Creation.* Nashville: Abingdon, 2005.

_____. *Abraham: Trials of Family and Faith.* SPOT. Columbia: University of South Carolina Press, 2007.

_____. "God, Abraham, and the Abuse of Isaac." *WW* 15, no. 1 (1995): 49-57.

Frymer-Kensky, Tikva. "Akeda: A View from the Bible." in *Beginning Anew: A*

Woman's Companion to the High Holy Days. ed. Gail Twersky Reimer and Judith A. Kates. New York: Touchstone, 1997.

Gammie, John G. "Behemoth and Leviathan: On the Didactic and Theological Significance of Job 40:15-41:26." in *Israelite Wisdom: Theological and Literary Essays in Honor of Samuel Terrien.* ed. John G. Gammie et al. Missoula, MT: Scholars Press, 1978.

Genesis Rabbah: The Judaic Commentary to the Book of Genesis—a New American Translation, vol. 2, Parashiyyot Thirty-Four through Sixty-Seven on Genesis 8:15-28:9. trans. Jacob Neusner. BJS 105. Atlanta: Scholars Press, 1985.

Gesenius, Wilhelm. *Gesenius' Hebrew Grammar.* ed. Emil Kautzsch. trans. Arthur Ernest Cowley. 2nd ed. Oxford: Clarendon, 1910.

Goldingay, John. "The Dynamic Cycle of Praise and Prayer in the Psalms." *JSOT* 20 (1981): 85-90.

Goldman, William. *The Princess Bride: S. Morgenstern's Classic Tale of True Love and High Adventure.* New York: Harcourt Brace, 1973.

Grant, Jamie A. "'When the Friendship of God Was upon My Tent': Covenant as Essential Background to Lament in the Wisdom Literature." in *Covenant in the Persian Period: From Genesis to Chronicles.* ed. Richard J. Bautch and Gary N. Knoppers. Winona Lake, IN: Eisenbrauns, 2015.

Greenberg, Irving. "Cloud of Smoke, Pillar of Fire: Judaism, Christianity, and Modernity after the Holocaust." in *Auschwitz—Beginning of a New Era? Reflections on the Holocaust.* ed. Eva Fleschner. New York: KTAV, 1977.

Griffin, David Ray. *God, Power, and Evil: A Process Theodicy.* Philadelphia: Westminster. 1976.

Guri. "*Yerushah*" ["*Heritage*"], in *Shoshanat Ruḥot.* Bnei Brak, Israel: Hakibbutz Hameuchad, 1960.

Gutiérrez, Gustavo. *On Job: God-Talk and the Suffering of the Innocent.* trans. Matthew J. O'Connell. Maryknoll, NY: Orbis Books, 1987.

Habel, Norman C. *The Book of Job: A Commentary.* OTL. Philadelphia: Westminster,

1985.

Hamilton, Victor P. *The Book of Genesis: Chapters 18-50*. NICOT. Grand Rapids: Eerdmans, 1995.

Hammer, Reuven. *Sifre: A Tannaitic Commentary on the Book of Deuteronomy*. YJS 24. New Haven: Yale University Press, 1987.

Harasta, Eva and Brian Brock. eds. *Evoking Lament: A Theological Discussion*. New York: T&T Clark, 2009.

Heard, Mark. "These Plastic Halos." recorded July-September 1982, side 2, track 3 on Eye of the Storm, Home Sweet Home Records, 1983.

Held, Shai. *The Heart of Torah*. 2 vols. Philadelphia: Jewish Publication Society, 2017.

_____. "A Response to My Respondents." *Canadian-American Theological Review* 9, no. 1 (2020): 43-54.

Heller, Roy L. *The Characters of Elijah and Elisha and the Deuteronomistic Evaluation of Prophecy: Miracles and Manipulation*. LHBOTS 671. London: Bloomsbury T&T Clark, 2018.

Hengstenberg, E. W. "Interpreting the Book of Job." in *Classical Evangelical Essays in Old Testament Interpretation*. ed. Walter C. Kaiser Jr. Grand Rapids: Baker, 1972; repr. Eugene, OR: Wipf & Stock, 2008.

Heschel, Abraham Joshua. *Man Is Not Alone: A Philosophy of Religion*. New York: Farrar, Straus & Giroux, 1951.

_____. *Heavenly Torah: As Refracted through the Generations*. ed. and trans. Gordon Tucker and Leonard Levin. New York: Continuum, 2007.

Hillers, Delbert R. "Paḥad Yiṣḥāq." *JBL* 91 (1972): 90-92.

Hume, David. *Dialogues concerning Natural Religion*. ed. Martin Bell. 1779; repr., London: Penguin, 1990.

Kalimi, Isaac. "'Go, I Beg You, Take Your Beloved Son and Slay Him!': The Binding of Isaac in Rabbinic Literature and Thought." *Review of Rabbinic Judaism* 13. no. 1 (2010): 1-29.

Jacobs, Jonathan. "Willing Obedience with Doubts: Abraham at the Binding of Isaac." *VT* 60 (2010): 546-59.

Jacobson, Rolf. "The Costly Loss of Praise." *ThTo* 57, no. 3 (2000): 375-85.

Janowski, Bernd. *Arguing with God: A Theological Anthropology of the Psalms.* trans. Armin Siedlecki. Louisville: Westminster John Knox, 2013.

Janzen, J. Gerald. *Job*. Interpretation. Atlanta: John Knox, 1985.

_____. *Abraham and All the Families of the Earth: A Commentary on the Book of Genesis 12-50.* Grand Rapids: Eerdmans, 1993.

_____. "Israel's Default Position before God." in *At the Scent of Water: The Ground of Hope in the Book of Job*. Grand Rapids: Eerdmans, 2009.

_____. "Job and the Lord of the East Wind." *HBT* 2, no. 1 (2004): 2-47.

_____. "On the Moral Nature of God's Power: Yahweh and the Sea in Job and Deutero-Isaiah." *CBQ* 56 (1994): 458-78.

_____. "Paul's 'Robust Conscience' and His Thorn in the Flesh." *Canadian Theological Review* 3, no. 2 (2014): 71-83.

Jones, Scott C. *Rumors of Wisdom: Job 28 as Poetry*. BZAW 398. Berlin: de Gruyter, 2009.

Juza, Ryan. "Echoes of Sodom and Gomorrah on the Day of the Lord: Intertextuality and Tradition in 2 Peter 3:7-13." *BBR* 24 (2014): 227-45.

Kant, Immanuel. *The Conflict of the Faculties* (1798). trans. Mary J. Gregor and Robert Anchor. in *Religion and Rational Theology*. ed. and trans. Allen W. Wood and George Di Giovanni. Cambridge: Cambridge University Press, 1996.

Kass, Leon R. *The Beginning of Wisdom: Reading Genesis*. New York: Free Press, 2003.

Kessler, Edward. "The Sacrifice of Isaac (the Akedah) in Christian and Jewish Tradition: Artistic Representations." in *Borders, Boundaries and the Bible*. ed. Martin O'Kane. JSOTSup 313. Sheffield: Sheffield Academic Press, 2002.

_____. "A Response to Marc Bregman." *JTR* 2, no. 1 (June 2003). http://jtr.shanti.

virginia.edu/volume-2-number-1/response-to-marc-bregman/

Kimelman, Reuven. "Prophecy as Arguing with God and the Ideal of Justice." *Int* 68 (2014): 17-27.

Klitsner, Judy. *Subversive Sequels in the Bible: How Biblical Stories Mine and Undermine Each Other*. London: Maggid Books, 2001.

_____. "The Book of Job and Its Paradoxical Relationship with the Akedah." TheTorah.com. http://thetorah.com/the-book-of-job-and-its-paradoxical-relationship-with-the-akedah/.

Knowles, Melody D. G. "Lament and the Transformation of God: Response to J. Richard Middleton." *Koinonia* 9, nos. 1 & 2 (1997): 114-19.

Knowles, Michael P. *The Unfolding Mystery of the Divine Name: The God of Sinai in Our Midst*. Downers Grove, IL: IVP Academic, 2012.

Koller, Aaron. *The Significance of the Akedah for Modern Jewish Thought*. Philadelphia: Jewish Publication Society, 2020.

_____. "Abraham Passes the Test of the Akedah but Fails as a Father." TheTorah. com, 2019, https://www.thetorah.com/article/abraham-passes-the-test-of-the-akedah-but-fails-as-a-father.

Konkel, August H. *Job*. in Cornerstone Biblical Commentary. ed. Philip W. Comfort. Carol Stream, IL: Tyndale, 2006.

Korpman, Matthew J. *Saying No to God: A Radical Approach to Reading the Bible Faithfully*. Orange, CA: Quoir, 2019.

Kushner, Harold S. *When Bad Things Happen to Good People*. New York: Schocken Books, 1981.

Kynes, Will. *"My Psalm Has Turned to Weeping": Job's Dialogue with the Psalms*. BZAW 437. Berlin: de Gruyter, 2012.

_____. "Reading Job Following the Psalms." in *The Shape of the Writings*, ed. Julius Steinberg and Timothy J. Stone, Siphrut 16 [Winona Lake, IN: Eisenbrauns, 2015.

Lane, Belden C. "Hutzpa K'lapei Shamaya: A Christian Response to the Jewish

Tradition of Arguing with God." *JES* 23 (1986): 567-86.

Lauterbach, Jacob Z. *Mekhilta de-Rabbi Ishmael.* 2nd ed. Philadelphia: Jewish Publication Society, 2004.

Lee, Nancy C. *Lyrics of Lament: From Tragedy to Transformation.* Minneapolis: Fortress, 2010.

Leibniz, Gottfried Wilhelm. *Theodicy: Essays on the Goodness of God, the Freedom of Man and the Origin of Evil.* trans. E. M. Huggard. ed. Austin Farrer. Le Salle, IL: Open Court, 1985.

Leonard Cohen. vocalist, "The Story of Isaac." recorded October 1968, side 1, track 2 on Songs from a Room, Columbia Records, released 1969.

Levenson, Jon D. *Sinai and Zion: An Entry into the Jewish Bible.* New York: HarperOne, 1987.

_____. *The Death and Resurrection of the Beloved Son: The Transformation of Child Sacrifice in Judaism and Christianity.* New Haven: Yale University Press, 1993.

_____. "The Test." in *Inheriting Abraham: The Legacy of the Patriarch in Judaism, Christianity, and Islam,* LJI. Princeton: Princeton University Press, 2012.

_____. "Abusing Abraham: Traditions, Religious Histories, and Modern Misinterpretations." *Judaism* 47, no. 3 (1998): 259-77.

Lewis, C. S. *The Problem of Pain.* London: Centenary Press, 1940.

_____. *A Grief Observed.* 1961; repr., Greenwich, CT: Seabury, 1963.

Linafelt, Tod. "The Undecidability of BRK in the Prologue to Job and Beyond." *BibInt* 4 (1996): 154-72.

Lipton, Diana. "God's Back! What Did Moses See on Sinai?" in *The Significance of Sinai: Traditions about Sinai and Divine Revelation in Judaism and Christianity.* ed. George Brooke, Hindy Najman, and Loren Stuckenbruck. TBN 12. Leiden: Brill, 2008.

Lockshin, Martin I. *Rabbi Samuel Ben Meir's Commentary on Genesis: An Annotated Translation, Jewish Studies.* Lewiston, NY: Edwin Mellen, 1989.

Longman, Tremper. *Job.* BCOTWP. Grand Rapids: Baker Academic, 2012.

MacDonald, Nathan. "Listening to Abraham—Listening to Yhwh: Divine Justice and Mercy in Genesis 18:16-33." *CBQ* 66 (2004): 25-43.

Mackie, J. L. "Evil and Omnipotence." Mind 64, no. 254 (1955): 200-212.

MacLeish, Archibald. *J.B.* Boston: Houghton Mifflin, 1958.

Maimonides, *Guide for the Perplexed.* https://www.sacred-texts.com/jud/gfp/.

McCabe, Robert V. "Elihu's Contribution to the Thought of the Book of Job." *DBSJ* 2 (1997): 47-80.

McLeish, Tom. "At the Summit: The Book of Job." in *Faith and Wisdom in Science.* Oxford: Oxford University Press, 2014.

Mekhilta de-Rabbi Ishmael. ed. Haim Shaul Horovitz and Israel Rabin. Jerusalem: Bamberger and Wahrman, 1960,

Middleton, J. Richard. *A New Heaven and a New Earth: Reclaiming Biblical Eschatology.* Grand Rapids: Baker Academic, 2014.

_____. "A Psalm against David? A Canonical Reading of Psalm 51 as a Critique of David's Inadequate Repentance in 2 Samuel 12." in *Explorations in Interdisciplinary Reading: Theological, Exegetical, and Reception--Historical Perspectives.* ed. Robbie F. Castleman, Darian R. Lockett, and Stephen O. Presley. Eugene, OR: Pickwick, 2017.

_____. "Created in the Image of a Violent God?." in *The Liberating Image: The Imago Dei in Genesis 1.* Grand Rapids: Brazos, 2005.

_____. "Reading Genesis 3 Attentive to Human Evolution: Beyond Concordism and Non-overlapping Magisteria." in *Evolution and the Fall.* ed. William T. Cavanaugh and James K. A. Smith. Grand Rapids: Eerdmans, 2017.

_____. "The Call of Abraham and the Missio Dei: Reframing the Purpose of Israel's Election in Genesis 12:1-3." in *Orthodoxy and Orthopraxis: Essays in Tribute to Paul Livermore.* ed. Douglas R. Cullum and J. Richard Middleton. Eugene, OR: Pickwick, 2020.

_____. "The Challenge of the Kingdom." in *A New Heaven and a New Earth: Reclaiming Biblical Eschatology.* Grand Rapids: Baker Academic, 2014.

_____. "The Role of Human Beings in the Cosmic Temple: The Intersection of Worldviews in Psalms 8 and 104." *Canadian Theological Review* 2, no. 1 (2013): 44-58.

_____. "Why the 'Greater Good' Isn't a Defense: Classical Theodicy in Light of the Biblical Genre of Lament." *Koinonia* 9, nos. 1 & 2 (1997): 81-113.

Middleton, J. Richard and Brian Walsh. "Theology at the Rim of a Broken Wheel: Bruce Cockburn and Christian Faith in a Postmodern World." *Grail* 9, no. 2 (June 1993): 15-39.

Midrash Tanḥuma. (S. Buber ed.) vols. 1-3, trans. J. T. Townsend. New York: KTAV: 1989-2003.

Midrash Tannaim. ed. David Tzvi Hoffmann. Berlin: Itzkowski, 1908.

Miller, Patrick D. *They Cried unto the Lord: The Form and Theology of Biblical Prayer*. Minneapolis: Augsburg Fortress, 1994.

Moberly, R. W. L. *At the Mountain of God: Story and Theology in Exodus 32-34*. JSOTSup 22. Sheffield: JSOT, 1983.

_____. *The Old Testament of the Old Testament: Patriarchal Narratives and Mosaic Yahwism*. OBT. Minneapolis: Augsburg Fortress, 1992; repr., Eugene, OR: Wipf & Stock, 2001.

_____. "Abraham and God in Genesis 22." in *The Bible, Theology, and Faith: A Study of Abraham and Jesus*. Cambridge: Cambridge University Press, 2000.

_____. "A Specimen Text: Genesis 22." in *Genesis 12-50*. OTG. Sheffield: Sheffield Academic Press, 1995.

_____. "Genesis 22 and the Hermeneutics of Suspicion." in *The Bible, Theology, and Faith: A Study of Abraham and Jesus*. Cambridge: Cambridge University Press, 2000.

_____. "Genesis 22: Abraham—Model or Monster?" in *The Theology of the Book of Genesis*. Cambridge: Cambridge University Press, 2009.

_____. "Learning to Be a Theologian." in *I (Still) Believe: Leading Bible Scholars Share Their Stories of Faith and Scholarship*. ed. John Byron and Joel N. Lohr.

Grand Rapids: Zondervan, 2015.

_____. "Living Dangerously: Genesis 22 and the Quest for Good Biblical Interpretation." in *The Art of Reading Scripture*. ed. Ellen F. Davis and Richard B. Hays. Grand Rapids: Eerdmans, 2003.

_____. "The Earliest Commentary on the Akedah." *VT* 38. no. 3 (1988): 302-23.

_____. "The Test." in *Inheriting Abraham: The Legacy of the Patriarch in Judaism, Christianity, and Islam*. LJI. Princeton: Princeton University Press, 2012.

Moore, Rick D. "The Integrity of Job." *CBQ* 45, no. 1 (1983): 17-31.

Moran, William L. "The Ancient Near Eastern Background of the Love of God in Deuteronomy." *CBQ* 25 (1963): 77-87.

Morrow, William. *Protest against God: The Eclipse of a Biblical Tradition*. Hebrew Bible Monographs 4. Sheffield: Sheffield Phoenix, 2006.

_____. "Consolation, Rejection, and Repentance in Job 42:6." *JBL* 105 (1986): 211-25.

_____. "Violence and Transcendence in the Development of Biblical Religion." Bulletin of the Canadian Society of Biblical Studies 66 (2006/2007): 1-21.

Muffs, Yochanan. *The Personhood of God: Biblical Theology, Human Faith and the Divine Image*. Woodstock, VT: Jewish Lights, 2005.

_____. "Who Will Stand in the Breach? A Study of Prophetic Intercession." in Muffs, *Love and Joy: Law, Language, and Religion in Ancient Israel*. New York: Jewish Theological Seminary of America, 1992.

Naudé, Jacobus A. "Dative: Biblical Hebrew." in *Encyclopedia of Hebrew Language and Linguistics*. vol. 1, A-F. ed. Geoffrey Khan. Leiden: Brill, 2013.

Nelson, W. David. Trans. *Mekhilta de-Rabbi Shimon bar Yoḥai*. Philadelphia: Jewish Publication Society, 2006.

Newsom, Carol. *The Book of Job: A Contest of Moral Imaginations*. New York: Oxford University Press, 2003.

Patrick, Dale. "The Translation of Job XLII, 6." *VT* 26 (1976): 888=999

Pemberton, Glen. *Hurting with God: Learning to Lament with the Psalms*. Abilene,

TX: Abilene Christian University Press, 2012.

Perdue, Leo G. *Wisdom and Creation: The Theology of Wisdom Literature*. Nashville: Abingdon, 1994.

――――. "Job's Assault on Creation." *HAR* 10 (1987): 295-315.

Petuchowski, Jakob J. *Theology and Poetry: Studies in the Medieval Piyyut, Littman Library of Jewish Civilization*. London: Routledge & Kegan Paul, 1978.

Pike, Nelson. "Hume on Evil." *Philosophical Review* 72, no. 2 (1963): 180-97.

Piles, Anthony R. "Drowning in the Depths of Darkness: A Consideration of Psalm 88 with a New Translation." *Canadian Theological Review* 1, no. 2 (2012): 13-28.

Plantinga, Alvin. *God, Freedom, and Evil*. Grand Rapids: Eerdmans, 1977.

Polzin, Robert. *Samuel and the Deuteronomist: A Literary Study of the Deuteronomistic History*. part 2. *1 Samuel*. Bloomington: Indiana University Press, 1993.

Pope, Marvin H. *Job: A New Translation with Introduction and Commentary*. 3rd ed. AB 15. Garden City, NY: 1973), 10.

Pseudo-Philo. *Biblical Antiquities* 32:1-2. Trans. D. J. Harrington. "Pseudo-Philo (First Century A.D.): A New Translation and Introduction." in Charlesworth. *Old Testament Pseudepigrapha* 2:345.

Rah, Soon-Chan. *Prophetic Lament: A Call for Justice in Troubled Times*. Downers Grove, IL: InterVarsity, 2015.

Rapaport, Samuel. *The Sacred Books and Early Literature of the East*. vol. 4. *Medieval Hebrew, the Midrash, the Kabbalah*. New York: Parke, Austin, and Lipscomb, 1917.

Rigby, Cynthia L. "Someone to Blame, Someone to Trust: Divine Power and the Self-Recovery of the Oppressed." in *Power, Powerlessness and the Divine: New Inquiries in Bible and Theology*. ed. Cynthia L. Rigby. Atlanta: Scholars Press, 1997.

Rizzoli & Isles. season 2, episode 5, "Don't Hate the Player," aired August 2011, on TNT, https://www.hulu.com/series/0ae1d076-5a13-477f-af52-b22e3cf518e4.

Römer, Thomas. "Abraham's Righteousness and Sacrifice: How to Understand (and Translate) Genesis 15 and 22." *CV* 54 (2012): 3-15.

Sacks, Jonathan. *Not in God's Name: Confronting Religious Violence*. New York: Schocken Books, 2015.

Sakenfeld, Katharine Doob. *Faithfulness in Action: Loyalty in Biblical Perspective*. OBT 16. Philadelphia: Fortress, 1985.

_____. *The Meaning of Hesed in the Hebrew Bible: A New Inquiry*, HSM 17. Missoula, MT: Scholars Press, 1978; repr., Eugene, OR: Wipf & Stock, 2002.

Sarna, Nahum M. *Genesis: The Traditional Hebrew Text with New JPS Translation*. JPS Torah Commentary. Philadelphia: Jewish Publication Society, 1989.

Schulweis, Harold. *Consciences: The Duty to Obey and the Duty to Disobey*. Woodstock, VT: Jewish Lights, 2008.

Seerveld, Calvin. *Take Hold of God and Pull*. Palos Heights, IL: Trinity Pennyasheet Press, 1966; repr., Carlisle, UK: Paternoster, 1999.

_____. *Voicing God's Psalms*, Calvin Institute of Christian Worship Liturgical Studies. Grand Rapids: Eerdmans, 2005.

Seow, C. L. *Job 1-21: Interpretation and Commentary, Illuminations*. Grand Rapids: Eerdmans, 2013.

Shadowlands, directed by Richard Attenborough, screenplay by William Nicholson, Savoy Pictures, 1993.

Shekan, Patrick W. *Studies in Israelite Poetry and Wisdom*. CBQMS 1. Washington, DC: Catholic Biblical Association of America, 1971.

Shifferdecker, Kathryn. *Out of the Whirlwind: Creation Theology in the Book of Job*. HTS 61. Cambridge, MA: Harvard University Press, 2008.

Sifre Devarim. ed. Louis Finkelstein. New York: Jewish Theological Seminary, 2001.

Ska, Jean Louis. "Genesis 22: What Questions Should We Ask the Text?" *Bib* 94, no. 2 (2013): 257-67.

Smith, Mark S. "The Three Bodies of God in the Hebrew Bible." *JBL* 134 (2015): 471-88.

Sommer, Benjamin D. *The Bodies of God and the World of Ancient Israel.* New York: Cambridge University Press, 2011.

Speiser, E. A. *Genesis: Introduction, Translation, and Notes.* AB 1. New York: Doubleday, 1964.

Spiegel, Shalom. *The Last Trial: On the Legends and Lore of the Command to Abraham to Offer Isaac as a Sacrifice; The Akedah.* Woodstock, VT: Jewish Lights, 1993 [Heb. orig. 1950; Eng. orig. 1967].

Spitzer, John H. "Judaism: Jewish Uses of the Akedah—Genesis 22:1-10." in *Interpreting Abraham: Journeys to Moriah.* ed. Bradley Beach and Matthew T. Powell. Minneapolis: Fortress, 2014.

Stardust Memories, directed by Woody Allen, screenplay by Woody Allen, United Artists, 1980.

Sternberg, Meir. *The Poetics of Biblical Narrative: Ideological Literature and the Drama of Reading, Biblical Literature.* Bloomington: University of Indiana Press, 1985.

Stokes, Ryan E. "Satan, YHWH's Executioner." *JBL* 133, no. 2 (2014): 251-70.

Sweeney, Marvin A. *Tanak: A Theological and Critical Introduction to the Jewish Bible.* Minneapolis: Fortress, 2012.

Sweet, Leonard. *Out of the Question ... into the Mystery: Getting Lost in the Godlife Relationship.* Colorado Springs: Waterbrook, 2004.

The Babylonian Talmud. vol. 4, Seder Mo'ed, ed. and trans. Isidore Epstein. London: Soncino, 1938.

The Jewish Study Bible, ed. Adele Berlin and Marc Zvi Brettler. New York: Oxford University Press, 2004.

The Simpsons. season 31, episode 9, "Todd, Todd, Why Hast Thou Forsaken Me?" directed by Chris Clements. written by Tim Long and Miranda Thompson. aired December 1, 2019. Fox, https://www.fox.com/the-simpsons.

Thoma, Clemens. "Observations on the Concept and Early Forms of Akedah-Spirituality." in *Standing before God: Studies on Prayer in Scriptures and in*

Tradition with Essays in Honor of John M. Oesterreicher. ed. Asher Finkel and Lawrence Frizzel. New York: Ktav, 1981.

Throntveit, Mark A. "1 Kings 19: Lead, Follow, or Get Out of the Way?." *LTJ* 50, no. 2 (August 2016): 125-35.

Trible, Phyllis. *God and the Rhetoric of Sexuality.* OBT. Philadelphia: Fortress, 1978.

_____. "Genesis 22: The Sacrifice of Sarah." in *"Not in Heaven": Coherence and Complexity in Biblical Narrative.* ed. Jason P. Rosenblatt and Joseph C. Sitterson Jr. ISBL. Bloomington: Indiana University Press, 1991.

Ullman, Harlan K. and James P. Wade. *Shock and Awe: Achieving Rapid Dominance.* Washington, DC: National Defense University, 1996.

Van der Heide, Albert. *"Now I Know": Five Centuries of Aqedah Exegesis.* ASJP 17. Cham, Switzerland: Springer, 2017.

Van Leeuwen, Raymond C. "Psalm 8.5 and Job 7.17-18: A Mistaken Scholarly Commonplace?" in *The World of the Arameans I: Biblical Studies in Honor of Paul-Eugene Dion.* ed. P. M. Michèle Daviau et al., JSOTSup 324. Sheffield: Sheffield Academic Press, 2001.

Van Wolde, Ellen J. "Job 42,1-6: The Reversal of Job." in *The Book of Job,* ed. W. A. M. Beuken. BETL 114. Leuven: Leuven University Press, 1994.

Villanueva, Federico G. "Lament during a Pandemic." Langham Publishing (blog). May 29, 2020. https://langhamliterature.org/blog/lament-during-pandemic?

Visotzky, Burton L. *The Midrash on Proverbs: Translated from the Hebrew, with an Introduction and Annotations.* YJS 27. New Haven: Yale University Press, 1992.

Voltaire, Francois-Marie Arouet. *Candide.* French original, Paris: Nilsson, 1759.

Von Rad, Gerhard. *Genesis: A Commentary.* rev. ed. trans. John H. Marks. Philadelphia: Westminster, 1972.

_____. *Wisdom in Israel.* Nashville: Abingdon, 1972.

Waltke, Bruce & Cathi J. Fredricks. *Genesis: A Commentary.* Grand Rapids: Zondervan, 2001.

Waltke, Bruce K., James M. Houston, and Erika Moore. *The Psalms as Christian Lament: A Historical Commentary.* Grand Rapids: Eerdmans, 2014.

Weiss, Dov. "The Sin of Protesting God in Rabbinic and Patristic Literature." *ASJR* 39, no. 2 (2015): 367-92.

_____. "Confrontations with God in Late Rabbinic Literature." PhD diss., University of Chicago, 2011.

Westermann, Claus. *Praise and Lament in the Psalms.* trans. Keith R. Crim and Richard N. Soulen from the 1965 German ed. Atlanta: John Knox, 1981.

_____. *The Structure of the Book of Job: A Form-Critical Analysis.* trans. Charles A. Muenchow. Philadelphia: Fortress, 1981.

_____. "The Role of Lament in the Theology of the Old Testament." *Int* 27, no. 1 (1974): 20-38.

Widmer, Michael. *Moses, God, and the Dynamics of Intercessory Prayer: A Study of Exodus 32-34 and Numbers 13-14.* FAT 2. Tübingen: Mohr Siebeck, 2004.

_____. *Standing in the Breach: An Old Testament Theology and Spirituality of Intercessory Prayer.* Siphrut 13. Winona Lake, IN: Eisenbrauns, 2015.

Wiesel, Elie. *Night,* trans. Marion Wiesel. New York: Hill and Wang, 2006 [French original 1958]). 28.

Wikipedia, s.v. "Shiva (Judaism)." last modified April 7, 2021, https://en.wikipedia.org/wiki/Shiva_%28Judaism%29.

Winnicott, D. W. *The Maturational Processes and the Facilitating Environment: Studies in the Theory of Emotional Development.* Madison, WI: International Universities Press, 1965.

Winslow, Karen Strand. "Akedah *as Apologia: The Function of Genesis 22 for Second Temple Jews." in Orthodoxy and Orthopraxis: Essays in Tribute to Paul Livermore.* ed. Douglas R. Cullum and J. Richard Middleton. Eugene, OR: Pickwick, 2020.

Wintermute, O. S. trans. "Jubilees: A New Translation and Introduction." in J. H. Charlesworth. *The Old Testament Pseudepigrapha.* vol. 2. *Expansions of the Old*

Testament and Legends, Wisdom and Philosophical Literature, Prayers, Psalms, and Odes, Fragments of Lost Judeo-Hellenistic Works. ABRL. Garden City, NY: Doubleday, 1985.

Wright, N. T. *God and the Pandemic: A Christian Reflection on the Coronavirus and Its Aftermath*. Grand Rapids: Zondervan, 2020.

Yalkut Shimoni. trans. Shalom Spiegel. *The Last Trial: On the Legends and Lore of the Command to Abraham to Offer Isaac as a Sacrifice; The Akedah*. Woodstock, VT: Jewish Lights, 1993 [Heb. orig. 1950; Eng. orig. 1967].

성구 색인

구약성경

창세기
1장 169, 226
1-11장 401
1:3 169
1:21 216
1:26-28 101, 225
2-3장 321
3장 321
3:21 389
4:6 449
4:15 389
6:1-4 146
6:4 146
6:9 148
10:10-12 389
11:1-9 389
11:27 401
11:27-32 389
11:30 365
11:31 345, 356
12장 371, 376
12-25장 46, 401
12-50장 112, 352
12:1 367
12:1-3 367
12:2 365
12:2b 409
12:3 409, 412
13장 320, 376
13:4 376
13:6 182
13:10 201
13:14 169
13:14-17 198
13:16 365
14장 301
14:21-24 381
14:22-23 376
15장 375, 376, 378
15:1 297
15:2-3 377
15:4 319
15:4-5 376
15:5 365, 377
15:7 319, 377
15:8 377

15:13-16 107, 377
15:18 375
15:18-20 377
16장 365
17장 320, 377
17:1 320
17:1-2 377
17:2 375
17:3b-14 377
17:4 365
17:9 320
17:9-14 377
17:15 320, 377
17:15-16 365, 377
17:16 371
17:18 320, 323, 370, 377
17:19 320
17:19-21 377
17:21 371
17:22 320
18장 100, 244, 256, 257, 260, 285, 309,
      377, 378, 380, 382, 383, 386, 389,
      390, 408, 409, 410, 440
18:1 380
18:1-22:24 380
18:9-10 365
18:10 371, 377
18:13 320
18:13-14 377
18:14 365, 371
18:15b 377
18:17 320, 380
18:17-21 354
18:18 409, 412
18:19 380, 386, 400, 409

18:20 320
18:21 381
18:20-21 378, 381
18:22 381
18:23-25 378, 382
18:23-33 382
18:25 256
18:26 320, 378
18:27 243, 348
18:27-28a 378
18:28b 378
18:29 378
18:30 378
18:31 378
18:32 378
19장 257, 379, 384
19:14 339, 385
19:16 385
19:18-20 385
19:21 385
19:27-28 386
20장 370
20-22장 320
20:3-7 388
20:6 323
20:7 352, 354
20:13 387, 388
20:17 352
21장 365, 375, 394
21:1-7 365
21:8 297
21:10 370
21:11 370, 378
21:12-13 370, 378
21:14 355, 370, 394

21:17　370
21:18　370
21:19　370
21:20-21　395
21:21　355
21:31　394
21:32　302
22장　27, 28, 33, 34, 35, 38, 39, 41, 44, 45, 46, 98, 107, 253, 254, 255, 258, 259, 260, 261, 262, 263, 264, 265, 267, 270, 278, 280, 286, 287, 289, 290, 297, 306, 307, 309, 313, 314, 315, 316, 317, 319, 320, 321, 323, 343, 344, 347, 353, 356, 357, 358, 359, 363, 366, 378, 380, 386, 390, 393, 394, 395, 398, 399, 402, 403, 406, 407, 408, 410, 412, 413, 421, 427, 428
22:1　40, 232, 295, 297, 300, 302, 319, 321, 322, 347, 378
22:1-2　370
22:1-14　298
22:1-19　30, 257, 317
22:2　292, 293, 295, 296, 300, 324, 338, 340
22:3　322, 328, 329, 330, 332, 338
22:4　333, 417
22:5　334, 335, 366
22:6　336, 337, 338
22:7　338, 339, 399
22:7-8　338
22:8　306, 339, 366
22:9　322, 336, 338
22:9-10　336, 337
22:10　337, 338, 397

22:11　232
22:11-12　404, 424
22:12　295, 322, 324, 348, 351, 372, 373, 397
22:13　294, 308, 338, 370, 414, 415, 417, 420
22:14　306
22:15-18　298
22:16　324, 411. 412
22:16a　405
22:16-17　370
22:16-18　106, 406, 410
22:17-18a　405
22:18　277, 376
22:18b　406, 412
22:19　308, 344, 392
22:20-24　356
22:21　356
22:22　356
23장　393
23:2　394
23:7-9　335
24:3　388
24:7　388
24:27　421
24:36　398
24:62　391
24:67　325
25장　355
25-35장　401
25:1　355
25:1-2　395
25:2-4　355
25:5　398
25:6　355

25:8   355
25:9   393
25:11   391
25:12-18   424
25:19   401, 424
25:28   326, 399
26장   401
27:1-28:9   402
27:4   326, 399
27:5-29   399
27:7   399
27:9   326
27:10   399
27:14   326
27:19   399
27:23   399
27:28   323
27:29   399
27:33-38   399
27:41-45   399
29:18   326
29:30   326
29:32   326
31장   402, 403
31:11   323
31:42   403
31:53   403
32:24-31   428
32:30   428
34:3   326
35:7   323
35:27-29   402
36:7   346
36:33   151
37-50장   401

37:2   401
37:3-4   326
37:5-8   399
37:18-20   400
37:23-28   400
37:31-35   400
39:7   297
42:7   339
42:18   323
44:16   323
44:20   326
45:8   323
48:1   297
48:15   323
50:20   400
50:24   400

출애굽기
1:17   373
2:23   87
2:24   400
3장   111, 113
3:1   130
3:6   133, 400
3:14   111
3:14-15   112
3:15   400
3:30   237
4:5   400
6장   112, 113
6:3   400
6:8   400
12:11-14   306
12:13   306
13:2   260

13:13 261
15:7 117
15:8 117
15:11 237
15:19 282
17:6 130
19장 132, 221
19:12 221
20장 102, 114, 115, 120, 286
20:1 101
20:2-3 101
20:3 101
20:4-5 101
20:5 114
20:5b-6 102, 114
20:6 103, 115, 410
20:20 265, 266, 349
21:1-24 448
23장 285
23:9 447
24:7-8 102
24:18 100
29:38-46 266
31:18 100
32장 285
32-34장 97, 100, 108
32:1-2 102
32:7-8 104
32:7-8 104
32:8 104, 382
32:9 104
32:9-10 104
32:10 108
32:10-14 131
32:11 106

32:11-12 97
32:11-14 108
32:12 107
32:12a 106
32:13 305, 374, 400
32:14 107, 374
32:19 102
32:23 102
32:31-32 108, 131
32:32 108
32:33-34 108
33장 132
33-34장 322
33:1 400
33:2-3 109
33:3 109
33:6 130
33:9 97
33:11 97, 133
33:12 109
33:13 109, 121, 382
33:14 109
33:15-16 110
33:16 131
33:17 110
33:18 110
33:19 186
33:19-23 111
33:23 111
34장 114, 115, 118, 120, 121, 123, 131
34:3 117
34:5-7 322
34:6 116, 119, 120
34:6-7 113, 120
34:7 120, 121, 247, 410

34:7b 114
34:10 237
34:20 261
34:29-35 111

레위기
1장 266
1:3-17 396
6:8-13 396
16:21 115
19:34 447
20:9 171
24:15 171
26:42 400

민수기
3:12-13 261
3:41 261
3:45 261
3:48-50 261
8:17-18 261
12:7-8 245
12:8 133
13:25-33 118
14장 117
14:1-4 118
14:11-12 118
14:12-20 131
14:13-16 118
14:13-19 118
14:17-18 118
14:18 120
14:19 118
14:20 118
18:15 261

22장 146
22:22 146
22:32 146
27:1-4 246
27:1-11 246
27:2 246
27:5-7 246
27:8 246
32:11 400
36:2 246

신명기
1:8 400
5:9 102
6:10 400
9:5 400, 410
10:16 410
10:18-19 448
18:13 282
18:15-18 99
26장 272
28장 151, 152
28:20 151
28:31 151
28:32 151
28:35 152
29:13 400
30:5-6 411
30:20 400
32:4 281, 282
34:4 400

여호수아
1:2 245
3:5 237

24:2 375

사사기
11장 292
11:29-40 260
11:34 324
19:29 397

사무엘상
1:3 335
4장 388
4:7 388
4:7-8 387
29:4 145

사무엘하
11-12장 121
12:13-14 121
12:18 121
19:22 145
24장 147

열왕기상
5:4 145
11:14 145
11:23 145
11:25 145
18:20-40 130
19장 131, 132
19:1-3 130
19:4 130
19:5-9a 130
19:9 131
19:10 132
19:11 186
19:12 132

19:13 133
19:13 133
19:14 131, 132
19:18 131
21:13 157

열왕기하
3:26-27 260
3:27 292
13:23 401
21:8 24

역대상
1장 355
1:32 355
21장 147
21:1 147, 298
21:15 306, 307

역대하
3:1 264, 266, 333
20:18 335
36:23 388

에스라
1:2 388
5:11 388
5:12 388
6:9 388
6:10 388
7:12 388
7:21 388
7:23 388

느헤미야
1:4 388

1:5   388
2:4   388
2:20   388
9장   433
9:17b   120
9:31   120

욥기
1장   149, 150, 151, 152, 298
1-2장   142, 144, 145, 147, 157, 158, 182,
1:1   148, 348, 351, 356
1:1-5   183
1:1-2:10   349
1:2   149
1:3   149
1:5   164, 354
1:6   145
1:6-12   161
1:7   351
1:8   348, 351
1:9   154
1:10   154
1:11   154, 155
1:13-19   183
1:13-22   161
1:14-15   150
1:16   150
1:17   150, 356
1:18-19   354
1:19-20   150
1:20-22   183
1:21   163, 164
1:22   162
2장   142, 149, 151, 152, 164, 350
2:1   146

2:1-6   161
2:2   146
2:3   148, 348, 351
2:5   155, 156
2:7   152
2:7-9   183
2:7-10   161
2:8   152
2:9   156, 163, 168
2:10   163, 183, 209
2:11   164, 241
2:12   164
2:13   164, 353
3장   165, 167, 168, 169, 170
3-27장   181
3-41장   159, 160
3:1   244, 353
3:1-2a   147
3:1-42:6   141
3:3   166, 171
3:3-10   169
3:4-5   166
3:4-6   206
3:6-10   167
3:8   162, 229
3:9   206, 229
3:11   167, 171
3:11-12   171
3:11-15   167
3:12-19   167
3:13   167
3:16   168
3:17   167
3:20   168, 228
3:20-26   167

3:23 168
3:26 168
4장 178, 223, 353
4-5장 172
4-14장 172
4-27 142
4:2 172
4:10-11 149
4:17 223, 234
4:17-21 221, 222
5:9 237
5:17 240
6-7장 172
6:12 219
6:12-13 219
6:15-21 219
7장 163, 178, 223
7:11 177, 218
7:11-21 177
7:12 177, 217
7:13 241
7:17-18 67
7:17-18 67
7:17-19 223
7:17-20 178
7:20 223
8장 172
8:2 175
8:4 222
8:5 222
8:20 240
8:22 213
9-10장 172
9:2 223
9:2-35 240

9:8 218
9:11 186
9:13 218
9:21 240
9:27-31 178
10장 178
10:1 228
10:1-2 178
10:2 178, 240
10:3 240
10:6-7 240
10:17 240
11장 172
11:2-3 175
12-14장 172
12:9 142
13:2-13 225
13:3 178
13:6-12 240
13:17-28 240
13:17-14:22 178
13:22 236
13:24 151
14:3 240
14:7-9 235
14:15 236
15장 172
15:2-4 176
15:14-16 222
16-17장 172
16:2 241
16:8 240
16:19-21 240
17:4 179
18장 172

18:8-10　149
19장　172, 185, 199
19:5　240
19:6　199
19:7　199, 206, 240
19:10　199
19:11　199
19:15　231
19:18　240
19:25　240
20장　172
21장　172
21:25　228
21:34　241
22장　172
22-27장　172
22:1-3　222
23-24장　172
23:1-7　185
23:5　236
23:6　240
23:13　282
24:5-8　231
24:12　162
25장　172
25:4-6　222
26장　175
26-27장　172, 174
26:11-13　215
27장　174, 175
27:1　174
27:2　199, 206
27:4-6　199
28장　154, 179, 180, 181, 182
28:1-11　180

28:8　225
28:12　180
28:13-14　181
28:15-19　181
28:20　181
28:21-22　181
28:23　181
28:24-27　181
28:28　154, 182, 212, 351, 403
29장　180, 183, 185, 187
29-31장　37, 142, 183
29:1　180
29:4b-5　185
29:25　241
30장　184
30:1　240
30:19　184, 243, 348
30:20-21　184
30:20-23　183
30:29　231
31장　183, 184
31:13　240
31:35　236
31:35-37　186
31:40　187
32-37　143
32:1　187
32:1-5　188
32:2　187, 356
32:3　187
32:4　188
32:6-7　188
32:6-22　188
32:8-10　188, 190
32:8-13　189

32:11-12 188
32:16 188
33장 188
33-37장 188
33:4 190
33:10 151
33:14-15 190
33:16-19 189
33:31-33 189
34장 188
34:5-9 189
34:10 190
34:10-27 190
34:33 240
34:35-37 189
35장 188
35:5-8 189
35:16 189
36-37장 189
36:1-2 189
36:5 240
36:24-37:24 191
36:27-28 192
36:31 192
37:5 237
37:6-7 192
37:14 237
38장 191
38-39장 203, 227, 354
38-41장 143, 191
38:2 206, 224, 226, 228, 229, 236, 354
38:3 234, 238
38:4 231
38:4-7 230
38:8-9 231

38:8-11 218, 230
38:12 231
38:12-13 228
38:12-15 230
38:13-18 231
38:16-21 230
38:19-21 228
38:19-38 191
38:22 230
38:22-30 230
38:25 232
38:26-27 192
38:31-33 230
38:32 232
38:34-38 230
38:39 232
38:39-41 232
38:39-39:30 192, 216
38:39-39:38 232
39:5-6 232
39:5-8 231
39:19 232
39:26 232
39:30 234
40장 227, 236
40-41장 210
40:1 234, 238
40:3-5 234, 235, 238, 241, 353
40:6-14 225
40:7 234, 238
40:8 206, 226
40:9 226
40:9-14 206
40:10 226
40:10 225, 226

40:10-13　225
40:11　225
40:15　44, 216, 217
40:15-24　210
40:18　219
40:19　213
40:23　219
41장　44, 213
41:1　220
41:1-34　229
41:3-4　220
41:8-9　206
41:9　206
41:12　217
41:18-21　213
41:18-21　213, 220
41:25　213
41:27　220
41:33-34　224, 225
42:1-6　210, 227, 235
42:2　236
42:3　236
42:4　236, 238
42:5　238
42:6　38, 44, 141, 143, 208, 239, 240, 242, 243, 244, 348, 353
42:7　157, 208, 244, 339, 354
42:7-8　143, 182, 210, 245
42:7-17　142, 155
42:8　157, 245, 352
42:8-9　352
42:9　245
42:10　245
42:11　241, 242, 246
42:12　245
42:13　246
42:14　246
42:15　246
42:16　247, 355
42:17　151, 247, 355

시편
1편　74
3편　429
5편　429
6:4-5　85
8편　178, 221, 222. 223, 224, 226
8:3-5　225
8:4　67
8:5　225
13편　429
18:31　367
21:5　226
22편　83, 88, 256, 440, 444, 445
22:1　91, 440
22:3-5　440
22:9-10　440
22:20　324
22:1　91
25편　429
25:12　349
25:16　324
30편　70, 71, 73, 75, 76, 78, 79, 85, 86
30:1-3　72
30:6-7a　74, 75
30:7b　75
30:9　85
30:10　85
35:17　324
39편　70, 78, 82, 86, 390, 429

39:1　79
39:1-2　390
39:2　79
39:2-3a　79
39:4-6　80
39:7　81
39:8　81
39:9　81, 390
39:10　81
39:12a　81
39:13a　82, 86
39:13　86
42-43편　429
42:5　212
42:11　212
43:5　212
44편　31
46편　57
46:1　67
46:5　57
51편　120, 121
51:1-2　120
51:13　121
68:6　324
74편　31
74:13-14　214
80:18　31
86편　429
86:5　120
86:15　120
88편　29, 30, 31, 32, 70, 440
88:1　32, 441
88:3-5　29
88:6　440
88:6-8　30

88:10-12　85
88:14　30
88:15　83
88:15b-16　441
88:15-18　31
89편　31
89:34　295
90-106편　120
96:6　226
98:1　237
103편　70, 71, 279
103:2-4　71
103:8　120
103:13　279
104:1　226
104:26　216
106편　119
106:4　119
106:6-46　119
106:19-22　119
106:22　237
106:23　130
106:34-39　119
106:40-42　119
106:43　119
106:44-45　119
106:47　119
109편　145, 148
109:2-5　145
109:6　145
111:3　226
111:10　351
117편　71
117:1-2　71
126:1　245

128:1   349
128:1-4   154
128:4   349
131:1   282
136:4   237
136:26   388
137편   31, 57
137:1   57
137:4   57
139편   429
145:8   120
150편   77
150:1-6   56

잠언
1:7   351
1:20-33   182
2:1-5   182
3:7   154
4:1-8   182
4:3   324
4:7   182
8:1-11   182
8:22   213
9:1-6   182
9:10   351
10:18-21   159
10:31-32   159
11:9   159
11:11-14   159
12:6   159
12:14   159
12:17-19   17-19
12:22   159
13:2-3   159

14:2   349
14:5   159
14:25   159
15:1-2   159
15:4   159
15:23   159
16:1   159
16:6   154, 159
16:23-24   159
16:27-28   159
17:4   159
17:7   159
17:27   159
18:4   159
18:6   159
18:13   159
18:20-21   159
19:5   159
19:9   159
20:19   159
21:6   159
21:23   159
22:10   159
25:11   159
25:15   159
25:23   159
25:27   159
26:20-28   159
27:2   159
28:23   159
29:20   159
30:18   237

전도서
7:18   348

이사야
13:22 231
27:1 214
34:13 231
40장 226
40-55장 433
40:12 245
40:12-14 226
41:8 98
44:17 335
45:7 147
50:10 349
59:16 411
61:7 245

예레미야
5:1 384
6:26 324
7:16 127
7:31 261, 292
9:11 231
11:14 128
12:1 439
12:4 127
14:8-9 128
14:11-12 128
14:17-18 129
19:5 261, 292
20장 440
20:7 70
20:7-18 440
20:11-13 440
20:14-18 171
23:13 162
23:18 354

26:18 126
30:3 245
30:18 245
31:31-33 411
32:18 120
32:35 292
33:7 245
33:11 245
33:26 401

예레미야애가
1:16 273
3장 185
3:64-66 185
4:21 151

에스겔
9:8 129
9:9-10 129
11:13 129
11:16 129
11:17 129
11:19-20 129
13장 129
13:1-16 130
13:5 129
14장 158
14:12-20 148
20:25 292
20:25-26 261
20:26 292
22:25-29 130
22:30 130
29:14 245
36:26-27 411

39:25　245

다니엘
2:18　388
2:19　388
2:37　388
2:44　388
4:13　146

호세아
6:11　245
12:3　428
12:4　428

요엘
2:13　120
2:32　89
3:1　245

아모스
3:7　354
7:1-2a　124
7:2　124
7:2-3　124
7:4　125
7:5　124
7:5-6　124
8:10　324
9:14　245

요나
1:9　388
4:2　120

미가
1:1　126

1:8　231
6:7　260
7:14　125
7:15　237
7:18　120
7:18-20　126

나훔
1:2-3　120

하박국
1:13a　439
1:13b　439

스가랴
3장　147
3:1-2a　147
12:10　324

신약성경

마태복음
6:9-10　89
6:9-13　89
6:13　90
7:7-11　91
13:1-23　447
22:32　401
27:46　88, 91, 255
27:51　88

마가복음
4:1-20　447
14:36　255

15:34　88, 255

누가복음
8:4-15　447
10:18　145
11:2-4　89
11:5-8　91
11:9-13　91
18:1-8　90
22:42　91, 255, 441
22:44　88

요한복음
3:16　369

사도행전
2:21　89
3:13　401
7:32　401

로마서
8:19-22　89
8:23　89
10:13　89

고린도후서
12:7-9　35

에베소서
2:2　145
4-5장　288

빌립보서
2:12　447

히브리서
4:16　134
11:17-19　404
11:32　216, 404

야고보서
2:23　98
3장　159
3:9　159

베드로전서
2:24　92

베드로후서
2:6-9　385
3장　385
3:3　385
3:7-13　385
3:9　385

요한계시록
계 12:7-10　145

구약 외경 및 위경

바룩2서
10장　285
11-19장　285

에녹1서
6-9장　146

에녹2서
29장　146

에스라4서
3장 285

희년서
17-18장 298
17:15-16 298
17:15-18:19 298
17:17 367
18:11-12 299
19:3 367

마카베오하
7장 272

집회서
1:14 351

지혜서
2:24 145, 351

고대 유대교 문헌

요세푸스
유대고대사
1.223-24 276, 302

위-필론
성서 고대사
32:1-2 299
32:1-4 299
32:2 304
32:4 299

랍비 문헌

바빌로니아 탈무드
Baba Batra
15b-16a 40

Berakhot
62b 307

Bereshit Rosh HaShanah
17b 123

Gittin
57b 273

Sanhedrin
89b 293, 297, 299

Ta'anit
4a 292

예루살렘 탈무드
Hagigah
1 308
2:8 308

메킬타 데라비 쉬므온 바르 요하이
Pisha
7 306

Sanya
6.2 307

미드라시 하가돌
창 22:13 308

창 22:19 308

미드라시 랍바
창세기 랍바
8:2 278
38:13 375
55:4 299
55:7 324, 327
55:8 330
56:4 342
56:8 295, 305, 396
56:9 307
56:10 304
56:11 392
58:5 393

예레미야애가 랍바
1:50 273

민수기 랍바
11:2 398
19:33 286

미드라시 탄후마
17:2 294
Lekh lekha
10:2 303

Vayera
22:4 330
22:7 329
23 307, 343

미쉬나
Zevahim

62a 308

피르케 아보트
5:3 367
5:6 294
5:22 423

피르케 데라비 엘리에제르
19 294
26-31 367

타르굼 역대상
21:15 307

타르굼 옹켈로스
창 22:14 264

타르굼 위요나단
창 22:1 300

초기 기독교 문헌

히포의 아우구스티누스
De libero arbitrio
1.11.22 61
2.16.43 61
3.9.25 61

인명 색인

Abarbanel(아바르바넬) 295
Akiva, Rabbi(랍비 아키바) 282
Albright, William(올브라이트) 403, 453
Alter, Robert(알터) 217, 315
Antiochus Epiphanes IV(안티오코스 4세) 272
Auerbach, Erich(아우어바흐) 314, 453
Augustine of Hippo(아우구스티누스) 61, 431
Avery-Peck, Alan(에이버리-펙) 288, 453
Bachya ben Asher(바흐야 벤 아셰르) 335
Baldwin, Susan(볼드윈) 174, 454
Balentine, Samuel E.(발렌타인) 98, 127, 219, 224, 231, 235, 237, 454
Barth, Karl(바르트) 431
Ben Bag Bag, Rabbi(랍비 벤 바그바그) 423
Bertman, Martin 32, 454
Billman, Kathleen(빌먼) 431, 454
Boase, Elizabeth 402, 454
Bochart, Samuel 212, 455
Bodoff, Lippman(보도프) 295, 333, 455
Borgman, Paul(보그만) 378, 455
Brett, Mark(브레트) 394, 395, 455
Brown, William P.(브라운) 153, 155, 157, 191, 219, 221, 231, 238-40, 242, 313, 455
Brueggemann, Walter(브루그만) 17, 59, 70, 219, 431, 435-38, 440, 443, 455
Brush, Lisa 296
Buber, Martin(부버) 294, 409, 456
Calvin, John(칼뱅) 202, 431
Chavel, Simon(하벨) 133-34, 456
Clines, David J. A.(클라인즈) 155, 161, 403, 457
Coats, George(코츠) 97, 135, 457
Cockburn, Bruce(코크번) 449, 463
Cohen, Leonard(코헨) 275, 463
Crenshaw, James L.(크렌쇼) 153, 204, 340, 457
Cross, Frank Moore(크로스) 112, 457
Davis, Ellen(데이비스) 270, 379, 423, 457, 465
Day, John(데이) 205, 211, 457
Dostoevsky, Fyodor(도스토옙스키) 170, 458
Drew, Arlyn Sunshine(드류) 334, 339, 416, 458
El'azar de-Rabbi Qallir(엘레아자르 데라비

칼리르) 278-79
Erickson, Amy(에릭슨) 185, 458
Fishbane, Michael(피쉬베인) 169, 458
Fox, Everett(폭스) 409, 458
Fretheim, Terence(프레타임) 155, 157-58, 235, 258, 325, 334, 366-67, 396, 416, 419, 457-58
Frymer-Kensky, Tikva(프라이머 켄스키) 35, 373, 458
Goldberg, Whoopi(골드버그) 156
Greenberg, Irving(그린버그) 78, 459
Griffin, David Ray(그리핀) 62, 459
Guri, Haim(구리) 400, 459
Gutiérrez, Gustavo(구티에레즈) 158, 459
Habel, Norman C.(하벨) 205, 208, 459
Heard, Mark(허드) 58, 460
Hegg, Tim(헤그) 381
Held, Shai(헬드) 41, 315-16, 448, 460
Hengstenberg, E. W.(헹스텐베르크) 190, 459
Heschel, Abraham(헤셀) 288-90, 446-47, 460
Hume, David(흄) 60
Ibn Ezra(이븐 에즈라) 295, 335
Ibn Kaspi, Joseph(이븐 카스피) 277-78, 412
Jacobs, Jonathan 331-32, 461
Janzen, J.Gerald(잔젠) 35, 112-13, 116, 118, 175, 218, 224, 226, 228, 235, 352, 365, 461
Jones, Scott C.(존스) 180, 461
Josephus, Flavius(요세푸스)
Julius Caesar(율리우스 카이사르) 210
Juza, Ryan(주자) 385, 461
Kalimi, Isaac(칼리미) 276, 278, 291-94, 299, 302, 308
Kant, Immanuel(칸트) 268-69, 461
Kimelman, Reuven(키멜먼) 133, 462
Klitsner, Judy(클리츠너) 357-58, 462
Knowles, Melody D. G.(놀즈) 87, 462
Koller, Aaron(콜러) 279-80, 462
Konkel, August H.(콩켈) 149, 153, 462
Kübler-Ross, Elizabeth(퀴블러-로스) 435
Kynes, Will(카인즈) 143, 462
Lane, Belden C.(레인) 439, 462
Leibniz, Gottfried Wilhelm von(라이프니츠) 59, 463
Levenson, Jon D.(레벤슨) 39, 116, 259-60, 262-68, 270, 297, 306, 314, 324, 334-35, 345, 363, 369, 372, 383, 389, 391-93, 406, 408, 414, 416, 457, 463
Lewis, C. S.(루이스) 64-69, 74-76, 463
Lipton, Diana(립튼) 111, 463
Luther, Martin(루터) 431
Mackie, J. L.(매키) 60, 464
MacLeish, Archibald(맥리쉬) 202, 464
Maimonides, Moses(마이모니데스, 람밤) 159, 367, 464
Marley, Bob(말리) 84
Martin, Man(마틴) 342
McCabe, Robert V.(매카비) 191-92, 464
McLeish, Tom(맥리쉬) 227, 464
Middleton, J. Richard(미들턴) 54, 63, 88, 101, 121, 176, 241, 245, 289, 321, 411, 449, 465
Migliore, Daniel(밀리오리) 430-31, 454
Moberly, Walter(모벌리) 35-36, 39, 100, 263, 265-71, 298, 349-51, 358, 363, 369, 373, 406-7, 415, 422, 465

Moltmann, Jürgen(몰트만) 431
Moore, Rick(무어) 165, 169-70, 466
Morrow, William(모로) 239, 432-34, 466
Naudé, Jacobus A.(노데) 366, 466
Newsom, Carol(뉴섬) 210, 466
Perdue, Leo(퍼듀) 169, 467
Philo of Alexandria(필론) 285
Plantinga, Alvin(플랜팅가) 61, 64, 467
Plato(플라톤) 160
Polzin, Robert(폴친) 323, 467
Pseudo-Hegesippus(위-헤게시푸스) 276
Pseudo-Jonathan(위-요나단) 299-301
Pseudo-Philo(위-필론) 299, 304, 467
Rashbam(랍비 쉬무엘 벤 메이르) 302
Rashi(랍비 슐로모 이츠하키) 325, 355
Redman, Matt(레드먼) 163
Ricoeur, Paul(리쾨르) 59
Rigby, Cynthia(릭비) 444-45, 467
Römer, Thomas(뢰머) 320, 322-23, 468
Sacks, Jonathan(색스) 325, 468
Sarna, Nahum M.(사르나) 420, 468
Schulweis, Harold(슐바이스) 291, 468
Seerveld, Cal(시어벨트) 428-29, 468
Seow, Choon-Leong(샤오준량) 158, 162, 216-17, 223, 245, 468
Shekan, Patrick(셰컨) 188, 468
Shifferdecker, Kathryn(쉬퍼데커) 203, 208, 224, 468
Socrates(소크라테스) 160
Speiser, E. A.(스파이저) 324, 469
Spiegel, Shalom(슈피겔) 393, 469
Spitzer, John 274, 290-91, 469
Stokes, Ryan E.(스톡스) 148, 469
Sweeney, Marvin A.(스위니) 290, 469

Sweet, Leonard(스위트) 379-80, 469
Thoma, Clemens(토마) 268, 469
Trible, Phyllis(트리블) 329, 340, 367, 370, 393, 470
Van Leeuwen, Raymond C.(반 루벤) 223, 470
Voltaire(볼테르) 59, 470
von Rad, Gerhard(폰 라트) 236, 367, 470
Walsh, Brian(왈쉬) 54, 70, 449, 465
Weinfeld, Moshe(바인펠트) 383
Weiss, Dov(바이스) 281-85, 303, 471
Westermann, Claus(베스터만) 31, 135, 153, 181-82, 432, 471
Wiesel, Elie(위젤) 76-77, 471
Winnicott, D. W.(위니코트) 442, 471
Winslow, Karen Strand(윈슬로) 289, 471
Zvi, Ehud Ben(즈비) 327, 454

주제 색인

70인역(Septuagint; LXX) 29, 30, 151, 240, 324, 415
가인(Cain) 389, 449
감사 시편(thanksgiving psalms) 70, 71, 73
격렬한 기도(vigorous prayer) 28, 40, 42-43, 143, 256-57, 344, 424
고난(suffering) 30, 34, 36, 38, 64, 67, 128, 141, 142, 152, 153, 156, 159, 161, 168, 171, 172, 186, 189, 191, 197, 201, 231, 242, 245, 247, 298, 344, 350, 427, 432, 445, 446, 447
고대 근동 신화(mythology, ancient Near Eastern) 204, 216
고발자(Accuser, the) 142, 144, 145, 147, 152, 156, 161, 201, 202, 298, 347, 349
고통(pain) 17, 29-36, 41-47, 53-57, 64-67, 74-80, 87-92, 112, 119, 135, 142-45, 148-52, 158-68, 172-86, 197-202, 209, 219, 229, 242, 244, 247, 280, 309, 433, 435, 436, 440, 444, 445, 447, 449
공동기도서(Book of Common Prayer) 118
광야(wilderness) 108, 119, 130, 150, 171, 179, 231, 355, 367, 387, 395

교부(church fathers) 283
구속(redemption) 58, 87, 237, 261, 280, 307
"글로리아 파트리"(Gloria Patri) 84
금송아지(golden calf incident) 43, 97, 100, 113, 114, 116, 119-21, 245, 255, 257, 305, 322, 374, 410, 411
기후(climate) 55, 228
"나함"(nāḥam) 107, 241, 242
노아(Noah) 148, 158, 392
다니엘(Daniel) 148, 149, 158
다윗(David) 116, 121, 144, 147, 216, 306
단엘(Danel) 148, 149, 158
담대함/당돌함(boldness) 91, 134, 135, 243, 439, 441, 445
대상관계이론(Object-Relations Theory) 442
"더 큰 선"(greater good argument) 61-63, 64-67, 76-77
도전(challenging) 37, 40, 45, 124, 127, 134-35, 155, 156, 175, 185, 199, 205, 206, 225, 227, 234, 284, 309, 364, 379, 382, 434, 436, 450
두려움(fear) 157, 224, 266
"레크 레카"(lekh Lekha) 366

주제 색인 **495**

리브가(Rebekah)　326, 391, 399
리워야단(Leviathan)　44, 166, 204, 205, 207, 210-12, 214-21, 224-25, 228-29, 242
리탄(Litan)　212, 213, 214
마소라 텍스트(Masoretic Text; MT)　29, 72, 79, 236, 338, 349, 381, 415
마스테마(Prince Mastema)　40, 298, 347
말 없는 순종(silent obedience)　28, 33-34, 304-5, 344, 358, 421
모리아(Moriah, mount)　27, 35, 257, 264, 266, 274, 303, 306, 316, 317, 331, 333, 334, 364, 391, 393, 395, 400, 417,
모세(Moses)　43, 45, 97-101, 104-13, 116-24, 130-35, 186, 245-46, 255, 257, 265, 278, 283, 285, 286, 291, 305, 307, 309, 322, 353, 374, 382, 410, 411, 436, 439, 440
미드라시 아가다(aggadic midrash)　272, 287, 288, 290, 308, 343
미드라시 해석(midrashic readings)　45, 287, 288
미쉬나(Mishnah)　283, 284, 367, 423
바다(Sea)　117, 126, 149-50, 154, 156, 162, 177, 178, 181, 205, 211, 212-18, 230, 231
"바라크"(bārak)　157, 161
바알 신화(Baal cycle)　130-31, 149, 178, 212-13, 218, 261
방향 상실(disorientation)　59, 70, 73, 75, 78, 83, 88, 437
방향 설정(orientation)　59, 71, 73-76, 437
방향 재설정(reorientation)　59, 437
번제(burnt offering, 'olâ)　27, 128, 156,

243, 245, 257, 260, 262, 266, 278, 292, 295-96, 298, 302, 303, 305, 307, 317, 318, 328, 331, 334-36, 339-40, 342-43, 354, 366, 370, 373, 396, 410, 414, 418, 420
베헤못(Behemoth)　44, 204, 208, 210-13, 215-20
복종과 저항의 변증법(dialectic of submission and resistance)　47
부재(absence)　66, 76, 102, 185, 345, 392, 393
부족주의(tribalism)　54, 448, 449
부활(resurrection)　89, 92, 259, 262, 263, 267, 404, 429, 435
불의(injustice)　90, 115, 120, 142, 199, 200, 237, 240, 247, 255, 256, 284, 309, 436, 438, 443, 449
불평(complaint)　29, 34, 99, 142, 143, 165, 168, 171, 177-79, 182-83, 185, 187-88, 190-91, 193, 197-98, 201-2, 210, 219, 223, 228-29, 240, 242-45, 255, 282, 285, 348, 350, 352, 358
브엘세바(Beersheba)　319, 345-46, 356, 391-95
블레셋 사람들(Philistines)　144, 302, 387, 388, 394, 401
비유(parable)　44, 90, 91, 113, 122, 158-59, 180, 207, 219, 231, 279, 287, 293, 447
빌닷(Bildad)　141, 172-75, 177-78, 215, 222-23
사라(Sarah)　280, 299-300, 316, 329, 346, 355, 365, 370-71, 377-78, 380, 387, 393-95, 402
사탄(Satan)　40, 144-48, 255, 297-98

사해 문서(Dead Sea Scrolls) 120, 145-46, 433
상호텍스트(intertextuality) 40, 143
소발(Zophar) 141, 172-75, 177-78
소외(alienation from society) 57, 231, 393
속죄일(Yom Kippur) 34, 115, 274
순교(martyrdom, Martyr) 262, 271-74, 279, 337
순종(obedience) 28, 33-34, 36, 45, 103, 154, 253-54, 258, 260, 263, 265, 266-67, 270-71, 277-78, 290-91, 304-5, 309, 328, 330, 344, 358, 368, 372, 374, 379, 404, 407-9, 411-13, 419, 421, 433, 441-43
숫양(ram) 261, 294-95, 307-8, 318, 370, 414-17, 420-21
스올(Sheol) 29, 72-73, 88, 230
슬로브핫(Zelophehad) 246
승인(approval, 하나님의/야웨의 사자의) 38, 46, 153, 161, 197, 208-10, 247, 278, 357-59, 378, 408
시내산(Sinai, Mt) 43, 97, 100, 102, 111-13, 115-20, 122, 130, 132-33, 186, 220, 245, 266, 278, 439
시온주의자(Zionists) 275
시험(trial) 40, 45-47, 90, 134, 201, 260, 262-63, 265-66, 271-72, 291-93, 295-300, 301-3, 305, 313, 316-17, 322, 327, 333, 346-49, 364, 366-74, 376, 378, 382, 386, 390, 392, 404-5, 419, 421
신원(vindication) 155
신정론(theodicy) 59, 64, 152-53, 176
신현(theophanies) 110, 132, 191, 220, 238, 266

신화(mythology) 149, 177-78, 204-5, 211-13, 215-18, 269, 275
심판(judgment) 97-98, 103, 114, 116-17, 124, 127, 129, 147, 171, 186, 189, 256-57, 381, 385, 389, 433
십계명(Ten Commandments) 100-2, 266
십자군(Crusades) 273, 290, 441
아가다(aggadah) 272, 287, 288
아동 제사(child sacrifice) 259, 261, 277, 289, 292, 389
아동 학대(child abuse) 38, 271, 421, 444
아모라임(Amoraim) 284
아비멜렉(Abimelech) 100, 323, 353, 371, 378, 387-88
"야웨의 길"(way of the LORD) 380, 382-83, 408-9, 421
야웨의 담화(YHWH's speech) 37, 38, 153, 159, 191, 192, 228, 358, 434
야웨의 사자(angel of YHWH) 46, 298, 307, 318-20, 338, 349, 359, 364, 370, 372-74, 378, 380, 385, 397, 404-7, 412-14, 420-21, 424
언약(covenants) 33, 74, 87, 102, 109, 115-17, 119, 131, 151-52, 302, 305, 321, 352, 371, 374-75, 377, 411, 433
언약, 다윗(Davidic covenant) 116
언약, 모세(Mosaic covenant) 108
언약, 시내산(Sinai covenant) 102, 112-13, 115-16
언약, 아브라함(Abrahamic covenant) 112-13, 116, 302, 319, 369, 375, 402-3, 408
"에노쉬"('enôš) 221
에누마 엘리시(Enuma Elish) 212
에덴(Eden) 393

"에므아스"('em'as) 240
엘리바스(Eliphaz) 141, 157, 172-75, 177-78, 208-9, 221-24, 234, 244
엘리야(Elijah) 99, 130-33, 186
엘리후(Elihu) 43, 141, 143-44, 159, 187-92, 434
예루살렘 성전(Jerusalem temple) 264, 266, 308
예언자(prophet) 42, 70, 98-100, 124-27, 129-33, 135, 147, 255, 281, 285, 352-54, 379, 384, 428, 433, 436, 440, 443
예언자의 전형(paradigmatic prophet) 42, 99
"예히데카"(yəhîdəkā) 324-25
용서(forgiveness) 43, 108, 114-15, 117-18, 120-21, 123, 383, 410, 433
우가리트 신화(Ugaritic mythology) 149, 211-13
우상숭배(idolatry) 100, 102, 104-5, 113-16, 119, 121, 131, 134, 410
유골(ashes) 307-8, 335
유대교(Judaism) 29, 34, 38-40, 45, 90, 101, 103, 120, 122, 145, 158, 164, 258-59, 262-64, 267, 270-71, 273, 275, 279-80, 283-84, 286-90, 294-95, 297, 303-4, 313-14, 337, 363, 375, 380, 384, 407, 432, 448
유배/포로(exile) 57, 120, 129, 147, 159, 226, 245, 289-90, 308, 404, 411, 432-34
유월절(Passover) 306
의와 공의(righteousness and justice) 381-83, 395, 408-9
의인화된 지혜(Wisdom personified) 182

이삭의 결박(Aqedah) 27, 34-35, 38-40, 44-47, 107, 144, 148, 253-54, 256-60, 262-73, 275-77, 280-81, 286-92, 299, 303, 306, 316, 320, 327, 334, 338, 344-50, 357-59, 363-68, 376, 379, 388, 391, 394, 404, 406-10, 418, 421-22, 427, 432, 450
이스마엘(Ishmael) 299-300, 324-25, 346, 355, 369-70, 377-38, 394, 424,
자유 의지(free will) 63, 64
잠언(Proverbs, book of) 134, 148, 154, 159, 182
저주(curse) 37, 77, 146, 151-52, 155-57, 159, 161, 163-71, 176, 199, 209, 228, 248, 330, 409
적절한/부적절한 발언(appropriate/inappropriate speech) 156-57, 159-60, 162, 197, 209, 248
전도서(Ecclesiastes, book of) 321, 348
전형/패러다임(paradigm) 42, 70-71, 74, 98-99, 130, 151, 163, 212, 215, 262-63, 265, 283, 350
족보(tôlədôt, 세대들) 356, 398, 401, 424
종말(eschaton) 42, 80, 214, 385
주기도문(Lord's Prayer) 89, 90, 91
중보기도(intercessory prayer) 42-43, 91, 98-100, 105, 108, 116-17, 119-20, 122, 124, 127-29, 131, 135, 245, 255-58, 279, 281, 290-91, 304, 322, 327, 334, 348, 352-54, 374, 380, 390, 413, 419, 421, 423
중재자(mediator) 101-2, 411
지혜(wisdom) 43, 134, 142, 149, 154-57, 159, 176, 179-82, 188-91, 197, 201, 209, 213, 215, 222, 227-28, 232, 351

지혜문학(Wisdom Literature) 154, 163, 201, 348, 351-52

창조/창조세계(creation) 37, 44, 57, 88-89, 146-47, 168-70, 181-82, 191, 202-7, 211, 214-17, 221, 225, 227, 229-32, 234, 237, 239, 278, 294

초월(transcendence) 185, 189, 283, 433-34, 444-45

축복(blessing) 101, 145, 149-50, 154, 156-57, 159, 161-65, 176, 183, 199, 247-48, 265, 274, 301, 303, 319, 349, 365-66, 370, 398-99, 401-2, 405-9, 411-12, 428

출애굽(exodus) 42, 87, 89, 113, 373

카바나(kavanah) 267

카이로 문서보관소(Cairo Geniza) 279

칼(knife) 131, 214, 273, 279, 294, 307, 318, 336-37, 339, 342, 393, 396-97, 400, 414

키두쉬 하솀(Kiddush HaShem) 271, 275

타르굼(Targum Onqelos) 264, 299-301, 307

탄나임(Tannaim) 282-83

탄식 시편(lament psalms) 17-21, 28-29, 31, 33, 41-42, 47-48, 54, 58, 70, 73, 78, 83, 87, 92, 98-99, 135, 143, 165, 171, 176, 178, 255, 281, 309, 429, 433-35, 437, 440, 446

탈무드(Talmud) 40, 120, 122-23, 158-59, 272, 284, 292-93, 297, 299-300, 307-8, 367, 392

토라 준수(Torah observance) 264, 267

토라(Torah) 74, 99, 123, 154, 171, 260, 264-65, 278-79, 296, 380, 392, 411, 448

"티끌과 재"(dust and ashes) 38, 44, 143, 184, 208, 239-43, 348, 382, 385

페르시아 시대(Persian period) 289, 395, 434

페미니스트 신학(feminist theology) 444-45

페샤트(Peshat) 39, 41, 287, 314, 363

편애(favoritism/love) 324, 326, 399

하갈(Hagar) 346, 355, 365, 370, 394-95

하나님 경외자(God-fearer) 176, 265, 318, 348-49, 351-52, 358, 373, 404

하나님의 형상(imago Dei) 101, 159, 224-26

"하사탄"(haśśāṭān) 144-45, 147

"하엘로힘"(Ha'elohim) 144, 319-23

할라카(Halakah) 264-65, 288, 306

항의 금지 전통(anti-protest tradition) 283, 286, 290

항의(ptotest) 28, 37, 43-47, 70, 97, 135, 176-77, 179, 197-98, 228, 258, 260, 281-82, 284-86, 304, 309, 351, 353, 358-59, 363, 372, 390, 419, 423, 427, 432-33, 444

행위-결과 도식(action-consequence schema) 229, 233, 433

혼돈의 괴물(chaos monsters) 204, 213, 215, 218

혼돈의 세력(chaos forces) 177, 205, 211, 216-18

홀로코스트(Shoah; Nazi Holocaust) 63, 76

회개(repentance) 34, 38, 44, 65, 98, 107, 124, 127, 143, 173, 208, 210-11, 239, 241-42

희망(hope) 42, 48, 76, 83, 199, 205, 235, 332, 445

희생제사(sacrifice) 27, 121, 260, 263-66,
 269, 334-35, 341, 369-70
"힌네니"(hinnēnî, hinnennî, hinĕnî) 257,
 275, 338, 378

아브라함의 침묵
아브라함의 침묵과 욥의 항의 중 무엇이 더 신앙적일까?

Copyright ⓒ 새물결플러스 2025

1쇄 발행 2025년 8월 14일

지은이 J. 리처드 미들턴
옮긴이 왕희광
펴낸이 김요한
펴낸곳 새물결플러스

편 집 왕희광 정인철 노재현 이형일 나유영 노동래
디자인 황진주 김은경
마케팅 박성민
총 무 김명화 이성순
영 상 최정호
아카데미 차상희

홈페이지 www.holywaveplus.com
이메일 hwpbooks@hwpbooks.com
출판등록 2008년 8월 21일 제2008-24호
주 소 (우) 04114 서울시 마포구 신촌로28가길 29
전 화 02) 2652-3161
팩 스 02) 2652-3191

ISBN 979-11-6129-304-2 93230

책값은 뒤표지에 있습니다.